JN205332

関口直佑

近代日本国体論の研究

会沢正志斎と考証学

国書刊行会

目次

凡例

史料の引用に際しては、原則として以下のように改めた。

- 適宜改行を設け、句読点、並列点、濁点を付し、圏点は省略した。
- 漢字は常用漢字を使用し、仮名の変体、合字は通用の仮名に改めた。
- 闕字、台頭、平出は省略した。
- 難読の漢字には読み仮名を付し、漢文は読み下した。
- 仮名遣いは底本のままとし、旧仮名遣いによった。
- 年号の後に西暦を付したものについては、改元・暦法上の統一をとっておらず目安である。
- 所蔵を明記していない史料は架蔵本を用いた。

*本書には現代では差別・偏見と受け取れる表現があります。これは原著における歴史的史料性を重視し、時代背景とともに分析していくことを目的としているためであり、差別を助長するものではありません。

序章　研究史と本書の構成

第一節　研究の概要と課題

国体という言葉は、古訓ではこれをクニカタと読み、本来は地形の意味から転じて国状を表現するものであった。そこから今日的意味で国体を用いたのは水戸学者の栗山潜鋒《くりやませんぽう》である。そして潜鋒が規定した意義を敷衍《ふえん》し、近代日本のみならず現代においても多くの議論を孕《はら》む国体論を確立したのは会沢正志斎《あいざわせいしさい》であった。正志斎の国体論は『新論』を通じて多くの日本人に影響を与え、近代になっても存在感を失うことはなかった。ただ、歴史学における正志斎の評価は紆余曲折を経ている。これは正志斎個人というよりも、水戸藩の評価とも密接に関連している。明治政府が主導して維新の経緯を纏《まと》めた『維新史』では、「薩摩・長州・水戸、三藩の藩政改革もまた大いに注目すべきで、これがやがて幕末維新の風雲期に際会して活躍するに至ったゆえんである。」(1)として、薩長のみならず御三家である水戸藩の功績を認めている。『維新史』は当時、藩閥の正当性を主張する目的で編纂されたとする批判もあったが、たとえそうであったとしても、水戸藩の功績は無視できない存在と考えられていた。その後も薩長水という言葉さえ見られないものの、水戸藩や水戸学は一定の評価を与えられ、昭和初期にかけてはやや誇大な文句も繰り返された。しかし敗戦を境として、こうした状況は一変することとなる。これは水戸藩に限らず、戦前の価値観や理想も同様であったけれども、特に水戸学については占領軍の意向も反映されている。当該時期における言論空間については、江藤淳氏の『閉ざされた言語空間』をはじめとして地道な研究が続けられており、占領期に「回収」された刊行物に関しては『没収指定図書総目録』に詳しい。[2] そこでは正志斎だけでなく徳川光圀《とくがわみつくに》、徳川斉昭《とくがわなりあき》、藤田《ふじた》幽谷《ゆうこく》、藤田《ふじた》東湖《とうこ》、『大日本史』などの水戸学関連の書籍が国民からは秘密裏に「処分」されている。さらに伊藤隆氏によると、占領軍の「審査」基準に合わないものが、現在の刊行物にも影響しているとする指摘もあり、[3] これは正志斎の研究についても無関係ではない。こうした外的要因による評価の変遷を踏まえ、薩長政府でも軽視することのできなかった水戸藩、及び水戸学を再度検証する作業が必要とされている。

会沢正志斎は天明二年（一七八二）に水戸で生まれ、文久三年（一八六三）に八二歳で没している。これはドイツのショーペンハウアー（一七八八―一八六〇）やアウグスト・ベーク（一七八五―一八六七）と同時代である。ショーペンハウアーは、カント哲学を引き継ぎつつも独自の哲学を確立させ、『意志と表象としての世界』はニーチェにも多大な影響を与えた。また、ベークは古典文献学の発展に大いに寄与し、日本では村岡典嗣氏の思想史研究の方法論において紹介された。この時期は西欧のみならず中国においても哲学、及び文献学が大きな変化を見せており、これは日本も例外ではなかった。儒学の日本的展開と考証学の深化は、正志斎のみならず『新論』を分析する上でも重要である。

幕末から明治にかけての思想的研究では、伝統と近代との相剋の問題が顕著に指摘されている。対象となる人物の史料から「自由」や「民主主義」に繋がる内容、また封建性を否定する言説を「発見」し、それを「近代性」や「進歩性」の萌芽とすることで、日本の近代化に寄与した人物として評価する手法である。正志斎に関しては、そうした「近代性」を示唆する結論はほとんどなく、封建的身分制度を確守し、幕府支配を延命させるためのアジテーターという論説が多い。他方で同趣旨のことを述べながら正志斎の国体論や尊王攘夷の思想が、近代日本における帝国主義や軍国主義へと結実したという論調もあり、これは逆を言えばそうした側面における正志斎の「近代性」を担保していることにもなるため、ここからも二分法による視点のみでは思想研究としての限界がある。

では、関連する先行研究について一瞥しておきたい。戦前の歴史学を代表する平泉澄氏は、昭和五年の速記録において明治維新を導いた原動力として山崎闇斎《やまざきあんさい》を筆頭とし、本居宣長《もとおりのりなが》の国学、徳川光圀の『大日本史』の功績を取り上げている(4)。これは先の『維新史』同様に、水戸学と明治維新に密接な関係があることを述べたものであり、戦後の転換点までは、こうした発想は歴史学一般に認識されていたと考えてよいであろう。同氏に対する戦後の論評は好意的でないものが大半であるにせよ、様々な立場から数多くの批判がなされていることは、戦前における影響力を示すものでもあるとも言える。

昭和一一年（一九三六）には、西村文則氏の『会沢伯民』が出版され、これは以後刊行される関連書籍の嚆矢《こうし》となるものであり内容も充実している。そこでは正志斎の思想を総括して、「要するに、会沢伯民の思想なるものは、日本の古道忠君愛国主義を経として、之に文武周公時代孔孟時代の道徳を緯とし、之を時代的に染色した手織縞といつたやうなものか。若しくは水藩の伝統精神、勤王に立脚し、弘道館記を背景にして世相を時局的に観、且つ左様に行動せんとした思想か。即ち入りては此思想を以て子弟を薫育し、出ては此思想を以て藩主を啓沃し、兼ねて此思想を後世に伝ふべく著述に筆を染めたものか。とに角著者は斯く断言して憚らない(5)。」と述べている。また神道との関係については、「伯民の神道観は、折衷主義神道である、而かも極めて巧妙に、神儒二道を織り込んだ故に彼の神仏混淆の素地たる、空海の両部習合神道——本地垂迹論よりも、亦伝教の皇城鎮護——山王一実神道論よりも、伯民の神道論は、更に一段進んだ神道論であり、又極めて合理的に聞えた。さうして又水戸学派の何人よりも、其所説は学術的である(6)。」としている。正志斎の神道論については極めて独自なものであり、垂加神道との関係性を含めた論考も必要であると考えられるため、これについては本書でも触れている。いずれにせよこの書は、正志斎の事績を含めその交友関係や著作、年表を当時入手できる範囲において全て網羅したものであり、本格的な研究書の登場であった。

昭和一七年（一九四二）に出版された高須芳次郎氏による『会沢正志斎』は、『水戸学全集』の編纂も手掛けた同氏が纏めたものであり、主として一般読者に正志斎を紹介する内容となっている。同書は長らく水戸学研究に関与した研究者の著作だけあり、有益な指摘が多く見られる。例えば学統について、「本来、水戸学は朱子学から出たといふよりも、孔子の『春秋』から出たといふ方が実際的に適切である。ところが、朱舜水が義公の賓師として朱子学系統の一人であり、且水戸藩に朱子学派系統（これも適切にいふと、山崎闇斎の系統だ）の学者が若干いたために、曽てこれを大まかに朱子学系だとしたものがある。然し、水戸の『大日本史』の精神は、『春秋』によつたところが多いのだから、孔子系、または古学系としなければならない。(7)」とし、また「水戸学の儒教尊重・仏教排斥といふ事は、山鹿素行が早くから言明したところであり、儒学者に要する日本的覚醒は、山崎闇斎の先唱したところだつた。(8)」として具体的な先学の名を挙げ、学派別特徴から水戸学に継承された要素を分析し、山崎闇斎と正志斎の思想についても触れている。学統の問題については本書でも扱うが、正志斎の学問の成り立ちをより具体的に提起したことによって、同時代の学派との関係性も明らかとなった。

同年には、瀬谷義彦氏による『会沢正志斎』が日本先哲叢書シリーズの第一三巻として出版された。ここでは正志斎の神器論について、「神国又神州なる語を以て、我が国体の特殊性をあらはすことは、神皇正統記と変る所はない。故に屢々神皇正統記が引用され、その国体論が称揚されて居るのである。三種神器が神勅と共に、国体の枢軸として考へられたことも、神皇正統記は勿論、近世国体論者の常識である。その場合は大抵儒学的教養に立つものは、東家秘伝以来の説によつて、神器を知仁勇の三徳に比し奉ることが例であつた。正志斎自身もこれによつて、知仁勇論を述べ、又徳・明・威の三徳にも比し奉つて居るが、道徳の根本としての忠孝を寓するとなしたことは、近世神器論の上にも特異な存在であると称し得る。(9)」として、その特徴を分析している。正志斎の神器観については、本書でも随所で触れることとなるが、同時代の学者との比較においてもその特異性を指摘し、これに加え正志斎の学問、及び思想における歴史的位置づけとして、水戸学の大成、教育史上における重要性、そして儒学の日本化という三点を掲げている。本書でも該当する各章において、これらの点についてより詳しく触れることとなるが、こうした功績自体は戦前の研究から続くものである。なお、同書では『退食間話《たいしょくかんわ》』、『泮林好音《はんりんこういん》』、『及門遺範《きゅうもんいはん》』、『学問所建設意見書稿』の翻刻が解説と共に附されており、本書では主として『及門遺範』を利用した。

一九四四年八月には、遠山茂樹氏の「水戸学の性格」が発表された。そこでは、「疑ひもなく尊王攘夷思想は、明治維新の思想的推進力であつた。[10]」とした上で、「明治維新と直接関係のある尊王攘夷思想は、言ふ迄もなく後期水戸学の場合である。[11]」と明治維新における後期水戸学の存在を強調している。そして『新論』については、「攘夷論の理論書として広く全国に流布し、時人の心に深い影響を与えた会沢正志斎の『新論』は、尊王論と攘夷論との結合の理由を説いて、一層詳密である。[12]」とし、「『新論』論述の目標は、将に焦眉の急に迫れる攘夷の実践にあり、このための国体観念の闡明《せんめい》であり、上下内外の名分の是正であり、庶政の一新であつたし、又同時に攘夷を実行することによつて、国体観念を明徴にし、萎靡《いび》せる人心を振作し、太平逸楽の弊風を一掃せんことを期したのである。こゝにおいて尊王即攘夷であり、攘夷即尊王であり、対外論が一転して内政改革論に発展すべき性質のものであつた。[13]」として、先の『維新史』や平泉氏と基本的立場を同じくして、『新論』に課された歴史的使命を分析している。加えて、同論文の最後では「維新史上最も劇的な事件」として、文久元年の孝明天皇による「山城国窮民救恤の御聖旨[14]」を取り上げている。これは物価高騰等により、生活が困窮した人々のために孝明天皇が「御手許金、黄金五十枚を下賜あらせらるべき旨仰出された。」という「事件」である。これについて幕府は別の救済策があるとの理由で断ったが、再び天皇は、「民富而後、教化成は古今之風習候条、自然戎狄捍禦之筋にも響合可申哉」との聖旨を所司代へ伝えた。結局この聖旨は実現されなかったが、これについて遠山氏は、「果して時の国民は如何なる感慨を懐いたであらうか。ここに一君万民の我が国体の精華は、幕府封建制打倒の革新力として、従前の尊王攘夷思想に見られざる清新強力さを発揮し得る可能性を孕んでいたのであつた。もとよりこの萌芽は、我が国の内外にわだかまる幾多の条件制約の下に、必ずしも順調な生長を遂げ得なかつた。しかし伸び行く力は、風雪の苦難を凌いで自らの目的を果さずには措《お》かない。王政復古・廃藩置県・憲法発布に至る輝かしき明治維新の成果は、皇恩の下、志士の活躍の地表の底に潜められた全国民の屈すべからざる健全進歩の精神の示現に外ならなかつたのである。[15]」として、当該事件をきっかけとして、水戸学の尊王攘夷思想を越えた「国体の精華」を内在させていたとし、尊王攘夷思想と「皇恩」の関係性について言及している。

そして戦後の遠山氏の著作に『明治維新』（一九五一）がある。これは、「日本近代史が科学という名を冠することができるようになったのは、社会主義運動が起ってきた時期、いいかえれば唯物史観の考え方がこの国に根をおろした時期からであった。[16]」と、「科学」的視点により維新史の分析を試みたものであり、羽仁五郎氏の研究を「既出維新史の最高のものである。[17]」として、その研究手法を用いた論考である。そこでは、『新論』について「外国を蔑視すべきを説いて」、「攘夷思想の前提たるべき華夷の弁には、封建的秩序の再確認があった。」とし、「人間を上下、支配・被支配の関係においてしか捉えることができなかった封建支配者は、対外関係においても、外国を征服するか、外国に征服されるかの二途以外に考えることはできなかった。イギリスのインド征服、中国におけるアヘン戦争の報道は、いよいよこの考え方を強めた。[18]」と述べている。先の「水戸学の性格」における『新論』評とは少し趣を異にしているが、これは「科学」的歴史理解を取り入れたことよるものであろう。ただ正志斎を「封建支配者」に分類するには、その履歴からも無理があるように感じられ、また征服か否かの短絡的思考のみでは無かったことは、本書で解明していくこととしたい。

思想史における「近代性」について、多大な影響を残した丸山真男氏の『日本政治思想史研究』（一九五二）では、「尊王論がいかに封建的階統制に矛盾せず、むしろそれを基礎づけている[19]」とし、「皇室と臣民との間柄を封建的君臣関係と同じ延長線の上に置くことによつて、前者の永遠不易性を後者にも推し及ぼさんとすること——そこにかうした自然的秩序観の再生の客観的意義があつたのである。[20]」として、水戸学の尊王論を封建制確守を目的としたものと見ている。また『新論』については、「その攘夷論の根柢には被支配者層に対する根本的不信、庶民層が外国勢力の支援を恃んで封建的支配関係を揺るがすことに対する恐怖感が絶えず流れていた[21]」とし、そうした感覚が「『愚民』思想」に基づいているとして、「かくの如き『愚民』観は『新論』のみならず後期水戸学全体に陰に陽に纏ひ付いた色彩をなしていた。[22]」と断定している。『新論』が「封建的身分的階統制と抵触するどころか、むしろ後者の基礎づけとして役立ちうるものであつた。[23]」とする丸山氏の仮説は他の研究でも述べられており、J・ヴィクター・コシュマン氏も「遠山茂樹や芝原拓自といった歴史家たちが見抜いた通り、武士たちが、これから先も支配階級としてあるべく、武士の存在基盤を脅かす危機に対して、対応したわけである。[24]」として、『新論』が封建的身分制擁護の理論的確立の役割を担っていたという主張を踏襲している。そして両者の「基底をなす論理は——というより心理は、全く同一である。[25]」とし、正志斎の「愚民」という用語にしても前者に集約されるとしている。この点に関して本書では『孝経』、及び『周礼』を分析することで解明しようと試みている。丸山氏は「一般に周代を封建時代と言ふ場合、その封建とは、天子が諸侯を封土に封ずるといふ政治形式を意味するにとどまり、社会的＝経済的構成としての、従つて歴史的範疇としての意味はもたない。従つて徳川時代と周代とは後者の意味に於ては同視さるべきではないが、前者の意味に於てはある程度の共通性を認められる。この限りで徳川時代の儒者が、彼等の時代を周代に比して『封建』の名で呼んだことは全く誤りとはいへない。[26]」とし、「儒教の理想とせる周の封建制度における天子・諸侯・卿・大夫・士・庶民といふ如き構成と類型的に相似していたから、そこにおける諸の社会関係は儒教倫理を以てイデオロギー的に基礎づけるにはきわめて適切なものであつた。[27]」として、その理論的根拠として『周礼』の存在を見ている。こうした『周礼』、及び愚民思想についても、単なる身分制による「支配―被支配」の図式に止まらない正志斎の思想について本書では探っていきたい。

山口宗之氏の『改訂増補　幕末政治思想史研究』（一九八二）では、晩年の正志斎の思想について述べている。同書の改訂前の版は一九六八年に刊行されており、正志斎に関しては先の遠山氏の見解と重複するところがある。例えば、「東湖亡きあと藩における長老としての地位はとくに重きを加えてきたのに反して、激派の多くは軽格武士乃至草莽であり、しかも彼らは藩当局乃至は守旧派と対立する在郷商人層と結んだ富裕農（小豪農層）から陰に陽に援助されていたというごとき、彼をめぐる諸情勢によって大きく規制されたと考えられる。武士階級の『日用に供給』し、『治教』を受けるのみで本来政治と無縁なるべき『愚民』が政治につながりを持ち、さらにまた彼の警戒した商人とも結びついているのを知った時、彼がこれら農・商層の政治への進出はある意味で『天下』を危きにみちびくと考えたのは当然である、さればこそ農・商層に支えられた激派の運動の弾圧につとめねばならなかったのは当然でもあったろう。[28]」として、ここから「愚民」観の内在を指摘し、その根拠として『新論』、『迪《てき》彝《い》篇《へん》』の言説を引いている。また、水戸藩における鎮派と激派の対立においても「愚民観にうらうちされた農本主義と抑商政策を唱える純粋封建的立場にとどまっている[29]」とし、両者の「対立はイデオロギーのちがいに基づく基本的なものでなく、志士的気概にみち藩の体面を積極的に守ろうとするところの威信尊重派と、危険を避け安泰を願おうとする自重派との藩の主導権をめぐった長い党争に尾をひく単純な派閥的対立にほかならないと考えられる。[30]」としている。同氏においても遠山氏の「封建制擁護」論と通ずるものがあり、また山口氏による「愚民観」の誤解についても、本書で見ていくこととしたい。

上山春平氏の『明治維新の分析視点』（一九六八）では、遠山茂樹氏の「封建的支配秩序の合理付けとしての名分論」にすぎないとする主張に対し、「そんな思想がどうして青年たちを感奮興起させ、彼らをしてあるいは脱藩にかりたて、あるいは決死的行為にかりたてることができたのだろうか[31]」と疑義を呈している。そして水戸学における革命性について、「私は、後期水戸学に代表される尊王攘夷思想の革命性を、もっぱら、ブルジョワ革命における『封建的支配関係の破壊という消極的機能』とのかかわりにおいてとらえるのである。」とし、日本資本主義論争における講座派の革命否定説に反対している。また、『新論』については、「この本を、フランス革命期におけるシエースの『第三身分とは何か』や、辛亥革命における鄒容《すうよう》の『革命軍』や陳天華の『警世鐘』に匹敵する革命パンフレットとみることができるのではないかと思う。[32]」とし、特に封建制の内部的矛盾が中心となっている『第三身分とは何か』よりも、対外的危機の問題が中心となっている『警世鐘』との類似点を指摘している。それゆえ、日本の優越性と西洋の卑俗性を記した『新論』冒頭部においても、「水戸学の封建的性格を立証するためにしばしば引用されるのであるが、私は、この文章を、明治維新における対外的危機意識の大きさを示すものと解したい。[33]」と述べている。ただ正志斎が実際にどのような経緯でそうした対外情報を入手し、そうした危機意識を抱くようになったかについては触れられていないため、具体的な『新論』の意図についても本書では検討していく。

本山幸彦氏の『明治思想の形成』（一九六九）では、後期水戸学の尊王攘夷思想の変革性の考察を中心に論じており、先の遠山氏、及び上山氏の意見について疑問を呈し、①後期水戸学における秩序観と変革性、②折衷学的性格、実学的性格、古学的性格の分析、③後期水戸学の尊王攘夷思想と、その後の志士たちのそれとの比較により、その変革性を考察している。[34]そして正志斎の国体論については、「（1）国体を基礎づけた儒教道徳の理念は、王道論であったが、その王道論は同時に、天の秩序である忠・孝という名分論を内にいだいていたこと。（2）後期水戸学の国体論の特徴である天と天祖の同一視は、時には天を強調し、時には天祖にアクセントをおくことができ、その使い分けが可能であった。したがって、天の理念に固有な易姓革命の思想を排除する場合には、天祖が用いられたが、その反面、天皇統治の不易性を合理づけるときには、天秩・天叙、もしくは自然秩序とされた天にもとづく忠・孝の名分論イデオロギー性を強化することができたこと。（3）国体論の基礎付けとしての忠と孝とは、しかし、天に結びつくだけではなく、同時に天祖の教訓として国粋的価値をもち、忠は本来的には天皇への忠、孝は天祖への孝として、いわば公的・国家的性格が与えられ、国体秩序の原理になったこと。[35]」の三点が思想的特徴としている。そして、「後期水戸学の尊王攘夷思想は、その思想的根柢を支えた国体論を媒介に、現実の幕藩体制を国体秩序に位置づけたのであるが、この国体論に裏づけられることによって、後期水戸学の人々は、はじめて、幕府の尊王を理念的に自明のこととして、尊王・敬幕をとくことができたのである。[36]」としている。これらについても、先の論考と同様にやや限定された史料からの結論であり、本書では『日本書紀』との関係性や祭祀についても触れることで正志斎の国体論について補完していきたい。

尾藤正英氏の「水戸学の特質」（一九七三）は、日本思想大系『水戸学』の解説であり、国体論についても体系的に論じたものとして注目を集めた。同氏は伊藤仁斎《いとうじんさい》、荻生徂徠《おぎゅうそらい》らの古学によって当時の学界の状況は一変し、特に徂徠の学問は、賀茂真淵《かものまぶち》、本居宣長の国学にも影響を与え、「後期における修史事業の進展と、これを基礎としての水戸学の成立とは、右の徂徠学ならびに国学の影響を無視しては考えることができない。[37]」と主張した。そして正志斎の国体論については、礼制を通じて忠孝の道徳が「強固に植えつけられる。[38]」とし、ここに祭政一致、政教一致の政治体制たる日本国の建国の原理が見出されると述べている。さらに、「そこでは、人民の国家に対する自発的な協力が重んぜられているように見えながら、実はその自発性は、宗教的儀礼を通じて作り出された自発性、すなわち支配者によって操作された自発性となっていることであろう。その宗教的儀礼は、記紀神話に由来し、従って天皇を頂点とした支配体制を正当化するという政治的意味を主たる内容としたものであった。[39]」としている。後期水戸学の思想と記紀神話との関係性は、他の研究でも強調されているが、正志斎は『日本書紀』には依拠しているものの、『古事記』には一定の距離をとった立場を示している。また、「被支配者は、礼制を通じて操縦をされるところの受動的な存在にすぎない。そしてこのような政治観が、朱子学ではなく徂徠学に立脚していたことも明らかである。[40]」と結論づけているけれども、徂徠学との関係性についても再考の余地を残している。同氏の論考は、『新論』の国体論を含め、その後の少なからざる研究者に影響を与えており、水戸学研究における大きな支流をなしている。

今井宇三郎氏の「水戸学における儒教の受容」（一九七三）は、先の尾藤氏と同じく日本思想大系『水戸学』の解説である。そこでは幽谷と正志斎を中心に儒教の影響が記され、また著述の成立年代や内容についても述べており、学問の傾向を知る上で有益な論考である。そして幽谷の「正名論」こそが、『春秋』の大義は正名にあり、君臣上下名分を正すにありとし、それを根拠として古今治乱の迹を概論し、皇統一姓の国体論に及」び、「幕府、皇室を尊べば、すなわち諸侯、幕府を崇び、諸侯、幕府崇べば、すなわち卿・大夫、諸侯を敬」して、「万邦協和」するという主張が「後年、会沢や東湖に祖述されて、その国体観の核心をな」したとしている。[41]また「会沢学の特色は、永年にわたる儒教経伝の研究成果によって基礎付けたその基礎付けにあったとされねばならぬ。[42]」として、正志斎の学問の基盤が儒学にあることを強調している。弘道館における教学綱領との関係については、「(弘道)館記及び（弘道館記）述義を水戸学の綱領を示した通論とすれば、会沢の『新論』はその各論に当り、『下学邇言』はその原論に当るとも言えるであろう。[43]」と述べている。さらに先の尾藤氏の論考が諸学派からの影響、特に徂徠学を提起しているのに対し、今井氏は儒教そのものから「会沢学」が成立していることを主張しており、それは正志斎の経伝研究の著述群である思問編の分析からも説得力があると思われる。また、その中でも「会沢の立論の根拠には常に聖人の聖経が援用されるが、その聖経の内でも尚書・周官・周易の三経が最も有力である。」とし、「特に周官に対して努力を集中している。[44]」としている。そして『周官』は、「周室封建制の理想像を述べ、祭政教一致の政治形態を温存し、兵農一致、井田制による耕田の均分と徳治・教化を説く儒教思想を根拠とし」ているため、「水戸学的理想に合致する点が多い。[45]」としている。正志斎の『周官』理解は『読周官』に纏められており、同書を含め『周官』についての言及は他の著作でも多く、本書においても論点の一つである。

安丸良夫氏は、「歴史における民族の形成」（一九七五）において、「江戸を主要な活動舞台とした源内、江漢、利明などに近代的ナショナリズムの先駆[46]」があるとし、「水戸学と後期国学（篤胤学）は、その受容基盤と論理に若干の相違がありますが、基本的な課題を同じくするもっとも影響力の大きい運動であり、この思想系譜の基本線は、維新変革をへて明治国家イデオロギーの体系に継承されます。[47]」と述べ、水戸学の明治以後への連続性を主張している。そして、「明治初年から一〇年代にかけての自由な思想的醱酵にもかかわらず、日本の近代化の過程で主導権をとったのは、結局のところは、水戸学と後期国学にはじまり、維新政権のイデオローグたちをへて、教育勅語などに集約される天皇制国家主義の系譜にあったということであります。」と、その思想が教育勅語へと継続していることを強調する。こうした水戸学の明治への継続性については本書でも認めるところであり、また国学との関係性については国儒論争を考察することで詳しく見ていきたい。

本郷隆盛氏は、「幕藩制の動揺と国体イデオロギーの形成」（一九七七）において、「一八世紀後半以降の思想展開を主導したものが徂徠学的な制度論やいわゆる経世思想ではなく、後期水戸学や幕末国学にみられるような道徳主義的・精神主義的なむしろ朱子学に連なる思想系譜であったことに注意する必要がある。[48]」と、水戸学における徂徠学の影響を否定し、朱子学の系列にあることを再定義している。そして、これまで遠山氏らによって主張された「愚民観」については、「水戸学＝愚民論では処理しきれない民衆のエネルギッシュな行動とそれのもつ危険性を会沢ははっきりと見通していたのであり、それが会沢をして新たな支配形態の必要を促した原動力なのである。[49]」とし、民心統合のための国家的祭祀の役割を考察している。そうした正志斎の「国体イデオロギー」は、「民衆の内面性や宗教意識を直接支配の対象とし、またそれを天皇のとりおこなう国家的祭祀を通じて支配の側に掌握しそれによって国家的統合をはかろうとする会沢の基本的構想は、紆余曲折を経ながらも近代日本国家に継承され、近代日本のイデオロギー構造の基本的な枠組をなしたのである。[50]」とし、安丸氏同様に明治時代への連続性を述べている。本書においても、正志斎の祭祀は主要な論点の一つであるけれども、ここで言われているような支配と被支配といった視点以外の根拠についても論証していきたい。

吉田俊純氏は『後期水戸学研究序説――明治維新史の再検討』（一九八六）を執筆し、増補復刻版を二〇一六年に『水戸学の研究――明治維新史の再検討』として再版している。同書では遠山茂樹氏との交流に触れつつも、後期水戸学が明治維新の思想的推進力ではないとした遠山説に疑義を呈し、その継続性を主張している。そこでは、遠山氏が後期水戸学的な尊王攘夷思想とは名分論に基づく典型的な幕藩体制肯定の封建思想で、民衆エネルギーを汲み取り維新の変革を可能とした奇兵隊諸隊と思想的に相違するという主張に対して[51]、後期水戸学は長州藩尊攘派に受け継がれ奇兵隊諸隊の編制となり、明治維新の思想的推進力として作用したと論じている[52]。また、戦前における水戸学研究の評価としては、水戸学は天皇制のイデオロギー的基盤であり、「昭和ファシズム期には、強く軍国主義と結びついて顕彰され」、関連著作も多数出版されたが、「その多くはおよそ学問的といえるものではなかった。」とし、国体の用語や水戸学の重要な概念とされる用語は分析の対象とされたことはなく、水戸学者間の見解の違いを解明して水戸学の意義を問うこともなされなかったと述べている[53]。加えて、本書でも焦点となる山崎闇斎についても、「会沢は『新論』において、神道による民衆の教化を説き、また、さかんに天の用語を使用するが、それは会沢が垂加神道の影響を受けていたからと認められる。」とその関係性を肯定しつつも、その天神観については幽谷との相違を指摘している[54]。さらに同氏の『水戸学と明治維新』（二〇〇三年）では会沢正志斎について一章を設け、その履歴と学問について纏めている。そこでは、『及門遺範』と『下学邇《かがくじ》言《げん》』における荻生徂徠の評価に触れつつも、結論として「正志斎は幽谷以上に古学、とくに徂徠学に傾斜しているのである。」としている[55]。なお、こうした吉田氏の見解については、梶山孝夫氏が著書の中で論じており、『及門遺範』等における正志斎の著作を引用しつつ反証している[56]。正志斎と徂徠学、崎門《きもん》学との関係については議論の的となることが多く、本書でも学統を論じた章で見ていくこととしたい。

　辻本雅史氏は『近世教育思想史の研究』（一九九〇）において、後期水戸学が国内の幕藩社会の構造的危機と西洋諸国の外圧に対し、前者へは改革論を展開し、後者へは民族国家的意識の昂進とし、両者は会沢の国体論において一体の問題として捉えられているとして[57]、正志斎の主張は「西洋の脅威の根本は、むきだしの軍事力である以上に、民心を収攬しうる宗教の力にあ」り、「軍事より民心こそが根本であるとすれば、いかに民心をつかむかこそが、問題となる。西洋はその重要さを十分承知している[58]」と分析している。そこで正志斎は、「民衆の掌握や動員力」において「宗教のもつ政治的意義に着目した」とし、それは同時に「宗教を必ずしも十分には政治システムの中に組み込めていないという政治体制上の欠陥として、自覚したことでもあった[59]。」としている。そうした目的のために着目したのが、記紀神話にもとづいた忠孝道徳論であり、それは「理屈や政治的強制ではなく、宗教性をよそおうことによって、朱子学のみは民心の収攬に有効性をもつものとして構想されていた[60]。」と述べている。さらに、その忠孝道徳論を『新論』等における「祭祀」や「孝」の記述に着目し、「忠孝道徳を理論的に基礎づけたのが『父子分身一体』論であり、祭祀論は、忠孝道徳を一人一人の内面のうちに確固として措定するものとして説かれた。」とし、「忠孝道徳論こそ、会沢の国体論の思想的結節点をなしていること、疑いない[61]。」との結論に至っている。辻本氏の論考は、「祭祀」や『孝経』の視点についても触れ、正志斎の国体論について従来の研究では触れられなかった成果を認める事ができる。同氏の研究が日本思想大系『水戸学』の掲載史料を中心に纏めているのに対し、本書では『孝経考』等の未翻刻の史料を含めて考察していることを附言しておきたい。加えて、同書の脚注においてこれまでの水戸学研究を簡単に解説しているけれども、戦前・戦中の水戸学研究については、「後期水戸学の近代日本への連続性を強調する。しかしその場合、同時代の時局のもとめる国家と国民の理念やあり方を、そのまま水戸学に投影させ、そのために主観的かつ非歴史的な水戸学の論調に塗り込められているのを、おおむね常としている。学問的評価にたえうるものは、管見の限りでほとんどないといってよい[62]。」としている。ここでの「管見」がいかなるものを指しているのかは不明であるが、筆者の意見では戦前・戦中でも傾聴に値する論説もあり、本書でも参照したものは戦後の研究のみには限定されていない。また、そうした時代的制約に縛られないことで、戦後という「時局」のもとめる「理念」からも幾分自由な視点が得られると考える。

三谷博氏の『明治維新とナショナリズム』（一九九七）では、「会沢正志斎——ナショナリズムの鼓舞と攘夷による国家改革」として一節を割いている。そこでは、「会沢の危機対策のうち、他の対外論者ともっとも違うのは、ナショナリズムの喚起を最重要の課題と考え、そのためにイデオロギー体系の構築と儀礼の利用とに、とくに注意した点である。(63)」とし、皇室の大嘗祭と各家庭の祖先祭祀の関係性について、「祖先祭祀という『孝』の儀礼が天皇への永遠の『忠』を導くのである。(64)」としている。そして「人間の非合理的側面を重視し、それを言葉のみならず、儀礼として組織し、制御しようと考えた」と述べ、「会沢の『新論』は、『古代』を呼び出しつつ、ある種の『近代』性をもたらす教説、具体的には、プロト・ナショナリズムを真性のナショナリズムに転化しようとする教説であり、長期的にはその点でかなりの成功をみたのである。(65)」としている。こうした「儀礼」を媒介とする正志斎の国体論についてはこれまでも指摘されていたが、同氏はこれに近代的ナショナリズムへの転化の役割を認めている点で新しいものである。しかしながら、この「儀礼」の具体的内容がどのように変容を遂げ、国体論へと接続されたかについては考察の余地が残されているため、これについても本書で論じていく。

米国人であるJ・ヴィクター・コシュマン氏の『水戸イデオロギー』（一九九八）は、海外からの視点で水戸学を捉え直したものとして様々な示唆を与えてくれる。これは一次史料の比較検討よりも、西洋の解釈学を複合的に応用した視点で論じられており、『新論』等の代表的著作を用いて分析している。そして、ヘルマン・オームス氏の『徳川イデオロギー』を受けて、崎門派の影響を正志斎の中にも認め、水戸の言説を「宣長の国学流の神道【復古神道】、徂徠の古学、闇斎やその門人たちによって組み立てられた朱子学と神道の統合体系【垂加神道】というような要素を、重層的に包摂することを目指している」と従来から言われてきた折衷学的な要素を述べた上で、そこでは「相対主義的な歴史概念への関与」と「歴史を超越した自然の秩序への関与」という「矛盾」が存在しているとし、「この矛盾そのものが、かえって水戸の思想家たちを改革という行動へと駆り立てていったように思われる。」と述べている。[66]正志斎の国体論については、「神話的な主題こそ」がその核にあるとし、[67]大嘗祭を中核として説いていることを加味し、「国体という構築物は、日本の国の起源が、万世一系の皇統に具現されて今に続くものであることを表象するばかりでなく、儀礼の実践を通じて、その起源を集団的に再生することの永遠の可能性をも、象徴しているのである。」[68]として、こうした「範型」は「山崎闇斎によって最終的な形を与えられた、儒教化された神道イデオロギーを復活させたものであった。」と纏めている。水戸学と徂徠学の影響に関しては、尾藤氏の研究をはじめとして種々述べられてきたことであるが、この山崎闇斎との関係性については、平泉氏の研究と共通しており、これについてもより多角的に本書では論じていきたい。

星山京子氏の『徳川後期の攘夷思想と「西洋」』（二〇〇三）では、幕末における攘夷思想について、正志斎と平田《ひらた》篤胤《あつたね》、徳川斉昭における西洋に対する意識の変遷、展開を論じている。そこでは先の山口氏同様、正志斎に「愚民観」の存在を認め、民衆に対する蔑視的感情が内在していたとしている。[69]また、そうした民衆を統治するために意図したのは操作による政治にあるとし、国家的宗教の導入により民心を操作できると考えたと述べている。[70]そして正志斎のキリスト教観とは、「単なる憎悪と侮蔑心のみで説明されるほど単純なものではなく、両義的で複雑な様相を呈して」おり、そのような感情の一方で、「国内においては、民衆統治のイデオロギーであり、他国においては侵略を容易にするための民心掌握のための術策と理解した。」[71]としている。つまりは、「キリスト教を民心掌握のイデオロギーと見たことが、会沢を祭政一致というイデオロギーを通した統合の形式の導入に駆り立てたのである。」として、正志斎の思想における祭政一致の理念の始点がキリスト教にあったと分析している。ただし、これについては「民心掌握の術が日本には存在しないゆえに」[72]生じたとしているけれども、『孝経』をはじめとする儒書にも民心掌握の「術」は記されているため、これらの関係においても本書では述べていきたい。

中野剛志氏の『日本思想史新論』（二〇一二）では、源了圓氏の「実学史観」を「プラグマティズム（実用主義)」と再解釈し、それを古学に求めて「伊藤仁斎が開き、荻生徂徠が発展させたプラグマティズムである古学こそが、後期水戸学のバックボーンであり、『新論』の国家戦略を支える哲学的基礎である。」[73]と定義している。そして、仁斎によるプラグマティズムとナショナリズムの火種が、水戸学の尊王攘夷思想の発火へとつながり[74]、それを引き継いだ荻生徂徠がより実践的な政治論へと発展させ、水戸学へ流れ込んだとしている。[75]また、「実践を重視する徂徠は、不確実で動態的な社会の中で政治を行うには、宗教あるいは『聖なるもの』が必要であるとも考えていた。徂徠は、伝統を重んじ『聖なるもの』を信じる保守思想家であった。」[76]とし、「先王の道」の中に祭政一致の普遍的な価値を見いだし、その政治的価値によって日本の国体を正当化しているナショナリストであると述べて[77]、こうした仁斎、徂徠による古学により、『新論』の国家戦略は支えられていると述べている。[78]これまでも実学の観点や徂徠学の影響については、源了圓氏や尾藤正英氏の研究で論じられてきたが、ここでの新たな視点としては、改革における中間勢力として幕藩体制の維持があったとする内容である。これはジャック・シュナイダーによる民主化・自由化の過程と攻撃的ナショナリズムとの関係における比較研究に基づいて、国家と大衆間における中間勢力を維持しつつ、漸進的に民主化・自由化を進めた国家は、自己破壊的なナショナリズムは比較的抑制されるという議論を応用し、「正志斎らが天皇の聖的権威の下に国民を統合しようとしつつも、天皇と国民の間に幕藩体制という中間勢力を残存させようとしたこともまた、ナショナリズムを過激化して国内を分裂させることを避けようとしたためではないだろうか。」[79]としている。そして、水戸藩の内部抗争を経た正志斎は、「中間勢力なき急進的な民主化や自由化がナショナリズムの過激化を経由して暴力と混乱を引き起こすというメカニズムに気づいていたからだったのではないだろうか。」[80]と問題を提起している。同書によるとこうした考えは、エドモンド・バークやアレクシス・ド・トクヴィルも共有する思想であり、正志斎の政治思想を再考する上で注目すべき意見だと考える。

安見隆雄氏の『会沢正志斎の生涯』(二〇一六)は、これまでの研究状況を踏まえつつ、一次史料に基づいた解説を含め、正志斎についてわかりやすく一般向けに出版されたものである。また同書の「関係年譜」は、これまでの書籍と比較しても、関連事項を詳しく網羅しており、本書においても裨益するところが多くあった。加えて、水戸史学会が所蔵している史料についても言及しており参考となる。

同年に刊行された『会沢正志斎書簡集』（二〇一六）は、新たな情報を提供してくれる。当該書簡集は大阪大学日本史研究室、および同附属図書館で所蔵されてきた湯浅九市のコレクション・湯浅文庫の一部である。正志斎の書簡は三九三通を占めており、宛先は水戸藩士奥右筆頭取・大納戸奉行を務めた寺門喜太平と、その息子政次郎である。このうち喜太平宛一九通、喜太平・政次郎宛二通、寺門宛一通、宛名欠一八通、政次郎宛三五三通となっており、弘化年間から正志斎の没年である文久三年に及んでいる。また、小林半兵衛祐政家から嫁いだ正志斎の妻が寺門喜太平の妻と姉妹であるため、政次郎は正志斎の甥にあたり、当該書簡は寺門家から流出したものと推測している。[81]なお、東京大学史料編纂所の維新史料引継本（文部省維新史料編纂事務局旧蔵史料）の正志斎の書簡は当該書簡の筆写本であり、一四一通の内、一二六通が当該書簡と重複し、一五通が史料編纂所のみで確認することができる。これは欠落している二三巻と二四巻と推定されうるため、『書簡集』ではこの筆写本により補っている。寺門政次郎は伝記である「会沢先生行実」、「正志斎先生略譜」の編纂に加え、著作を『閑道編』上下として出版しており顕彰にも尽力した。[82]また息子の寺門誠も正志斎や東湖に師事し、『大日本史』の編纂に従事している。[83]同書簡集では桜田門外の変や公武合体の所感に加え、正志斎の著作の出版状況などを窺うことができる。[84]

井坂清信氏の『会沢正志斎の晩年と水戸藩』（二〇一七）は、国立国会図書館に所蔵されている正志斎から青山延光に宛てた書翰一八〇通の翻刻と解題が記されている。本書の第四章の元となった論文である「会沢正志斎の教育思想」においても同館所蔵の史料を引用したが、基本となる史料でありながら整理されていない現状については気がかりであった。しかしながら、先の『会沢正志斎書簡集』と併せ基礎史料が整いつつあることで、今後の研究に寄与することは間違いないと考えられる。

以上、関係している代表的研究について述べてきたが、周知の通り幕末期において多大な読者層を形成した正志斎の研究は、ここで触れた以外の論文においても多数散見している。しかしながら、基本的にはここで紹介した議論を前提に考察されている点では共通しており、またそれらの中で如何なる前提に依拠するかで結論が左右されることも考えられよう。そこでこれらの先行研究を踏まえ、本書で対象とする課題とその分析視点について次に示しておきたい。

第二節　本書の構成と研究手法

前節で取り上げた先行研究を踏まえ、本書では以下の構成とした。

第一章　学問とその系譜
第二章　国際性の涵養
第三章　儒学の構造
第四章　教育思想とその展開
第五章　国学との葛藤
終　章　総括と今後の展望

第一章と第二章では、主として『新論』執筆以前の正志斎における学問的背景と、当時の国際情勢に関する認識について考察する。続く第三章から第五章では、主として『新論』執筆以後における正志斎について、その思想的深化と教育者としての実践について論じる。各章の概要は以下のとおりである。

第一章では、正志斎へと連なる学統、及び先行研究で議論のある諸学派との関係性について考察していく。それらの中で水戸学と徂徠学や崎門学との関係については、尾藤正英氏をはじめとして多くの研究者がその影響を主張している。一方で水戸史学会を中心とする研究者においては、徂徠学についてはその影響を否定し、崎門学については肯定的に記している。これについては正志斎、及び藤田幽谷が直接的にそれらの諸派の学問について言及した史料を含め、祭祀等の主要な概念についての比較を試みた。そうすることで諸学派と正志斎の思想における断片的な齟齬《そご》を清算し、相違点と共有点を抽出することで多角的な視点を提供することを意図した。そこで第一節では、師である藤田幽谷の学問について述べ、続く第二節では幽谷と大田錦城《おおたきんじょう》について論じ、正志斎の学問における考証学的傾向の内在性を示唆した。これを踏まえ続く第三節では荻生徂徠、及び山崎闇斎の言説と正志斎のそれとを直接比較し、両者における一致点と相違点を分析し一定の結論を導いた。そして第四節では、これまで『新論』執筆以前の論考として注目されていなかった「喪礼」についての思索を検証する。そこに示された「追孝」における意義を確認しながら、正志斎独自の思想的傾向と『新論』へと連なるであろう祭祀観について論じる。また同節では、丸山真男氏や遠山茂樹氏により主張されている封建的身分制擁護論の可能性について触れ、それに反証するかたちで論を進めることとする。これに付随して丸山氏や、本郷氏らによる「愚民観」の存在についてもその真意を纏めていく。

第二章では、上山春平氏等も主張する『新論』に込められた対外危機意識、及びその根拠について論じていく。そのために先ず水戸藩における海外への関心の経緯から起筆し、同藩から蝦夷地探索へ派遣された木村謙次の記録を用いて、正志斎まで継承されたであろう国際観を検討していく。続けて藤田幽谷の国際的視野の分析を行い、最終節では正志斎が当事者となった大津浜上陸事件での記録を通じて、それを契機とした危機意識がいかなるものであり、『新論』へと結実したかを考察していく。そこでは特に従来の研究で述べられているような、正志斎の「先入観」が大きく作用したがゆえの考察といった前提ではなく、国際政治におけるリアリズムの思考を有していたと仮定して論証していくこととしたい。

第三章では、正志斎の著作の中で儒学研究の著作群である思問編を中心に考察を行い、その影響を探る。本章は全六節からなり、それぞれ『中庸』、『孝経』、『論語』、『書経』、『易経』、『周礼』について、正志斎が各儒書について考察した著作を用いて分析を行う。儒教研究著作群について全体の概要を纏めたものとしては、これまで今井宇三郎氏の論考が唯一のものであったが、近年においては『中庸釈義《ちゆうようしやくぎ》』や『読論日札《とくろんにつさつ》』についての研究も行われている。そこでこれらの研究に依拠しながら、正志斎の思想における儒教の存在について、特にその中でもいかなる儒書を重視し思想を取り入れたのか、またその解釈における特徴について一定の結論を導く。

第四章では教育思想に着目し、その具体的政策、基底となった思想について論じる。ここでは特に『周礼』の影響を中心に述べ、同書に記された教育論が正志斎によってどのように咀嚼、実践されたかを考察したい。また、その教育思想の背景には歴史観も影響しており、これは水戸藩における『大日本史』の編纂や、藩校弘道館の教育理念との相互性についても論じていきたい。他方で、正志斎と共に後期水戸学の双璧とされる藤田東湖の教育思想にも触れ、両者の共通点と相違点についても考察しつつ、最終節では教育論の深化が、どのように熟成したのかを『下学邇言』を中心として論を進めていきたい。

第五章では正志斎と国学との関係性について論じていく。ここでは先ず、水戸藩における国学との接点について述べ、幽谷の国学観についても触れていく。次に「国儒論争」における正志斎の立場を中心として分析し、関連著作を用いて、これまで先行の研究では指摘されなかった新たな側面を提唱していきたい。最後に「国儒論争」でも争点の一つである「道」の解釈について、そこで展開された思想を検証していくこととする。

注

（1）維新史料編纂事務局『維新史』第一巻（一九三九）、三八〇頁。
（2）文部省社会教育局編『連合国軍総司令部指令　没収指定図書総目録』（文部省、一九八二年）。
（3）伊藤隆「『東京裁判史観』を想う」（『史學雜誌』一二二、二〇一三年）、三九頁。
（4）平泉澄「国史学の概要」（『平泉博士史論抄』、青々企画、一九九八年）、一六二頁。
（5）西村文則『会沢伯民』（大都書房、一九三六年）、四二頁。
（6）西村文則『会沢伯民』、一六〇頁。
（7）高須芳次郎『会沢正志斎』（厚生閣、一九四二年）、一四頁。
（8）高須芳次郎『会沢正志斎』、二一三頁。
（9）瀬谷義彦『会沢正志斎』（文教書院、一九四二年）、七八頁。
（10）遠山茂樹「水戸学の性格」（『生活と思想』、小学館、一九四四年）、一七〇頁。
（11）遠山茂樹「水戸学の性格」（『生活と思想』）、一七二頁。
（12）遠山茂樹「水戸学の性格」（『生活と思想』）、一七七頁。
（13）遠山茂樹「水戸学の性格」（『生活と思想』）、一七八頁。
（14）遠山茂樹「水戸学の性格」（『生活と思想』）、二〇一頁。
（15）遠山茂樹「水戸学の性格」（『生活と思想』）、二〇二頁。
（16）遠山茂樹『明治維新』（岩波書店、一九五一年）、六頁。
（17）遠山茂樹『明治維新』、三三七頁。
（18）遠山茂樹『明治維新』、六七頁。
（19）丸山真男『日本政治思想史研究』（東京大学出版会、一九五二年）、三〇三頁。
（20）丸山真男『日本政治思想史研究』、三〇四頁。
（21）丸山真男『日本政治思想史研究』、三五〇頁。
（22）丸山真男『日本政治思想史研究』、三五一頁。

(23) 丸山真男『日本政治思想史研究』、三五二頁。
(24) J・ヴィクター・コシュマン『水戸イデオロギー』(ぺりかん社、一九九八年)、一四九頁。
(25) 丸山真男『日本政治思想史研究』、三五一頁。
(26) 丸山真男『日本政治思想史研究』、一五頁。
(27) 丸山真男『日本政治思想史研究』、九頁。
(28) 山口宗之『改訂増補　幕末政治思想史研究』(ぺりかん社、一九八二年)、二七八頁。
(29) 山口宗之『改訂増補　幕末政治思想史研究』、二一九頁。
(30) 山口宗之『改訂増補　幕末政治思想史研究』、二〇五頁。
(31) 上山春平『明治維新の分析視点』(講談社、一九六八年)、一九頁。
(32) 上山春平『明治維新の分析視点』、三三頁。
(33) 上山春平『明治維新の分析視点』、三四頁。
(34) 本山幸彦『明治思想の形成』(福村出版、一九六九年)、一二頁。
(35) 本山幸彦『明治思想の形成』、二〇頁。
(36) 本山幸彦『明治思想の形成』、二四頁。
(37) 尾藤正英「水戸学の特質」(『水戸学』日本思想大系五三、岩波書店、一九七三年)、五六四頁。
(38) 尾藤正英「水戸学の特質」(『水戸学』日本思想大系五三)、五七八頁。
(39) 尾藤正英「水戸学の特質」(『水戸学』日本思想大系五三)、五七九頁。
(40) 尾藤正英「水戸学の特質」(『水戸学』日本思想大系五三)、五七九頁。
(41) 今井宇三郎「水戸学における儒教の受容」(『水戸学』日本思想大系五三)、五二六頁。
(42) 今井宇三郎「水戸学における儒教の受容」(『水戸学』日本思想大系五三)、五三一頁。
(43) 今井宇三郎「水戸学における儒教の受容」(『水戸学』日本思想大系五三)、五三二頁。
(44) 今井宇三郎「水戸学における儒教の受容」(『水戸学』日本思想大系五三)、五三六頁。
(45) 今井宇三郎「水戸学における儒教の受容」(『水戸学』日本思想大系五三)、五四三頁。

(46) 安丸良夫「歴史における民族の形成」(『歴史学研究』別冊、青木書店、一九七五年)、三頁。
(47) 安丸良夫「歴史における民族の形成」(『歴史学研究』別冊)、四頁。
(48) 本郷隆盛「幕藩制の動揺と国体イデオロギーの形成」(『民族と国家』、青木書店、一九七七年)、一一七頁。
(49) 本郷隆盛「幕藩制の動揺と国体イデオロギーの形成」(『民族と国家』)、一二三頁。
(50) 本郷隆盛「幕藩制の動揺と国体イデオロギーの形成」(『民族と国家』)、一二六頁。
(51) 吉田俊純『水戸学の研究――明治維新史の再検討』(明石書店、二〇一六年)、一二七頁。
(52) 吉田俊純『水戸学の研究――明治維新史の再検討』、一四四頁。
(53) 吉田俊純『水戸学の研究――明治維新史の再検討』、四二頁。
(54) 吉田俊純『水戸学の研究――明治維新史の再検討』、九五頁。
(55) 吉田俊純『水戸学と明治維新』(吉川弘文館、二〇〇三年)、六二頁。
(56) 梶山孝夫『現代水戸学論批判』(水戸史学会、二〇〇七年)、二四六頁。
(57) 辻本雅史『近世教育思想史の研究』(思文閣出版、一九九〇年)、二六八頁。
(58) 辻本雅史『近世教育思想史の研究』、二七八頁。
(59) 辻本雅史『近世教育思想史の研究』、二八〇頁。
(60) 辻本雅史『近世教育思想史の研究』、二八五頁。
(61) 辻本雅史『近世教育思想史の研究』、三二三頁。
(62) 辻本雅史『近世教育思想史の研究』、三二六頁。
(63) 三谷博『明治維新とナショナリズム』(山川出版社、一九九七年)、五四頁。
(64) 三谷博『明治維新とナショナリズム』、五五頁。
(65) 三谷博『明治維新とナショナリズム』、五六頁。
(66) J・ヴィクター・コシュマン『水戸イデオロギー』、八一頁。
(67) J・ヴィクター・コシュマン『水戸イデオロギー』、九一頁。
(68) J・ヴィクター・コシュマン『水戸イデオロギー』、一一三頁。

(69) 星山京子『徳川後期の攘夷思想と「西洋」』(風間書房、二〇〇三年)、八七頁。
(70) 星山京子『徳川後期の攘夷思想と「西洋」』、九二頁。
(71) 星山京子『徳川後期の攘夷思想と「西洋」』、九六頁。
(72) 星山京子『徳川後期の攘夷思想と「西洋」』、九七頁。
(73) 中野剛志『日本思想史新論』(筑摩書房、二〇一二年)、五三頁。
(74) 中野剛志『日本思想史新論』、六〇頁。
(75) 中野剛志『日本思想史新論』、一〇二頁。
(76) 中野剛志『日本思想史新論』、一〇四頁。
(77) 中野剛志『日本思想史新論』、一三四頁。
(78) 中野剛志『日本思想史新論』、一四八頁。
(79) 中野剛志『日本思想史新論』、一七九頁。
(80) 中野剛志『日本思想史新論』、一八〇頁。
(81) 大阪大学会沢正志斎書簡研究会編『会沢正志斎書簡集』(思文閣出版、二〇一六年)、三〇五頁。
(82) 大阪大学会沢正志斎書簡研究会編『会沢正志斎書簡集』、一三一頁。
(83) 大阪大学会沢正志斎書簡研究会編『会沢正志斎書簡集』、二二九頁。
(84) 大阪大学会沢正志斎書簡研究会編『会沢正志斎書簡集』、一六三頁。

第一章　学問とその系譜

はじめに

江戸の学問の中心が儒学であったことは言うまでもないが、その解釈においては本来の儒学からは乖離《かいり》し、「日本化」が行われたことは強調しておいてよいであろう。このことは例えば熊沢蕃山《くまざわばんざん》の「道」と「法」とは別であり、「道」（三綱五常・君臣、父子、夫婦と仁義礼智信）は普遍的であるけれども、「法は聖人、時、処、位に応じて、事の宜しきを制作し給へり。」[1]として、柔軟な理解を促していることが挙げられる。これは儒学を不可侵として信仰の対象とした中国とは異なり、学問を多様に展開させて儒学を克服した側面をも含んでいる。そうした現象を生んだ背景としては様々なものが考えられるが、唐、宋、元、明、清と変化する王朝交代劇の存在は大きい。江戸前期に漢民族の明が、満州族の清に征服されるのを目の当たりにした我が国の学者は、理論と実践の乖離のみならず「中華」の虚構を認識し、日本こそが「中華」であることを主張する者もあらわれた。そうした流れを経て後期水戸学では「尊王攘夷」、「大義名分」といった本来の儒学にはない言葉を制作し、独自の理念を織り込んだのである。会沢正志斎の『新論』もこれらに連なるものであり、そこで語られた言葉は正志斎の独創を含みつつも、水戸藩はもとより近世の学問的成熟の成果としても捉えることができる。これはつまり正志斎の思考分析においても、彼の著述や行動のみを対象とするだけでは自ずから限界が生じ、全体像を把握することは困難となるであろう。そこで本章では正志斎の学統に着目し、その思想的背景を分析することで、彼が何を受け継ぎ、いかなるものを接《つ》ぎ木《き》したのかを考察していく。これは同時に『新論』によって表明された「国体」論とも密接に関係することでもあり、その後の我が国における同論の源流を探る旅路ともなるであろう。そこではじめに、水戸学を代表する学者であり、正志斎に絶大な影響を与えた藤田幽谷について述べていきたい。正志斎の師である幽谷については、これまでも多くの研究の蓄積があり、その学問的素養の深さについては異論がないであろう。ただ、正志斎自身が幽谷から多くを学びつつも、独自性を見出していった学問的葛藤については、その検証が不十分であるように思われる。そしてここでは特に、近世のみならず現代においても議論のある徂徠学と崎門学の存在についても言及していくことで、正志斎の特徴を見ていきたい。また、幽谷の学問についても彼一人の努力によってのみ確立されたものではなく、多彩な交友関係によっても支えられていた。これについては特に、幽谷における考証学的側面に注目し、大田錦城との交流を中心に論じていきたい。加えて最終節では、正志斎の喪礼について触れている。これについては荻生徂徠や山崎闇斎においても、近親者を朱子の『家礼』に倣って弔い、関連した著述もある。正志斎の『居喪大意《きよそうたいい》』、『心喪略説《しんそうりやくせつ》』は、これまであまり重視されていなかったけれども、正志斎の思想において軽視できない要素を含んでいる。さらにこれらは、『新論』においても随所にその片鱗をのぞかせており、その後に展開される思想的波及性を多分に含んでいると考えられる。

第一節　藤田幽谷の学問

水戸学はその傾向から前期と後期に分けて考察されているが、一般に水戸学と言えば後期のそれを意味している。そして後期水戸学は藤田幽谷あってのものであり、彼がいなければ前後の分類も存在しなかった。ここで水戸学という名称について確認しておくと、天保から幕末にかけては「水府（之）学」、「天保学」と呼ばれ、水戸学の名が定着したのは明治以後であるとされている。その独自の学問体系は、概して二代藩主徳川光圀の修史事業により形成された学風を前期水戸学と称し、九代藩主斉昭の藩政改革によって前期のそれを醸成したものを後期水戸学としている。また前期では歴史の尊重と国体観の闡明、尊王賤覇の思想などに特徴があり、後期では諸外国の接近に伴う幕藩制の脆弱性の露見と、内憂外患の危機意識が大きく影響したとされる。そうした前期の学統と時代状況の変化の中で、国体論と尊王攘夷思想の嚆矢となった人物が幽谷であり、正志斎の『新論』は幽谷の思想を受け継ぎつつも、それまでの水戸学を集大成したものであり、我が国の現状を憂う多くの志士を鼓舞激励したのは周知の通りである。これについて先行研究では、「水戸藩の学者会沢正志斎の代表的著作であるばかりでなく、水戸学の経典として重要視された文献である。門人寺門謹の『会沢先生行実』に『一生の精力半は此の書に在り』と記されているように、正志斎のこれ以後の数多い著作論考は、漢籍を除くほかは、すべてこの『新論』の敷衍または補遺として意義をもつといっても過言ではない。(2)」としている。ただ、『新論』はそもそも一般に広く流布させ、人心感化の目的で出版されたものではなく、八代藩主斉脩《なりのぶ》に上申するために著されたことは明記しておく必要があろう。当時は清書本一冊を江戸在勤の幽谷に送り、幽谷を通じて藩主への呈覧を依頼したわけであるが、読了後の斉脩は感心の意を述べたものの公刊は認めず、匿名で内々のみの閲覧を申し渡され、正志斎はこれに従った。ここで注意すべきは、一部の先行研究では『新論』における「煽動性」を強調し、正志斎を煽動家として論じるものがあるけれども、同書は藩主へ上呈されたものであって、安政四年（一八五七）にはじめて「正志斎先生著」として出版されるまで、天保から弘化、嘉永あたりまでは門人や有志間の個人による筆写のみにより伝播したのである。もちろん同書は藩主導で大量に出版させたわけでもなく、水戸学者のネットワークにより積極的に流布させようとした意図もないため、民衆の「煽動」を意図して書かれたとする仮説は説得力が無いように思われる。

さて、幽谷の学問的系列は一般に立原翠軒《たちはらすいけん》の学統に連なり、翠軒は荻生徂徠の学統へと連なると記されている。(3)ただこれには幽谷と翠軒との間に相剋が生じ絶縁した事実や、先行研究で議論のある山崎闇斎との関係性については考慮されておらず、徂徠学のみが影響を与えているような印象を受ける。また後に触れる大田錦城についても加える必要がある。そして水戸藩における正徳から享保年間の学問の動向では、安積《あさか》澹泊《たんぱく》と江戸の儒学者との交際は銘記してよいであろう。澹泊と室鳩巣《むろきゅうそう》、新井《あらい》白石《はくせき》、荻生徂徠らとの間では多くの書簡がかわされており、水戸藩が積極的に江戸の学問を摂取しようとする姿勢を窺うことができ、徂徠との交際では両者に学問上の相違があることが判明したとされている。(4)周知のように徂徠の学風は享保から明和、安永にかけて学界を風靡し、その影響は水戸にも及んだ。徂徠の門人で親戚の岡井嵰州《おかいけんしゅう》が史館に招聘される一方で、名越《なごえ》南渓《なんけい》は一時傾倒したものの異端の学問として徂徠学を史館から排斥する立場に転じた。やがて大内熊耳《おおうちゆうじ》の門人である田中《たなか》江南《こうなん》が水戸へ来藩すると、幽谷の師である立原翠軒らも江南に学び、その新奇の学説ゆえに多くの藩士に拡大していった。江戸では室鳩巣らによる徂徠学への批判も多く、適宜その長所を取り入れればよいとする折衷学も主張され、翠軒もその考えに近かったとされている。(5)水戸藩の学問上の興隆における翠軒の存在は大きく、彰考館総裁となると『大日本史』の編纂についても具体化していった。このような翠軒の門下で学んだ幽谷であったが、学問及び政治上において意見が合わず、後に両者は派閥を形成して修史や学問、政治面において対立するようになる。(6)こうした内情からも正志斎へ連なる学問的傾向を、単なる子弟関係だけで分析するには困難が伴う。

　では具体的に幽谷の思想的傾向を見てゆくことで、幽谷学を成立させたその背景を探っていきたい。藤田幽谷（一七七四―一八二六）は、名を一正、字は子定、通称は熊之介・与介・次郎左衛門とし、幽谷はその号である。祖父の代に農業から商人に転じ、水戸城西南に位置する下谷で古着商を営む与衛門言徳の次男として生まれた。一〇歳のころに彰考館総裁であった立原翠軒に入門し、翠軒の推挙で彰考館に入り、寛政元年（一七八九）には留付並となり正式な官員となる。同三年には歩行士列に昇進し、彰考館編修となり『大日本史』の編纂に従事する。そして同年に著された『正名論』は、正志斎の思想をはじめとする後期水戸学の形成過程を考察する上でも重要な著述である。同九年に藩主治保《はるもり》に上呈した『丁巳《ていし》封事』は、藩政批判であるとして処罰を受け、他方で『大日本史』の編纂方針を巡っては翠軒と袂を分かつ結果となる。その後、彰考館に復帰すると『大日本史』の「論賛」付載問題で再び翠軒と争うと立原派は彰考館を去り、幽谷は文化三年（一八〇六）に彰考館総裁副職となり、郡奉行を兼務することとなった。また、幽谷は享和二年（一八〇二）に梅香の自宅において私塾青藍舎を開き、そこで多くの門人を育てたことは、教育活動のみならず後期水戸学の伝播にも寄与した。

　これまでの幽谷に関する研究では、その学問については伊藤仁斎や荻生徂徠の古学をそのまま踏襲するものではなく、両者の評価についても褒貶相半ばしているとし、[7]また徂徠の弟子である経義派の太宰春台《だざいしゅんだい》と、詩文派の服部南郭《はっとりなんかく》については、詩文を軽んじる反面、経義を重視し利用厚生などの政策論に関心をもったとされている。[8]そして幽谷は『正名論』において、はじめて本格的に万世一系論＝易姓革命否定論を展開し、これは前期水戸学と伊藤仁斎の諸説から受け継いだものであるとして、[9]彼の政治思想は一定の完成を遂げたと見られている。また、「国体」の用語については、幽谷における使用例は一五箇所あるとし、そこでは『宋史』、『漢書』を典拠として用い「国」を「藩」として論じており、正志斎や東湖の国体論とは異質なものであり、安積澹泊、栗山潜鋒らに近似するものであるともされている。それゆえ正志斎の『及門遺範』において幽谷の国体論として記された言説には、正志斎流の解釈が加えられており、重複する内容を含みつつも幽谷はそれらを一括して「国体」と呼ぶことはなかったとされ、[10]「幽谷において、人心収攬のための国家意識の高揚は、『万世一系』『皇統連綿』という古代からの『天皇（家）』の連続性において求められたが、いまだそれにふさわしい名称は見い出されなかった。旧来からの『国体』という語に、新たな内容を盛ることができなかったのである。それには、会沢安『新論』（文政八、一八二五）を待たなければならない。[11]」という説明もある。

　他方で当時の主たる学派についての幽谷の態度は、長短相補うことを旨としており、それらを折衷することを主張しつつも、孔子の学に基づく「日本学」に立脚していたと言われている。[12]荻生徂徠については君臣の名を知らず、幕政を「朝政」と呼び、自らを「東夷物徂徠」と称して中国を「中華」と記したことを非難し、山崎闇斎についても肯定的意見ではなかった。[13]正志斎の『及門遺範』では幽谷の幼少における交友関係について高山彦九《たかやまひこく》郎《ろう》、蒲生君平《がもうくんぺい》、木村謙次《きむらけんじ》の名が挙げられており、[14]このうち謙次については後章で詳しく触れるが、正志斎へと連なる学統はこうした交流が原点となっていると考えられる。ここで少し、正志斎から見た幽谷の学問的性格を確認しておきたい。

> 先生の文学における古今を網羅し、衆説を会萃《かいすい》し、之を断ずるに聖経を以てす。謂へらく漢儒博士の学、訓詁を先にして実用に疏なり。甚しきは讖緯《しんい》の言に流れ、大いに聖人の道を害す。（中略）王伯安は一代の人豪、其物に就いて理を窮むるを謂ひて支離と為すもまた一理有るが如し。然れども自ら聡明を恃み禅機を浸淫すれば則ち聖人の旨を失ふ。明清考証の学、経を解すること精密なり。然れども或は砕細を務め大義を遺《わす》る。一失無しとせず。熊沢氏は才識絶倫なり。然れども王学を偏信す。則ち未だ得たりとせず。山崎氏は節義を磨礪し、風教に益有り。然れども狭隘僻説多し。伊藤氏は論語を以て宇宙第一の書と為し、拡充の義を説く。卓見と謂ふ可し。然れども道を見ること平易に過ぎるもまた一偏に流る。荻生氏は雄才卓識古今を圧倒す。然れども英雄人を欺き、経を説いて牽強多し。道を以て先王の造作する所と為し、君臣の名、華夷の分を知らず。新井氏は聡明絶倫、経綸の才たり。然れども君臣の名分に至りては、即ち大いに其義を失ふ。此れ皆長有り短有り、短を舎てゝ長を取り、聖経を以て根拠と為さば、庶幾は其れ倍かざらん。[15]

ここでは、近世を代表する識者について簡潔に論判しており、その「短」の部分に注目してみると、「聖人の旨」、「道」、「君臣の名分」というように、幽谷が重視する学問的要素を看取することができる。これらの人物の内、特に荻生徂徠については触れておく必要があろう。なぜならこれまで、水戸学における徂徠学の影響を重視する意見と、より多面的な検討を主張するものとがあり、[16]結論は保留されている。筆者の実感として、前者の意見は丸山真男氏の『日本政治思想史研究』で「発見」された徂徠学の影響に水戸学も例外なく含まれることをやや強引に当てはめている印象があり、また後者については他の学者と同様に一定の影響を認めつつも、徂徠のみならず、山崎闇斎等においても議論の俎上に載せている点で客観的であるように思われる。詳しく見ていくと、この問題における代表的な研究は、日本思想大系『水戸学』所載の解題として記された尾藤正英氏の「水戸学の特質」である。そこでは元禄時代前後の伊藤仁斎と荻生徂徠による朱子学への疑問と、これに代わる古学が出現するにいたり、特に徂徠の学問は賀茂真淵や本居宣長の国学の研究にも寄与したとし、後期水戸学における修史事業の発展について徂徠学の影響を重視している。[17]具体的には『大日本史』の編纂事業が、人物本位（個人道徳）の紀伝の編纂から制度史的な志表の編纂へと移行し、さらに制度のあり方を探求するために必要とされる古典に関する帰納的・実証的な研究方法が確立されたことが、後期水戸学成立の必要条件であったとするものである。また、幽谷の『正名論』における「名分」の概念は、社会における上下の秩序意識を浸透させるものであり、上下の差別の観念を確立するという教化の機能を持つことによって、天皇と将軍との君臣関係は一種の形式的な儀礼・礼制であれば十分であり、君臣関係の実質が伴う必要はないとし、ここでの君臣関係とは両者がいかなる人物であるかという内容の捨象された形式上の制度であるゆえに、徂徠学の考えが反映されているとしている。[18]「名分」を正すという内容から、上下の差別観念の確立という結論に結びつけることは、ある種の歴史学のトレンドであったけれども、幽谷の思想が差別的政治制度の確立にあると断定し、制度によってそうした政治的効果をねらったのは明らかに徂徠学の存在があるとするのは少し無理があるように思われる。このことは『正名論』が時の老中松平定信の求めに応じて作られたものであり、人々に秩序意識を浸透させるためとするには論拠が不十分である。それどころか古着屋出身であり、下級武士ですらない幽谷が、将来を嘱望され幕府の要職も期待されたにもかかわらず、『正名論』を書いたことによってその望みを絶たれている。それは『正名論』には、暴君である殷王に対しても決して文王はそれを討伐しなかったことを引き、礼においては分をわきまえることが第一であり、分のなかでは名を正すことが第一であることを述べた上で、「慎まざるべからざるなり。」として、定信への忠告を行っているからである。これは文末においても、「政をなす者、豈に名を正すを以て迂となすべけんや。」と書いており、これは一八歳の若者が時の老中に対して幕府のあり方を批判した点において、幽谷の早熟を見てとることもできよう。『正名論』が体制に迎合し、自身も体制側に身を置くことを念頭に入れた内容であれば、差別的政治制度の確立を目的としたと判断することも可能であるけれども、そうした忖度《そんたく》の形跡は一切なく、これがもとで幕府に召し抱えられることはなかった。しかしながら現代における社会の幸福は、平等な社会の実現というものが必要条件となっているものの、戦乱の時代から生まれた徳川政権にとっては身分制社会の確立が秩序の維持にとって欠かせないものであり、それは西洋の奴隷制社会とも異なるものとして存在していた。『正名論』の主張は「分」のみではなく、むしろ「名」（＝義務）を果たすことを要求しており、それは主導的立場にある武士階級に警鐘を鳴らすことが主目的であったのである。ちなみに幽谷の封事や正志斎の意見書にも共通することであるが、この師弟の著述には幕府や藩主へ不都合な提言を度々行っており、そのことがもとで降格処分などを受けており、単に武士階級の維持や自身の出世を動機とするだけでは両者の研究には限界がある。したがって『正名論』において「皇統の悠遠」を述べ「皇統一姓」を強調した上で、「幕府、皇室を尊べば、すなはち諸侯、幕府を崇び、諸侯、幕府を崇べば、すなはち卿・大夫、諸侯を敬す。夫れ然る後に上下相保ち、万邦協和す。[19]」とは、さかしらな推量を加えるよりも水戸藩特有の尊王の精神を幕府へ直言したものと素直に理解すべきである。また尾藤氏は『新論』の「国体」論においても、その特徴を解説した上で「被支配者は、礼制を通じて操縦されるところの受動的な存在にすぎない。そしてこのような政治観が、朱子学ではなく徂徠学に立脚していたことも明らかである。[20]」としている。水戸藩と徂徠学の関係は宝暦年間（一七五一―一七六四）に長久保《ながくぼ》赤水《せきすい》、谷田部《やたべ》東壑《とうがく》、立原翠軒らによってもたらされ、立原―幽谷―正志斎という関係はあるものの、『新論』において徂徠学の影響を過大視するには疑問が残る。先に引いた幽谷の学問を述べた『及門遺範』にあるように、他の学者と同様にその「長」の部分は取り入れているとしても、徂徠学のみが特別に扱われた事実は読み取れない。ただ、立原と幽谷の子弟間において学問的対立があったのと同様に正志斎が徂徠学へ傾倒した可能性は残るかもしれない。しかしながら、正志斎が晩年に纏めた『下学邇言』では、「荻生徂徠ハ豪邁ノ資ヲ以テ、大イニ古学ヲ唱ゲ後儒ヲ排撃シ、礼楽政刑ノ義ヲ論ジ、有用ノ学ヲ講ズ。而テ事務ヲ論ジ用兵ヲ説クガ如キハ甚ダ痛快トナル。然レドモ道ヲ以テ先王ノ造ル所トナシ、典礼ノ天叙天秩ニ出デ、治教ノ心術躬行ニ本ヅクヲ知ラズ。而モ称謂名分ニ於テハ、則チ君臣内外ノ弁ヲ知ラズ。惑ヒモ亦甚シ。(21)」としており、有用性を認めながらも道の作為性や名分の不見識について論難を加えている。ゆえに「道」を「自然」とし、幽谷の名分論を受け継いだと考えられる『新論』において、徂徠学の影響のみにとらわれることは避けておきたい。

　ここで、水戸学における徂徠学の影響を否定的に指摘している研究も紹介しておきたい。梶山孝夫氏は先の尾藤氏の論考を取り上げ、「自己に都合のよい部分だけを引用して解釈したといはざるをえないと思ふ。」とし、「基本的には水戸学に徂徠学の影響を考慮しなくてもよいといふことである。」と結論づけている。(22)また、荒川久寿男氏においても、「すなわちここに経世先王之志といい、先に古先聖王治天下之道というものは、『尊王賤覇、勧善懲悪、中国を内にし夷狄を外にする類』換言すれば炳として日星のごとき大義を内包してくるので、徂徠流の先王の道とはおよそその意味を異にすることが明らかとなろう。こうして幽谷はしだいに徂徠学をのりこえて道義を中軸とする経世実用の学を唱えるにいたった。しかもその道義とは孔子に源流を求め基準を仰ぐものである、かくて末世俗流をこえて孔子にかえれとする旗がかかげられたのである。(23)」として、幽谷の学問は徂徠学を克服したものと位置づけている。加えて、名越時正氏も尾藤氏について、「極く簡単にいへば尾藤氏は、前期の思想的根拠は朱子学であるのに対し、後期のそれは朱子学を否定した徂徠学であったとして、かの水戸学の本質とも言ふべき国体論も徂徠学の上にはじめて成立した、と論ずるのである。[24]」とし、その問題は、「氏の後期水戸学の国体論が、徂徠→制度史→志表といふ経路を経て成立したとする立論にある。」として疑義を呈している。そこで、そうした「立論」は「前期水戸学の国体論を無視して、或いは知らないで進められたとしか考へられない。[25]」とし、栗山潜鋒、佐々《さつさ》宗淳《むねきよ》、森儼塾《もりげんじゅく》、安積澹泊等の史料をもとに「国体」の文字の使用と国体論の成立を立証している。そして崎門学派については、「正に水戸学派と呼応するの観を呈してゐる。」としながらも、徂徠については、「まして荻生徂徠のごとく『禁裏ヲ誠ノ君ト存ズル輩』がある以上は『世ノ末ニ成タラントキ安心難成筋モ有也』とまで徳川幕府を擁護した人物において、たとへ『国体』の文字を使用してもそれは水戸学派とは全く逆に、幕府を本義とした『国体』であったのである。[26]」と述べている。「国体」の意味が定着する近代以前においては、学者における定義の相違も考慮する必要があり、学派別の国体観についても今後整理する必要があろう。

　加えて、「志表」の問題についても触れておきたい。『大日本史』の本紀、列伝から志、表への移行とは、個人道徳から制度的な部門史への転換であり、後者は儒学本来の考え方からは逸脱している。そして幽谷が志と表の編纂にあたったために、正志斎を含めた幽谷門下と後期水戸学全体に、制度重視を主張した徂徠の影響があると尾藤氏は述べている。制度や組織などの変化を歴史的に考察することが相対的理解を可能にし、近代的思考のきっかけになったとすることに異論はないけれども、その契機を徂徠のみに還元するのには疑問が残る。なぜなら、志と表を加えることは光圀の当初からの意向であり、『大日本史』計画段階から決められていたことだからである。このことは徂徠学の影響を否定する論者が重視するものであり、歴史的事実である。[27]問題は、幽谷の志、表の編纂が、計画通りに行われただけなのか、徂徠学の影響によるものなのかである。問題を複雑にしている要因としては、タイミング的に計画移行期であったことと、初期の幽谷には徂徠学の影響も見られることである。制度史への注目が自国の歴史を客観的に捉えるきっかけとなり、そこに日本独自の特徴を発見していく契機となったことは、「国体」論を含めた後期水戸学の大きな特徴につながるものでもある。つまりは『新論』の国体論を含めた後期水戸学を確立させたものが、光圀と徂徠のどちらに求められるのか、ということである。双方の研究を一瞥した筆者としては、どの史料を重視するかで依存度は変化し、一方に確定することは不可能であると思われ、同時代的成熟の結果として認識することが穏当であるように思われる。なぜなら後期水戸学における「国体」の自覚を、この二つのみに限定して考えることは複眼を欠いており、後に述べる幽谷と考証学の関係性や、水戸藩の情報網の存在を無視することはできないからである。ただ幽谷の徂徠観については、その精神面において見ておくことは必要である。

当時の学界における徂徠学に関しては小島康敬氏の研究が参考となる。そこでは二四名の反徂徠学に立脚する著述が挙げられており、これらの要点として①徂徠学の学問的傾向、特に修身論の軽視に対する批判、②徂徠学の文献学的な実証性・客観性の不備を衝いた批判、③徂徠学の中華主義的な考え方に対する批判、④徂徠の学説に対する思想的な批判（「道」の作為性に対する「道」の自然性の強調、礼楽刑政主義に対する心法の再重視といった批判）と分類している。[28]同氏によると①については、特に大田錦城の主張が的を射ているとし、徂徠のように儒教を政治支配の学として規定すると、為政者以外には無用の学となるか、もしくは政治的実践を全ての人が志向することになり収拾がつかなくなる。錦城の徂徠論、及び幽谷との交流については後述するため、ここでは尾藤氏においても指摘している制度のあり方を探求するために必要とされた徂徠の「古典に関する機能的・実証的な研究方法[29]」について一瞥しておきたい。これは②の文献学的側面に該当し、これについては日野龍夫氏の研究も参考となろう。同氏は『論語徴』には、徂徠の主張である人間を精神（心）と外面（身）に分離させないという自身の信念を実証に優先させた箇所があるとし、その「偽証」の存在を指摘している。[30]具体的には『論語徴』を批判した中井《なかい》竹山《ちくざん》の『非徴』を引き、古書において身と心の対言の用例がないと「子路」で述べた徂徠に対し、直接の用例一四、身と志など間接の用例八を竹山は提示し、徂徠の息の根を止めたとしている。『論語徴』については、正志斎と論語を扱った箇所でも触れるが、こうした徂徠における「偽証」について日野氏は、徂徠の学問とは実証のためではなく彼の願望のために存在したと結論づけている。中井竹山（一七三〇―一八〇四）は、江戸中期に大坂懐徳堂の最盛期をになった朱子学者であり、徂徠学を激しく批判した人物である。竹山の『非徴』はこれまで主たる分析対象とはなっておらず、徂徠の研究書では「見当ちがいもはなはだしい。仁斎・徂徠の両機はもう思想界の天空を掠め過ぎていた。高度に達しない対空砲火、にぎやかな打ち上げ花火にすぎなかった。懐徳堂朱子学の心情的な仁斎びいきと徂徠ぎらいは、階級的憎悪から発している。[31]」といった評価もある。しかしながら、実証より信念を優先させる学問的傾向がある以上、『非徴』を含めた竹山の著作は、徂徠学を多角的に考察する上でも見直す必要があろう。

　次に徂徠学について幽谷自身が語っている史料を紹介しておきたい。ここでは徂徠学以外の学派についても言及しており、正志斎へと受け継がれたであろう学問的傾向を探る上でも参考となる。そこで幽谷が木村謙次に宛てた「答木村子虚」と題する書簡を見ておきたい。この書簡は天明九年（一七八九）の正月一四日、一六歳の幽谷が謙次への返信として書いたもので、そこでは以下のように記されている。

> 学者の今日在るは、諸家の説において其の長を取り、其の短を捨て、なお以て孔子の緒を将に絶へんとするを纘《うけつ》ぐに足らんや。孔子の言有り。礼は失はれて諸を野に求め、諸家、猶ほ野に愈《まさ》れざるか。今の学者は一家の言を守り、其れ已に異なる者には、則ち弁争すること断断の如きなり。自ら小なる者と謂ふべし。本邦の文明、豪傑の士、踵を継ぎ肩を比して、勃然として起つ。伊仁斎・物徂徠の徒は之を巨擘《きょはく》と為す。学者の多きは仁斎・徂徠の徒を称し、誉る者は或いは其の実を過ぎ、毀《こぼ》つ者は或いは其の真を損ず。之に鈞するは皆非なり。不佞を以て之を視れば、仁斎は其の猶ほ周室の君子に雍容揖譲《ようようゆうじょう》の状のごときか。足下、之を瑚璉《これん》の器と謂ふは、其の実を過ぐるに非ざるなり。又、之、眇眼《すがめ》を以て大道の蘊奥《うんおう》を洞視せんと欲するを謂ふに

至れば、則ち抑揚は倫ぜずに似る。徂徠は其れ猶ほ燕都《えんと》の俠客にして扼腕張胆《やくわんちょうたん》の態のごときか。足下、酔人剣舞の喩え、以て之を形容するに足る。其れ、之、朽木糞土《きゅうぼくふんど》にして雕朽《ちょうきゅう》すべからざるを謂ふに至るなり。[32]

仁斎と徂徠は江戸の思想界において紛れもない二大巨頭であり、その独創的な学問体系は東アジアにおいても認知されていった。他方で幽谷は学者の多くが仁斎と徂徠に執着し、なおかつ賛美する者も批判する者も真理を語ってはいないとしている。仁斎に対して幽谷は、「君子に雍容揖譲（落ち着きがあり謙虚である）の状」、徂徠は「朽木糞土（精神が腐っていて教育の施しようが無い）」としており先の学問の内容と別に人物評価としても興味深い。また、幽谷は「理」について両者が「理」を死物であり定準の無いものであるとする主張に対して、「聖人は理を窮め以て道を明らかにし、後儒は理を窮め以て道を乱す。」として、宋儒の主張する「理」を否定しつつも、本来の「理」そのものに非があるわけではないことを述べている。続けて幽谷は仁斎の学問が孟子に、徂徠が荀子を基礎としており、前者は宋儒の誤りを必要以上に憎み徳行を中心としているためにその弊害は少ないとしている。しかし後者は古言の解明には寄与するところがあったが、李攀龍《りはんりょう》の文を参考として古文辞を起こし、六経を解しているため経史を貶め、『論語徴』にいたっては牽強付会が甚だしいと批判している。李攀龍は明代の文人であり、当時の学会を風靡したが、典型への模倣によって理想の文学をつかもうとして極端な擬古の弊害に陥ったとされている。そして徂徠の教えが文章を先にして経術を後にしているため、門弟の滕煥図（安藤東野）と服元喬（服部南郭）は文のみで実を伴わず「放蕩狂肆《ほうとうきょうし》」（並外れてわがまま）であるとしている。それゆえに世の人々は仁斎と徂徠の糟粕に酔っているだけであり、顧みるべき学問ではないと纏めている。幽谷には「徂徠漫筆」といった著書があるように、当初は徂徠を信奉した時期もあったようであるが、この書簡からもわかるように一六歳の時にはすでに徂徠学を卒業し、その学問を積極的に批判する立場にあったのである。それゆえ幽谷の学問思想に、少なくとも本人の意識においては徂徠学の存在を過大視するべきではないと考えられる。

一六歳の幽谷が抱いた学界の状況については、同時代の学者間との総合的考察が必要とされるけれども、少なくとも仁斎や徂徠といった権威によって自己の学問的正当性を裏付けようとする意図はなく、こうした客観的態度は次節で述べる大田錦城においても多くの点で共有するものであったと思われる。また、こうした傾向は正志斎にも受け継がれ、後章で触れる国儒論争でとった態度を理解する一助ともなろう。では、この時すでに年長の謙次からも信頼を置かれ、その後も学問を研鑽し続けたわけであるが、幽谷自身はいかなる人物からの影響を受けたと考えるべきなのであろうか。そこで再度正志斎の『及門遺範』を見てみると、

先生人を教ふる、専ら忠孝に在り。蓋し先生至性純孝、而して慷慨義を好む。其幼なるや善く親に事へ、弱冠喪に居り、疾痛悲哀、心制を持すること三年、書を著して古今喪を執るの得失を論ず。門人受読、往往之に倣ひ、三年の哀を尽す。其孝を推して以て人に及ぼす此の如し。忠義も亦天性に出づ。成童、保建大記を読み、奮発興起、此より読書を好むこと他日に倍せり。一八歳正名論を著はし、君臣の大義を言ふ。其の子弟を教ふる、忠孝を以てするは、此に基づくなり。(33)

と記されており、青年幽谷における『保建大記』の影響を指摘している。この『保建大記』は、水戸藩の儒者栗山潜鋒の著書であり、保安四年（一一二三）から建久三年（一一九二）に至る政治の変遷を論じた漢文体の史書である。潜鋒は元禄二年（一六八九）近侍していた後西天皇の皇子八条宮尚仁《なおひと》親王に、保元・平治の乱以後朝廷が衰退したことを嘆き、『保平綱史』と題する一書を献じた。その後、潜鋒は同六年江戸に出て水戸藩に仕え、以後同藩の安積澹泊・三宅観瀾《みやけかんらん》らと討論を重ねた上でこれに大幅な改訂増補を加えたのが『保建大記』である。内容は君臣の名分・道義を主題とし、為政者の道徳的責任を政治の要諦として書かれたものである。また解説では、「潜鋒は、覇道による武門政治に慊《あきた》らないで、王政復古を心から念願したので、以上の史実により、彼の日

本主義的見解を峻厳な筆法で、忌憚なく、発露した。従つて、それは、普通の史論と異なり、彼れの日本主義的信念が保建大記の枢軸を為してゐる。[34]」とされている。ここで注目すべきは、執筆の動機が「王政復古」を意図したものであり、この思想が潜鋒から幽谷、そして正志斎へと受け継がれたとすれば、『新論』における皇室重視の姿勢を考える上でも『保建大記』の分析は不可欠であろう。

　栗山潜鋒（一六七一―一七〇六）は山城国淀藩の出身で、貞享元年（一六八四）京都に出て崎門学者の桑名松雲《くわなしょううん》に学び、『大日本史』の史料収集のために京都に滞在していた同門の水戸史臣、鵜《う》飼《かい》錬斎《れんさい》の推薦を受けて、後西天皇の皇子尚仁親王の侍読となった。親王死去後は、錬斎の紹介により元禄六年（一六九三）江戸の史館に入り、二七歳の時に総裁に抜擢された。潜鋒は藤原頼長、通憲らの「列伝」を担当し三六歳で病没した。[35]ここで特徴的なのは、潜鋒の学問に崎門学者の名が確認できることである。後期水戸学と崎門の関係を強調したものとして、J・ヴィクター・コシュマン氏の『水戸イデオロギー』があり、そこでは「会沢正志斎をはじめ、一九世紀の初頭から中頃までの水戸の改革派の著作には、この崎門派の着想が数多く入り交じっている。[36]」としており、海外の研究者からも崎門派の影響は指摘されている。さらに潜鋒については『帝室制度史』に、「我が国において、国体といふ語が、特に屢々記録文書に現るゝに至れるは後世の事にして、其の中、世に知られたるものゝ最も古きは、元禄二年、栗山潜鋒の『保建大記』に『国体を遐邇《かじ》に示す所以に非ざるなり』と記し、又『国体を損ずること、焉《これ》より大なるは莫し』と云へるに対照するに、其の字句殆ど同一なるより見れば、其出典、或は此に存するに非ずやと疑はる。[37]」と記されており、近代日本における国体という用語の原義が、潜鋒によって定義されたとしている。また、そもそも「国体」という語の「用例と意義とは、上古におけると近世におけると、著しく相異なれるもの有り。[38]」とし、延喜式所載の出雲国造神賀詞にある「出雲の臣等が我遠祖《とおつおや》天穂比命《あめのほひのみこと》を国体《くにかた》見《みせ》に遣はしし時に」とある箇所が初見としている。そして『日本書紀』、『出雲風土記』、『万葉集』に見られる「国体」及び「国体勢」はそれぞれ「クニカタ」、「クニノアリカタ」と読み、「共に元地形の義なれども、転じて国

状の義にも用ひたるもの」であるとされている。そこで『保建大記』において「国体」の文字が記されている箇所を見てみると、

近ごろ学、市井に堕ち、文、縉紳《しんしん》に振はず。旧典に懜《くら》くして之を顧みず。或いは元・明を呼びて中華と為し、自ら称して東夷と為す。殆ど、万世父母の邦を外視して、百王憲令の著はるるを無蔑するに幾《ちか》し。昔、隋主、書を贈りて曰く、「皇帝恭しく倭皇に問ふ」と。廷臣猶ほその無礼を疑ふ。況や一州の刺史《しし》を以て上書するは儀を失へるか。当に頼業の議に従ふべきに、納言報答せるは、国体を遐邇《かじ》に示す所以にあらざるなり。(39)

とあり、自国を卑下する風潮を案じ、『日本書紀』に記された隋との対等外交を求めた様子を引いている。一見するとこれは、自国の優越性のみを主張して外国を軽んじる印象を受けるが、当該箇所の前段には「彼此、皆自称して中国と曰ふ。蓋し外国に対するの通称にして、固より、此の土、堪輿《かんよ》の正中に在り、と言ふには非ざるなり。其の、域は神州と為し、或は神国と為し、且つ海内を天下と為して、外を夷と為し蕃と為すに至りては、則ち倶に九九総域の通言に非ずと雖も、亦、各国の自称して、彼此、相害することなし。(40)」とあり、世界の国々が自国を誇り、他国を蔑《さげす》むのは世の常であるとも述べており、そこに日本のみを特別視するよりもむしろ、ナショナリズムについての客観的な視野が存在していることがわかる。さらに、「宇多帝、諡《おくりな》を停め、朱雀帝、皇号を停めてより、上皇・太后、寺院を以て自ら焉に居る。啻に宗孝言《これむねのたかこと》（惟宗孝言）の所謂、『蓮府、梵宮に化す』のみにあらず、大典を闕き、国体を損ずること、焉より大なるは莫し。源親房、以て臣子の道に非ずと為すものは、当れり。(41)」と仏教の流入による諡号の廃止が国体を損ねているとし、それは「臣子の道」から外れているとしている。この「源（北畠）親房」の言葉とは『神皇正統記』にある「此御門より天皇の号を申さず。又宇多より後諡をたてまつらず。遺詔ありて国忌山稜をおかれざることは君父のかしこき道なれど、尊号をとゞめらるゝこと

は臣子の義にあらず。神武以来の御号も皆後代の定なり。持統元明より以来、遜位或は出家の君も諡をたてまつる。天皇とのみこそ申めれ。中古の先賢の議なれども、心をえぬことに侍るなり。[42]」を指しているが、先行研究でも指摘されているように[43]、潜鋒と『神皇正統記』には浅からぬ関係があり、同時に幽谷と正志斎の思想を考察する上でも同書の存在は無視できない。なぜなら、『新論』を含めた水戸学の特徴の一つとして神話への態度があるが、それまでの儒学では「怪力乱神」を排した孔子の影響もあり、神代の言及は避けられている。しかしながら『増鏡』、『愚管抄』とともに『神皇正統記』は、神代も歴史として扱っている数少ない書物であるため、『新論』を含めた水戸学の神話に対する価値転換は、潜鋒の存在が大きいと考えられる。

ただ、ここから幽谷の学問が崎門派に多くを負っていると断言するには疑問が残るかもしれない。ここでは崎門学派における国体論等と幽谷のそれとを詳細に比較検討する余裕はないが、幽谷の「山崎氏は節義を磨礪し、風教に益有り。然れども狭隘僻説多し。[44]」とあることから、闇斎学派というよりもむしろ門人である潜鋒個人を敬慕していたように思われる。潜鋒については、幽谷が『大日本史』の編纂過程を纏めた『修史始末』において、「一正（幽谷）按ずるに、潜鋒先生の学術文章、其の概は保建大記に見ゆ。正大の論、雅健の辞、人をして推服自ら已む能はざらしむ。此れを以て史書を総裁するは、譬へば猶ほ利刀を操りて美錦を製するがごとし。また愉快ならずや。[45]」と評価している。実際に史家としての潜鋒はその考証においても精密であり、『大日本史』における延元四年の興国改元は、延元五年の改元の誤りであることを『弊帚集《へいそうしゅう》』において実証している。[46]そして潜鋒の『保建大記』における最大の眼目が三種の神器論である。これは「躬、三器を擁するを以て正とすべし。[47]」という箇所に象徴されており、神器と共にある天皇に正当性を認め、『大日本史』の三代特筆としても知られている。この神器の所在こそが正統とする考えについては史館内においても議論があり、三宅観瀾は「正統は義にありて器にあらず[48]」とし、安積澹泊は「神器の軽重は人心の向背に係る。人心帰すれば則ち神器重く、人心離るれば則ち神器軽し[49]」として一致を見なかった。他方でこの神器論は、必然的に吉野朝を正統とするものであり、北朝の後嗣である天皇との関係を考えると、藩主の後ろ盾なくしては実現困難な課題であった。潜鋒を通じた藩主光圀の意図についてはこれまでも検証がされてきているが、やはり大きな目的の一つは、我が国の歴史的経緯を根拠とする国の平和を願ったものだったのであろう。北条氏や足利氏による北朝の擁立は皇室の分化のみならず、破壊や混乱を招き多くの国民の血を流させる結果となった。それゆえに光圀は、皇室における名分を守ることが我が国の平和に寄与し、その眼目が三種の神器の所在であり、これに理論的根拠を与えたのが潜鋒であったのである。そして、神器の所在＝天皇の正当性であり、このような天皇家の存立こそが国家の平和に寄与することを願い、水戸藩では代々の藩主に天皇家を守ることを「義公の遺訓」として語り継ぐこととなった[50]。このことは単に朝幕関係における均衡役や、王覇の論理だけで光圀の意志を検証するには不十分であり、国家泰平の祈願も含まれていることを考える必要があろう。このような光圀の理想を裏付けた潜鋒の『保建大記』を幽谷が筆写したのは、天明六年（一七八六）の一三歳の時であった。ここに記された哲学は幽谷に影響を与えるに止まらす、後に熟成されて後期水戸学を形成させたと考えられる。そして寛政三年（一七九一）の『正名論』こそが、我が国の安寧実現のための青年幽谷の結論であったのである。

　さて、先に述べたように近代的意味に連なる「国体」論を最初に定義した『保建大記』であるが、幽谷の『正名論』と比較する時、一つの疑問が生じるであろう。それは先行研究で述べられるように『正名論』における『春秋』の大義は正名にあり、君臣上下名分を正すにありとし、それを根拠として古今治乱の迹を概論し、皇統一姓の国体論に及」び、「これ故に幕府、皇室を尊べば、すなはち諸侯、幕府を崇び、諸侯、幕府を崇べば、すなはち卿・大夫、諸侯を敬」し「万邦協和」されるという秩序感覚が、後年に正志斎や東湖に祖述されて国体観の核心をなしたとする分析についてである[51]。なぜなら正志斎に連なる国体論が『正名論』にあると推定することは可能であるけれども、同書中に「国体」の文字を認めることはできないからである。つまり潜鋒から幽谷、そして正志斎へと「国体」の理念が受け継がれていると考えるのであれば、国体論の核心をなしたとされる『正名論』に「国体」の文字が無いことは不可解である。そこで再度『及門遺範』に目を移すと、「先生尤も君臣の義を重んず。つねに人に語りて曰く、天祖統を垂れ給ひ、天孫継承、三器を奉じて以て宇内に照臨し給ふ。皇統綿綿天攘と窮り無く、実に、天祖の命じ給ふ所の如し。是れ神州の四海万国に冠たる所以なり。天祖天孫固より天と一なり。世世相襲ひ、天津日高と号し、騰極《とうきょく》之を日嗣と謂ふ。神天合一、殷周天に配する尚ほ天と二たるを免れざる者と同じからず、と。先生国体を論ずる、其の大旨此の如し。(52)」と幽谷の「国体論」を纏めている。このように『正名論』では明確に「国体」として解説してはいないものの、少なくとも正志斎の理解では、『新論』で明確に定義された「天孫継承」といった国体の諸要素が幽谷の教えに含まれていたことは間違いないであろう。では、これらの「国体」思想を形成する因子は、そのほとんどが幽谷から伝えられたのは確かであると考えられるが、教えの中でも特に中心的な概念として正志斎の国体思想の核心となるものは、いかなるものであったのであろうか。『新論』で定義された国体を確認してみると、「一に曰く国体、以て神聖、忠孝を以て国を建てたまへるを論じて、遂にその武を尚び民命を重んずるの説に及ぶ。(53)」とあり、「神聖」とは建国の神々、そして忠孝は三種の神器を介在した祭祀であり、「夫れ君臣や、父子や、天倫の最も大なるものにして、至恩は内に盛んに、大義は外に明らかなれば、忠孝立ちて、天人の大道、昭昭乎としてそれ著る。忠は以て貴を貴び、孝は以て親を親しむ。」としている。ここでの「忠孝」は儒教の徳目を指しているが、「忠孝無二」、「忠孝一致」、「忠孝一本」など、両者を同等に論じるのは後期水戸学の特徴である。『新論』でも述べられたこの「忠孝」に関しては、先に『保建大記』について述べた『及門遺範』の引用文のはじめに「先生人を教ふる、専ら忠孝に在り。」とあることからも、幽谷の教えであったことは間違いない。そして、この「忠孝」の理念は『告志篇』、及び『弘道館記』にも見られ、『新論』以降に記された水戸学の著作にも影響を与えている。しかしながら、『正名論』では、「忠孝」の文字は確認できないため、如何なる意味で幽谷がこの言葉を用いたかについては、推論の必要があろう。

そこで、正志斎が幽谷から受け継ぎ、『新論』によって幕末に波及した国体論の主軸となる「忠孝」について、その淵源を仮定してみたい。第一に、先行研究でも指摘されているように、正志斎の思想に儒学の影響が多分にあり、第二にそれらは儒学研究の著作史料群である思問編に含まれているものとし、さらにその中から忠と孝の関係性を中心に論じたものと想定すれば『孝経』の存在が浮かび上がる。正志斎は『孝経』については、『孝経考』として纏めており解説を付している。また、『孝経』については、「世俗儒を業とする者、久しく五山僧徒の陋習を承け、幼童をして先づ文選を誦せしむ。先生は則ち孝経を授け、之に次ぐに四書五経を以てす。(54)」とあるように、幽谷の門弟において第一に『孝経』が教授されたことがわかる。これは後章で登場する飛田《とびた》逸民《いつみん》の記憶にも、「先師、孝経を尊ぶ(55)」とあり、幽谷自身が三年の喪を実践したことからも幽谷学の根底を成すものであると言ってよいであろう。加えて「先生、孝経を談説する、愛敬の二字を以て第一義と為す。仁孝一本の義を発し、之を曽孟の言に徴し、鑿鑿《さくさく》確拠有り、而して諸経を講論するや、必ず論語を以て首と為す。毎に大宝令、経を分つて教授し、孝経論語、学者をして之を兼習せしむるを誦し、将に梅巷筆叢を著はさんとし、粗端緒有り。未だ就らずして世に即く。誠に憾むべしとなす。然れども学者能く二書を熟読し、反復玩味して、果して意会有らば、庶幾くは先生の意に倍かざらん。(56)」とあるように、幽谷の初学とは大宝令と同様に『孝経』と『論語』を兼修させるものであった。ここからも正志斎が両書を「熟読し、反復玩味」していたのは明らかであり、それは同時に正志斎の国体思想にも少なからぬ影響があると考えられよう。正志斎が『孝経』について論じた『孝経考』は、弘化三年（一八四六）(57)の幽閉中に書かれたものであり、『新論』執筆後の著作でもあるため国体論を含め、その思想性を解明する手段として注目されることはなかった。しかしながら、これまで論じてきたように、『新論』の国体論を分析するには『孝経』の理解は不可欠であるため、これについては第三章において詳しく見ていくこととしたい。こうした後期水戸学における『孝経』の存在を確認したところで、これを踏まえて幽谷と交流のあった人物について、次節では正志斎との学問的関連性を含めて探っていきたい。

第二節　藤田幽谷と大田錦城

藤田幽谷は先行研究でも取り上げられているように、同時代の多くの学者と交わることで見識を広めている。ただ、大田錦城との関係については詳しく分析されたものは少なく[58]、錦城を中心に取りあげた研究においても、「錦城の墓表を書いた幽谷は水戸学派の大儒であり、錦城の著作の中にも彼の名がみえる。しかも、息子の東湖を錦城に一時従学させていたこともあった。しかし、錦城と水戸学派の直接的な思想関係はよくわからない。ただ、錦城の『我ガ風俗ノ淳厚、遠ク漢土ニ勝ル事ヲ知ルベシ』といったナショナリズムが、あるいはその攘夷思想に影響を与えているのかも知れない[59]。」と推測されている程度である。そこで以下では、両者の交流に焦点をあて、その学問的傾向や思想的影響について明らかにしていくこととしたい。

大田錦城（一七六五―一八二五）は、折衷考証学派に分類され、名は元貞、字は公幹、通称は才佐であり錦城は号である。加賀大聖寺に生まれ父玄学は医業で本草学者であった。錦城は京で皆川淇園《みながわきえん》に書を送り入門を志したが果たせず、江戸に出て山本北山《やまもとほくざん》に学んだ後、折衷・考証の学をもって一家をなした。その学は淵博にして百家の書を読破し、経学に長じて先秦の古文より後世の雑書に至るまで、経義に関するものがあれば精細に傍引し、異同を審《つまび》らかにし、その是非を弁明したとされる。朱子学を尊びながらも、その学説の意に合わぬところは糾駁し、その学風を聞いて多くの門弟が集まった。豊橋藩主の松平信礼は錦城を招いて厚遇し、世子信明のために経書を教授させている。文化八年（一八一一）には儒臣となったが、文政五年（一八二二）に致仕し、加賀藩前田氏に仕えて三〇〇石を与えられ明倫堂で教えた。また豊橋時習館における学風は、錦城によって徂徠学から折衷考証学に一変したとされる。錦城の著書は八〇種に及ぶが、上梓したものは『九経談』、『学庸原解』、『仁説三書』、『疑問録』、『梧窓漫筆』等に過ぎず、『論語大疏』も未完に終わっている。文政八年（一八二五）に六一歳で没するも五子の長男徳厚は家を嗣いで加賀藩に仕え、三男の敦は豊橋藩に仕えた(60)。清朝における考証学風は主として考証学派に育成されたが、それを本格的に樹立したのは錦城と吉田《よしだ》篁墩《こうとん》であるとされている(61)。ただ折衷考証学派については、「清朝考証学派の流れを汲んで、往々考証のみに没頭するものもあり、またその主張に門戸の見がないから、おおむね客観的公平と正確を期してはいるが、その反面著しい特色がなく、徒らに博覧に努めて自己独得の思想定見が浅く、独創性に乏しいところもあって、その後の儒教は生気を失った感がある(62)。」という評価もある。

　両者の交流は寛政元年（一七八九）に、幽谷が師の翠軒に従い江戸を訪れ、吉田篁墩や柴野《しばの》栗山《りつざん》と共に出会ったのが最初とされている。時に幽谷一六歳、錦城は二五歳であり、ここから時勢の情報交換を含め、学問上においても多くの見識を得ることとなった。二人の関係性を物語る史料としては、「送水戸藤田子定序」があり、これは寛政九年（一七九七）に二四歳の幽谷に宛てられたものである。一六〇〇字以上からなるこの書簡では「子定（幽谷）は帰国せんとし、予を過りて告別す。予は置酒して之を餞《おく》る。且つ之に告げて曰く、天下英雄、公と予とのみと(63)」として、曹操が劉備に語ったとされる古事に倣い幽谷との別れを惜しんでいる。また幽谷も錦城の墓表を書いており、そこでは「嗚呼先生。余は相見ざること久しきなり。その容貌清癯《せいく》、胸襟瀟灑《しょうしゃ》、なお能くその平生を彷彿として有るがごとし。雄弁懸河《けんが》、飛談霧を捲くを今復た聴くことを得ざるなり。経伝の理、それ誰とその疑難を解釈せん。古今の事、それ誰とその議論を上下せん(64)。」と記されている(65)。文政九年（一八二六）には錦城に続いて幽谷も永眠することとなるため、この時期は考証学と水戸学における分岐点であったと言えるかもしれない。また正志斎の『及門遺範』は、次のように伝えている。

> 古文尚書、孝経孔伝、孔子家語は後人の偽作。東（神州）西（漢土）の諸儒之を弁じて既に明説有り。先生蚤歳《そうさい》亦之を弁明し、舜典二十八字有り。又、安国が孝経の序偽造の跡を弁ず。鑿鑿《さくさく》確拠有り。時に太田公幹

考証学を倡へ、経義を論説して大いに発明する所有り。其の古文の繆妄弁ずる極めて詳悉たり。先生毎に其の博大なるを推称し、門人をして其の著す所の書を謄写せしめ、或は之をして其の門に遊んで而して業を受けしむ。是を以て門下の士、経書を講論し、公幹に得る有る者亦多し。先生善を人に取り、彼此を挟まざるや此の如し。公幹も亦先生と相歓ぶこと甚だ厚し。嘗て送序有り。曰く、「天下の英雄公と我とのみ。」と。蓋し公幹の長ずる所、明経に在りと雖も、而も先生の志は則ち事業に在り。故に英雄を以て之を目するなり。(66)

このように幽谷における錦城の存在は正志斎も認めるものであり、幽谷が全幅の信頼を置いていたことがわかるであろう。それゆえ「明経」と「事業」の差はあるものの、両者に思想的関係性を見出すことも可能であると考えられる。

なお、錦城を考証学者に分類する点については先行研究でも議論がある。例えば石田公道氏は、「彼が所謂考証学者の範疇には属せず、むしろ折衷学者の中に位置を占むべき学者ではなかろうかと思われるのである。(67)」とし、また水上雅晴氏は折衷学者としての側面に注目してその性格と内容を分析し、漢学と宋学における評価、および両者を融合した学問的志向などについて論じている。(68)そして金谷治氏は、錦城の思想において「真偽を弁別する学問的態度と、実践的な関心から『聖教ニ益アル事ヲ弁知シテ』それを利用する態度とを、分けて考える立場(69)」があることを指摘し、「実用の世界とは別のところで、真偽にかかわるものとしての考証学の独自の領域を考えていたことを証明している。考証学は実学ではないいわゆる虚学として、科学的実証的な真実追究の学として機能していると言ってよいであろう。錦城はそうした考証学を身につけながら、またそれを反省することによって、学としてその限界をもわきまえていたのであった。」として、「実用から離れたところで客観的な真実を追究する精神は、学問的な営みとして貴重である。たといそれが古い書籍のうえのことにとどまったとしてもである。われわれはそこに自覚的な形での科学的精神の開化を認めてよいであろう。(70)」と纏めている。そして幽谷の著作、及びその考証的な学風に注目すると、「錦城との交流の影響が強かったに違いない。[71]」と推測している。そこで天明八年（一七八八）、翠軒に従い江戸で錦城に出会う前年に著された幽谷の「読古文孝経孔氏伝」に注目してみると、「然ト雖モ、古文ノ経ハ今ニ存リ、斯ノ伝ノ存ルヲ頼ム、古訓亡シテ久シ。仮令陳隋間ノ人ノ擬作スル所ト為ストモ、亦間古訓ヲ失ザルモノ有リ。殊ニ後世諸家ノ倫ニ非ラザルナリ。諸家ノ長短ヲ校シ、斯ノ伝固ヨリ甲科ニ属ス、未ダ以テ廃セザルナリ。其ノ疑フベキヲ疑ヒ、其ノ信ズベキヲ信ズ、是レ余ノ志ナリ。[72]」と記している。『古文孝経孔氏伝』は、孔子壁中書である古文孝経に孔安国が伝を附したものとされているが、二度の亡佚を経ており種々の偽作説が提起されている。そうした中で「読古文孝経孔氏伝」は太宰春台が纏めた『孔伝』をきっかけとして一五歳の時に認められたもので、多くの古典を引いて実証的に論じられている。このことから幽谷の学風が錦城と出会う以前においても、錦城のそれと近い傾向であることが窺うことができ、錦城との出会いは幽谷の考証学的側面を飛躍的に高めたものと思われる。

ここで錦城の思想について一瞥しておきたい。はじめに徂徠思想との関係性から見ていくと、「示入門之士三義」は、二〇代前半の錦城が子弟へ向けて天明八年（一七八八）に私塾である春草堂に掲げたものである。その冒頭では、「一、夫レ道ハ民生愛育ノ具ニシテ、国家ヲ治メ天下ヲ安ンズル物ナリ。是レ故ニ己ヲ修メ以テ人ニ及シ、身ヲ得テ天下国家ニ施シ、古聖人ノ道ヲ為スノミ。」、「一、夫レ道ハ古聖人ガ制作建立スル所ニシテ、此ノ民ヲ導キ之ニ由ラ使ムルナリ。」、「一、夫レ道ハ聖人ノ立ツル所ニシテ、生民ノ由ル所、天命ニ本ヅキ、人性ニ率フ。是レ故ニ四位立チテ道炳煥《へいかん》シ、十宗起テ道晦昧シ、就中性命理気ノ説ヲ高談シテ、聖人制作ノ義ヲ遺スハ、宋儒窅眇《ようびょう》ノ学ナリ。[73]」とあり、徂徠学の影響が看取できる。これらは、例えば『弁名』における「聖人の道は、要は民を安んずるに帰す[74]」、「道なる物は統名なり。由る所あるを以てこれを言ふ。けだし古先聖王の立つる所にして、天下後世の人をしてこれに由りて以て行はしめ、しかうして己もまたこれに由りて以て行ふなり。[75]」、「先王の、民を安んずるを心となしこの道を立つる所以の者も、また天命を知るを以てなり。[76]」といった箇所を中心に構成されていることが明らかである。これらは後年の立場とは対照的であり、幽谷同様に青年期に限っては錦城も同学に傾倒していたと言えよう。

　では次に、錦城の代表作である『九経談』を見ておきたい。同書は文化元年（一八〇四）、四〇歳の時に刊行された錦城の経学に関する最初の著作である。九経とは九種の経書を指し、『孝経』、『大学』、『中庸』、『論語』、『孟子』、『尚書』、『詩』、『春秋左氏』、『周易』について清儒の考証を論じている。ここで、『孝経』が最初に掲げられている理由について少し触れておくと、水上氏は「経書の中では、『五経』にも『四書』にも含まれない『孝経』が一番先に議論の対象になっているのは、『人道ノ第一ハ孝ノ一字ニアリ』（大田錦城『梧窓漫筆』巻上九二条）という信条の反映であり、実践道徳を重視する錦城の思想的特質を表していると考えられる。[77]」とし、若年の頃に師事した山本北山の学問の影響を示唆している。[78]また金谷氏は、その内容について実践的立場を尊重するあまりに、考証的態度が鈍った例として同箇所を指摘し、その理由としては「錦城にとって『孝経』はまず尊崇すべきものとしてあった。ここでは、考証学者とは違った錦城の他の一面、『経を解する者』『義理の当否を論ずる者』としての一面が強くあらわれている。[79]」としている。『孝経』については、先にその重要性について推察したが、幽谷から正志斎の学統においても『孝経』の存在は大きなものである。それゆえに先行研究の指摘に加え、『九経談』の「孝経」部では「予、近ク水戸ノ高橋子大、藤田子定ト孝経章名ヲ論及ス。二子曰ク、開宗明誼ノ如キハ、最モ鄙拙ナルヲ覚ユト。此ノ言是ナリ。明ノ帰有光ノ孝経叙録序ニ云ク、独リ其ノ章名ハ、乃チ梁ノ皇甫《こうほ》、皇侃《こうがん》ノ標ス所、漢時ノ伝フ所ニアラズ。故ニ悉ク之ヲ去ル、愉快ト謂フベキナリ。[80]」という記述があることから、少なくとも錦城と幽谷の間において、『孝経』に関する議論が交わされたことは明らかであり、そうした中で『孝経』が「尊崇」すべき存在として両者に再認識され、正志斎へと継承されたと考えることも可能であろう。[81]

『九経談』の構成は元、享、利、貞の四冊一〇巻から成り、巻一・総論、巻二・孝経、巻三・大学、巻四・中庸、巻五・論語、巻六・孟子、巻七・尚書、巻八・詩、巻九・春秋左氏、巻一〇・周易であり、各巻を門下生二人が校訂している。また同書は他の錦城の著作と異なって序文がなく、これについては学閥の問題が影響しているとされている。(82) また、『九経談』の出版は当時の学会に多くの波紋を巻き起こし、阮元の『学海堂経解』の剽窃とする流言までも生じたということである。(83) 同書の「総論」では、経学史の「三大変」である漢学、宋学、清学について「漢学ハ訓詁ニ長ジ、宋学ハ義理ニ長ジ、清学ハ考証ニ長ズ。漢ヨリ唐ニ至リ、其ノ学小変ス。然ルニ要ハ皆漢学ナリ。宋ヨリ明ニ至リ、其ノ学小変ス。然ルニ要ハ皆宋学ナリ。清人漢学ヲ為ス者有リ、宋学ヲ為ス者有リ、漢宋ノ学ヲ混テ自ラ一家ヲ為ス者有リ。然ルニ要ハ皆清学ニシテ、其ノ長ズル所ハ考証ナリ。是レ古今経学ノ三大変ナリ。(84)」とし、経学が「考証」に集約されていることを述べている。また、次の箇所は錦城の考証学における立場を表明していよう。

聖人没スルコト二千年、其ノ遺意唯言語文辞ノ間ニ在リ。故ニ字句ニ精セザレバ、則チ聖人ノ妙意ヲ知ル能ハザルナリ。字句考証ノ学ハ是レ清人ノ長ズル所ナリ。（中略）以テ近世諸家ニ至リ異同有ルト雖モ、要ハ皆考証ノ学ナリ。其ノ中氷炭相攻メ得失互ニ有リ。然ルニ精密繊細、古今ノ無キ所、是レ其ノ学ノ長タル所ナリ。唯其ノ学ハ精細ニ過ギテ一人ノ大見識ヲ発シ、道ヲ以テ自任スル者無シ。是レ其学ノ短ナル所ナリ。然レドモ清人ノ書一巻ヲ得ルハ、明人ノ書百巻ヲ得ルニ勝ラン。近世清人考拠ノ学行ハレ、人獺祭ヲ好ミ、学問ノ博キハ前古ニ過絶ス。然レドモ義理ノ当否ヲ論ゼスシテ、唯援拠ノ多キヲ欲ス。書名人名ハ巻帙ニ充《じゅう》仞《じん》シテ義理ノ学荒ス。予之ヲ名ヅケテ書肆学ト曰ハン。夫レ四書六経ハ義理ノ淵藪《えんそう》、考証ハ伝注疏釈ノ学ナリ。義理ハ本ナリ。考拠ハ末ナリ。考拠ノ精ハ義理ノ微ヲ得ント欲スナリ。考拠博ト雖モ、義理ニ舛乖《そむ》ケバ則チ又何ノ用ナルカ。且考拠ノ学、精ヲ費ス所ハ瑣義末理ニ在リテ、聖道ノ大原ハ措キテ講ゼス。是レモ亦近世学者ノ弊ナリ。若シ夫レ経義道学ヲ講明シ、考証精確ニシテ義理正当ナラバ則チ、是レ儒者ノ学ト謂フベシ[85]。

このように考証学における長短を論じ、学問における「義理」と「考拠」における関係性について述べ、「考証精確ニシテ義理正当」であることが儒者の務めであるとしている。このことは、文献学のみを偏重しない錦城の学問的姿勢として認識しておいてよいであろう。そうした視点において、近世を代表する儒者についても記しており、例えば伊藤仁斎については、「我邦古学ヲ唱フル者、伊藤仁斎先生ヲ以テ鼻祖ト為ス。先生英邁ノ資ヲ負ヒ、卓絶ノ智ヲ抱キ、天下滔々トシテ濂洛《れんらく》ヲ淪胥《りんしょ》スルノ中ニ於テ、特リ起リ之ヲ麾《さしまね》ク。海内靡然《ひぜん》、関左《かんさ》復タ古ヲ唱フル者、其ノ実ハ先生ノ風ニ興起スルナリ。且ツ其ノ行義確然タリ。古ノ賢士ニ恥ジズ[86]」としてその功績を認めている。また長男の東涯についても「其ノ子東涯先生、博雅多識、当時無比、其ノ著作スル所、皆有用ノ書ナリ。経義ニ宋学ヲ弁駁スルモノ、十ニ七八ヲ得タリ。唯ダ其ノ家学ノ推衍ハ、多ハ醇正ナラズ。然ルニ之ヲ要シテ学問ノ博、著述ノ富、我邦儒先ノ第一ト為ス。」と述べ、父によって創始され、子によって敷衍された古学を我が国における有用の学問であると位置づけている。こうした錦城による評価について金谷氏は、「錦城が徂徠を評したなかで、『又頗る考証の学を知る』と認めながら、『然れども其の考証する所、往々当を失す。』と言うのは、ほぼ正論であろう。仁斎については『見る所博からず、考証に乏し。』と言われる。錦城が認めたのは東涯であった。（中略）家学を推しひろめたところは醇正でないが、学問の博さと著述の多いことでは『我が邦儒先の第一』だとまで言う。思想をではなく、学問を評価しているのである[87]。」と東涯こそが錦城の評価した学者であったと分析している。なお、仁斎の箇所では水戸学と関係の深い朱舜水についても触れており、「朱舜水ノ称言、学問文章、貴国翹楚《ぎょうそ》、蓋シ虚称ニ非ザルナリ。唯其ノ学半バ呉廷翰ノ吉斎漫録ニ出ヅ。見ル所博カラズシテ、考証ニ乏シ。故ニ大学ヲ疑シ、中庸ヲ斥キ、詩書易ヲ卑視ス。而シテ論語ヲ尊ビ、遂ニ言ハ三代聖人ト孔夫子ト、其ノ道同ジカラズ。是レ論語ノ述ベテ作ラズ、中庸ノ仲尼ハ尭舜ヲ祖述シ文武ヲ憲章スルニ背ケバ、則チ其ノ学ハ信ズベカラザルモノ多シ。」としている。仁斎の主張に明の呉廷翰の思想が取り入れられていることは、荻生徂徠や太宰春台も指摘するところであるが、錦城は朱舜水についても、同様の思想を看取している。

さて、先にも触れた当時の徂徠学の言説を詳しく分析した小島氏の研究では、反徂徠派の多くが政治的価値を重視する徂徠に対して道徳的価値の優位を力説しているものの、後者の優位性を原理的に答えるものはなく、徂徠思想の論理構造をつき崩すにはほど遠いものであるとしている。しかしながら、錦城の徂徠学批判は的を射ているとしており、(88)こうした思考は幽谷との交流を通じて正志斎にも影響している可能性が残る。同氏が論拠としている錦城の著作を詳しく見ると、「仁」を政治的安定と解釈すればこれを実現可能なのは一部の為政者となり、「徂徠以後ノ学者ハ、天下ノ老中ニナルマテハ学問用ナシナドト覚ヘタリ。故ニ無道不善ヲ所行トスルモ尤ノ事ナリ。サレハ世間ノ諺ニ論語読ミ論語ヲ知ラズナドト云様ニナルコト、学者ノ其方ヲ失セルヨリ出タリ。教ユル儒者モ文字ヲ解釈スルノミニテ、学フ弟子モ文字ヲ受ルニ過ギス。学フ所ハ行フ所ニ非ス。(89)」としている。また、「古学者仁ヲ長人安民ノ徳ト云、笑フヘキ事ナリ。（中略）孝弟ハ仁ヲ為スノ本、親族ヲ親愛スルハ仁ヲ行フ始ナリ。仁ヲ長人安民トセハ、民ノ仁ニ興起シテ興テ行フ処ハ謀叛反逆シテ、国郡ヲ横領シ始テ長人安民ノ行ヲ成就スヘシ。サラハ君子ノ親族ニ篤キハ民ノ逆心ヲ企ル基ニヤ。是笑フベキノ甚シキナリ。(90)」として、徂徠流の「仁」の実践では、「安民」ではなく混迷する社会を招聘するとしている。

こうした徂徠の政治的観点における批判に加えて、それを裏付ける文献学的側面における錦城の分析についても考慮しておく必要があろう。実証より信念を優先させる徂徠の「偽証」については先に紹介したが、こうした思考性が如何なる学統に依拠しているかについては、考証学的論拠に基づく錦城の意見も確認しておく必要がある。これについては『九経談』において多くの紙幅を割いている。

仁斎ニ継ギ古学ヲ唱フルハ物徂徠先生ト為ス。先生雄鷹ノ才ヲ負ヒ、跌宕《てっとう》ノ気ヲ養ス。夙ニ李王古文辞ヲ唱へ文壇ニ主盟シ、僩然《かんぜん》トシテ一世ニ雄視シ気魄ハ寰区《かんく》ヲ牢籠《ろうろう》シ、年五十ニシテ始メテ経義ヲ講ジテ、宋学ヲ弁ジ仁斎ヲ駁ス。其ノ学ハ楊用修ニ出テ、虚驕ノ気、頗ル相肖似ス。経義道学、固ヨリ其ノ長ズル所非ズ。新奇ヲ出シテ以テ時目ヲ炫耀《げんよう》セント欲ス。故ニ其ノ説ハ浅薄無味、其ノ言ハ誇《か》誕《たん》誣ニ近シ。諸ヲ仁斎ニ比スレバ、行義識見ハ遠ク之ニ及バズ。而シテ学問ノ博キハ、稍之ニ過ギ、又頗ル考証ノ学ヲ知ル。然ルニ其ノ考証スル所ハ往往当ヲ失フ。其ノ安民ヲ以テ仁ト為セバ、則チ夷斉三仁ノ仁ニ到リテ窮ス。制作ヲ以テ聖ト為セバ、則チ夫子ノ聖ニ到リテ窮ス。明徳ヲ以テ君上ノ徳ト為セバ、則チ正考父ノ明徳ニ到リテ窮ス。義ヲ以テ徳ニ非ズト為セバ、則チ皐陶謨九徳、周官六徳ニ到リテ窮ス。仁義ヲ以テ不倫ト為セバ、則チ説卦楽記ニ到リテ窮ス。其ノ道ヲ以テ制作ト為スハ、荀卿カ性悪ニ原ヅキテ、皐陶謨ノ天叙天秩ニ背ケリ。其ノ智仁ヲ以テ徳ト為シ、礼義ヲ以テ道ト為スハ、乃チ告子ノ仁内義外ノ説ニシテ、孟子辞テ之ヲ闢ク所ナリ。故ニ思孟ヲ睥睨《へいげい》シ、意ハ之ニ服セズ、性善ヲ以テ大概ノ言ト為シ、以テ中庸ハ老子ニ争ノ言ト為ス。唯名教ノ罪人ト為ルヲ恐ル。故ニ陽《あらわ》ニ其ノ言ヲ取ル。然レドモ其ノ心ハ荀卿ニ如カズ。是レ故ニ其ノ徒太宰徳夫ニ到リ、悍然《かんぜん》トシテ論ヲ建テ孟子ヲ弁駁ス。其ノ実ハ徂徠ノ遺毒ナリ。仁斎誤リテ諸経ヲ駁ス。然ルニ其ノ見ル所ハ異端ニ到ラズ。而シテ徂徠ハ諸経ヲ奉ズルニ、其ノ見ル所ハ異端ノ魁ナリ。然リト雖モ其ノ書ヲ通観スレバ百中一二ノ取ルベキモノ有リ。概シテ廃棄スベカラザルナリ。譬フルニ猶ホ孔雀ハ毒有レドモ、羽毛ノ文彩ヲ掩《おお》ハザルガゴトキナリ。

ここでは代表的な徂徠の主張について逐一論難し、その論拠を簡潔に示しており、錦城の徂徠観を窺い知ることができる。そして徂徠を「異端ノ魁」と断じ、これに続く太宰春台についても「徂徠ノ遺毒」であるとしている。

この春台については、「太宰徳夫、徂徠ノ徒ニ在リテ第一等ノ人ト称ス。然ルニ其ノ見最モ卑シ。其古ヲ論ズル也、孟子ノ楽毅ト為サズヲ惜シムハ、是徂徠カ孔子ヲ管仲ト為スノ論ニ出ヅ。其今ヲ論ズル也、赤穂諸子ヲ論ジ、義士ニ非ズト為ス。是徂徠礼義ハ先王ノ作ト言フニ出ヅ。蓋シ其師弟ノ学術ノ陋、今ニ在ルヲ想見スベシ。徂徠自ラ此ノ言ヲ為サズシテ、徳夫之ヲ為スハ、極テ足利直義ノ尊氏ニ代リ諸凶悪ヲ為スノ類ナリ。古今ノ事相符スルニ、此ノ如キモノ有リ。唯其ノ人抗直ニシテ苟モ容ヲ欲セズ、真儒ノ風ニ有ルモ亦近世学者ノ罕《まれ》ナル所ナリ。[91]」として、師の学問を継承した「凶悪ヲ為スノ類」であると評価している。そしてさらに次のように続けている。

徂徠本ハ管商ノ功利ノ学、陳同父ノ流ニシテ、同父ハ漢唐ヲ崇奨ス。而シテ徂徠ハ此ヲ以テ聖典ニ附会ス。然ルニ其ノ見ル所ハ告子荀卿ノ外ニ出ザルナリ。宋儒、仏老ヲ竄雑《ざんざつ》スト雖モ、然ルニ其ノ見ル所ハ、猶ホ是レ粋然タル聖人ノ道ノゴトシ。徂徠聖経ヲ奉崇スト雖モ、然ルニ其ノ見ル所ハ卑卑トシテ管商ノ学ナリ。世ノ学者、冥頑無知、朱子徂徠並称ス。是レ鳳梟ヲ以テ並称スルナリ。何ゾ不倫ノ甚ダシキヤ。予少時、平士観（春海）ト徂徠ノ墓ヲ過ギシニ詩有リ。亡兄伯恒之ヲ和シテ曰ク、窃カニ管商強国ノ術ヲ仮リ、孔孟在天ノ光ヲ偸《ぬす》マント欲ス。後人炯然《けいぜん》ノ眼ヲ具エズ。久シク鴟梟《しきょう》ヲ認メ鳳皇（ママ）ト作ス。真ニ有識ノ言ナリ。六十年来、学者ノ誤、唯是レ功利ノ心、管仲ノ仁ニ発源シ、徂徠之カ俑ヲ為シテ、遺毒結轖、学者ノ肺腑ニ沈ミ、得テ滌除《てきじょ》シ難シ。今ノ宋学ヲ為ス者、猶ホ且ツ此ノ病ニ染ルガゴトシ。何ソ況ンヤ他学ヲ為ス者ヲヤ。名ハ古学ヲ唱フル者、其ノ為ス所ハ徂徠ト氷炭白黒ト雖モ、然ルニ其ノ心ハ功利ノ私、管仲ノ仁、其ノ胸中ニ横ハル。故ニ唯其面ヲ改メ貌ヲ換ヘルモ、而シテ其ノ実ハ皆徂徠ノ学ノミ。是ヲ以テ宋学ニ仮ルニ非ザレバ、則チ此ノ病ヲ対治スル能ハズ。予、故ニ宋学ヲ信ゼズシテ、人ノ宋学ヲ為スヲ喜ブハ、此レガ為ノ故ナリ。然リト雖モ、名ハ宋学ヲ仮リテ実ハ利禄ニ在レバ、則チ是レモ亦功利ノ最下ナル者。果シテ然レバ則チ宋学モ亦何ノ用ゾヤ。学バザレバ之レ愈如カザルナリ。[92]

このように錦城は、徂徠の学問とは南宋の思想家であり朱熹からも批判された陳亮の解釈をこじつけ、法家思想である管仲の「仁」を淵源としていると述べている。そして孔子から孟子に連なる「聖典」の解釈においては、告子と荀子に立脚したものであり、非常な嫌悪感を示していたようである。周知のように荀子は特に礼を重視しており、その礼は聖人が制作したもので人性の中に自然にあるものではないとした。これは孟子が礼は人性に備わるとしたのとは反対であるけれども、荀子の礼論には矛盾が存在しており荀子自身も人性に基づくことを承認せざるをえなかったとされている。(93)つまりは聖人の人性も性悪であったとしたのであれば、聖人となるためには、その聖人より以前に礼が存在しなければならず、しかしながら彼以前の聖人も性悪ゆえに礼の制作は不可能であるため、やはり自然の人性に根拠がなければ説明できないからである。錦城においてもやはりこうした認識を持っていたと考えられ、それは賀茂真淵に師事した村田春海《むらたはるみ》や亡兄とも共有していたと記している。そして昨今における学問の内実は、表面上は種々の「面」を有しつつも、「功利ノ私」を主体とする徂徠学が根幹にあると分析している。こうした見解は先の「示入門之士三義」と比較すると、その差異はいっそう際立つであろう。『九経談』の本文ではこれ以外にも、「近世又荀卿ノ誤ヲ襲《かさ》ネ、道ヲ以テ聖人ノ制作ト為ス者有リ。其ノ学ハ性ト天道トニ暗クシテ、天叙天秩ノ義ヲ知ラズ、告子義外ノ流ナリ。(94)」など、徂徠学を批評している箇所が多く確認できる。

ではここで、徂徠がその克服に努め、錦城が称賛した仁斎学と水戸学との関係について少し整理しておきたい。これについては吉田俊純氏が論じており、そこでは仁斎の弟子である大串元善、青野叔元、大井松隣《おおいしょうりん》が光圀に招聘されて『大日本史』の編纂に従事したことを取り上げ、前期において仁斎学は断絶してしまったと推測している。(95)しかしながら、方法的に古義学に属する仁斎学は、経典を当時の言葉で正しく捉えて理解するものであり、歴史学に不可欠な史料批判の基本でもあるため、『大日本史』の編纂が再開されたとき、「仁斎を学び、また先学の業績を手にしたとき、後期水戸学の学者たちは、それを理解したに違いない。(96)」としている。そうして正志斎における仁斎学の影響を『下学邇言』を手掛かりとして、「正志斎は経典を読む上での方法論としての古義学のみでなく、仁斎学の成果を正志斎なりにほとんどすべて受容していたのである。水戸学の道徳論が仁斎学である、といっても過言ではないほどである。[97]」と記している。また高山大毅氏が両者の関係について論じており、正志斎が仁斎の学説の中でも「拡充」の解釈をとりわけ高く評価していたとしている。[98]同氏によると、朱子学の根源的同一性への回帰を意味する「拡充」と異なり、仁斎はこれを否定して「これより彼へうつし、小なるものを大にすること」であるとして、人の心には「徳」の萌芽である「四端之心」しか具わっておらず、それを養い育て量の上でも増大させなくてはならないと仁斎学は考えており、正志斎も仁斎の「拡充」をそのまま取り入れているとしている。また正志斎は「仁」についても仁斎と似た解釈を取っており、朱子学における「仁」は心に具わった善性の根幹であるのに対し、仁斎は「仁」を「接人」の領域に据え、「慈愛の心、渾淪《こんりん》通徹、内より外に及び、至らずといふ所無く、達せずといふ所無くして、一毫残忍刻薄の心無き、正に之を仁と謂ふ。」として自己の「慈愛」の心の他者への波及を重視する。同様に正志斎も「其の親愛の意、心に発して、遠くして及ばざる無し、是を仁と為す」としており、その類似性を指摘できるとしている。そして正志斎には、「根源的同一性」（朱子学）―「接人」（仁斎）―「人心統一の制度」（徂徠）という流れがあるとしている。[99]加えて、吉田氏の研究でも言及されていたが、正志斎が仁斎の学説を引いているものとして『読論日札』があり、高山氏もまた「正志斎の『論語』注釈である『読論日札』は多くの学者の説を引くが、最も引用回数が多いのは仁斎の六十七回（その説が否定されるのは四回のみ）である。以下、大田錦城の五十五回、高拱（鄭維嶽《ていいがく》『知新日録』所引の説）の二十一回が続く。[100]」としている。ただ、両氏共に『読論日札』における仁斎、及び錦城については研究の余地があり、また一〇回ほどであるが徂徠も引かれている。これについては、正志斎と『論語』を扱った後章において論じることとしたい。

第三節　徂徠学と崎門学

荻生徂徠の「道」の理解は特徴的なものであり、丸山真男氏の指摘をはじめとする先行研究においてもその基礎的な視座となっているのは周知の通りである。それは「先王の道は、先王の造る所なり。天地自然の道に非ざるなり。けだし先王、聡明叡知の徳を以て、天命を受け、天下に王たり。その心は、一に、天下を安んずるを以て務めとなす。ここを以てその心力を尽くし、その知巧を極め、この道を作為して、天下後世の人をしてこれに由りてこれを行はしむ。あに天地自然にこれあらんや。[101]」とあるように、朱子学における天地自然の道を否定し、先王（聖人）が治国のために作為したとする記述に象徴されている。こうした徂徠の「道」と正志斎における「聖人ノ道、天地ノ大道ナリ。故ニ天下ト共ニ之ニ由ル。天叙天秩、物則民彝、天造ノ自然ニ因リ、以テ天工ニ代ル。[102]」を比較すると、その差異は明確となる。ただ概念的対立点は認めざるを得ないものの、共通項を見出すことも可能である。例えば、『周礼』を論拠として立論している箇所が徂徠の著作では多く散見され、『弁道』では「周礼の六徳、聖その三に居るがごとき、これあに先王の徳の全ならんや[103]」、また『弁名』においては「周礼の六徳に、智と曰ひ、聖と曰ふ。これ聖人の徳を岐ちてこれを二つにし、以て君子の徳となす。けだし人の性は同じからず。故にその智は、能く政治の道に通ずる者あり。」とし、その官制についても「冢宰《ちょうさい》は邦治を掌り、人を知るを以て要務となす。司徒は邦教を掌り、職は民を親しましむるに在り。宗伯は邦典を掌り、すなはち礼楽鬼神の事なり。司馬は邦政を掌り、すなはち賞罰・黜陟・軍旅・田猟の事にして、義に非ずんばすなはち何を以てその宜しきを得んや。司寇は邦刑を掌り、懇篤詳悉にして能くその心を尽くす者に非ずんば能くせざるなり。司空は邦事を掌り、水土の性に順ひ、百工の業を和す。これを以てこれを観れば、聖・智の分、見るべきのみ。[104]」として自説を補強する材料としており、この他にも多く引用している。正志斎と『周礼』については後章において詳しく論じるが、徂徠においても『周礼』の存在は欠くことのできない論拠となっていた。また「物なる者は、教への条件なり。古の人は学びて、以て徳を己に成さんことを求む。故に人を教ふるに条件を以てす。学ぶ者もまた条件を以てこれを守る。『郷の三物』、『射の五物』のごとき、これなり。(105)」として、『周礼』の「地官」の職掌に依拠している。しかしながら、その根本となる学問観においては、正志斎が『周礼』学制を中心として、「教ハ人倫ヲ明ニスル所以ナリ。天、有典ヲ叙シテ、聖人之ニ惇クス。天、有礼ヲ秩シテ、聖人之ヲ庸フ。父子ノ親、君臣ノ義、夫婦ノ別、長幼ノ序、朋友ノ信、皆之ヲ礼楽ニ寓ス。少シテ之ヲ習ヒ、長テ之ヲ行フ。納民ヲ軌物ニ納レ、而テ英才ヲ教育シテ、国家ノ用ニ供スル所以ナリ。(106)」として儒教的理念の枠組みに留まるのに対し、徂徠は「学問の道は、聖人を信ずるを以て先となす。けだし聖人は知大に仁至りて、その思ふこと深遠なり。その立つる所の人を教ふるの法、国を治むるの術は、みな迂遠にして人情に近からざるがごとき者の存することあり。すなはち後儒は好んでみづからその智を用ひて、聖人を信ずるの深からざる、故にその意に謂へらく、上古の法は今の世の宜しきに合せずと。つひに別に居敬・窮理・主静・致良知の種目を立つ。これみなその私智浅見のなす所のみ。殊に知らず、道は古今となく一なることを。もし聖人の教へ今の世の宜しきに合せずんば、すなはちまた聖人に非ず。故に学者いやしくも能く一意に聖人の教へに遵ひ、これに習ふこと久しく、これと化せば、しかるのち能く聖人の教への万世に亘りて、得て易ふべからざる者あるを見るなり。(107)」として、道を制作した聖人への絶対的信頼の必要性を最初に掲げ、それに「私智浅見」を加えずにこれに従うべきことを述べている。両者は、『周礼』に依拠しつつ学問を治政へと集約していくことについては共通しているけれども、正志斎の「道」の概念や学問観から、徂徠の「作為」性や聖人を神聖視する思想を読み取ることは難しい。

さらに徂徠の学問観をもう少し見てみると、『周礼』の「師氏・保氏(108)」を引きつつ「朱子ノ註解ヲ正説ト定メ、学問ヲスルニハ必講釈ヲ聴ト云コト、又一定ノ法ノヨウニナリ来テ、コレヲハナレテ別ニ学問ノ仕様ヲシラズ。ソノ心人ヲ信ゼズシテ書ヲ尊ブユヘニ、書籍ノ見ニ溺レタル心ニテ、書籍ノ道理ヲ了簡スレバ、皆己ガ物ズキニナリユクコトナリ。甚シキハ儒者ヲ敷居ノ外ニツクバワセテ、講釈ヲキク族アリ。[109]」として、朱子学を中心にして講釈を特色とする闇斎学派の批判を述べている。また教育内容については、「人才ヲ生ズルハ、学問ニ越ルコトナシ。学問ハ文字ヲ知ルヲ入路トシ、歴史ヲ学ブヲ作用トスベシ。民間ノ輩ニハ、孝悌忠信ヲ知ラシムルヨリ外ノ事ハ不入ナリ。孝経・列女伝・三綱行実ノ類ヲ出ヅベカラズ。其外ノ学問ハ、人ノ邪智ヲマシ、散々ノコトナリ。民ニ邪智盛ナレバ、治メガタキ者ナリ。[110]」として、「民」に対しては教授すべきテキストを限定するよう提言している。ここで取り上げられた書籍は良妻賢母や民衆の道徳強化を意図するものであり、秩序維持の目的における極めて冷静な意見が反映されており、被支配層の知識を制限する考えが徂徠の学問観にあったことを窺わせる。こうした主張は民衆観にも反映されており、「民ハ愚ナル者ニテ、後ノ料簡ナキ者也。御城下渡世悪シクナリテモ、一日暮シノ心易ナルハ、御城下ナル故、其癖ツキテ一日々々ト送リ、御城下ヲ離テ古郷へ還ル心ハ曽テ生ゼズ。（中略）公儀ヨリ返サントシ玉ヒテモ、逐出サル、ト思フテ、恨ル心甚ダシカルベケレバ、諸国ノ聞へモ悪シク、不仁ナルヤフニ沙汰スベシ。[111]」としており、正志斎の先行研究において言及されている「愚民観」と言うべきものが、徂徠の著述では直接的に表現されている。これは先の錦城の指摘にもあるように、徂徠の思想が法家者流に基づいているために、秩序維持（「安民」）のための積極的愚民化政策であるのかもしれない。また、こうした発想は具体的な富の分配法についても反映されており、限りある生活財の運用においては、「其中ニ善モノハ少ク、悪モノハ多シ。依之衣服・食物・家居ニ至ル迄、貴人ニハ良物ヲ用ヒサセ、賤人ニハ悪モノヲ用ヒサスル様ニ制度ヲ立ルトキハ、元来貴人ハ少ク賤人ハ多キ故、少キモノヲバ少キ人用ヒ、多キモノヲバオヽキ人ガ用レバ、道理相応シ、無行支、日本国中ニ生ル物ヲ日本国中ノ人ガ用ヒテ事足コト也。[112]」として身分間における配分区別を設けることを徳川吉宗に提言している。正志斎の「愚民観」においては後半で触れるが、徂徠ほど直接的な表現はなく、また師である幽谷も古着商の次男として生まれているため、そうした格差を設けることよりも『勧農或問《かんのうわくもん》』に見られるような「節用愛人」の思想を基本とする政策を重視していた面が強いことが、少なくとも徂徠との比較においては言えるであろう。

加えて、徂徠の朝廷に関連する言説は正志斎との相違を際立たせるものである。これについては『政談』巻之三の冒頭に記されている提言が特徴的である。そこではこれまで朝廷から与えられている「位」と「官」を独立させ、徳川家による一二の「勲階」を制定するものとし、「今ニ至ル迄堂上ニ不用之。幸ニ堂上ニ用ヰ来ラヌコトナレバ、今之ヲ武家ニ取用テ、是ニテ武家ノ格式ヲ立テ、当時ノ如ク役儀ヲ段々ニ組上テ一役一席ニスルヲ止テ、座席ヲバ勲階ノ次第ニ立テ、同階級ニ当ル役ヲ幾等モ拵ヘ置タラバ、人ヲ役儀ニ申附ルニ、人ノ器量次第ニ使フ道ニ便リヨカラン。(113)」として公家の職掌を分化させることを主張している。その一方で、「且天下ノ諸大名皆々御家来ナレドモ、官位ハ上方ヨリ綸旨・位記ヲ被下コトナル故、下心ニハ禁裏ヲ誠ノ君ト存ズル輩モ可有。当分唯御威勢ニ恐テ御家来ニ成タルト云迄ノコトナド丶ノ不失心根バ、世ノ末ニ成タラントキ、安心難成筋モ有也。(114)」として、徳川家と「禁裏」を両立するのではなく、後者の権威を削ぎ、前者を強化することで政権運営を企図している。そして政治上における朝廷の存在は、「総ジテ御政務ノ筋、何事モ堂上邪魔ト成テ、上ノ御心一杯ニ御取行ヒ難被遊筋有様ナレバ、及此愚案也。(115)」として、その排除をも目的としている。これは水戸藩を含む勤王思想の存在についても否定的見解であったと思われ、正志斎や闇斎とはその天皇観において軽視できない対立点となろう。

さらに山崎闇斎を含め、正志斎の国体論においても重要な意味を持つ神道については、「神道ト云コトハ、ト部兼倶ガ作レルコトニテ、上代ニ其沙汰ナキコトナリ。日本紀、続日本紀、日本後紀、続日本後紀、三代実録、律、令、延喜式ノ類ノ正シキ書ニハ、聖人ノ道ヲ学ベト云コトハアレドモ、神道ト云コト会テミエ侍ラズ。物忌、祝祓ノルイハ、皆巫祝ノ業也。神代ノ巻ニ載セタル、天神七代、地神五代ノコトハ、異国モ吾国モ、洪荒ノ世ノ事ハ、皆カクノ如キノ類多シ。(116)」として懐疑的見解を述べている。そして幽谷や正志斎、闇斎においても思想的基軸の一つである三種の神器については、「殊ニ第一トスル三種神器、後世伝説ノ誤リヨリ出テ、上代ニナキコト明白ナリ。文字ハ応神天皇ノ時、王仁、論語・千字文ヲ将来シテ、始テ吾国ニ伝ハル。神代ヨリ応神天皇ノ比マデハ、千年ノ久キヲ経タルニ、文字ナクテ微妙ノ説ヲバイカニシテ伝ヘタルヤ。文物ノ国ニスラ、唐虞三代ノ世ニハ、後世儒者ノ説ケル如キ精微ノ論ハナキコトナルヲ、マシテ吾国淳朴ノ風俗ニテ、カヽル道アルベシトモ思ハレズ。[117]」として神器に込められた理念を否定し、「吾国ノ道ト云モノハ、何モナキト云コト弁ゼズシテ明ナルベシ。[118]」として、日本に固有の「道」は存在しなかったとしている。ここにおいて、正志斎と徂徠における思想的相違は決定的と言わなければならない。例えばそれは、『新論』における「天祖の神器を伝えたまふや、特に宝鏡を執り祝ぎて曰く『これを視ること、なほ吾を視るがごとくせよ』と。而して万世奉祀して、以て天祖の神となし、聖子神孫、宝鏡を仰ぎて影をその中に見たまふ。見るところのものは、すなはち天祖の遺体にして、視ることなほ天祖を視るがごとし。ここにおいてか盥薦の間、神人相感じて、以て已むべからざれば、すなはちその遠きを追ひて孝を申べ、身を敬んで徳を修むること、また豈已むことを得んや。父子の親は敦くして、至恩は以て隆んなり。天祖すでにこの二者を以てして人紀を建て、訓を万世に垂れたまふ。[119]」という神器における神聖なる絶対性に疑問の余地を挟まない言説と比較しても明らかであろう。そしてここでは『礼記』にあるような「父母の遺体」とせず、「天祖の遺体」としたところに正志斎の神道観が表れている。それは「父母」とした場合は生みの親の「遺像」が映るけれども、天皇家に関しては直接の「父母」から皇位継承が行われるとは限らない。そこで正志斎は、天皇がそれぞれの「父母」ではなく共通の「天祖」、すなわち皇祖神である天照大神の「遺体」を「視る」ことで歴代天皇との融合を説いたのである。またここでの「孝」とは、親子における二世代間の「孝」ではなく、その概念は国家全体へと波及する理念を述べたものであり、これについては正志斎と『孝経』を論じた箇所で再度考察していきたい。ただ徂徠は、「吾国ノ神道トモ云ベキコトハ、祖考ヲ祭テ天ニ配シ、天ト祖考ヲ一ツニシテ、何事ヲモ鬼神ノ命ヲ以テトリ行フコト、文字伝ハラザル以前ヨリノコトナレドモ、是又唐虞三代ノ古道也。(中略)神道ハナキコトナレドモ、鬼神ハ崇ムベシ。マシテ吾国ニ生レテハ、吾国ノ神ヲ敬フコト、聖人ノ道ノ意也。」としており、「唐虞三代ノ古道」と共通する祭祀については、政治的な意味における秩序維持の面からも、その必要性を説いており、そうした機能的側面における祭祀は認めていた。こうした徂徠の神道観について田尻祐一郎氏は、「実体としての日本の神道への積極的評価というようなものではありえない。日本の神道に関与しようとした多くの儒者がそうであったような、神々に対する時の『誠』や『正直』『清浄』などに議論を進めようとする気配も、当然ながら徂徠には見られない。」[120]と論じており、いずれにせよ徂徠と正志斎におけるこれらの思想については、本質面において埋めがたい溝があると言わざるを得ないであろう。

他方で山崎闇斎については、我が国の近世思想を考察する上で海外の研究者からも重要視されている。ヘルマン・オームス氏によると、闇斎は徳川初期における儒教および神道を総合して特有の体系を構築したとし、またその後の垂加神道と崎門朱子学へと分派した内容についても注目している。闇斎の最初の著作である『闢異《へきい》』については、仏教の排撃に加えて彼を虜にした真理が記されているとし、それは道とはあらゆる時代を超越し、人間の作為性を排除した天の定めによるものであり、人間生活と宇宙とを規定することが記されていると見ている。そして人間にとって本質的ヒエラルキーを形成する「道」とは、五倫に含まれており、闇斎は道を一つのイデオロギー素に還元してしまったのだと述べている。そうして闇斎による統合を聖書における四つの解釈学を応用して、①literal 字義的［歴史的事実性］、②allegorical 寓意的［解釈の鍵］、③moral 倫理的［主体の行動の意味］、④anagogical 超越的［歴史の集合的意味］の側面から分析している。これらは垂加神道においては、①神代巻の語る造化および天皇の史実、②儒教の道が神道の道を表示（宇宙一理）、③心は神明の舎・混沌は心に、④人の行為が日本の運命に関与（神籬）に当てはまるとし、寓意的体系全体を新たに構築しつつも、同時に原テキストのリテラリティ（字義通り性）を保存したとしている。[121]水戸学との関係については、闇斎流の構造がある可能性を示唆しつつも、構造そのものとしては水戸学の国体論に先立っており、闇斎以後にはイデオロギー構造の改良はなされておらず、闇斎で完成の域に達しているとしている。[122]

こうした研究を踏襲して水戸学に絞って論じたものに、J・ヴィクター・コシュマン氏の論考がある。そこでは闇斎によって完成された儒家神道のイデオロギーを中心として論じており、徂徠学については、作為の原理はそれ自体としては抽象的なものであり、作為された内実をどのようなものとして規定するかは歴史的状況に応じて変化すべきものとし、水戸の思想家はこうした徂徠の論に依拠せず、「道」を道徳的な実体として捉え、これを自然かつ永遠のものであると考えたとしている。[123] そして正志斎については、闇斎と同様に神話で語られたことを歴史的事実として捉えただけでなく、そこに天地の普遍的な「道」の寓意的跡も読み取っていたとし、『新論』において人々を効果的に道徳的実践に「主体化」する上で神話、シンボル、そして儀礼に大きな意味を持たせ、こうして構築された「国体」は共同体としての「日本」という神秘的解釈の意義をかつてないほどに押し上げたとしている。さらに、正志斎は一七世紀における「内的世界への禁欲的専心」から、行動を前提とした現状改革を促し、イデオロギーの再建からイデオロギーによる動員へと変化させたと纏めている。[124] 徳川期の思想を中心として儒家神道の見地から分析した両氏の論考は、そのアプローチにおいてはこれまでの水戸学研究とは異なるものの、闇斎の存在を重視する点においては共通しており、また徂徠学の影響について否定的見解を示していることも興味深い。また丸山真男氏についても、自然から作為への移行は決して円滑になされたわけではなく、結局のところ不完全なものだったとしており、[125] 水戸学が丸山氏や遠山茂樹氏によって用意された歴史の壁龕《へきがん》に納まるようには思えないと結論づけている。[126]

　闇斎が仏門から朱子学へと「転向」し、朱熹本来の教義を重んじるようになったことは知られているが、そこには必然的に異端に対する排撃の思想も含まれていた。彼は三〇歳になった正保四年（一六四七）に『闢異』と題した書物を編んでその胸中を述べている。ここで一つ確認しておくと、この書に限定されたことではないが、朱熹自身が『論語集注』として先人の解釈を選択し、「集注」というかたちで自己の主張を述べたのと同様に、闇斎においても朱子をはじめとする宋代から明代にかけての学者の言葉を取捨選択する方式で、自身の意見を表明している。これは現在の著述方法から考えるとオリジナリティを欠いているような印象を受けるが、「述而不作」という儒学における正統な学問スタイルであり、そこで弁別された言葉やその順序を慎重に検討することで、真意を見定めることが可能となる。『闢異』とは、異端を闢《しりぞ》ける意であり、その冒頭では「正道」と「異端」を弁別するだけでなく、異端に対して沈黙する態度では「習俗之弊」を除くことはできないとしている。[127]

闇斎の学問は日本朱子学と垂加神道により構成されており、前者を批判して古学が形成され、後者を否定して復古神道が成り立つこととなるため、近世の学問においては闇斎を乗り越えることが命題とされたと言われる。垂加神道との関係性について村岡典嗣氏は、「垂加神道が、儒教を別にして存在しないと同じく、本居神道は、その文献学を離れては、即ち儒教的解釈の排除を、換言すれば垂加神道の排除を離れては、存在しない。神代伝説に対する儒教的合理化、即天人唯一は、垂加神道の本質であり、その否定は本居神道の本質である。」とし、本居神道が神代記の親和的文字の祖述をそのまま信じ、宗教的情操を発揮したことにより、「両者はそれぞれ個別の本質に於いて存在し、それぞれ独立の個性からの発展の結果として、同種の信仰内容に達した。」としている。[128]そして垂加神道では、五倫五常における君臣関係を以て人倫の中心と考え、これが国土創生当初から確定し、紊乱することのないのが神道の万教に卓越した所以《ゆえん》とする立場から、最高奥秘である『持授抄』が編作されている。[129]この『持授抄』は、闇斎から正親町公通《おおぎまちきんみち》に伝えられたものであり、「三種神宝極秘伝」と「神籬磐境《ひもろぎいわさか》極秘之伝」から構成されている。「三種神宝極秘伝」では、日本の治者が征服者・権力者、又は有徳者ではなく、創造神によって神約された神であり、その神が治者として責任を果たすための元徳が神器によって表現されており、神器の徳は大神の心霊を象徴した曲玉《まがたま》に帰結するという内容が示されている。[130]そこでは、三種の神器における象徴的意義を説いているのは伊勢神道以来と同様であるが、神器の根源については神代紀の混沌《まろかれ》にあるとし、ここに万物の生気を含む明徳が具わり、天地開闢の後にこの神徳の発現を天照大神が天人唯一に天子御代々に伝えて神璽となしたと説明している。これにより三種の神器は君徳の象徴となるのであるが、注意すべきことは儒教的有徳君主の思想がここにおいて超克せられたとする見方であり、つまりは不徳の君であっても、三種の神器を備えていれば神徳を以てして統治することが了解されるとする分析である。[131] これは言い換えれば、因果律の論理から予定説の論理（神、主権者、天皇が正しいことをする、のではなく神、主権者、天皇のすることだから正しいという思想）への転換であった。[132] 先に栗山潜鋒における神器論について触れたが、ここにおいて神器の所在は天皇としての正当性のみならず、その継承者は我が国において事物の正当性をも判断する存在となったのである。また、「神籬磐境極秘之伝」は吉田神道の奥秘であるが、闇斎の解釈では神籬とは日守木であり、大神の子孫である日継君を守護することであり、磐境とは中の意で君臣相守の道を示したものとしている。ここで天御中主尊は混沌の中に出現し、天地万物を化生させ、その化生した万物を統御する神であるから「君臣の両祖」であり、「君臣上下の易ふ可からざるの条理」を厳然と立てた神であるとされている。ゆえに『持授抄』では「三種神宝極秘伝」において君道の淵源を、「神籬磐境極秘之伝」において臣道の根源を明らかにし、この関係は創化の初めから明確にして両者が本来的に一体であり、君臣合体して中を守ることを我が国の特色であると説明されている。[133] 闇斎について幽谷は、「山崎氏は節義を磨礪し、風教に益有り。然れども狭隘僻説多し。[134]」と評しているものの、『正名論』、及び「君臣の分定まりて、大義以て明らかなり。[135]」とする『新論』の主張とは、精神面における共通項を認めざるを得ないであろう。

　これに加え谷省吾氏は、闇斎は朱熹が禅宗における「単伝」（一人が一人に伝授すること）批判をそのまま利用して、吉田神道の四重奥秘である神籬磐境の伝が唯授一人であることに疑問を抱いたとしている。[136]「神籬磐境極秘之伝」とは、『日本書紀』における高皇産霊尊の「神籬磐境の神勅」についての神学的解釈であり、闇斎が吉川惟足《よしかわこれたり》から伝えられた内容とは、祭祀の根本は天皇を守護し奉るという内容であった。これについて谷氏は、闇斎が「この伝について注目したのは、『君を守る』といふその伝の精神」であり、「その精神がすべての日本人としての生き方の根本を立てるものだと思へば思ふほど、唯授一人といふことに疑問を持たざるをえなかつたのではなかつたかとも思はれる。[137]」とし、これは惟足・保科正之・闇斎の合意により、惟足の決断によって正式の伝授形式を経ずに、垂加神道における独自の展開の道を開いたとしている。さらに谷氏は、『三伝極秘巻』所収の「三種神宝極秘中之秘口伝」、及び「神籬磐境極秘中之口訣」を紹介している。これは『持授抄』を伝授した上で「口伝」として与えたものであり、正親町公通らについて垂加神道をおさめた玉木《たまき》葦斎《いさい》（正英《まさひで》）が記したものとされている。同氏によるとこの「口伝」は、両秘伝の理解を深めるものとして最も優れており、これに加え『三伝極秘巻』の最後に収められている「中臣祓極秘安心之口伝書」は、神籬磐境の伝との関連で語っているとしていくため次に見ていきたい。

『持授抄』の「三種神宝極秘伝」の冒頭には、「嘉（闇斎）謂ふ、十種にして三種、三種にして二種、二種にして一種なり。瀛津《おきつ》辺津《へつ》一の鏡なり。八握剣《やつかのつるぎ》蛇《をろち》蜂《はち》品物《くさぐさのもの》の比礼《ひれ》一の剣なり。生足《いくたる》死反《まかるかへし》道反《ちがへしの》玉一の璽なり。一の鏡一の剣即ちこれ一の神璽なり。高天原はこれ腹心なり。心は腹の上にあり。故に亦高天原と云ふ。神は則ち心の霊、玉を以てこれを表し、その明らかなる処、鏡を以てこれを表し、その厳しき処、剣を以てこれを表する者なり。[138]」とあり、この「十種」とは『旧事本紀』にある「天璽瑞宝十種」のことであり、天照大神と高皇産霊尊が皇孫饒速日尊に賜ったものである。続けてこの「十種」を「三種」に集約して各理念を説いている。他方で『新論』における神器の記述は、国体篇の冒頭部において「昔者、天祖、肇《はじ》めて鴻基を建てたまふや、位はすなはち天位、徳はすなはち天徳にして、以て天業を経綸し、細大のこと、一も天にあらざるものなし。徳を玉に比し、明を鏡に比し、威を剣に比して、天の仁を体し、天の明に則り、天の威を奮ひて、以て万邦に照臨したまへり。天下を以て皇孫に伝へたまふに迨《およ》んで、手づから三器を授けて、以て天位の信《あかし》となし、以て天徳に象《かたど》りて、天工に代り天職を治めしめ、然る後にこれを千万世に伝へたまふ。天胤の尊きこと、厳乎としてそれ犯すべからず。君臣の分定りて、大義以て明らかなり。[139]」とあり、儒教思想との接合が試みられている。ただ闇斎は、「天照太神、三種の神器を、皇孫瓊々杵尊にさづけて、我国の主とし給ひし昔より、今にいたりて皇統たえず、神器あひつたふる、異国にもためしなき御事也、三種の神器とは、神璽宝剣内侍所を申奉る、神宝は八坂瓊之曲玉なり、宝剣は天叢雲剣なり、内侍所は八咫鏡なり、鏡は分明なるを表し、玉は曲妙なる心を表し、剣は知恵の利を表し、此三の宝物をまもり、天下をおさめ給ふべしとの神勅にてまします、就中太神御手に鏡をとり給ひて、是を見る事、我をみるがごとくして、同殿にいつきまつるべし、宝祚のさかへん事、あめつちとともにきはまりなかるべしと宣へり、是神道の宗源なり(140)」として、鏡が「明」を表しているとするのは共通するものの、玉と剣についての解釈は異なっている。また『新論』では、先の徂徠との比較で引用したように、「天祖の神器を伝へたまふや、特に宝鏡を執り祝ぎて曰く『これを視ること、なほ吾を視るがごとくせよ』と。而して万世奉祀して、以て天祖の神となし、聖子神孫、宝鏡を仰ぎて影をその中に見たまふ(141)。」として神器における「宝鏡」を中心に捉えているけれども、「三種神宝極秘伝」では「口伝に曰く、神璽は天照大神御心の霊なり。八尺瓊の曲玉を以てこれを表す(142)。」、「三種神宝極秘中之秘口伝」では「畢竟三種ハ玉ノ一種ニトヾマル也(143)」として「曲玉」を中核としている点において、正志斎との差異を認めることができる。ただ、その宝鏡の捉え方としては「古語拾遺に曰く、八咫鏡及び〈嘉謂ふ、口伝有り。〉草薙剣二種の神宝を以て、皇孫に授け賜ふ。永に天璽と為す。矛玉は自ら従へり。即ち勅して曰く、吾児この宝鏡を視まさんこと〈鏡を挙ぐれば、則ち剣玉その中にあり。〉当になほ吾を視るがごとくすべし、与《とも》に床を同じくし、殿を共にして〈神皇無二を謂ふなり。〉、以て斎の鏡と為すべし云云。〈二種の神宝と云ふがごときは、鏡と剣とを挙ぐれば、則ち玉自ら従ふなり。又鏡及び剣と云ふがごときは、鏡一種を挙ぐれば則ち矛玉自ら従ふの義なり。(144)〉」として、宝鏡に映る「遺像」に特別な意味を読み取っているのは共通していよう。

次に「神籬磐境極秘之伝」を見てみると、「嘉曰く、口伝に云く、神籬は日守木なり。巌境は中なり。泉津平《よもつひら》坂《さか》千《ち》人所引《びき》の磐石これなり。生死の大事ここにあり。これ唯一宗源神道の極秘なり。」と起筆され、続けて『日本書紀』の「神代下」における三女（田心姫《たごりひめ》、湍津姫《たぎつひめ》、市杵島姫《いちきしまひめ》）は天照大神の「心化」であるとし、田心姫が本体であるとしている。そして「(天照) 大神これに教へて曰く、汝三女の女神、宜しく道の中に降り居て天孫を助け奉りて、天孫の為に祭れよと。高皇産霊尊、勅して曰く、吾は則ち天津神籬及び天津磐境を起し樹て、当に吾孫の為に斎《いわ》ひ奉るべし。〈斎、磐訓同じ。下津磐根、石窟《いわや》、磐戸《いわと》、磐座《いわくら》、共に皇居を祝するの詞なり。祝詞は往往にして常磐《ときわ》固磐《かきわ》の辞あり。磐石を持て磐境を示し、榊及び御殿を以て天御蔭《あめのみかげ》日御蔭《ひのみかげ》を示すものなり。〉汝天児屋命太玉命宜しく天津神籬を持ち、吾孫の為に斎ひ奉れと。(145)」とする箇所を引用している。この中でも特に「天孫を助け奉りて、天孫の為に祭れよ」については解説を加えており、「神皇一体の心伝なり。天孫を助け奉るとは、三女神日継の君を助け護り奉りたまふ。天孫の為に祭れよとは、日継の君三女神を祭り護り奉りたまふなり。乃ちこれ日護《ひもり》なり、神籬神木《かみがきしんぼく》〈五百箇《いほつ》真坂樹《まさかき》を掘《ねこじ》にして、瓊鏡《けいきよう》を懸けて、致其《のみ》祈禱《いのりもう》す、これ日守木の言の本なり。〉神供《しんぐ》みな比莽呂岐《ひもろぎ》と云ふ。これこの由縁なり。およそ神社神祠も亦みなこれを神籬と謂ふ。〈神武天皇の詔して曰く、以て天神を郊祀し、用ひて大孝を申すべしと、乃ち霊時《まつりのにわ》を鳥見の山中に立つ。仰いで皇天二祖の詔に従ひて、神籬を建樹つ。これ神祇官八神殿の由縁なり。〉を持ち、吾孫の為に斎ひ奉れと。(146)」として、皇統の守護こそが「神籬」の真意であり、「神社神祠」においてもこの目的に準ずるとしている。さらに「神籬磐境極秘中之口訣」では、「天津神籬ト云ハ、神《ひ》ハ皇《きみ》也。籬《もろぎ》ハ如字、日ヲ守ル籬《かき》也。皇居ヲ指テ云。(147)」とし、磐境とは「皇居ノ宮柱太敷立ル根柢、下津磐根、礎ノ事也。是皇居ノ常磐固磐ニ無動ノ為也。高皇産霊尊ノ皇子孫尊ヲ守護シ玉フ、堅固不壊ナル高胸坂《たかむなさか》ノ御心ヲ、天津磐境ヲ以表示シ玉フ。此御心ノ堅固ナル事、千人所引磐石ニシテ動キ無也。故ニ心ヲ指テ云。境トハ胸ノ事也。磐境ナレバ心中ニ存ス。(148)」と述べ、「高皇産霊尊ノ皇子孫尊ヲ守護」する堅固なる「意志」を表すものであるとしている。

そこで、この「神籬」についての『新論』における記述を見てみると、「天祖、児屋・太玉ら五部の神をして皇孫に侍せしめ、神籬を建てて、以て皇孫を護衛せしめたまふこと、なほ天上の儀のごとし。神武帝、天下を平げたまふや、また神籬を建て、児屋《こやね》の孫種子《たねこ》、太玉《ふとだま》の孫天富《あめのとみ》をして、鏡・剣を奉じ、幣帛《へいはく》を陳《つら》ねしめたまふ。而して歴世の遵奉するところ、この儀にあらざるはなきなり。[149]」とし、「秘伝」と同様に「皇孫を護衛」する意図を読み取っている。ただ、正志斎においては主として「孝」に焦点を置いて解説している傾向もあり、これは儒学者として特に『孝経』に関する思索とも深く関連していると考えられる。この問題については、正志斎と『孝経』を扱った章で詳しく見ていきたい。いずれにせよ垂加神道の理念と『新論』で述べられた国体論とは多くの点で通底するものがあり、「狭隘僻説多し」と幽谷が述べた闇斎の思想を、正志斎が儒教的概念を用いて一般化させたと考えることも可能であり、「唯授一人」とされた垂加神道の「秘伝（＝皇統守護）」は、『新論』を通じて国内に伝播され、期せずして闇斎の意図を実現せしめたとも言えよう。

そして闇斎の神器論との関係で見逃すことができないのは、『倭鑑《やまとかがみ》』という歴史書の編纂を計画していたことである。この書は完成に至ることはなかったものの目録は残されており、その概要を知ることができる。目録の最後には、「凡八十七巻絶筆大書曰、後小松帝明徳三年壬申冬十月朔己酉二日庚戌、三種神器入洛[150]」とあり、これが意味するのは神器の所在こそが正当性を付与し、神器を擁する者が「皇孫」、「日継君」として認知されるべきだと主張することに『倭鑑』の意図があったと分析されている。[151]また近藤啓吾氏は、「南朝を正統と断ずるに至つたのは、思ふに三種の神器に深く思ひを致し、その伝承の意義を解したことによるものであらう[152]」としており、神器を媒介とする正志斎との思想的共有は浅からぬものがあり、同時にその正当性を神器の存在によって判断することは、『大日本史』における三代特質の一つでもあるため、ここでも水戸学との関係性が見出せる。こうした理念を徂徠の神器観と比較する時、正志斎と多くの共通項を見出せるものは闇斎のそれであると断定せざるを得ないであろう。これは闇斎の「夫敬之一字ハ、儒学之成始成終工夫ニシテ、其来ルコト久遠也。天地之開始ヨリ以来、代々之聖人道統之心法ヲ伝ヘ来リ玉フモ、不過此敬矣。伏羲《ふくぎ》之時ハ未有文字、敬ト云名ハ無レドモ、既ニ乾坤之二卦ヲ画シ玉ヘル上ニアリ〳〵ト敬之象見ヘテ、無名之敬ヲ示シ玉ヘリ。[153]」として「敬」という概念が作為性を一切介入させず、「天地之開始」より存在していたという内容や、「五ノツイデ各具足シ来レリ。此道ハ天地自然ノ理ニシテ不能止、神道儒家ノ旨トセル所也。[154]」として五倫五常についても「自然」であることを重視し、また学者の態度として、単に知識のみを保持することについては、「儒者はひろくものしるものなりとて、小学四書五経をば、よくしりもせて、十方もなく書をよみ、つゝしめる心はけしばかりもならて、うゑのかがみひたとくもり、をのが身のある所をもおぼえず、いみじき人をも、文字しらねばあなどりける、かかるものを儒者とおもひ、ひじりのみちをとへる人、いとをろか也[155]」として、博識であることのみを学問とする儒者を軽視していることといった反徂徠学的とされる言説以上に意識しておく必要があろう。

これに加え近藤氏は、『倭鑑』編纂の思想には「『人間』を生命の連続として把握し、その継続を、継続せしめんとする努力によるものとして把握したことに於いては、藤樹、尊徳も闇斎も違ひはない。しかしさきの二人と闇斎とでは、結論からいへば、二人が継続を個人の問題、具体的にいへば『家』の問題として考へてゐるものに対し、闇斎はこれを民族・国家の問題として強く意識してゐるところに、大きな違ひがある。」とし、闇斎が祖父母—父母—自己—子—孫といった家族的連続制に加え、自身が同祖を戴く同一民族・同一国家の存在として認識し、これは天人唯一、神代即人代という歴史認識が思想的基盤であると分析している。[156]こうした家庭内における「孝」の概念を拡大し、国家的規模において把握しようと編纂されたものが『孝経』であるが、正志斎がこの理念に基づき闇斎同様の思想的基盤を有していたことについては、後章で論じることとしたい。

第四節　喪礼観の確立

『新論』では喪礼について、「仏法の行はるるや、葬祭、皆これに拠る。故に歴朝の祀礼、親族未だ尽きざるも、また且つ廟なくして、山稜もまた多く荒廃に属せり。これを闕典と謂はざるべけんや。[157]」として仏式の不備を指摘し、「祖を念《おも》ひ遠きを追ふの誠」と「忠孝の心」とが一体であることを述べている。正志斎が喪礼について纏めたものとしては、『新論』以前に著した『居喪大意《きよそうたいい》』、及び『心喪略説《しんそうりやくせつ》』があり、これは民心における道徳性の涵養を含めて教育思想とも密接に関連した内容となっている。他方で荻生徂徠や山崎闇斎においても儒葬、つまりは朱子の『家礼』による葬儀について言及している。

『居喪大意』と『心喪略説』は、文化一三年（一八一六）に武公こと七代藩主徳川治紀薨去の際、徳川斉昭の問いに答えたものとして伝えられている。前者は喪に服するに際し、「居処」、「動作」、「哭踊《こくよう》」、「言語」、「飲食」等についての「儀節の大略」が箇条書きで記されており、後者は特に「心喪」に関して問答形式に記されている。『心喪略説』は斉昭への教諭のために説かれたものであるが、そこでは正志斎の思想を窺う上でも重要な記述が見られる。同書についてはこれまでほとんど分析が成されていないけれども、『新論』へと繋がる思想背景も見受けられるため以下で詳しく論じていくこととしたい。「総論」では、「礼ハ人情に因て起れり、人情喜ふ時ハ喜ひを尽し、哀むときハ哀みを尽す礼儀作法にも拘るましきに、聖人礼を制し為へる事ハ賢者の過き不肖者の不及して人情の正を失へるを恐て也。君子親に事へて孝養を尽さんとすれとも、其親朝露に先たちぬれハ終身悲哀に沈むとも猶余り有へし。(158)」とあり、『中庸』にある「道の行はれざるや、我之を知れり。知者は之に過ぎ、愚者は及ばざるなり。道の明かならざるや、我之を知れり。賢者は之に過ぎ、不肖者は及ばざるなり。(159)」を引きながら、喪祭における「礼」のあり方を述べている。そして、「古人身に喪服なくして心に喪を行ふを心喪と云、心喪とハもと師弟朋友の間の礼にして親の喪に心喪はなき事なれとも、礼制の廃れたる世に当りては心喪ならてハ悲慕の情を尽し難し。」として、礼制の絶えた世情における心喪のあり方を述べている。同書は特に「礼に権宜ある事」、「飲食動作の事」、「服忌之事」、「忌日之事」、「宗廟祭祀之事」、「父母の志を継く事」の六項目が挙げられており、ここでは最後の二項目に着目したい。

「宗廟祭祀之事」では冒頭に、「人死する時ハ体魄《たいはく》ハ地に帰し、魂気ハ天に散す故、喪礼に初め死する時衣冠を以その魂気を招く事あり。是を復《たまよばい》と云、其衣冠を柩の前に置き重《ちよう》と云ものを作て死者の身にかたどり、右の衣冠に依せ置、後世の魂帛《こんぱく》と同し葬の後、神主を作り（後世ハ葬の時作るなり）重に依せ置たる魂気を新主に移す也。是によりて死者の体は墓中に朽れとも魂気ハ常に廟中に存する也。」と儒教に基づく「喪礼」を説いている。そうして、「死者の精神ハ常に廟中にあれとも、鬼神ハ形なくして人に依りて存するもの」であり、子孫の「誠敬」の心がそれを支えているとしている。こうした「礼」を通じて「親のなき後も我心より親を我眼中に見するやうになるハ、祭の誠敬の致す所なり、誠敬をさへ尽すならハ親ハ既に没したりとも子孫のあらん限りハ其魂気ハ猶存」するとしている。続けて、「身体髪膚ハ父母より受たるものなれハ身也者父母之遺体也といへり。」と『礼記』の記述を引用し、次のように結んでいる。

父母没してハ父母の身ハなけれ共、父母の体ハ我身に遺りてある也。我身ハ父母の遺体なれハ身に養を行ふハ父母の身の養と同し道理なり。されハ孝ハ膝下に奉養するはかりならず、親の没したる跡までも其身に養を行ふハ大孝と云へし。故ニ大孝尊親、其次不辱、其次能養といへり。忌日を終身の喪と思ひ祭祀に誠敬を尽すの心を推広めハ賢人君子の域にも至るへきなり(160)。

「身ハ父母の遺体」であり、『礼記』「孝有三」の「養」を実践するのであれば、親なき後も自らの「身に養を行ふハ大孝」であるとしている。これは喪祭を通じて父母、さらには祖宗の「魂気」が自身の中に宿っていることを述べたものであり、正志斎が繰り返し説く「孝」の思想の根幹を表現したものである。このような「喪祭」に関する考察には、幽谷の影響も少なからず存在すると考えられ、これに関連するものとしては『二連異称《にれんいしよう》』がある。これは、「二連の事、尤も深切となす。余、不幸にして大故に遭ひ、銜恤無聊《がんじゆつぶりよう》、鬱々として日を度る。礼を読むの次因りて皇朝の喪制に及び、古今善く喪に居りし者を採録し、名づけて二連異称と曰ふ(161)。」とあるように、幽谷が一八歳の折、父親の死に際して追慕の意で書かれたものである。そして、正志斎はこれに序を付しており、

「其の朝夕の奠、威容にして人を動かすを見るに、童蒙無心なるも、また視るに忍びざるなり。[162]」と当時を述懐している。正志斎が幽谷に師事したのが、寛政三年（一七九一）であり、その前年に幽谷の父言徳は亡くなっている。『二連異称』では、その編首に「孔子曰ク、子生マレテ三年、然ル後ニ父母ノ懐ヲ免カル。夫レ三年ノ喪ハ、天下ノ通喪ナリト。[163]」とあり、三年の喪についての根拠に続けて幽谷の所感を述べた按文が記されている。入門当初、幽谷は当然ながら喪に服しており、一〇歳に満たなかった正志斎にとって「喪」を実践する師の姿が記憶に刻まれたことは間違いない。それゆえ、正志斎の「喪祭」に関する理解は師である幽谷の姿が起点となっており、その後の思想への影響は軽視できないであろう。同書の序では続けて、正志斎が同志と相談して『二連異称』の出版を企図したが、少年期の著作であり未完成であることを理由に幽谷がそれを許さなかったと書かれているけれども、「偸薄《とうはく》（人情が薄く不誠実）」の世情を鑑《かんが》みてそれを決断したと述べている。このように正志斎は「喪祭」を「孝」の要素と認識していたと同時に、世俗の不誠実な現状を矯正するための道徳律としての機能を期待していたことが理解できる。また祭祀＝道徳という思想において、その中でも特に「喪祭」は、王族等に限定されない万民共通の道徳的涵養が可能であると考えていたと思われる。いずれにせよ、本書では正志斎の思想の中心因子の一つとして祭祀を主たる要因として論じているが、その祭祀の枢要性を認識するきっかけとなったものは『二連異称』と、幼少期に目にした喪礼に従う師の姿であった。

正志斎が晩年に著した『下学邇言』は「論道」、「論学」、「論礼」、「論政」、「論時」の五部から成っているが、第三の「論礼」中に「凶礼」という項目があり、そこでは「喪礼」についての考えが纏められている。ここでは、「喪礼なるものは人情の至りなり。父母は子を生み、既に其の骨肉を分つ。身体髪膚、遺体に非ざるはなし。一木の分枝にして覆育劬労《ふいくくろう》、至らざる所なきなり。故に子の父母に事《つか》ふるは、愛を尽し敬を尽して終身孝養、猶ほ罔極の恩に報ゆ能はず。」とある。また幽谷が、当時の「五旬就吉」の「政令」に従わずに三年の喪を実行した理由について次のように記している。

今時五旬吉ニ従ヒ、服期名有テ実無キ者ト同カラザランヤ。而シテ名賢ハ至孝ニシテ期喪ニ慊《あき》タラズ、家ニ在テハ心制ヲ持シ以テ三年ヲ終ル者モ、亦往々之レ有リ。之ヲ五旬ニシテ吉ニ就キ酒ヲ飲ミ肉ヲ食ヒ汝ニ於テ安ンズル者ニ比スレバ、其ノ厚薄何如ゾヤ。且君臣父子ハ人ノ大倫、故ニ周制ニ、君父ノ為ニハ皆斬衰三年、君臣ノ為ニモ亦服有リ、臣ノ喪君之ニ臨ム(164)。

このように五〇日で喪に服することを止める世相に疑義を呈し、三年の喪との「厚薄」を論じている。そして、その根拠を「周制」に求め、「君」であっても「臣」の為に服制が決められていることを述べている。『周礼』の「春官」によると「司服。王の吉凶を掌り、其の名物と其の用事とを弁ず。（中略）王は三公六卿の為めに錫衰《せきさい》し、諸侯の為めには緦衰《しさい》し、大夫士の為めには疑衰《ぎさい》す。其の首服は皆弁経《べんてつ》あり(165)。」として、王が臣下のために着用する弔服が記されている。他方で正志斎は、喪礼における民衆の記録も残している。

余嘗テ西ニ行キ大和ヲ過ギ、葬ヲ送ル者素衣袍制ノ如ク、柩ノ後ニ従フヲ見ル。帰路近江ヲ経テ、又喪家ニ出入スル者ヲ見ル。其ノ服スル所モ亦粗相似タリ。我常陸山野ノ民ノ如キハ、喪ニ遭テ服スル所、呼デ伊呂ト為ス。其ノ羨ヲ詳ニセズ。或ハ謂フ倚廬《いろ》ノ遺声ナリト。白布木綿ヲ以テ之ヲ為シテ其ノ制一ナラズ。袍ノ如キ者有リ、纔ニ肩背ヲ掩テ袖無キ者有リ、未ダ情文ノ宜ヲ得ズト雖モ、然レドモ亦以テ見ル可シ。昔時吉凶服ヲ異ニシ、中心哀楽スル所ヲ表スニ足レバ、則チ其ノ士大夫ノ家吉凶服ヲ同フシ、所謂上下ナル者ヨリ勝ルコト遠シ。今士大夫田禄ニ有ル者、或ハ上下ノ衣ヲ染メテ淡黒色ト為ス。稍凶服ノ意ヲ存スト雖モ、而モ其ノ状哀素惨怛ノ心ヲ見ルニ足ラズモ亦タ未ダ情文ノ宜ヲ得タリト謂フベカラズ(166)。

これは正志斎が実際に見聞した実情を記したものであり、民間における服制の乱れを懸念し、「情文ノ宜」を正すために以下のように続けている。

　今情文ノ宜ヲ論ズレバ、則チ周制ヲ外ニシテ他ニ求ムル所無シ。然レドモ繁縟ノ文、風土ニ適セズ。恐クハ久遠ニ施シ難シ。宜ク其ノ文ヲ簡ニシテ其ノ意ヲ存シ、知リ易ク従ヒ易キノ中制ヲ立ツベシ。然モ人情習フ所ニ安ジ、新ニ制ヲ定メント欲スルモ、人或ハ之ニ服シ難シ。之ヲ施スニ宜ク貴者自ラ始ムベシ。貴者ハ其ノ人衆カラズ。勢ヒ暁諭《ぎょうゆ》シ易シ。之ヲ服シテ賤者ニ及ベバ、貴者以テ栄ト為シテ之ニ従フ。其ノ令貴者ニ行ハレ然ル後賤者ニ及ブ。賤者貴者ニ倣フヲ楽シメバ、則チ以テ上下ニ遍クスベシ。其ノ貧ニシテ服ヲ制スル能ハザル者ノ若キハ、或ハ周官郷器ノ法ヲ斟酌シテ、予メ郷里ヲシテ共ニ醵シテ吉凶ノ服ヲ作ラシム(167)。

ここでも正志斎は論拠を「周制」に求め、それを簡潔にして「貴者」から「賤者」に「暁諭」することを提言し、特に「周官郷器ノ法」を斟酌して「吉凶ノ服」を作らせ「喪礼」を正そうとしている。「周官郷器ノ法」とは、『周礼』の「地官卿師」において「正歳に其の郷器を稽《かんが》う。比は吉凶の二服を共す。閭は祭器を共す。族は喪器を共す。党は射器を共す。州は賓器を供す。郷は吉凶礼楽の器を供す(168)。」とあり、毎年正月における卿中の公用器具の検査を指している。

　また、嘉永元年（一八四八）に完成した『江湖《こうこ》負《ふ》喧《けん》』は、刊行されずに写本のみ伝えられている著作であるが、『新論』の補完的史料として位置づけられる(169)。そこでは、「喪礼」に関して次のように記している。

　喪祭ノ礼ヲ制シテ民心ヲ厚クスベシ。欧陽永叔《おうようえいしゅく》ノ本論ニモ述ラレシ如ク、異端ノ道ニ迷ハザラシムルノ大本此ニアリ。孔夫子モ「慎終追遠、民徳帰厚。」ト仰セラレシ如ク、死ヲ哀ミ歳月ヲ経テ忘ルヽ事能ハザルハ、

> 天然ノ人情ナレバ、聖人ノ人情ニ因テ喪祭ノ礼ヲ制シ、民心ヲ厚クスルヲ本トス。天竺、西洋等ノ国々ハ、人死スレバ速ニ是ヲ忘レシメテ、人情ヲ薄クシ、父祖ヲ遺テ、専ラ其本尊ノミヲ崇敬セシム。天然ノ人情ト相反スル事、白黒氷炭ノ如シ(170)。

正志斎による宗派上の選別は、同書以外でも多々述べられているが、その根本にあるのは故人の「慎終追遠」の思想の有無にあると言ってよいであろう。言い換えれば宗教とは、死者個人を主とする「喪祭」か、それ以外に重きを置くそれかで「民心」が左右されるとし、前者こそが儒教的宗教理念を含み、日本の風土に適合するものと考えていた。このことが正志斎の「喪礼」における中心概念の一つであり、同時にこうした「天然ノ人情」に適う「喪礼」により、「父祖ヲ慕テ人情ヲ厚クスル時ハ、洋夷アリト云ヘドモ、民ヲ迷ハス事能ハズ。是亦其謀ヲ伐ツノ上策也。」とした上で、左のように論じている。

> 家ニ入リテハ其ノ父祖ヲ天トシ、愛敬ヲ尽スハ、縦令百ノ邪教ト雖モ、民心ヲ移動スル事能ハズ。是レ天地開闢ノ初ヨリ固有ノ忠孝ノ大訓ニシテ、人心ヲ一致ニシ、夷虜ノ誑誘《きょうゆう》ヲ絶ツノ大本至要也。富国・強兵ハ防御ノ先務ナレドモ、イカ程富強ノ要術ヲ施得タリトモ、民心ヲ誑誘セラレ、簞食《たんし》壺漿《こしょう》シテ、彼ガ師ヲ迎ヘルヨウニナリ、島原ノ民、邪徒ノ為ニ死力ヲ尽スヤウニナリテハ、富強ノ詮モナク、却テ盗ニ粮ヲ齎《もたら》スガ如ク、其ノ富強ヲ以テ敵ノ資用トナシ、害アリテ益ナカルベシ(171)。

このようにしかるべき「喪礼」を体現することこそが「富国・強兵」に勝るとし、これなくしては「富強」も「敵ノ資用」となる可能性が生じるとしている。これは何よりも正志斎が、形而上の備えを重要視していたゆえの言説であり、「然レバ人心ヲ固結スル事ヲ得テノ上ニコソ、其富強モ天下ノ実用トナルベキナリ(172)」と同節を締めているように、「喪礼」が国の「富強」と密接な関係性を有していると考えていたことが推察できよう。また こうした「喪礼」の尊重は、正志斎のみならず水戸藩の気風も同様であったことは、次の記述からも確認できる。

我義公ハ聖人ノ礼意ヲ斟酌シテ、喪祭ヲ制セラレ、威公薨ゼラレシ時ニ、瑞龍山ニ兆域ヲ開キ、古礼ニ依テ葬送アリ。僧徒ヲ雑ヘズ。菩提寺ニ於テ僧ノ心ニ任テ仏事ヲ修セシメタル也。城内ニ廟ヲ立テ祭祀モ礼意ニ本ヅキ、儀礼等ハ神州ノ風俗ニ依テ制セラル。此心ヲ推テ士大夫ニ及ボシ、別ニ葬地ヲ授テ葬送セシメ、史臣ニ命ジテ、「喪祭儀略」ノ書ヲ撰シメ施行セラル。今此意ヲ推テ天下ニ及シ給ハヾ、人情厚クシテ、君父ヲ忘レザラシムルノ大本ナルベシ。[173]

正志斎が治紀薨去の際、徳川斉昭の問いに答え『居喪大意』、及び『心喪略説』の二書を纏めたことは先に述べたが、これは光圀から続く藩風であり、「喪祭儀略」として遺されていた。

さらに正志斎が天保五年（一八三四）、五三歳の時に記した著作に『草偃和言《そうえんわげん》』がある。これは、『論語』の「君子の徳は風なり。小人の徳は草なり。草之に風を尚《くは》ふれば必ず偃《ふ》す。」、及び『書経』の「汝吉言を百姓に和せざれば、惟れ汝自ら毒を生ず。」から採っており、正志斎が郡奉行に着任した際に、農民の風俗が乱れていることを危惧して、著作を思い立ったものである。[174]同書は元日から起筆されて、宮中の年中行事等を基本に書かれているが、ここでは独自の解釈も付加されており興味深い。例えば、忠孝の思想については「人倫に五品あれども、其大なるものは君臣・父子なれば、忠と孝とは百行の本なり。昔、天照大神天位を皇孫に伝給ひし時、三種の神器を授給ひしより、皇統正しくして、日嗣の易らせ給はざる事、元日の条にも述しが如くなれば、是ぞ君臣の大義明らかなりとは申べき。又三種神器の中にも、殊に宝鏡を持せ給ひて、我を見るが如くすべしと宣へり。天孫は天祖の遺体にまし〳〵て、天祖を祭り給はんに、神鏡に映じ給ふ御形は、即天祖の遺体に鏡面に顕れ給ふなれば、日神の御形は今も九重にましくて、常に天祖に事ふまつらせ給ふ也。」[175]と、これまで繰り返し引いている忠孝と三種の神器の関係性を記し、「忠孝の教は三種神器の中に備りて、今も神器と共に墜る事なきは、神聖の教なれば、此天地と共に尽る事あるべからず。」と、忠孝の根本理念が神器の中に包含されていることを述べている。そして最後の「晦」の項目では、正志斎の「孝」の理念が、民衆へ向けて簡潔に記してある。

さて万物は天に本づき、人は祖に本づく。人々呼吸の間に、天の気惣身に流行し、天の陽を含て一身の元気とす。朝暮地に生ずる所の穀を食ひ、地の陰を含て、其形体を養ふ。是天地の気を得て生活する也。父祖の気血骨肉分布変化して、子孫の身となる。父祖の身は己が前身にして、子孫は己が後身なれば、子孫あらん限りは、父祖の身も生々して尽る事なし。父祖と子孫と同一気にして、一身に異ならず。故に父祖の魂気は天に散ずといへども、子孫誠敬を尽して、これに事ふる事在《いま》すが如くする時は、鬼神感格して其祭を享《うく》る事、天地自然の理なり。[176]

このように正志斎は庶民に対しても別け隔てなく「父祖と子孫と同一気」であることを説き、亡き親を「感格」する「祭」の重要性を語っていた。そしてこれは、直系祖先の祭祀のみに止まらない『孝経』に基づく「孝」の拡大概念を次のように記している。

此篇元日に起て荷前《のさき》に終る。前に君臣の義を論じ、此に父子の親を論ず、忠と孝とを以て首尾とする事は、即ち天神の訓に遵奉し奉らんとの義也。天照太神三種の神器を伝へ給ひ、忠孝の訓自ら其中に備る。皇統天地と共にかはらせ給はず。千万世に至るまで、臣民一君を仰ぎ奉るは永き忠なり。天孫千万世を経て、一祖に事へ給ふは永き孝と称し奉るべき也。[177]

ここでは、先に触れた箇所と同様に、三種の神器に忠孝の「訓」が内在されているとしながらも、「永き忠」と「永き孝」という言葉を付け加えている。この「永き」には、これまで「父祖―己」が「一気」であることを主として論じてきたが、ここでは未生の子孫を含めた「父祖―己―子孫」も「一気」である意義を含ませたと考えられる。ここにおいて正志斎の思想には過去から現在のみならず、次世代をも念頭におくことで、現在の自己の志や言動といったものが、「永き」に亘り子孫へと継続されることを意味している。そしてこの書が庶民の風俗改善のために記されたとするならば、儒教理念に基づいた正統な諭《さと》し方であると言えよう。これには「異教」対策としての「イデオロギー」の「注入」といった指摘も可能であろうが、「孝」に基づく道徳的啓発としては有意義であり、「されば人生れては人の道を尽し、忠孝を失はずして、専ら君父の大恩に報い奉らざるべけんや。故にこの義を以て同社の子弟に告語りて、神州の蒼生たらんものは、みな心を同くして、ともに神聖の風教になびきしたがひ奉らん事を希ふのみ。[178]」という言葉にその真意は表れていよう。実際に『草偃和言』によって、如何ほどの風俗改善が図られたかは不明であるが、我が国の国体と『孝経』を統合した議論は特徴あるものだと思われる。

さて、このように正志斎は、「民心」の改善について思索を重ねたわけであるが、ここで先行研究で主張される「愚民観」について触れておきたい。正志斎の思想に「愚民観」が存在していたことについては、遠山茂樹氏、丸山真男氏、山口宗之氏の論考において提起されており、またこれらの主張は他の研究にも一定の影響力を有している。そこで論拠となる正志斎の言説について、山口氏が纏められている箇所があるため以下に借用したい。

「夫れ、方今天下に封建の勢あるは、固より太祖の治を制する所以なり」というごとく〈「新論」上〈『水戸学大系』二の二八頁〉〉、頑固な封建思想の持主であった彼は当然のごとく愚民観を抱いていた。「夫れ、天下の民は、蠢愚《しゆんぐ》甚だ衆くして、君子は甚だ鮮し。蠢愚の心一たび傾かば、則ち天下固より治むべからず」（同〈同書九五頁〉）「宜しく民をして之によらしむべくして、之を知らしむべからず」（同下〈同書一七〇頁〉）「民を愚にし、兵を弱にするは、治をなすの奇策たり」（同〈同書五〇—五一頁〉）「農・工・商は皆、君と士との日用に供給し、其治教を受く。力を労する者は人を養ひて之に治められ、心を労する者は人に養はれて人を治め」（「迪彝篇」士道五の二〈同書三五七—三五八頁〉）る、等はその例である。ここで明らかにみられるように民は治められるのみで知らしめられぬものとされ、単に生活の資を生産することにより武士階級に奉仕するものとしてしか認識されていない(179)。

これらの正志斎の代表作から引用された五箇所は、その「愚民観」を象徴する言説として一定の説得力があるように思われる。しかしながら、その前後を含めて総合的に見てみると、もう少し別の視点も存在しているように考えられる。そこで最後の引用部分の前後では次のように記されている。

其の裁断を受くる者は、自ら臣民の道なり。其の中に君を佐けて、民を治る者を士とす。農・工・商は皆、君と士との日用に供給し、其治教を受く。力を労する者は人を養ひて之に治められ、心を労する者は人に養はれて人を治め、士・農・工・商、功を通じ、事を易へて、互に相救済す。是を四民といふ。四民の外に業をなす者を遊民といふ。有れども益なく、無けれども損なき者なれば論ずるに及ばず(180)。

このように後段では、「士」を含めた四民間における相互扶助の関係を述べており、決して「士」以外の三民が「愚民」と断定する内容には読み取ることが難しいと思われる。さらにそうした「功を通じ、事を易へ」とは『孟子』の「子、功を通じ事を易へ、羨《あま》れるを以て足らざるを補はずんば、則ち農に余粟有り、女に余布有らん。

子、如し之を通ぜば、則ち梓・匠・輪・輿・皆食を子に得ん。此に人有り、入りては則ち孝、出でては則ち悌、先王の道を守り、以て後の学者を待つ。」[181]という箇所であり、そこでは分業によって得られた生産物の適正な分配を促すことが「先王の道」であるとされている。ここからも正志斎の「愚民観」とされるものは、「遊民」に限定すれば可能であるかもしれないが、それ以外については立論の根拠とはなり得ないであろう。加えて、四箇所目の「民を愚にし、兵を弱にするは、治をなすの奇策たり」についても見ておきたい。

各国に戦争し、民は兵に習へば、未だ侮りて以て弱となすべからざるなり。妖教を用いて以て其の民を誘ひ、民心皆一なれば、以て戦ふに足る。巨艦・大砲は、固より其の長技なれば、以て人を嚇すに足る。これに由りて毎に海上に雄視し、其の呑噬《どんぜい》を逞しくすれば、未だ侮りて以て愚となすべからざるなり。しかも今、これに応ぜんと欲す。豈にただ自から愚にし自から弱むるの余謀のみを恃みて、安坐高枕し、変通するところなかるべけんや。民を愚にし、兵を弱くするは、治をなすの奇策たりといへども、しかも利の在るところ、弊もまたこれに随へば、これを矯めざるを得ず。今、幕府の義、すでに虜を擯《しりぞ》くるに決したれば、すなはち寡を転じて衆となし、弱を更めて強となすは、その勢の已むべからざるものなり。[182]

ここでは諸外国の趨勢を述べた上で、これまでの「奇策」を改め、これを「矯め」ることを提唱しているのは明らかであろう。そこではむしろ、「民」の「愚民」化政策ではなく、啓蒙化政策によって来たるべき国際化時代へ対応しようとした意気込みを読み取ることができる。先の五箇所のうち前半部は抽象的な文言となっていくため以上の二箇所で止めておくが、少なくとも正志斎の「愚民観」については再考の余地があり、丸山氏の『愚民』観は『新論』のみならず後期水戸学全体に陰に陽に纏ひ付いた色彩をなしてゐた。」[183]という意見についても今後詳しく検討していく必要があろう。こうした史料と先の民衆教化における「喪礼」の存在を考える時、そこには徂徠的な民衆矯正策よりもむしろ、より現実的かつ民族的宗教観に根ざした啓蒙思想があるように思われる。

では、再度『新論』の「喪礼」へと視点を移してみると、正志斎の死生観ともいうべきものも記されており非常に興味深い。その本文において「祀礼廃らば、すなはち天人隔絶して、民は易慢を生じ、遊魂安きを得ずして、生者も身後を怵《おそ》れ、民に固志なく、冥福陰禍の説、これに由りて入る。幸を死後に徼《もと》めて、義を生前に忘れ、政令を避くること寇を避くるがごとく、異言を慕ふこと、慈母を慕ふがごとし。(184)」として、「祀礼」の欠如が人心を不安定にし、異教の介入する余地を与えるとして、次のような割り注を加えている。

精気、物をなし、遊魂、変をなす。故にその昭明にして焄蒿悽愴《くんこうせいそう》なるものは、祭祀ありて以てこれを安んずるにあらざるよりは、すなはち死者は憑《よ》るある能はず。死者をして憑るなからしめば、すなはち生者の心においても、歉然《けんぜん》たるなき能はず。衆人のごときは、自からその然る所以を知らずといへども、しかも冥冥に憾《うら》みあるは、人情の免るる能はざるところなり。且つ生者もまたその死の安んずるところなきを以てして、内に恃みて以て自から強くするなくんば、すなはち身後の説に惑ふなき能はざるなり。(185)

「昭明にして焄蒿悽愴」とは、『礼記』の祭義篇を指しているが、そこでは孔子による「鬼神」についての解説が附されており、「気とは神の盛なるなり、魄とは鬼の盛なるなり。鬼と神とを合すは、教の至りなり。衆生必ず死す、死すれば必ず土に帰る、此を之れ鬼と謂ふ。骨肉は下に斃れ、陰れて野土と為る。其の気は上に発揚して、昭明と為る。焄蒿悽愴たるは、此れ百物の精にして、神の著はるるなり。物の精に因りて、制して之が極を為し、明に鬼神を命けて、以て黔首《けんしゅ》の則と為す。百衆以て畏れ、万民以て服す。(186)」と記されている。正志斎の解釈では、生者の「祭祀」を通じて、死者の気が「昭明」（あらたかな神霊の群れに入る）となることを促すことで、生者自身も死後の不安から解放され、死生観を確立することができるとしている。概して、死後の不安を和らげることこそが、宗教の使命であるという主張もあるように、正志斎の思想にもこの儒教的死生観が織り込まれていると言ってよいであろう。そして同箇所では、次のように続けられている。

故に祭祀成る物ありて以てこれを安んず。父祖と子孫とは、固より同一気なり、父祖はすなはちその前身にして、子孫はすなはちその後身なれば、すなはちその遊魂なるものは、子孫を去りていづくにか往かんや。故に子孫を以て父祖を祭らば、感応せざるなくして、昭明にして焄蒿悽愴なるものも、頼りて以て安んず。(187)

ここでは「子孫を以て父祖を祭」る、つまりは「喪礼」の意義について言葉を換えて述べている。それは「父祖と子孫」が「同一気」であり、その「気」とは死後「昭明」となるべきものであり、その保証は「子孫」の存在の有無にかかっているのである。そして父祖―自身―子孫が「同一気」である以上、「祭祀」(＝「喪礼」)の存在は自己の存在を超越した価値観であり、宗教的条件としても満たしえるものであると考えられる。こうした正志斎の「喪礼」における思索が、その後の『新論』を代表とする国体論にも反映されたことは、儒教研究における蓄積とも相互に関係するため、これについては後章で論じていくこととしたい。

おわりに

現代人が『新論』を読んだ際に受ける印象は、独善的なナショナリズムを説いていることもあり、特異な筆者による著作であると一般に認識されることが多い。そこで当時の人々に多大な影響を与えた理由を考えようとすると、様々な憶測が語られることとなり、突如あらわれた例外的主張が、偶然にも一時的注目を集めた現象であると結論づけられることもある。しかしながら、『新論』からは単に一個人の主張だけではなく、藤田幽谷は言うまでもなく、水戸藩の学問的土壌や、近世を代表する学者の様々な要素を読み取ることができる。それゆえに正志斎の学問思想を折衷学として位置づけるものや山崎闇斎、荻生徂徠にその論拠を読み取ることも可能となる。梶山孝夫氏は思想的影響を考える際には、思惟方法と精神との両面の探求が必要であることを述べ、特に後者の立場から徂徠学の影響には否定的見解を示されており、本書においても「道」や皇室、三種の神器をキーワードとしてその差異を比較した。また思惟方法については、確かに徂徠の古文辞学はその文献的研究方法において近代的学問の萌芽として注目され、一時は江戸の学界を席巻した。そうした流れの中にあって水戸藩の学問においても、それから完全に独立した存在であることは不可能であったけれども、後期水戸学における文献学的傾向を徂徠学のみに帰納することは不正確であるように思われる。それは本書で分析した大田錦城の存在を無視した議論であり、また錦城が考証学的素養や反徂徠学的観点において幽谷とその多くを共有していたという事実は、ある意味で自身の思想を主張するあまり学問的「偽証」をも憚らない徂徠よりも、幽谷の学統はより厳密な意味での古文辞学であったとも言えるであろう。そして幽谷が個人的に信頼を寄せていた栗山潜鋒は、『保建大記』において近代的意味における「国体」の用語を最初に定義し、それは『新論』の国体思想に直接的に反映されており、こうした概念は徂徠の思想とは一線を画している。そして潜鋒が『神皇正統記』を重視していたことは、後期水戸学の神話観を考察する上でも見逃せない点である。なお、正志斎が錦城の学問に依拠している側面については、後章で詳しく触れることとする。

正志斎が継承した学問と「国体」の思想は、我が国の建国の理念と『孝経』を媒介として融合し、『新論』において独自の国体観を形成させたわけであるが、そこでは皇室や武士のみを念頭においたものではなく、庶民の安寧をも目的にされていた。それは「喪礼」における正志斎の論考からも明らかなように、『孝経』にも含まれる「追孝」の一形態である喪礼とは、民衆の道徳教化や社会性にとって欠くことのできない要素であり、それらの涵養が不可欠であることを認識していたのである。また、「喪礼」においては、身分間における差異もある程度克服された普遍的宗教性を帯びており、「身は父母の遺体」という言葉に象徴される父祖と自身と子孫との一体性は、東アジア特有の死生観とも共通している。加えて、先行研究で言及される正志斎の「愚民観」には誤解もあり、むしろ時代を見据えた民衆啓蒙の意図を有していることも見逃せないであろう。では、これらの「国体」や儒教の理念を考証学的に深めていたのにもかかわらず、一部の研究者をして「煽動家」と言わしめた『新論』を執筆した動機とは、いかなるものであったのであろうか。これについては正志斎のみならず、水戸藩における歴代藩主の個性や、そこで培《つちか》われた人的情報網についても明らかにしていく必要があるため、次章において考察していきたい。

注

（1）熊沢蕃山「集義外書」巻三（『増訂　蕃山全集』二、名著出版、一九七八年）、六三頁。
（2）瀬谷義彦「解題」（『水戸学』日本思想大系五三、岩波書店、一九七三年）、四八一頁。
（3）「水戸学統図」『国史大辞典』一三（吉川弘文館、一九九二年）、三八四頁。
（4）水戸市史編纂委員会『水戸市史』中巻二（水戸市、一九六九年）、三四二頁。
（5）水戸市史編纂委員会『水戸市史』中巻二、三五一頁。
（6）水戸市史編纂委員会『水戸市史』中巻二、四九二頁。
（7）栗原茂幸「藤田幽谷の政治思想」（『東京都立大法学会雑誌』二四、東京都立大学法経学部、一九八三年）、七九頁。
（8）栗原茂幸「藤田幽谷の政治思想」（『東京都立大法学会雑誌』二四）、八〇頁。
（9）栗原茂幸「藤田幽谷の政治思想」（『東京都立大法学会雑誌』二四）、八三頁。
（10）栗原茂幸「藤田幽谷の政治思想」（『東京都立大法学会雑誌』二四）、一〇一頁。
（11）栗原茂幸「藤田幽谷の政治思想」（『東京都立大法学会雑誌』二四）、一〇二頁。

(12) 原田文穂「水戸学派の他学派批判（上）」（『史学雑誌』五四、山川出版社、一九四三年）、六八六頁。
(13) 原田文穂「水戸学派の他学派批判（上）」（『史学雑誌』五四）、六八八頁。
(14) 会沢正志斎『及門遺範』（架蔵本。瀬谷義彦『会沢正志斎』日本教育先哲叢書第一三巻、文教書院、一九四二年）、二二九頁。
(15) 会沢正志斎『及門遺範』（日本教育先哲叢書第一三巻）、二三一頁。
(16) 水戸市史編纂委員会『水戸市史』中巻三（水戸市、一九七六年）、九二〇頁。
(17) 尾藤正英「水戸学の特質」（『水戸学』日本思想大系五三）、五六四頁。
(18) 尾藤正英「水戸学の特質」（『水戸学』日本思想大系五三）、五七二頁。
(19) 藤田幽谷『正名論』（『水戸学』日本思想大系五三）、一三頁。
(20) 尾藤正英「水戸学の特質」（『水戸学』日本思想大系五三）、五七九頁。
(21) 会沢正志斎『下学邇言』「論学」国立国会図書館所蔵。
(22) 梶山孝夫『現代水戸学論批判』（水戸史学会、二〇〇七年）、一二頁。
(23) 荒川久寿男「近世正学の指標藤田幽谷」（『藤田幽谷の研究』、藤田幽谷先生生誕二百年記念会、一九七四年）、一二八頁。
(24) 名越時正『水戸光圀とその餘光』（水戸史学会、一九八五年）、一〇九頁。
(25) 名越時正『水戸光圀とその餘光』、一一一頁。
(26) 名越時正『水戸光圀とその餘光』、一二六頁。
(27) 梶山孝夫『現代水戸学論批判』、一八頁。
(28) 小島康敬『徂徠学と反徂徠学』（ぺりかん社、一九九四年）、二〇三頁。
(29) 尾藤正英「水戸学の特質」（『水戸学』日本思想大系五三）、五六五頁。
(30) 日野龍夫『江戸人とユートピア』（岩波現代文庫、二〇〇四年）、二一六頁。
(31) 野口武彦『荻生徂徠』（中公新書、一九九三年）、一一五頁。
(32) 藤田幽谷「答木村子虚」（『藤田幽谷関係史料』一、東京大学出版会、一九七七年）、二四〇頁。
(33) 会沢正志斎『及門遺範』（瀬谷義彦『会沢正志斎』）、二一八頁。
(34) 高須芳次郎「解題」（『水戸学大系』七、水戸学大系刊行会、一九四一年）、三頁。

(35) 水戸市史編纂委員会『水戸市史』中巻一（水戸市、一九六八年）、六九四頁。
(36) J・ヴィクター・コシュマン『水戸イデオロギー』（ぺりかん社、一九九八年）、三頁。
(37) 帝国学士院編纂『帝室制度史』第一巻（帝国学士院、一九三七年）、四頁。
(38) 帝国学士院編纂『帝室制度史』第一巻、二頁。
(39) 栗山潜鋒『保建大記』（『近世史論集』日本思想大系四八、岩波書店、一九七四年）、三五八頁。
(40) 栗山潜鋒『保建大記』（『近世史論集』日本思想大系四八）、三五八頁。
(41) 栗山潜鋒『保建大記』（『近世史論集』日本思想大系四八）、三六七頁。
(42) 北畠親房『神皇正統記』（岩波文庫、二〇〇四年）、一二五頁。
(43) 栗山潜鋒と水戸学、及び『神皇正統記』の研究は、名越時正「水戸藩における崎門学者の功績」（『水戸光圀とその餘光』、一五九頁。）、平泉澄「保建大記と神皇正統記」（『平泉博士史論抄』、青々社、一九九八年、二九九頁。）などがある。
(44) 会沢正志斎『及門遺範』（瀬谷義彦『会沢正志斎』）、二三一頁。
(45) 藤田幽谷「修史始末」（『藤田幽谷関係史料』一）、九二頁。
(46) 栗山潜鋒「改元興国之議」（『弊帚集』甘雨亭叢書第五集、山城屋佐兵衛、一八五六）。
(47) 栗山潜鋒『保建大記』（『近世史論集』日本思想大系四八）、三三六頁。
(48) 三宅観瀾『中興鑑言』（『水戸学大系』七、水戸学大系刊行会、一九四一年）、一〇二頁。
(49) 安積澹泊『大日本史賛藪』（『近世史論集』日本思想大系四八）、六九頁。
(50) 名越時正『水戸学の達成と展開』（錦正社、一九九二年）、六三頁。
(51) 今井宇三郎「水戸学における儒教の受容」（『水戸学』日本思想大系五三）、五二六頁。
(52) 会沢正志斎『及門遺範』（瀬谷義彦『会沢正志斎』）、二一九頁。
(53) 会沢正志斎『新論』（『水戸学』日本思想大系五三）、五一頁。
(54) 会沢正志斎『及門遺範』（瀬谷義彦『会沢正志斎』）、二二〇頁。
(55) 飛田逸民「逸民集抄」（『藤田幽谷関係史料』二、東京大学出版会、一九七七年）、八〇一頁。
(56) 会沢正志斎『及門遺範』（瀬谷義彦『会沢正志斎』）、二二五頁。

(57)序文は嘉永二年（一八四九）に記されたとされる。
(58)両者の関係について最も詳しく論じられているものは、西村文則『藤田幽谷』（大都書房、一九四〇年）の一節であろう。
(59)滝野邦雄「錦城の学問」（『皆川淇園・大田錦城』叢書日本の思想家二六、明徳出版社、一九八六年）、二四九頁。
(60)笠井助治『近世藩校に於ける学統学派の研究』上（吉川弘文館、一九六九年）、六〇二頁。
(61)笠井助治『近世藩校に於ける学統学派の研究』上、六四頁。
(62)笠井助治『近世藩校に於ける学統学派の研究』上、六四頁。
(63)大田錦城「送水戸藤田子定序」（『春草堂集』巻九、育徳財団、一九三八年）。
(64)藤田幽谷「錦城先生大田才佐墓表（文政八年乙酉）」（『藤田幽谷関係史料』一）、三〇二頁。
(65)中村真一郎氏は、幽谷の墓表における「彼が歴史上の系図だとか年代とかを、あまねく暗記していて、雑談の際に、そうした煩瑣な知識が無限に湧出してくる」とする内容を根拠として、頼山陽との親交についても指摘している。（中村真一郎『頼山陽とその時代』下、ちくま学芸文庫、二〇一七年、五四頁。）
(66)会沢正志斎『及門遺範』（瀬谷義彦『会沢正志斎』）、二三二頁。
(67)石田公道「大田錦城の尚書学（二）」（『北海道学芸大学紀要』第一六巻、一九六五年）、四八頁。
(68)水上雅晴「大田錦城の経学について――江戸の折衷学と清代の漢宋兼採の学」（『東洋古典学研究』第二四集、二〇〇七年）、一二八頁。
(69)金谷治「日本考証学派の成立――大田錦城を中心として」（『江戸後期の比較文化研究』、ぺりかん社、一九九〇年）、四六頁。
(70)金谷治「日本考証学派の成立――大田錦城を中心として」（『江戸後期の比較文化研究』）、八四頁。
(71)金谷治「日本考証学派の成立――大田錦城を中心として」（『江戸後期の比較文化研究』）、七二頁。
(72)藤田幽谷「読古文孝経孔子伝」（『藤田幽谷関係史料』一）、三三一頁。
(73)大田錦城「示入門之士三義」（『春草堂集』巻五）。全文は以下の通り。（一、夫レ道ハ民生愛育ノ具ニシテ、国家ヲ治メ天下ヲ安ンズル物ナリ。是レ故ニ己ヲ修メ以テ人ニ及シ、身ヲ得テ天下国家ニ施シ、古聖人ノ道ヲ為スノミ。若シ徒ニ身ヲ修メ、国家ノ術ニ及ブ無ク、或ハ之ヲ人ニ求メ、己ノ徳ヲ得ル無ケレバ、君子蓋シ恥ジナリ。是レ故ニ諸君ニ業ヲ授クハ立志ノ道、学成リ徳熟スルノ日ヲ待チ、之ヲ施シ功ヲ事トシ、上ハ明王ニ供シ寰宇ノ用ヲ御シ、次ニ邦君ヲ佐ケ黎庶ノ術ヲ導キ、下ハ一家ヲ主トシ、妻子臣妾ヲ撫育シ、要ハ之ヲ此ニ取リ、以テ他ニ求メズ、是レ吾ガ門ニ入リ八聖三賢ノ道ヲ講ズル第一義ナリ。一、夫レ道ハ古聖人ガ制作建立スル所ニシテ、此ノ民ヲ導キ之ニ由ラ使ムルナリ。上ハ古羲農ノ時、世ハ民質ニ醇ク、其ノ立ツ所ノ道ハ、利用厚生ニ過ギザルノミ。中ハ尭舜ニ至リ、世俗澆漓、上古ノ教、今ヲ御スニ足ラズ。是ニ於テ正徳ノ道始メテ立ツ。下リ禹湯ヲ経テ、文武周公ニ至リ、此ノ道始メテ全ス。是レ故ニ孔子ノ聖ヲ以テ、猶ホ述テ作ラズ、信テ古ヲ好ム、其ノ時ニ志ヲ得ズ、修メテ之ヲ後世ニ駕グ。是ニ於テ六芸ノ典始メテ備ル。下リ子思ヲ経テ、孟軻荀卿ニ至リ、其ノ典ハ貴ヲ増ス。是レ故ニ八聖興テ道全ク、六芸記シテ道伝リ、三賢継デ道貴シ。後ノ学者、三子ヲ階梯トシテ六芸ニ至リ、六芸ヲ涵泳シテ窃ニ八聖述作ノ旨ヲ窺ヒ、此ノ如クシテ然ル後ニ己ヲ修メ人ヲ治メルノ術、得テ言フベキナリ。是レ之ヲ学者ノ専務ト謂フ、若シ徒ニ空理シ之ヲ己ノ臆ニ取リ、之ヲ経伝ニ徴セズ、妄談虚論、蔓延自恣シ、己ヲ得ル無ク、人ヲ治メルニ益セズ、是レ之ヲ学者ノ厳禁ト謂ヒ、是レ吾ガ門ニ入リ八聖三賢ノ道ヲ講ズル第二義ナリ。一、夫レ道ハ聖人ノ立ツル所ニシテ、生民ノ由ル所、天命ニ本ヅキ、人性ニ率フ。是レ故ニ四位立チテ道炳煥シ、十宗起テ道晦昧シ、就中性命理気ノ説ヲ高談シテ、聖人制作ノ義ヲ遺スハ、宋儒窅眇ノ学ナリ。其ノ極ハ荘禅ノ域ニ入ルナリ、卑説ノ制作ノ義ヲ辞ス事、聖人性命ノ談ヲ遺スハ、近儒紕繆ノ説ナリ。其ノ極ハ申韓ノ術ニ走ルナリ。之レ性情ニ本ヅイテ、高遠ニ渉ラズ、之ヲ辞ス事ヲ稽ヘテ、卑陋ニ堕サズ、別シテ中正至善ノ妙道ヲ開ク、此レ余小子ノ八聖三賢ニ得ル所ナリ。是レ故ニ程朱ノ偽学ヲ排擯シ、伊物ノ俗説ヲ糾駁シ、余小子ニ戮力シテ中正ノ道ヲ明ニシ、上ハ尭舜周孔氏ニ忠、下ハ生民ノ沈溺ヲ救フ、此レ余ノ諸君ニ望ム所ナリ。是レ吾ガ門ニ入リ八聖三賢ノ道ヲ講ズル第三義ナリ。）

(74) 荻生徂徠『弁名』（『荻生徂徠』日本思想大系三六、岩波書店、一九七三年）、五四頁。

(75) 荻生徂徠『弁名』（『荻生徂徠』日本思想大系三六）、四一頁。

(76) 荻生徂徠『弁名』（『荻生徂徠』日本思想大系三六）、一二五頁。

(77) 水上雅晴「大田錦城の経学について——江戸の折衷学と清代の漢宋兼採の学」（『東洋古典学研究』第二四集）、一一六頁。

(78) 水上雅晴「大田錦城の経学について——江戸の折衷学と清代の漢宋兼採の学」（『東洋古典学研究』第二四集）、一三〇頁。

(79) 金谷治「日本考証学派の成立——大田錦城を中心として」（『江戸後期の比較文化研究』）、四七頁。

(80) 大田錦城『九経談』（『日本儒林叢書』第六巻、東洋図書刊行会、一九七一年）、二六頁。

(81) このほか幽谷については、『九経談』の「大学」を論じた箇所で、「昔予、水戸藤田子定ト大学諸本ヲ論ジ、子定モ亦崔本ヲ以テ是ト為ス、予ノ諸説、諸崔本ニ通ズルモ、亦大ニ乖戻セザルナリ」（『日本儒林叢書』第六巻、四五頁。）と記されている。

(82) 錦城の伝記では小宮山昌秀の『楓軒紀談』における「大田錦城九経談ノ序跋、亀田鵬斎・山本北山・多紀安長三人ニ託セシニ、安長モトヨリ北山ニ不和ナレバ、北山ノ序アラバ予ガ序ハ除カルベシト云ヘルニヨリ、序跋ナシニ行ハル、コトニナリシナリ。錦城ハ多紀ノ世話ニナリテ、常ニ其蔵書ヲ借覧スルコトナリトゾ。」を根拠として、その経緯を解説している。井上善雄『大田錦城伝考』下（加賀市文化財専門委員会、一九七三年）、一四三頁。

(83) 井上善雄『大田錦城伝考』下、一四四頁。

(84) 大田錦城『九経談』（『日本儒林叢書』第六巻）、三頁。

(85) 大田錦城『九経談』（『日本儒林叢書』第六巻）、一四頁。

(86) 大田錦城『九経談』（『日本儒林叢書』第六巻）、一六頁。

(87) 金谷治「日本考証学派の成立――大田錦城を中心として」（『江戸後期の比較文化研究』）、四一二頁。

(88) 小島康敬『徂徠学と反徂徠学』、二〇五頁。

(89) 大田錦城『梧窓漫筆』（尚栄堂蔵版、一九〇一年）、後編上四二頁。

(90) 大田錦城『梧窓漫筆』（尚栄堂蔵版、一九〇一年）、後編下五三頁。

(91) 大田錦城『九経談』（『日本儒林叢書』第六巻）、一八頁。

(92) 大田錦城『九経談』（『日本儒林叢書』第六巻）、一八頁。

(93) 宇野哲人『中国思想』（講談社学術文庫、一九八九年）、一一〇頁。

(94) 大田錦城『九経談』（『日本儒林叢書』第六巻）、八九頁。

(95) 吉田俊純『寛政期水戸学の研究』（吉川弘文館、二〇一一年）、二五〇頁。

(96) 吉田俊純『寛政期水戸学の研究』、二五一頁。

(97) 吉田俊純『寛政期水戸学の研究』、二七八頁。

(98) 高山大毅『近世日本の「礼楽」と「修辞」』（東京大学出版会、二〇一六年）、一五四頁。

(99) 高山大毅『近世日本の「礼楽」と「修辞」』、一五六頁。

(100) 高山大毅『近世日本の「礼楽」と「修辞」』、一五四頁。

(101) 荻生徂徠『弁道』（『荻生徂徠』日本思想大系三六、岩波書店、一九七三年）、一四頁。

(102) 会沢正志斎『下学邇言』「論道」国立国会図書館所蔵。
(103) 荻生徂徠『弁道』(『荻生徂徠』日本思想大系三六)、一五頁。
(104) 荻生徂徠『弁名』(『荻生徂徠』日本思想大系三六)、六五頁。
(105) 荻生徂徠『弁名』(『荻生徂徠』日本思想大系三六)、一七九頁。
(106) 会沢正志斎『下学邇言』「論学」国立国会図書館所蔵。
(107) 荻生徂徠『弁名』(『荻生徂徠』日本思想大系三六)、一六九頁。
(108) 荻生徂徠『太平策』(『荻生徂徠』日本思想大系三六、岩波書店、一九七三年)、四五六頁。
(109) 荻生徂徠『太平策』(『荻生徂徠』日本思想大系三六)、四五五頁。
(110) 荻生徂徠『太平策』(『荻生徂徠』日本思想大系三六)、四八五頁。
(111) 荻生徂徠『政談』(『荻生徂徠』日本思想大系三六、岩波書店、一九七三年)、二七八頁。
(112) 荻生徂徠『政談』(『荻生徂徠』日本思想大系三六)、三一三頁。
(113) 荻生徂徠『政談』(『荻生徂徠』日本思想大系三六)、三四七頁。
(114) 荻生徂徠『政談』(『荻生徂徠』日本思想大系三六)、三四八頁。
(115) 荻生徂徠『政談』(『荻生徂徠』日本思想大系三六)、三四九頁。
(116) 荻生徂徠『太平策』(『荻生徂徠』日本思想大系三六)、四五一頁。
(117) 荻生徂徠『太平策』(『荻生徂徠』日本思想大系三六)、四五一頁。
(118) 荻生徂徠『太平策』(『荻生徂徠』日本思想大系三六)、四五二頁。
(119) 会沢正志斎『新論』(『水戸学』日本思想大系五三)、五二頁。
(120) 田尻祐一郎『荻生徂徠』(明徳出版、二〇〇八年)、二五四頁。
(121) ヘルマン・オームス『徳川イデオロギー』(ぺりかん社、一九九〇年)、三五〇頁。
(122) ヘルマン・オームス『徳川イデオロギー』、三八五頁。
(123) J・ヴィクター・コシュマン『水戸イデオロギー』、七九頁。
(124) J・ヴィクター・コシュマン『水戸イデオロギー』、一一四頁。

(125) J・ヴィクター・コシュマン『水戸イデオロギー』、三二頁。
(126) J・ヴィクター・コシュマン『水戸イデオロギー』、三六頁。
(127) 山崎闇斎『闢異』(『山崎闇斎全集』第三巻、ぺりかん社、一九七八年)、四三二頁。
(128) 村岡典嗣『増訂　日本思想史研究』(岩波書店、一九四〇年)、二五四頁。
(129) 平重道「近世の神道思想」(『近世神道論　前期国学』日本思想大系三九、岩波書店、一九七二年)、五四六頁。
(130) 平重道「近世の神道思想」(『近世神道論　前期国学』日本思想大系三九)、五四七頁。
(131) 村岡典嗣『続日本思想史研究』(岩波書店、一九三九年)、一七八頁。
(132) 小室直樹『論理の方法』(東洋経済新報社、二〇〇三年)、三五四頁。
(133) 平重道「近世の神道思想」(『近世神道論　前期国学』日本思想大系三九)、五四八頁。
(134) 会沢正志斎『及門遺範』(瀬谷義彦『会沢正志斎』)、二三一頁。
(135) 会沢正志斎『新論』(『水戸学』日本思想大系五三)、五二頁。
(136) 谷省吾『垂加神道の成立と展開』(国書刊行会、二〇〇一年)、一七三頁。
(137) 谷省吾『垂加神道の成立と展開』、一七四頁。
(138) 山崎闇斎『持授抄』(『近世神道論　前期国学』日本思想大系三九、岩波書店、一九七二年)、一二九頁。
(139) 会沢正志斎『新論』(『水戸学』日本思想大系五三)、五二頁。
(140) 山崎闇斎『大和小学』(『山崎闇斎全集』第四巻、ぺりかん社、一九七八年)、一六八頁。
(141) 会沢正志斎『新論』(『水戸学』日本思想大系五三)、五二頁。
(142) 山崎闇斎『持授抄』(『近世神道論　前期国学』日本思想大系三九)、一三三頁。
(143) 谷省吾『垂加神道の成立と展開』、四一六頁。
(144) 山崎闇斎『持授抄』(『近世神道論　前期国学』日本思想大系三九)、一三二頁。
(145) 山崎闇斎『持授抄』(『近世神道論　前期国学』日本思想大系三九)、一三四頁。
(146) 山崎闇斎『持授抄』(『近世神道論　前期国学』日本思想大系三九)、一三五頁。
(147) 谷省吾『垂加神道の成立と展開』、四一八頁。

(148)谷省吾『垂加神道の成立と展開』、四一九頁。
(149)会沢正志斎『新論』(『水戸学』日本思想大系五三)、五四頁。
(150)山崎闇斎「倭鑑目録」(『山崎闇斎全集』第二巻、ぺりかん社、一九七八年)、二六四頁。
(151)田尻祐一郎『山崎闇斎の世界』(ぺりかん社、二〇〇六年)、二六八頁。
(152)近藤啓吾『続山崎闇斎の研究』(神道史学会、一九九一年)、二五〇頁。
(153)山崎闇斎『敬斎箴講義』(『山崎闇斎学派』日本思想大系三一、岩波書店、一九八〇年)、八〇頁。
(154)山崎闇斎『敬斎箴講義』(『山崎闇斎学派』日本思想大系三一)、八三頁。
(155)山崎闇斎『大和小学』(『山崎闇斎全集』第四巻)、一九四頁。
(156)近藤啓吾『続山崎闇斎の研究』、一七〇頁。
(157)会沢正志斎『新論』(『水戸学』日本思想大系五三)、一五二頁。
(158)会沢正志斎『心喪略説』尊経閣文庫所蔵。
(159)赤塚忠『大学　中庸』(新釈漢文大系、明治書院、一九六七年)、二〇九頁。
(160)会沢正志斎『心喪略説』尊経閣文庫所蔵。
(161)藤田幽谷『二連異称』(『藤田幽谷関係史料』一、東京大学出版会、一九七七年)、一〇頁。
(162)会沢正志斎「二連異称序」(『会沢正志斎文稿』、国書刊行会、二〇〇二年)、一〇三頁。
(163)藤田幽谷『二連異称』(『藤田幽谷関係史料』一)、七頁。
(164)会沢正志斎『下学邇言』「凶礼」国立国会図書館所蔵。
(165)本田二郎『周礼通釈』上(秀英出版、一九七七年)、六三七頁。
(166)会沢正志斎『下学邇言』「凶礼」国立国会図書館所蔵。
(167)会沢正志斎『下学邇言』「凶礼」国立国会図書館所蔵。
(168)本田二郎『周礼通釈』上、三二九頁。
(169)会沢正志斎『江湖負暄』(『神道大系論説編』一五、神道大系編纂会、一九八六年)、四三八頁。
(170)会沢正志斎『江湖負暄』(『神道大系論説編』一五)、五二七頁。

(171)会沢正志斎『江湖負暄』(『神道大系論説編』一五)、五二八頁。
(172)会沢正志斎『江湖負暄』(『神道大系論説編』一五)、五二八頁。
(173)会沢正志斎『江湖負暄』(『神道大系論説編』一五)、五四一頁。
(174)神道大系編纂会「解題」(『神道大系論説編』一五、神道大系編纂会、一九八六年)、一五頁。
(175)会沢正志斎『草偃和言』(『神道大系論説編』一五、神道大系編纂会、一九八六年)、二八六頁。
(176)会沢正志斎『草偃和言』(『神道大系論説編』一五)、三一五頁。
(177)会沢正志斎『草偃和言』(『神道大系論説編』一五)、三一六頁。
(178)会沢正志斎『草偃和言』(『神道大系論説編』一五)、三一七頁。
(179)山口宗之『改訂増補　幕末政治思想史研究』(ぺりかん社、一九八二年)、二八六頁。
(180)会沢正志斎『迪彝篇』(『水戸学大系』二、水戸学大系刊行会、一九四二年)、三五七頁。
(181)内野熊一郎『孟子』(新釈漢文大系、明治書院、一九六二年)、二〇九頁。
(182)会沢正志斎『新論』(『水戸学』日本思想大系五三)、七七頁。
(183)丸山真男『日本政治思想史研究』(東京大学出版会、一九五二年)、三五一頁。
(184)会沢正志斎『新論』(『水戸学』日本思想大系五三)、一四四頁。
(185)会沢正志斎『新論』(『水戸学』日本思想大系五三)、一四四頁。
(186)竹内照夫『礼記』中(新釈漢文大系、明治書院、一九七七年)、七一二頁。
(187)会沢正志斎『新論』(『水戸学』日本思想大系五三)、一四四頁。

第二章　国際性の涵養

はじめに

『新論』の冒頭では、「謹んで按ずるに、神州は太陽の出づる所、元気の始まる所にして、天日之嗣《てんじつのし》、世宸極《よよしんきょく》を御し、終古易《かわ》らず。固より大地の元首にして、万国の綱紀なり。誠によろしく宇内に照臨し、皇化の曁《およ》ぶ所、遠《えん》邇《じ》あることなかるべし。しかるに今、西荒の蛮夷、脛足《けいそく》の賤を以て、四海に奔走し、諸国を蹂躪《じゅうりん》し、眇視跛履《びょうしはり》、敢へて上国を凌駕せんと欲す。何ぞそれ驕れるや。」とあり、皇位継承の不易と西洋の海外進出の横暴について記している。ただ会沢正志斎の表現が幾分過激なこともあり、概して自国のみを「神国」とし、「夷狄」の排除を目論む守旧的人物という評価を与えられ、そうしたイメージが先行した結果、『新論』で述べられた内容までもが、根拠のない憶測と考えられることもある。しかし正志斎は当時の日本の中でも、比較的最新の海外情報を手に入れていたことは無視できない。また本章で考察する『千島異聞《ちしまいぶん》』や『諳夷問答《あんいもんどう》』を総合的に捉えると、鎖国という情報の限定された状況下にあって、世界情勢の理解度は同時代の水準からしても高いものであり、国際政治学におけるリアリズムの視点の持主と捉えることも可能である。そうして正志斎の国際性を捉え直し、水戸藩においても天下太平が実感された文化文政期にあって[1]、「国際化」が不可避となっていく我が国の状況を察知し、それへの対応に苦慮した思考過程を解明することは、ナショナルアイデンティティの確立の観点からも意義のあることと思われる。そこで本章では、同藩における海外との関わりから起筆し、師である藤田幽谷の国際論とその交友、そして『新論』執筆の直接的契機と言われる外国人上陸事件の記録を中心に考察していきたい。

正志斎が海外へ目を向けるに至った要因は、先に論じた学問的土壌同様に、水戸藩における開明性に依拠するところが大きい。同藩では二代藩主光圀の蝦夷地探検を嚆矢として北方に対する意識が高く、一時的に停滞するものの異国船が出没し始める文化年間になると再び熱を帯びはじめる。藩内におけるそうした雰囲気の中で、正志斎は北方を中心とした海防意識に目覚め、独自の安全保障論を展開していくこととなる。そこでキーマンとなる人物は木村謙次である。また師である藤田幽谷も、その国際的視野については研究の余地を多く残しており、交流の深かった大田錦城においても、その国際論は正志斎と無関係ではない。そして文政七年（一八二四）五月に水戸藩大津浜へイギリス人一二名が無断上陸した際に筆談役として参与した正志斎が、その時の所感を記した『諳夷問答』には、彼らとのやり取りの状況に加え、事件を経て確立するに至った国際認識というべきものが記されている。これについては先行研究において、「イデオロギー」が先行したゆえの結論であると解釈されることがある。しかしながら『諳夷問答』のみに史料を限定せず、水戸藩の先進性や木村謙次の議論を総合的に考えるのであれば、正志斎が世界史的視野にたって西洋諸国の動向を考え、現実主義的視点に立脚していたと仮定することも可能である。そしてリアリストとしての立場を表明した正志斎が、自国の安全保障を考察した結論としての『新論』執筆であったとすると、それまでの枠組みに限定されない独自の国際政治論を読み取ることができよう。

第一節　水戸藩の開明性

寛永年間における幕府による鎖国政策は日本人の往来、外交との交易、そしてキリスト教対策において一定の方針を打ち出し、諸外国との関係性は限定的になっていった。こうした動きは大航海時代のヨーロッパと対照的に、諸藩においては国内への政策が中心課題となり、また文芸面においても独自の近世文化を興隆させることとなった。そうした時勢の中にあって、海外への探求を志した人物の一人として、水戸藩の二代藩主である義公こと徳川光圀が挙げられる。光圀が着目したのは海外といっても蝦夷地であったが、この政策が後に水戸藩のみならず近代日本においても重要な意義を持ったことは特筆すべきことである。光圀は寛文から天和・貞享のころにかけ大船を建造し、蝦夷地探検用の船として快風丸が作られた。この快風丸は幕府の大船禁令を越えたもののようであったが、御三家ゆえの黙認だとされている。蝦夷地への渡航は三度目にして初めて石狩地方まで到達し、現地の実情を把握することができた。(2) これについて先行研究では、「光圀の蝦夷地探検の動機と目的は、つとに東海への探検的精神を有したことがまず考えられ、ついで寛文九年の蝦夷叛乱と当時の情勢からする蝦夷地探検の必要性が、北方への関心へ向ったということになろう。そして、殖産、交易その他の目的がこれに加えられることはいうまでもない。(3)」とされている。しかしながら、光圀の引退後渡航は試みられず、快風丸も解体され、蝦夷の記憶は人々の中から薄れていった。そうして、この実績が再度顧みられるようになったのは、寛政・文化期におけるロシア船の出没、及び海防意識の高まりによるものであった。

一七〇〇年代初頭にピョートル大帝は北方政策を推進し、日本漂流民の協力による日本語学校の創設をはじめ、千島への進出を企図して千島全島へロシア名を付け、移民の送致を開始した。その後、寛政期に入り蝦夷近海においてロシア船の出没が頻繁になると、幕府も蝦夷地対策を充実させる必要に迫られていった。そこで、松平定信と六代藩主の治保の間で意見が交わされ、松前藩の政事改革や防備の強化、そして蝦夷地への介入策等が話し合われた。(4)

その後、九代藩主斉昭による幕府への蝦夷地献策は、対露政策としての外交面からも大きな意味を含んでいた。

斉昭による領有の訴えは、天保五年（一八三四）から弘化元年（一八四四）の処罰まで一〇年間続けられたが、それには藩内での蝦夷への関心の高さがあったこともある。天保五年一〇月に藤田東湖と内議して作成された老中大久保忠真への建議書では、「近年夷賊諸国の海岸に近寄候のみならず上陸乱妨等に及候段、甚以不堪憤激事に候[5]」と昨今の情勢に触れた上で海防の充実について述べ、「西洋の夷賊追々諸国を併呑するの術一端ならずといへども大かたは教法と兵威との二ツに出ざる様相聞候処、神国にては交易を許ざるゆえ容易に我人民を誑惑する事を得がたく[6]」として、交易禁止処置の正当性を論じている。しかしながら、「神州ハ四面皆海なれば何れの津々浦々迚も防御の備肝要候得共、尤憂慮すべきハ蝦夷の地方と存候、蝦夷の地面ハ山丹満州と比鄰の勢をなし、北ハ北狄の南境と海陸相接し神州北門の鎖鑰《さやく》に候処、万一夷狄上策に出漸々南を蚕食《さんしょく》し蝦夷を服従し我北門の鎖鑰を変じて彼が南境の要害となし、神州をうかがへ候」と、国境を接している蝦夷が要衝の土地であることを述べている。ゆえにそうした安全保障上重要な領地を、「北辺の鎖鑰一の小家へ御任せ被差置候ハ国家の長計に無之様被存候[7]」と松前一藩での委任を改めるよう提言している。なお、斉昭の国際感覚については、攘夷主義的傾向が強い印象があるけれども、瀬谷義彦氏は藩政に復帰した嘉永二年（一八四九）以降については、「表面は強い攘夷主義の態度をとりながら、裏面では彼我戦力の相違を認め、和もやむを得ないとするのである。主戦論は国内に対する武備充実、士民を緊張させる手段である。当時多くの大名が宰相阿部正弘の諮問に答えて、結局は戦を避ける、避戦の考え方だったように、斉昭にとって和は、外に対する避戦の方便であった。」とし、「主戦は建前で、本音は和ということにもなろう。これが世に斉昭の『内戦外和の論』といわれるものの実体である。しかしその和には限界があって、現段階では勝ちみがないから、武備の充実が進み、勝ちみが出てきたところで、主戦に転ずるというものであった。それまでは低姿勢で接し、返事も延ばすという策が隠されていた。これは外交上『ぶらかし策』といわれ、幕府はこの方法で、一たん再来を約束したペリーに対応するつもりであった[8]」として外交的柔軟性を認めている。他方で山口宗之氏は、斉昭が対外強硬の姿勢をとり続けることは、外様大名と朝廷が結んで幕府へ反抗することを防ぐ目的があり、「有志大名が将軍家を飛越えて朝廷と連結し幕府の大政執行権が空洞化されていく危険を排除するためにこそ、幕府の対朝廷接近融和策の必要があり、それをもって全国支配権を長く確保していくことを意図したと考えられる。(9)」として、あくまでも徳川家の地位の確保にその根拠を求めている。また、吉田昌彦氏は斉昭の弘化元年の隠退処分への弁明を記した『不《ふ》慍録《おんろく》』から、尊王と攘夷の責務を履行しない征夷大将軍は「義兵」による打倒（易姓革命・放伐的思考）の対象となることを甘受すべきとする論理が看取できるとし、「封建秩序・道徳の『淵源』たる天皇が『ザイン』的存在として『絶対性』を有していたのに対して、封建秩序・道徳の実現・拡大を『責務』とする徳川将軍は『ゾルレン』的存在としてその論理的存在基盤を相対化された(10)」としている。そして、山口氏に見られるような徳川幕府の体制擁護論である名分論的階層秩序論と、江戸幕府の相対化が矛盾しないものであるとし、平時における「将軍債務論」が、動乱期においてはそれを履行しなかったために倒幕論に転化したとしている。こうした幕藩体制下の身分秩序に関する後期水戸学の二重構造的解釈を吸収した人物としては吉田松陰がおり、松陰の倒幕論が平時における後期水戸学の論理を発展させ、多くの類似点を有していたことは疑問の余地がないと纏めている。(11)

　他方で斉昭の外交政策については、その特異点が指摘されるものの、幕府側と一致した側面について注目されることは少ないように思われる。例えば斉昭の「天敵」とされた井伊《いい》直弼《なおすけ》においても、「別段存寄書」に記された内容は見ておく必要がある。ペリー来航に際して開国を述べたとされるこの建白書では、江戸幕府初期からの外交政策が述べられた上で、現状において諸外国と対立することを否としつつも次のように集約している。

> 大船の取廻し、針路の法を学ばせ、表に商船を申立、内実は専ら海軍の調練を心得、追々船数を増て習熟し、日本人自在に大洋を乗廻し、蘭人の密訴を待たずして彼地の容体を実見し、他日海軍の全備をなし置、又是迄、恐喝欺《ぎ》罔《もう》の憂を看破し、奢侈空費を変改し、武備厳重に内を十分に相とのへ勇威を海外に振ふ様に相

成候はば、末々居すくみに相成らず、内外充実却て、皇国安体に可有之哉と奉存候。此方より先んじて仕掛候はば、時宜により何時にても御制禁に成候はん事寛永度の候、亜墨利加、亜魯刺も航海の術は近年習熟致候由、吾皇国の人性怜悧敏疾、今より習練致さばいかで西洋人に劣り可申哉。国体時勢を量り、永世皇国蛮夷の憂なく、海内静謐に御守護被遊候はば、たとへ祖宗の御法に沿革増損御座候共、却て神慮に被為叶候はん歟と奉存候。尤今度の御所置、専ら海内の信義を得させられん事肝要と奉存候へは、第一天朝に被達、伊勢、石清水、鹿島等へ勅使、日光山へは台使を被立、海内静謐、国家安全の御裁断可有を被告、兎角神慮に被為任候はん事、神国旧典、且人心をして一致なさしむべき御計ひ歟と奉存候。(12)

ここからは斉昭の「ぶらかし策」と同様の印象を受けるであろう。直弼の本心は「攘夷」であるけれども彼我の国力（戦力）を考慮し、幕政を預かる立場の開国とは苦渋の決断であり、「武備厳重に内を十分に相ととのへ勇威を海外に振ふ様に」とは、斉昭の「内戦外和」の実体そのものであるとも言えよう。そして「皇国安体」、「永世皇国蛮夷の憂なく」、「第一天朝に被達」といった文言からは、その勤王思想においても両者一致した側面がある。そして「人心をして一致なさしむべき御計ひ」こそは、正志斎が『新論』で意図した主題である。やや飛躍した意見を言えば、こうした国体護持という目的における手段の相違、つまりは開国か攘夷かといった二項対立は幕末の直弼と斉昭の関係のみならず、昭和二〇年における降伏か徹底抗戦かといった議論にも見ることができよう。

さて、正志斎の北方に関する著作に『千島異聞』がある。当時は幽谷の門下となって間もない寛政四年（一七九二）にラックスマンが根室に来航し、これにより藩内も騒然となったという。同著作は、正志斎が入手可能なあらゆるロシア関連の史料を調査し纏めたものである。『千島異聞』に関しては、栗原茂幸氏による分析、及び翻刻が成されており(13)、その成立年代についてはこれまで享和元年（一八〇一）とされていたが、同氏は文化三年

（一八〇六）の成立と推定している。[14]この見解に従うのであれば、正志斎は同書に一〇年以上の歳月をかけて纏めたということになる。なお、題名は千島とあるけれども、内容はロシアの動向が中心となっている。『千島異聞』の構成は引用文、注、そして正志斎の意見文からなり、その比率は四対一対一である。[15]また同研究では特に、『千島異聞』において引用された文献として和書と漢籍の二〇数種類について詳細な分析を行っている。ただ、正志斎自身の意見が語られた「按文」の部分については限定的であり、本章主題の一つである『新論』へと集約される言説、また本書で着目する木村謙次については、両者が疎遠であったと記しているが、後の別稿では「会沢と晩年の謙次（時に謙次五七歳、文化八年死亡）とは親密な関係にあったと思われる。[16]」と訂正している。しかしながら、両者の関係性においては、未だ研究の余地があるため、本書ではこれまでその存在が着目されていなかった木村謙次の史料を比較検討することで、『新論』へと接ぎ木されたであろう理念を考察していきたい。

結論を少し急ぐとすれば、筆者は正志斎の国際性を醸成させた要因は、入手可能であった海外情報に加え、木村謙次の影響があったと考える。このことは先行研究においても、「水戸藩に於ける蝦夷地探検第一人者であった謙次も、寛政、享和、文化年間と、北方ロシアの侵寇にますます尊王攘夷思想を強め、後事を藤田幽谷、会沢正志斎、岡崎正忠といった同憂の士に託しつつ、文化八年七月六日、六十年の生涯を終わった。謙次は、水戸藩の人としては初めてクナシリ、エトロフ島に渡った人物である、謙次の探偵・探検の経験と著述は、後の人々にも大きな影響を及ぼしたのである。[17]」とされている。しかしながら、この影響についての具体的な考察は成されていないため、以下で明らかにしていきたい。木村謙次は江戸時代後期の北辺探検家であり、常陸国久慈郡天下野《けが》村《のむら》（現常陸太田市）の医者で、宝暦二年（一七五二）に生まれた。水戸藩の立原翠軒に経史を学び、天明五年（一七八五）には、北方の情報を求めて仙台・塩釜へ旅し、寛政五年（一七九三）には水戸藩の内命を受け、武石民蔵（常陸国那珂郡勝倉村庄屋）とともに蝦夷地の海岸を調査した。また、同一〇年下野源助の変名で近藤重蔵《こんどうじゅうぞう》の従者として国後島に渡り、さらに択捉島に上陸して翌年江戸経由で帰郷している。謙次の『酔古日札』、『北行日録』は、国後・択捉探検の模様を伝える貴重な記録であり、重蔵が択捉島に建てた「大日本恵登呂府」の標柱は謙次の揮毫である。二度の北方探検はいずれも翠軒の推挙によるものであり、藩から探検の功績を賞され五人扶持を受け御目見格となった。享和二年（一八〇二）、「酒狂」の理由をもって屹度慎みに処せられたがまもなく禁を解かれ、以後は『海防下策』などの著述に日を送り、文化八年（一八一一）七月六日に六〇歳で没した。(18) 謙次に関する研究は、戦前に伝記、史料集等が刊行されているものの、学術的成果においては限られたものしかない。(19) そこで以下では、『北行日録』から謙次の言説を見ていき、『新論』へと繋がったであろう諸要素を考察していきたい。(20) はじめに同書では冒頭「北行」に到った経緯として、次のように起筆している。

寛政四年北狄ヲロシヤヨリ伊勢飄民幸太夫ヲ蝦夷地マテ送リ来リ。彼国主ヨリ江戸幕府ニ使命ヲ通センコトヲ申シ入ルノ由ヲ聞エケレハ、幕府ヨリモ御目付両人（石川将監村上大学）ヲ松前ニ赴カシメ、且又、瀕海諸侯防備アルヘキ命アリ。コレニヨリ立原先生ヨリ窃ニ我斉二人赤狄蝦夷ノ動静虚実ヲ偵探シ来ルヘキコトヲ命セラル。謙次ハ十二月廿日水戸ニ来リ先生学舎ニ寓宿ス。二人トモ赤狄蝦夷ノ事大意ヲ考索シテ、後発途スヘシトシテ此事関係スル書数部ヲ出シテ、二人ニ読過セシメラル。且探偵ノ大意ヲ示サル。(21)

このように、謙次は大黒屋幸太夫の帰国を契機とする蝦夷地への関心、そして師である立原翠軒の命により北方の探索へと乗り出すこととなったとしている。立原翠軒については『海防之集説』などの史料も残しており、海外情勢に関する意識は高かったようである。そこで、翠軒から示された「探偵大意七条」は、謙次の目的を見極める上で確認しておく必要があろう。なお原本では、独自の「陰符」（暗号）も混淆して記されているため、それらは補正して翻刻した。

一、赤人申出宗言語真偽兵勢強弱さへ分り候ハヽ、早速帰来注進可仕候事
一、往来之間南部仙台守備之様子可心ニ付、隙取候事ハ無用也
一、松前挙動心付可申事
一、御目付取扱心付可申事
一、蝦夷松前地産之物手かろき品何ニ而も可携来事、砂石之類か又赤人筆跡など宜御座候、又赤人像写候事成申候ハヽ、為写可来事
一、ムスクハ通用之金銀如何求候事成リ候ハヽ、可求来寛永通宝乾隆通宝之類ニ候ハヽ、求来候ニ不及候事
一、往来之程期四ケ月と極候へ共、一日もはやく帰候を待候事

これらを一瞥すると、その内容はロシア、及び東北から松前藩に関する諜報活動であったことが分かるであろう。この巡検の狙いは、極めて限定的な情報しか入手できない時代にあって当該地域の現況を把握し、ロシアについての情報収集を試みたものであった。また、こうした具体的指示は翠軒によるものであったが、その嚆矢は先に述べた六代藩主治保の史料に確認することができる。松平定信宛の書翰では、「何卒松前之政事改革いたし専ら武備を心懸ケ候様に致度事に候へ共、困窮に而ハ国政取直し外夷へ之備致度存候而も中々以自力に難叶事に候ば譬へば宗対馬守へ御手当被下候振りにも判談有之候而、扨又彼地江隠密に間者を入れ国主之身持ハ申に不及、家老共之善悪得と御糺し有之不宜義をバ御示し御座候ハヾ可然哉之事[22]」と書かれており、この任務に抜擢されたのが謙次であった。

『北行日録』には松前を往復する行程での記録が細かく記されており、松前滞在の最終日である三月八日の記述は、先の「探偵大意」を総括した文章で、随所に正志斎の国際観と結びつく諸要素が含まれている。これは少々長文であるが、従来指摘されていなかった『新論』へと繋がる新たな系譜を提示することであるため詳しく見て

おきたい。その前半では、宗教について述べられている。

耶蘇ノ教平帝ヲ以テ真主トシ嘗テ他神ヲ排セス、日蓮親鸞ガ徒ノ専ラ弥陀妙法ヲ念スルカ如シ。其教天理ヲ本トシテ経国ノ法トス。外妖幻ヲ仮テ其説ヲ衒ス。其教愚人ヲ欺クヘクシテ賢智ヲ迷スヘカラス。若其説ノ是ナラハ、天草ノ群賊首ヲ刀刃ノ下ニ落ストキ南無天帝サンタマリト異口同音ニ叫フ声、山河ヲ動カスニ至レトモ天主コレヲ救ヘズ。天帝将士ヲ罰セス。是ヨリシテ草賊ノ患永ク止メハ彼国ノ教ハ乃虚言誣妄ニアラスヤ。彼知テ教ルトキ奸ナリ。不知シテ教ルハ愚ナリ。愚奸ノ説何ソ天理ニカナハン。

このように、具体的な報告の前に謙次自身のキリスト教観と言うべきものが語られており、それは後半で触れられるように「彼国」の非キリスト圏に対する「手段」について序章的な意味を含んでいるのであろう。『新論』においてもキリスト教への警戒感は如実に表れているが、正志斎に限らず島原の乱の経験は多くの示唆を与えたと考えられる。続けて「兵勢」について、次のように報告している。

彼長技と称スルモノハ大銃戦艦ニ過キス。彼舟風濤ノ中ヲ奔走ストイヘトモ又風ヲ待チ周旋スルトキハ大風ノ懼《おそれ》ナキコト能ハス。山礁浅沙ハ其避ル所ナレハ其来ルヘキ所ハ港口海干ナリ。（中略）彼皮服ノ結束水戦長兵ニ巧ニシテ陸戦短兵ニ拙シ。故ニ実ヲ避テ虚ヲ撃タハ、彼カ長技モ施スコトアタハスト。是接戦戦闘ノ上ヲ以テ論スル言ニシテ天下ノ大勢ヲ大観スル公正ノ通論ニアラス。（中略）兵法ノ教国内野戦ノミヲ講シテ海外異賊水戦ノ法ニ習ハス。ソレノミナラス逆ノ正ヲ犯シ暴ノ義ヲ打ツコト古ヨリシテ強弱ノ勢拒クコト能ハサルモノ有。保全長久ノ道ニアラストイヘトモ事ニ処スルモノ其備ナクンバアルヘカラス。(23)

ここで謙次は、旧来の「兵法ノ教」による発想では、これからの戦には対応が困難であるとし、「逆ノ正ヲ犯」すことに成りかねないと述べている。このことは新時代における安全保障の転換を示唆する提言であり、この後水戸藩による海防充実政策とも無関係ではないであろう。続けて翠軒の「大意」に示されていた「赤人」の具体的な動向については、

魯斉亜ノ地、欧羅巴亜細亜ニ跨《わた》リ、天地間ノ大国ニシテ欧羅巴ノ奇巧ヲ用ヒ、亜細亜ノ驍勇《ぎようゆう》ヲ兼、又其初松前ニ通スル無用ノ羅纐ヲ以テ有用ノ米穀ニ貿エ其長計ヲ以テ此短智ヲ欺ク。既ニ西洋諸蛮ヲ連和シ和蘭人ノ入貢スルモノニ混シテ長崎ヨリ江戸ニ至リ、又北地ヨリ信ヲ通シテ山川険夷縦横ノ路程ヲ巡視セントス。其信セラレサランコトヲ慮リ信義ヲ以テ感動セントシテ勢州漂民ヲ載セ来リテ親厚ノ義ヲ示シ、(24)

とロシアの動向については猜疑心を露わにし「長計」、つまりは長期的視野に立った策略であると分析している。こうしたロシア観は正志斎の著述にも随所に表れているが、一概に特有の攘夷思想に基づく偏見と結論づけることはできないように思われる。例えば、先にも述べたピョートル大帝による北方政策や、同国による南下政策を総合的に考察し、また謙次を通じて幽谷から正志斎へと連なる国際政治論におけるリアリズムに立脚していたと仮定するのであれば、世界史的に見られる他のナショナリズムと比較しても比較的許容可能な論考であろう。そこではむしろ、泰平の時勢にあって極寒への調査に乗り出した謙次の気概と、その裏にある冷静な観察眼に着目することで、近代的国際感覚の萌芽を認めることができよう。

さらに松前の現状に関しては、「松前ハ極北ノ大都会ニシテ一侯国トイヘトモ其提封甚大ナラス。僅ニ一郡主ニ比スヘシ。其国田畝開墾ノ業ヲ迂ナリトシテ五穀租税ノ収ナク末ヲ事トシ、本ヲ忘レ漁猟互市ノ利ヲ逐フ。広漢阻隘ノ山野ヲ棄テ括嚢《かつのう》席巻鎮撫保全ノ志ナシ。是ニ於テヤ奸黠《かんかつ》ノ夷其虚ヲ問ヒ、互市往来長崎ノ通津ニ於テセ

スシテ虚隙乗シヤスキノ松前ニ入、固ヨリ楚王間鼎ノ奸謀ヲ懐キテ愚公移山ノ長計ヲ行フ、乃岩宋雞龍諸島ヲ奪フノ故智ニシテ大鵬ノ南ヲ図ル」(25)と記し、松前藩の交易重視の姿勢が付け入る隙を生じさせ、段階的な侵略を許しているとしている。そうして「奥蝦夷唐太ノ地無用ノ棄土ニシテ我コレヲ得テ利ナシトイヘトモ、彼ヲシテ取ラシメハ蚕食ノ勢我害タラサルコトナシ」(26)と述べており、北方の鎮撫が本州の防衛とも繋がっていることを諭している。ただ、藩政については「松前ノ君臣只交易射利ノ事ニ習テ国家ノ鎮撫ノ大体ニ暗シ」(27)としているが、寛政期においては幕府を含めて蝦夷地と国家の安全保障が関連していることを認識するには、一部の識者を除き困難であったであろう。そこで謙次は、具体的な提言として「故に中奥ニハ鎮台ヲ立、唐太奥蝦夷ノ地ハ開墾ニ托シテ松前ニ鎮戌ヲ置、国勢ヲ張リテ威武ヲ示サハ外夷畏縮シテ長ク覬覦《きゆ》ノ心ヲ折カン」(28)としている。安政期に徳川斉昭は石狩役所の開設に尽力することとなるが(29)、それにはこうした謙次の主張も手伝ってのことであろう。そうして、謙次は次のように総括している。

窃ニ彼レカ諸国ヲ併呑スル術ヲ見ルニ、寛ナルトキハ権場互市辺要ノ地ニ盤拠シテ其巣窟トシ、或ハコレヲ懐タルニ滋恵ヲ施シ、或ハコレニ畏シムルニ威武ヲ示シ、貧者ニ啗《たぶらか》シムルニ厚利ヲ以シ、愚者ヲ誘フニ妖教ヲ以ス。凡天下ノ民廉智ハ少ク貧愚ハ多シ、其害勝テ言フベケンヤ。急ナルトキ兵興攻殺シ、其勢猛烈ニシテ当ルヘカラス。如何トナレハ我虚実ノ詳ナルコト彼互市ノ時ヨリ暁然トシテ了知スル。上ニ彼ハ乗時ノ勢ヲ以シ、我ハ不虞ノ変ナレハナリ。甚シトキハ夷部貧愚ノ民反テ彼カ先導ヲナスヘシ。我若シ守禦ノ策アリテ将卒ヲ得テ犯シカタキトキハ、彼乃チ其巣穴ニ帰テ他日ノ後挙ヲ待ツヘシ。彼レカ所為聖人ノ道トハ並ヘ論スベキニ非レトモ、其大略ハ文武並用ヒテ長久ヲ謀ルトミヘタリ。(30)

謙次が理解した諸外国による「併呑」の手続きとは、「互市」が起点となり、そこから状況に合わせ武力や「妖教」の手段を使い分けているとし、短期に結果を出すことができなければ、「文武並用ヒテ長久ヲ謀ル」ことが企画されているとしている。また憂慮すべきは、自国の人間が相手の先兵となることもあるとしている。いずれにせよ、その契機となるものは通商であり、これは机上で得た知識ではなく、実地で見聞した記録であるため説得力がある。ロシアの進出を懸念し、『北行日録』以前に上梓されたものとしては、工藤平助の『赤蝦夷風説考』があり、そこでは交易策について「ヲロシヤの日本と交易を好むは数十年前よりの趣向とみゆるゆえ、いか様な事をしても交易すべきの心ありとおもはるゝなり。かくのごときの次第ゆへ、かたがた奉行を置いて支配これなくては、禁制しがたき事ゆへ、この幸便をもって、日本の富栄ん事を求るに、かくゑぞの出産物を吟味するにしくはなし。（中略）惣じて国を治るの第一は、我国のちからをあつくするにあり。国のちからをあつくするには、とかく外国の宝をわが国に入るが第一といふべし[31]。」と述べられている。このような交易観と比較すると、同じ対露政策を論じたものでも、その趣を異にすることが分かるであろう。そうしてこの謙次の報告から、『新論』虜情篇における次の箇所と同じ印象を受けるのは偶然ではない。

故に人の国家を傾けんと欲せば、すなはち必ずまづ通市に因りてその虚実を窺ひ、乗ずべきを見ればすなはち兵を挙げてこれを襲ひ、不可なればすなはち夷教を唱へて、以て民心を煽惑す。民心一たび移れば、簞壺《たんこ》相迎へ、これを得て禁ずるなし。而して民は胡神のために死を致し、相欣羨《きんせん》して以て栄となし、その勇は以て闘ふに足る。資産を傾けて、以て胡神に奉じ、その財は以て兵を行《や》るに足る。人の民を誘ひ人の国を傾くるを以て、胡神の心に副ふとなし、兼愛の言を仮りて、以てその呑噬《どんせい》を逞しくす。その兵は貪なりと云ふといへども、以て義兵の名を街ふに足る。その国を併せ地を略するは、皆この術に由らざるはなきなり[32]。

ここは『新論』を解説する際にたびたび引用される箇所であり、様々な先行研究において引用されているが、その中では正志斎個人の「特異なイデオロギー」性ゆえの言葉と解釈されることがある。しかしながら、こうして並べてみると、そこには明らかな共通項があり、謙次の実地調査によって得られた詳録が『新論』に影響を与えていることが理解できよう。たしかに謙次と同主旨の対露交易論を述べたものとしては、林子平《はやししへい》の『三国通覧図説』に認めることができるが(33)、その記述内容や次節で述べる藤田幽谷との関係、及び同藩における謙次の影響力を加味すると、正志斎の国際性における謙次の存在は無視できないものであると考えられる。

また謙次の記録は正志斎に限らず、共に幽谷に学んだ豊田天功《とよだてんこう》の『北島志』においても、「夷人、性至忠厚なる者あり。寛政中、鄂虜辣苦満、根諸に至る。虜人、蝦夷に謂つて曰く、鄂羅斯《おろしや》の銭は善く、日本の銭は悪しと。因つて日本の銭に唾して之を棄つ。厚岸の人太郎乃ち言ふ。日本の銭は善く、鄂羅斯の銭は悪しと。亦鄂羅斯の銭に唾して棄つ。木村謙曰く、夷族すら猶ほ忠義の心あり、中国肉食の人、暖飽を以て空しく一生を過す。彼何の心なるかと。是の言至当と謂ふべきなり。(34)」と引用されており、彰考館内において北方探索の功績は、一定の影響力を持っていたと考えられる。また同書の参考文献一覧においても、謙次の記した『蝦夷日記』が挙げられている。

『北行日録』では続けて「今欧羅巴州中ノ夷狄併呑ヲ謀ルモノ一国ノミニ非ス。莫斯歌《もすか》ヲシテ滅ヒシムルトモ又彼カ後継ヲナスモノアルコト必セリ。其互市ノ請ノ如キ固ヨリ我カ欲セサル所ニシテ其無用ノ器玩ヲ以テ此有用ノ穀帛ニ貿易セントス。我其禍心ヲ包蔵スルヲ知リナガラ彼カ強テ請クマヽニコレヲ許サバ、名両国互市トイヘトモ実ハ歳ヲ輸スルニ異ナラス。自是以後ヨリ知好ヲ破リ兵ヲ興シ、我ヲシテ奔命ニツカレシメ、其上ニテ講和ノ議ニヨリテ割地ノ請アラン。(35)」と、「併呑」を生業とする諸国が一国に限らないことを述べ、再び「互市」への警戒を説いた上で、次のように中巻を締めくくっている。

夫レ毛人ノ国ハ我版図ノ内ニアラズ。古ヨリ叛服不常コレヲ度外ニ置クトイヘトモ羈縻《きび》シテ不絶、上国ノ属島タルコトハ唐山マテモ知レル所ナリ。其地ヲ得テモ耕スニ足ラズ。其人ヲ得テモ臣トスルニタラズ。禽獣トシ畜ヲ所ナリトイヘトモ赤狄拱手《きょうしゅ》シテ千島ヲ取ルニ恬然《てんぜん》トシテコレヲ問ハサルハ何ソヤ。爾《しか》ルニ屋宅藩籬《はんり》ノ外ニ荊棘《けいきょく》無用ノ棄地アランニ常ニハ捨テ置モ可ナリ。若其中ニ虫蛇巣窟ヲ設ケ毒螫《どくせき》ヲ縦ニセントシ、或ハ盗賊コレニ因テ穿窬《せんゆ》ノ資トセバ従役ノ費アリトモ芟除《さんじょ》シテ厳ニ藩籬ノ固ヲナササンハアルベカラス。奥蝦夷ノ地コレニ類セリ。且夫隣国ノコトナレハ穀帛《こくはく》ノ類ヲ彼ニ輪セラルヽコトハサモアラハアレ、一尺ノ土一箇ノ民ナリトモ、古ヨリ我属国ヲ外夷ノ賊ニ奪ハレテモ打チステ置クコト堂々タル神州ノ大人君子、匈奴ノ冒頓ニモ恥サランヤ。(36)

ここで述べているように、蝦夷地が「無用ノ棄地」であっても、それが禍をもたらす危険性を孕んでいるのであれば、「従役ノ費」を払い、「藩籬ノ固」を確保することが重要であるとしている。ここにおいて蝦夷地の存在は、日本にとって物産確保のための一領地から、近代国家概念における安全保障上の国境としての役割を見出されたと言えるであろう。そのことは同時に、地続きの国境を有さない我が国にとって、海洋国家としての自覚を促すことでもあった。しかしながら、この時はまだ一部の識者が気づき始めただけであり、それが水戸藩で認知されるには、異国船が近海に出没する文化・文政期まで待たなければならなかったのである。

第二節　藤田幽谷の国際論

会沢正志斎の学問における藤田幽谷の影響については先に確認したが、それは国際論においても例外ではない。ただ、国体論同様に師である幽谷の考えと完全に一致したそれではなく、そこでもやはり正志斎の独自性が看取できる。そこで先ず幽谷の当該議論に関する見解を一瞥しつつ、当時の我が国における周辺状況等を総合的に見ていくこととしたい。幽谷からの教えについては、『及門遺範』の次の箇所が簡潔に示されていよう。

一、先生素より戎狄辺を窺ふを憂ふ。寛政甲寅、俄羅斯《おろす》（ロシア）東蝦に来りて通市を乞ふ。先生其情偽を察し、古今戎狄の形勢を推求す。瞭然として掌に指すが如し。且つ其の虚誕《きょたん》誇張の妄説を弁破して、（六千年史書具に存すと云ふが如し。又云ふ、中世大洪水有り。人物蕩然復存する者無しと。其の言自ら相矛盾す。其の余論破する所、今尽くは録さず。）明らかなること火を観るが如し。而して謂へらく、脱《もし》西夷をして志を得しめば、宇内晦暗《かいあん》、天地長夜と為らんと。安（正志斎）之を聞き茫然自失、身を措くに所無きが如し。其の後輩を激励すること此の如し。而して屢々陳同甫、高宗に上書して、一世を挙げて君父の大讐を安んず、知らず何物か是れ性命と言ふを誦す。故に後輩も亦性命の空言に附すべからざるを知る。当時干戈《かんか》を見ざること二百年、文恬武熙《ぶんてんぶき》、復た兵事を言ふ者無し。先生謂へらく、満清乾隆の西師、今を去ること二三十年、一水の外、大兵革を用ふること彼の如し。海内虞無しと云ふと雖も、而も治安焉んぞ恃むべけんと。廼《すなわ》ち西土《ど》詰戎記《きつじゅうき》を著し、以て世の無事に安んずる者を警発せんと欲す。属稿粗成り、多胡に遭ひて果さず。見今《げんこん》清《せい》に寧波広東の変有り。而して西夷張大、覬覦《きゆ》を逞くすること益々甚し。世亦多く兵事を以て言を為す。果して先生の憂ふる所の如し。(37)

このように幽谷にとってはラックスマンの根室来航が契機となり、正志斎も国際情勢に関心を抱いたことを述べている。そしてこの事件こそが正志斎の目を諸外国に向けさせ、『新論』へと繋がり、独自の国際論を形成させていったと推察できる。(38) そうした国際情勢の中にあって「寧波広東の変」が起こり、「西夷張大」の余波が間近に迫りつつも、我が国における「文恬武熙」の風潮を懸念したことは想像できよう。それゆえ前節で述べた木村謙次、および後節で触れる正志斎の主張にも「通市」に対する警戒が非常に高く、また「西夷張大」要因は貿易にあることから、諸外国との交易を単なる経済活動という視点には立脚せず、それから派生する様々な禍害に着目していたのである。さらにアヘン戦争の知らせは、日本へもたらされる貿易品においても、それらが常にアヘンへと変容する可能性を含んでいることを予知させたであろう。そこで幽谷は啓発のために「西土詰戎記」を著したとあるが、これは「序」のみが残されている。それゆえ先行研究では触れられることが少ないが、正志斎への影響を考える上でも軽視することができないため確認しておきたい。(39)そこでは、「古より創業の主、馬上に天下を獲る者、被堅執鋭《ひけんしつえい》、櫛風沐雨《しっぷうもくう》、東征西伐、斯の民を塗炭に救ひ、以て後人に休を遺さざる莫し。而して守成の君、率ね皆深宮の中に生まれ、婦人の手に長じ、艱難を知るに罔し。枕楽《たんらく》を之れ従《ほしいまま》にし、財用窮蹙《きゅうしゅく》し、武備廃弛し、陵遅の勢、日一日甚だし。君臣方且《まさに》宴安に溺れて姑息に甘んじ、太平を粉飾して口に兵を言はず。儻《もし》憂世の言を聞かば、斥けて以て狂人病子と為し、怒らざれば則ち之を笑ふ。一旦夷狄盗賊の禍に遭へば、知者有りと雖も之が謀を為す能はざるなり。(40)」とあり、急激な変化をしている国際情勢下にあって、泰平の世に甘んじて対策を取ろうとはせず、それを主張する者がいたとしても「狂人病子」としてレッテルを貼るか、一笑に付すだけであるとしている。そして具体的には「羅叉《ロシア》は黠虜《かつりよ》、西北より起こり四海を嚢括し、八荒を併呑するの心有り。東攘南略。駸駸《しんしん》として已まず。(41)」とし、特にロシアを警戒の対象としている。「西土詰戎記」が記されたのが寛政一〇年（一七九八）の三月、幽谷が二五歳の時であり、同年七月には木村謙次が蝦夷地へ派遣され、「大日本恵登呂府」の標柱を建てた時でもある。水戸藩における国防意識は、この時期に高まっていたのである。また同書の執筆の意図として、「正徳中。新井大夫西洋人に接し、具に其の軍事に工なるを聞き紀聞の作有り。然るに其の事耶蘇に関渉し、国禁の戒める所を以て秘して伝へず。而して学者は纔かに采覧異言を伝ふるのみ。近時、仙台林処士。海国兵談・三国通覧図説を著す。其の頗る忌諱を犯すを以て罪に抵る。(42)」として海外情勢を概観できる書物に触れる機会がなく、それを書き記したとしても林子平のように処罰されてしまう世相を案じている。一般的に独裁的傾向の顕著な政府においては、海外の情報を遮断し、指定されたソースからのみ伝えられる傾向があるが、この幽谷の提言には国外情報の共有という意図もあったと言えよう。これは日本が文明開化により、思想、技術等を西洋から取り入れる半世紀以前から、情報の重要性を安全保障の立場から提言していたことは特筆してよいであろう。さらに続けて、「則ち其の詰戎、揚烈の迹、絶海万里の外に在と雖も、亦宜しく以て話柄に資すべし。而して人或は之を知らざるは何ぞや。今、乾隆全集・西域見聞録の二書を参考にして、其の大略を録し、且つ旧聞新得の説を雑《あわ》せて、清国の建基《けんき》に始まり、乾隆の遜位に終わる。名づけて西土詰戎記と曰ふ。記すに国字用ひ、人をして読み易からしむ。敢て以も学士大夫に示すに非ざるなり。寒陋僻邑《かんろうへきゆう》、大志有りて聞見寡なき者、或は得て之を読み、未だ必しも定遠筆を投ずるの嘆を発せずと雖も、其の飛耳長目の一助と為らんことを庶ふと云ふ。[43]」として序文は終えられている。ここで記されているように、清国の興隆を基軸として新旧の説を取り入れて構成し、国字を用いることで大衆を読者層として設定していることを述べている。これは歴史的変遷を踏まえて現状の国際情勢を解説することで、人々の関心を外へと向けさせる意図があったことが窺えよう。こうした人心啓蒙の必要性については、当然正志斎も思案したであろうことは想像され、それが『新論』として結実した可能性は少なくない。つまりは序文で述べられた意図を『新論』が満たしていたために、「西土詰戎記」の本文が発見されないのは、この理由によるものかもしれない。

　さて、前節で論じた木村謙次についても、幽谷とは浅からぬ関係があり、謙次は立原翠軒に経史を学んでおり、幽谷の兄弟子にあたる存在であった。寛政八年（一七九六）には小沢公平《おざわこうへい》の柳下園の宴に高橋坦室《たかはしたんしつ》、杉山士方と共に出席しており、この時は幽谷二三歳、謙次が四五歳であった。この時のものと推察される謙次宛の書翰も残っており、それには「疇昔《ちゅうせき》の会、何ぞ其れ楽しきや。詠帰の後、猶ほ懐いて忘る能はず。今朝将に東里に赴かんとす。途、小沢氏の門生に遇ふ。云く、子虚先生西郭の行有りと。是を以て速に帰るのみ。一正すでに懸榻《けんとう》して以て竢《ま》つ。伏して請ふ、過ぎるを見んことを。草々。[44]」とあり、謙次との関係を読み取ることができる。また他の書翰では、「書を得て吾兄の平安、小大恙《つつが》（ママ）亡きを知る。此れ大慶なり。梅花詩及び画を恵まる。吾兄の僕を愛すこと、一に何ぞ斯に至るや。吾兄の詩、音節骨格、別に一家を成す。固より言を煩はさず。其の画の如きも、亦東坡の所謂士の画にして、画工の画と同じからざるは、僕尤も珍し。（中略）伯時先生、起居安和して遠念を労す勿れ。今春、秩を加へて二百石と為す。実に吾兄の言の如し。子方に寄せる書、今日宜しく達すべし。君平の雪堂記、手写して示さる。敬謝敬謝。吾兄遺悶の作、吾兄の命を知りて憂へざるの状を見るに足る。然れども吾兄をして終身天下の野人を称せしむ。抑《そもそも》誰をか之に過ぐるか。之を言ひて長大息と為すべきなり。梅雨の新晴、天気頗る暑し。伏して惟ふに自愛すべし。(45)」とある。文中「伯時先生」とは立原翠軒を指すが、翠軒が謙次と武石民蔵とを蝦夷地探索に命じ、五年後に再び謙次へ対し近藤重蔵に同行させたのは先に述べた通りである。師のもとで二人は関係を育みつつ、そうした中で自然と北方を中心とする国際情勢に関心を懐いていったのは当然の帰結であったであろう。そのことは、この他の謙次宛の書翰からも確認することができる。(46)

さらに、一六歳の幽谷が謙次の問いに対して返答した「楽処士伝序」があり、伊藤仁斎、荻生徂徠、藤原惺窩《ふじわらせいか》等について論じた論考がある。内容に関しては先に触れたが、ここでは年長の謙次も幽谷へ対し、信頼を置いていたことを確認しておきたい。このように両者の関係性を概観してみると、二人で昨今の国勢情勢を談じたのは間違いの無いことだと考えられ、謙次の実地見聞の記録、及びそこから導き出された国際観というべきものは、幽谷の思想に多大な影響を与えたのである。それゆえ正志斎の国際論は謙次から幽谷へと継承されたものであり、それらを基底として熟成されていったと考えられる。

他方、謙次と共に幽谷へ多大な影響を与えたと考えられるのが、先の書翰でも触れられていた蒲生君平である。君平については、未だ研究の余地を残しているが、幽谷とも浅からぬ関係があった人物である。(47)そうして謙次や君平といった交友関係の中にあって、自身の国際論を築いていった幽谷は、水戸領内における異国船出没が頻繁になると、実体験として世界情勢の変容を体験することとなる。水戸藩における異国船出没の記録は、文化四年（一八〇七）六月に確認でき、この時は人心の動揺を招いたことは言うまでもないが、これが契機となり海防の充実が図られていった。

異国船対策については、寛政年間から立原翠軒や小宮山楓軒《こみやまふうけん》のような幽谷と対立した者でも強い関心を示し、郡奉行の職にあった楓軒は、文化四年八月に藩に上書して軍備充実や金穀の準備などを主張した[48]。同五年一月には海岸へ海防詰所を建て火砲を配備し異国船の来襲に備えた。その後、文化七年、同一二年と軍制改革は進み、水戸領の海岸全域において海防整備が行われた[49]。そして文政六、七年になると異国船の出没はさらに頻度を増し、その対策には士民を含め、上下一致した協力体制がとられた[50]。そして文政六年（一八二三）における異国船については、以下の記録を確認できる。

> 五月初旬久慈水木の漁船洋中にて鯨の殞《しに》タルヲ見ルモノアリ。網類ナト制作此国ノモノニアラス。一二本ヲ得テ郡方ニ出ス。廿五六日頃川尻ノ漁船モ夷船ニ逢テ乗ウツリ酒菓ナト得テ帰ル。平磯磯浜ノ船モノリ移リ船中ノ容子ヲ伺ヒ帰ル。此船乗組四十人余内一人は崑崙《こんろん》児ト見ユ。船長長サ二十八間余、横六七間余船上頭ニ大銃二挺ヲ備フ。船頭ノモノ左右幷前ニ七挺ツヽ二十一挺ノ鳥銃アリ。外ニ短筒三十挺アリ。又六月九日祝町下四五町沖ニ一艘来ル。平磯ノ舟ノリウツル。鯨四五尾アリ油ヲ煎シ鯨骨ヲ薪トス臭気鼻ヲ撲ツコト甚シ。鳥銃鎗鉾モアリ皆刀ヲ帯ブ、漁船トハ云ヘカラス。注進頻也。因テ防御ノ人数ヲ出サル。目付河方作左衛門、先手物頭安松伊兵衛、野沢儀衛門、各同心トモ鉄砲方竹谷忠衛門、手添岡部五郎衛門、田土部源蔵、筆談役青山量助、杉山千太郎、郡奉行吉村伝衛門、其他徒目付下両役郡手代等出ル。五十匁炮二十挺百匁十挺出ス。松川ヘハ一左右次第トテ手当アリ。先手物頭横山甚左衛門、信礼生熊治衛門、長富同心トモ其宅ニ集リ居ル[51]。

記録では続けて異国船出没の状況を述べているが、その装備・雰囲気から「漁船トハ云ヘカラス」との記述には着目してよいであろう。これは本章後半で論じることであるが、正志斎が「夷船」とは漁船、商船、軍船のいずれにも変容するとしているのは、こうした証言も根拠となっていると考えられる。結局この時は異国船の上陸はなかったものの、筆談役として招聘された青山延于《あおやまのぶゆき》は『蕃船記』を記してその時の様子を残している。[52] では当時の状況について幽谷の意見を確認しておくこととしたい。文政六年の事件直後に進言された「癸未《きび》封事」には、冒頭に次のように記されている。

乍恐申上候異国船之事、実に天地の一大変其禍一朝一夕の故には無之候。当分こそ先づ無事の体に相見え候へ共、其禍難の発し候事遅き程却而不可救の勢に罷成可申哉と日夜切歯不堪憤懣奉存候。世俗は交易船或は漁猟船抔申ふらし候へ共、是は全く治乱の体を識者に非ず古人の所謂非愚則誣と申ものに御座候間、愚誣の言は一行不足論候。開闢以来神州安危の機実に今日に在候へば、乍恐君上三藩之御大任は不及申、上東照宮の神孫に被為入候へば、何とぞ非常之御雄断を以て大東の御鎮撫且は社稷の大計を御決被遊候様仕度奉希候。[53]

このように幽谷は斉脩に対し、異国船の往航する当今の時勢を「開闢以来神州安危の機」であるとして注意を促し、世俗の流言に惑わされないよう提言している。そしてこの次には、六項目の具体的内容を掲げている。そこでは先ず、異国船の目的とされる捕鯨については、「捕魚の役にのみ此に至る筈無之」とし、その理由として「古より異域之戦争は糧食不継に苦候故、永久の謀には屯田を以て良策と仕候」と述べ、それゆえに「捕鯨の役は即ち屯田の意味と推察仕候」と解釈している。ここでの「屯田」とは軍糧を含めた兵站の意味であると考えられるが、実際に産業としての捕鯨と、兵站確保の一端としてのそれとで、上書の真偽が左右されるけれども、少なくとも当時の西洋における「拡大政策」を考え合わせると、兵站線の確保は否定できないであろう。そしてこの発想は、正志斎へも受け継がれていると考えてよい。

幽谷は、「捕鯨」の解釈に続き「交易」の含意についても、「交易船と申候も異人の謀百戦百勝よりは不戦而取人之国候を第一と仕候」とし、その具体的事象として「伊斯把尼亜《イスパニア》の呂宋を取、和蘭の瓜哇を取候事其初はみな〱交易より入込居候」として、スペインによるルソン、オランダによるジャワでの所行を挙げている。そしてさらに、「其国の虚に乗じ一戦に打勝これを奪ひ候事に候。殊更妖夷の教法耶蘇の宗門を以て人心を誘惑し愚民の民を引入候事甚妙術御座候。」として、軍事的手段に加え、「教法」によって「人心」を支配するとしている。江戸期を中心に「耶蘇の宗門」が禁止されていたのは言うまでもないが、幽谷の理解は日本古来からの宗教により「人心」を収斂するための国内問題としての政策ではなく、国際上の対外問題として捉えられていたことは強調しておきたい。また、昨今の時事について「浦賀先年の事、銚子当春の事抔段々御聴にも達候半、或は蛮書或は漢文にて耶蘇宗の書を伝候事相違無之候。御領内海辺の民内々異船と交易仕候事此間迄は秘し置候処、近頃は数ケ所より申出等も有之、とかく接済を続兼候様子に御座候。今少し程過候はゞ海浜の民彼の宗門に入候ものも出来可申候。扨々可懼事に御座候[54]」と語り、浦賀と銚子、そして藩内においてすでに「宗門」の拡大する余地が生じたことに警鐘を鳴らしている。加えて「只今の異国船は彼が志、始終は我土地人民を専にして我風俗を変じて彼十字教を奉ぜしめ」ることに加え、「海路は其熟する所船師は其所長其人上下同心生死を共にして離畔の事無之、文武並用威恩兼施候手段中々尋常の夷狄とは同日の談に無之候」として、その害は「蒙古の百倍」として有史以来の危機であると述べている。それにも関わらず「武士宴安に溺れ奢侈を事として軍事に怠り、廟堂の上にては庸人愚諛の説、弘安の百分の一ほどにも警戒の御沙汰無之」という現状を憂いている。この幽谷の憂慮は正志斎も共有することとなったが、『新論』において「煽動」などと評されるその言説は、こうした国際政治の現実と当事の人心との乖離を縮小する意味合いもあったと考えられよう。そして最後に幽谷は、異国人上陸という事態が発生してからの「下知」ではなく、それより前に帰藩して然るべき対処をするよう結んでいる。

翌年になると幽谷の懸念は現実化し、「異国人」一二名が大津浜へ無断上陸する事件が発生した。そして再び幽谷は、事件後に「甲申呈書」を認めて上書することとなる。そこでは「捕鯨の船、薪水に乏く相成候抔申様成事に付、あまり寛縦なる御取扱故、賊船忌憚の心なく毎年浜海の地へ相逼候事と存候」と寛容な態度が「賊船」を招き入れているとし、その結果として「耶蘇教の宗門に有之漢文の妖書を銚子の民に授候事も有之、銅板の横文字絵図等を御領内の民へ授け候事抔、年を経候内には彼邪教へ引入候下地」になるとし、また「品物交易は民の利を好み候所より取入候術に御座候」として、「捕鯨と申は全く屯田の意」であると繰り返している[55]。そして今回上陸した理由については天文方の通詞により「言語文字」は解明できたものの、「真実の虜情は相分り申間敷候」として、実際の来航目的が別にあると認識していた。こうした立場は、先行研究で指摘されるように西洋に対する偏見から判断されたと考えることもできるが、先に見たようにスペインによるルソン、及びオランダによるジャワでの行為を理解していたとするのであれば、幽谷は国際政治における現実主義に立脚していたと規定することは可能であり、こうした考察の根底には木村謙次の存在も無関係ではないであろう。また近年では、戦国時代の日本とキリスト教布教の関係性を分析した研究も進みつつあるため[56]、幕末期においてもそうした認識が一定の影響力を有していたと考えられる。そしてこの時筆談役として交渉に当たった正志斎について、「恒蔵筆談は行届兼候へ共、異国人と問答その情を推究分明に相成候事、新井筑後守が羅馬人を詰問いたし候已来之手際に御座候。全く薪水等に乏く相成上陸仕候はゞ奴隷同様の夷人計遣可申筈之処、一船の惣司にも相加候加比丹《かびたん》罷越候上は一と通之儀には有之間敷旨、此方老職の内にも心付候者も御座候」として、新井白石がシドッチに対したのと同様の手法で「問答」を行ったことを述べた上で、彼らが「薪水等」の不足を上陸理由としていることについて疑義を呈している。こうした幽谷の異国船に関する思慮を学んだ正志斎が注目したのは当時の世界情勢、言い換えれば各国の勢力関係であったのは必然かもしれない。ゆえにその「問答」においても、幕府側の一面的な質疑よりもさらに踏み込んだ内容であったことは当然のことであった。筆談役として当事者となった正志斎は、幽谷が求めた「真実の虜情」を探ろうとしたのであり、この行為は鎖国下にあって国際政治を摑もうとした試みとしても着目できよう。

ここでさらに、幽谷の書翰からその国際観を見てみたい。国立国会図書館では青山延于宛の幽谷書翰二八二通を所蔵しているが、これまでの研究において利用されることは少なく、また本章の主題とも重複する内容が確認できるため以下で触れておきたい。

総州九十九里浜へ夷人上陸之由、扨々大変なる儀ニ御座候。宝島乱妨も蝦地と違ひ残念ニ存候所、此度ハ関八州之内、別而江戸へ近キ所にて如此候。開国已来未曽有之大変と奉存候。何とそ此上之御処分、戎狄膺懲、国恥ニ不相成候様仕度奉存候。三藩抔ハ、天下御見張ニも相成候儀、先君仰置かれ候御事も御座候へバ、何とそ此節、上公御憤発被遊候様仕度奉存候。貴兄御啓沃之程、千万奉希候。以上。(57)

最初に書翰中の「宝島乱妨」について触れておく必要があろう。これについては他の書翰でも、「薩州宝島之風説如来論に候へハ、神州之兵端、自此啓候事と奉存候。」とも述べており、幕府の政策にも影響を与えた特徴的な事件である。これは大津浜上陸事件と同年、七月八日に発生したイギリス人による薩摩藩領宝島への上陸事件である。この事件はこれまで解説したものが少なく、また大津事件と並び異国船打払令の根拠ともなった事象であるため少し触れておきたい。宝島とは吐噶《とか》喇《ら》列島南部に位置する周囲約一四キロの火山性の島であり面積は七・一四平方キロほどで、奄美大島の北西に位置している。近世では、鹿児島藩船奉行の管轄下にあり、宝永期に津口番所、寛政元年（一七八九）には異国船番所・異国船遠見番所が設置され（列朝制度）、派遣された在番は宝島・小宝島を管轄し、在番の指示の下で宝島郡司が浦役を兼ねながら島政にあたっていた。平田甚吉氏家系図（十島村誌）によれば、平田宗継の項に「名護屋御陣之時、七島中志之者申し合はせ、船を用意仕立てて高麗国に参向し陣中奉公」し、慶長一四年（一六〇九）島津氏の琉球侵攻の時には「樺山権左衛門殿平田太郎左衛門、大将にて兵船渡しの時、宗継案内者を勤め」たとある。宗継の子宗次の項に初めて「勤郡司役」とあり、文政の頃までは平田の本家が代々郡司を勤めたという（拾島状況録）。在番とは別に横目一人（のち二人）が一年交替で鹿児島城下から宝島に派遣され、島民中から選ばれた二人の横目（島横目）を指揮、治安維持にあたった(58)。では、事件の概要を同藩編纂による『三国名勝図会』から引用したい。

諳幾利須《イギリス》人侵掠　七島は本府より在蕃官を遣して、島事を治む。文政七年、甲申の歳、別に島務ありて、横目吉村九助貞翁、宝島に役す。是歳秋七月八日、蕃舶一艘、宝島の海上に来り停まり、脚船より蕃徒七八人邏所《らしょ》の下前籠港に至て岸に上る。在番官及ひ島吏、出て応接す。言語通ぜず、何れの国の人なるを知らず。蕃人島上の牛を指し、手様をなして、牛を請ふ。此方手様を以て許さず。蕃人懌《よろこ》ばずして去る。其翌九日、脚船二艘に、十四五人乗て、又前籠港に至て上陸す。前日の如く、在番官等応接し、互に其国字を書て問しかども通ぜず。只言語の内諳幾利須人たること僅かに通せり。蕃人焼酒、麦餅、衣服、刺刀、小刀、時鳴鐘、及び彼国の金銀等を出して、牛に交易さんと、手様をなす。此方許さゞる手様をなす。因て蔬菜《そさい》の属を与へ、手様を以て衆品を収て帰らしむ。蕃人謝して帰る。既にして又脚船三艘を発して、前籠港に来り蕃徒二三十人上陸し、島中処々に鳥銃を連発し、邏所に向て放つこと特に多し。本船よりは時々大砲を放ちて絶えず。蕃人海辺原野に繋る牛を射殺し、或は生捕て、埠頭に至る。蕃徒三人邏所に向て銃を放ち、其門口の坂に走り上る。吉村九助門口の坂に出て伏し、銃を発して其当先の者を射殺す。（時蕃人の来るや、九助と相距ること三歩に及て、銃を放つ。胸を洞《とお》す。即斃る。叫ふ声牛鳴如くにして死すといふ。）其余二人、九助に向て銃を放ち、疾く奔《はしり》て埠頭に帰る。其道にて大に叫ふ声あり。是上陸の徒を都て収め退くならんといへり。於是上陸の蕃賊皆銃を連発して退き、急に脚船を発して本船に帰る。時に賊所掠は、牝牛三頭にして、其二頭は生捕、其一頭は射殺せる者なり。初め牛五六頭を埠頭へ牽き至りしに、急に船を発して奔り去りし故、只三頭を奪ひ去れり。此方は一人も死傷なし、此日蕃船此所を去り海中時々大砲を発し、其翌日十日までは、遠近に隠見せしが、其翌十一日には、遠く去て見えず。九助等状を本府に啓す、本府復冠掠を慮り、物頭島津権五郎に命して、兵を督して往しむ。既に至る、賊来らず、九月朔日舟を発して帰る。九助任満ち帰に及て、重く其賞を蒙れり。(59)

鹿児島藩御供目付である本田助之丞は、文化五年（一八〇八）の文化朋党事件で宝島へ遠島とされたが、イギリス人上陸の際の功により、種子島へ島替えされている。(60)翌八月には警備のため島津権五郎を将として総勢二八〇余名が派遣され、約一ケ月滞在したという。この事件が、先の蝦夷についての謙次の記録や大津浜事件と異なるのは、常駐する兵力がなく、あったとしても派遣に一定の期間を要する離島という状況下では、交渉決裂の際に相手方は即座に軍事力を行使する可能性があることを示唆するものであった。このことは数千の島々を有する我が国において、その防衛に限界がある現実を突きつけることとなったであろう。そして、こうした内容の「風説」を耳にしたのであれば、現実主義的思考に立つ幽谷は、自国の安全保障に関する方策について苦慮したのは当然であり、正志斎の周囲の者達も同様であったであろう。(61)大津浜、及び宝島の事件を経て幕府は翌年、異国船打払令を発令し外国船に対する処置を成文化した。これは船籍、船種を問わず「無二念打払せ、見掛図を不失様取計候処、専要之事ニ候」とあるように、海岸に近づく外国船をすべて打ち払うべきことを命じた。この法令は「封事」の見解と合致するものであるように思われるが、幽谷の所感は少し異なっていたようである。このことについて、再び書翰より確認してみたい。

　扨異国人の儀、海上横行、或ハ廻米を妨け、或ハ御制禁之邪教を施し、妄に上陸乱妨いたし候事ニ而、難被捨置候に付、事を好候筋にハ無之候へ共、改而御達に相成候条、無二念打払可申旨、征夷府の厳令ニ御座候。

然る所東藩之新令、始にハ公儀の御達堅く相守候様有之候へ共、つまる所ハ二念を生し、容易に打ち払申間敷との事に帰宿仕候。尊慮と申候儀に候間、何とも喙《くちばし》を容《いれ》候事不相成候へ共、幕府之命令へ如此御齟齬被遊候事、乍恐如何敷様奉存候。(62)

このように、その運用にあたっては「齟齬」を来しており、現実問題として異国船に対しては「容易に打ち払申間敷」というのが実情であった。このことは同時期の書翰でも「幸ひに先頃幕府之厳令、無二念打払候様にとの儀、誠に近来之愉快に御座候。然る所、此間内々懸御目候御書付之写にてハ、表向公儀御触之趣堅相守候様にと有之候へ共、其実ハ模稜姑息を教候様に相成候。此段有志之士、いつれも窃に嘆息仕候。(63)」と心情を吐露している。そして「続水戸紀年」では、「(三月)十五日夷船打払幕府ノ令威武ヲ海外ニ示ストイヘトモ、猥ニ発銃シテ却テ我ヨリ変ヲ生シ、諸家ノ通船ヲ妨クマシキニモアラス。是天下ノ大患ナラスヤ、防御ヲ主トシ上陸ヲ拒キ止ヘキ旨、執政赤林八郎左衛門ヨリ諸向エ触レ出ス。然ルニ幕府ノ令ト大ニ齟齬スト云テ士家ノ評論益起ル(無名氏筆記)(64)」とあるため、実質的「打払」は行われなかった。また、赤林八郎左衛門(重興)の達しが、幕府の発令から二ケ月もたっていたことも「士家」を憤らせた要因の一つであった。これについても幽谷は、「御家は一統への御触書も無之故諸士中之心得区々に御座候、是迄と違ひ公儀改て厳重なる御沙汰御座候上は非常之御手当実用永続之御手段無之候ては相済申間敷候へ共、只今の形勢にて推察仕候へば、肉食の謀遠大なる事は決而有之間敷と奉存候(65)」と「打払令」の即時公表と、そのための準備を催促している。こうした憤激は、当然正志斎も感じるところであり、同書翰では続けて次のように書かれている。

右ニ付呈書も仕度候へ共、度々煩瀆《はんとく》にてハ御聴用不被遊候のみに無之、御激被遊候勢にて不宜候間、此節小子は暫見合候心得ニ御座候。会沢・宇佐見両生こらへ兼候而、呈書之儀相談有之候。強而差留も仕兼候へ共、呈書之儀先年と違ひ、少々ふり合も相替候儀、いつれ平勤之人々ハ、当職取次に無之候而ハ不相成候所、先日小子より一封御世話ニ相成候節、御通事云々の事も被仰越候。[66]

慎重な運びを心がけようとする幽谷に対して、正志斎らが「こらへ兼」とあるのは、その若さゆえのことであろう。しかしながら、こうした異国船の暴虐に加え、それに対する法令の内容と現実の対応との撞着が、藩内における改革派と門閥派の相剋を深めていく結果となった。当時幽谷が抱いた懸念は、世界情勢を見定めた国際感覚であり、そこに木村謙次との交流が影響していることも間違いないであろう。こうした諸外国への対応については、徹底派と穏便派に分かれるのは時代を問わず起こりえることであるが、開明的な水戸藩の土壌と個人の学問的系譜が、幽谷をして国際関係をリアリズムの視点で捉えさせたのである。そして幽谷に師事し、その情動を間近で感じながら、現状を打開すべく生み出されたのが『新論』であった。『新論』は国際情勢の変化に対応するためのナショナリズムの高揚という側面もあると同時に、読者へ対して国際社会に目を開かせるための近代国家の概念を提供しようとした意図も織り込まれていたのである。

加えて、幽谷の国際感覚への影響という観点に立てば、その交友関係についても整理しておく必要があろう。大田錦城についてはは学問的側面を中心に前章で触れたが、彼もまた木村謙次に加え、近藤重蔵とも浅からぬ関係にあった。先ず謙次については、伝記でも「謙次は錦城よりも十三歳も年長だったが、此の二人は謂ゆる忘年の友として交り、文通もし、詩文の風交も致し、江戸に来れば往来もするという風だった。」[67]とされており、「贈水戸木村生」と題された詩では、「生ハ今春蝦夷ニ遊フ、蓋シ私ニ亜魯斉ノ情偽ヲ探ルナリ」と追記された上で、「昇平百歳国忘兵、憂世何人探虜情、走馬胡沙春雪裡、君元豪気石曼卿」[68]とし、宋代の詩人で酒豪とされている石曼卿に喩《たと》えて、その勇姿を詠んでいる。[69]また謙次が随行した近藤重蔵については、学問的素養も高く山本北山にも師事したとされている。周知の通り近藤重蔵（一七七一―一八二九）は、江戸後期における幕臣の北方探検家であり、与力の家に生まれた重蔵は一七歳の時には白山義塾を開いた。寛政元年（一七八九）には御先手与力見習となり翌二年には家督を相続し御先手与力となる。同六年には昌平坂学問所で行われた第二回の学問吟味を受験し優秀な成績を修めた。この時の受験者は甲乙合わせて二三七人で合格者は一九人であり、甲種は遠山景晋、大田《おおた》南畝《なんぽ》と重蔵の三名だけであった。同七年には長崎奉行手附出役となり『清俗紀聞《しんぞくきぶん》』を編纂し、『安南紀略《あんなんきりやく》藁《こう》』等を著した。そして支配勘定、関東郡代附出役となり、蝦夷地に関する建言が取り上げられ、同一〇年に松前蝦夷御用取扱を命じられると、以後四回にわたり蝦夷地に赴き、そこで「大日本恵土呂府」の標木を建てたのは周知の通りである。これらの功績により文化五年（一八〇八）に書物奉行に任命され、同職を文政二年（一八一九）まで務めた。書物奉行は将軍の御文庫である紅葉山文庫を管理する仕事であるが、この時の事績は重蔵の学問観を知る上で重要である。水上雅晴氏は、海外の書物、情報を比較的自由に利用する機会に恵まれた書物奉行の任にあった時期が、清朝の嘉慶年間に当たるとして、その校讐学について論じている。そこでは『正斎書籍考』をもとに、乾嘉期の学術から多くの影響を受けているとし、重蔵以前に論じられたことのない経注疏合刻本の出現時期について分析していることに着目している。そうして重蔵は単疏本を始めとする経書の古本に関する中国での流通事情を的確に把握し、幕府の採用するところとはならなかったものの、実現していれば高い学術的意義を有するであったであろう「五経定本」の作成を提案したとしている。[70]また、重野安繹《しげのやすつぐ》が重蔵を清朝考証学に初めて接した人物として挙げていることに触れ、錦城の『九経談』の出版が、書物奉行転任の四年前であることを述べつつも、「重野氏が重蔵を『本邦にて、最も早く此学を味ひ始め』た人物と見なすのは正確ではないが、乾嘉の学に触れた最初期の学者の一人であることは間違いない。[71]」と指摘している。こうした清朝考証学を通じた錦城との共通性は、両者の交流が学問的に裏打ちされたものであり、その深化の度合いを推察するに十分であろう。ちなみに、先行研究によると徂徠学については否定的見解を有していたとされている。[72]それゆえに、こうした背景を踏まえて『春草堂集』に残る重蔵に宛てられた漢詩を見てみると、その関係性がより明確に理解できよう。「送近藤正斎之浪華」と題された詩では、「一朝にして分手自ら傷神す、三十六年相識の人、吾も亦た西遊を知ること遠からず、君と同じく賞せん浪華の春を」とし、また続く「賦投筆事戎軒同送正斎」では、「嗟《なげか》す君は投筆し戎軒を事とす、四海太平にして戦雲なし、浪華の傍邑に美醪《ろう》在り、好んで酔郷に向い酒軍に挑め(73)」と述べられている。この詩が詠まれたのは重蔵が不本意にも大坂弓矢奉行を命ぜられた文政二年（一八一九）の時のものと思われるが、「三十六年相識の人」という表現からも分かるように、その親交の深さを窺い知ることができよう。晩年重蔵は、長男富蔵による殺傷事件が原因で改易され幽囚の身となり不遇の死を遂げたが、彼の存在は学界においても多大なものがあったと言えよう。

さて、こうした両者の関係においては、北方についての話題も当然交わされたものと思われ、それは必然的に幽谷等へも伝えられたと考えてよいであろう。そこで具体的な重蔵の意見を取り上げてみると、例えば寛政九年（一七九七）に示された「海防策建言書草案」は、国際関係の基本的立場を述べたものである。そこでは近年のロシアの情勢をはじめ、イギリスについても「此国近来殊之外強大ニ罷成、近隣諸国を併呑蚕食し、其兵を以取り候国々三四十ケ所ニも可及哉」と分析している。そして、「彼等常に航海互市を事として良国を見開き、己か領地とする事蛮書に歴然して、たとへハ士農工商を商工士農と立たるがごとき国俗ニ候、然るに我邦の人情、互市と聞けハ愚陋《ぐろう》の町人とのみ存し、蛮国ハ犬猫の如くに心得、彼が深謀を略りて其国の大サ亦我邦の幾十倍ある事を不察」とし、「彼等が国風数千里之遠海に候とも、漸を以て或ハ教へ、或ハ伐ち、遂に其属国となし候を功業の第一といたし候ニ付而ハ、先其国の地勢強弱を詳にし候事彼が書中に見へ候(74)」と述べている。これは先に触れた、木村謙次が日記に記した諸外国による「併呑」の手続きと共通するものであり、「互市」がその契機となっていることに加え、「彼等ハ本と耶蘇の国々なれハ、いかなる奇術して我民を教誘せんも計り知るべからす」とキリスト教に対する立場も一致している。こうした交易や術策に関しては、鶴田啓氏によると当時蝦夷地問題に関わっていた幕臣の間ではむしろ一般的であったとし、蝦夷地御用掛から蝦夷奉行・箱館奉行となった羽太正《はぶとまさ》養《やす》にも同様の見解があったとしている。(75) ただ同氏は、これに加えて「重蔵の場合の特徴は、同時に軍事的な面での危機感をも強く意識していたことにあった。」としており、形而上のみならず形而下における安全保障についても懸念していた。これは先の水戸藩関係の者とも共通しており、こうした認識が重蔵のネットワークを経て正志斎へと影響した可能性についても認識しておく必要がある。

ではここで、錦城の国際論について少し述べておきたい。これについては、錦城が林子平の『三国通覧図説』の序文を桂川甫周《かつらがわほしゅう》に代わって執筆していることに加え『蝦夷草木図』の序も代筆するなど、やはり北海道について関心が高い。(76) そして「北事歎」と題された詩では、「国は泰山の安きが如く、豈に図らんや北事の起り、辺境は風塵を警し、帷幕は画策を運らすも、肝食して君臣を労し、天下皆匈々たり、吾が意は殊に然らず、賊は旧より蚕食を好み、今や吾と隣す、然も其の巣窟を按ずるに、万里にして海山を隔て、況んや復た勍敵《けいてき》と隣し、各自ら並呑を事とす」(77) とあり、北方有事が迫っている状況を危惧していることに加え、国際社会において「並呑（併呑）」（＝植民地化）が常態化しており、各国も自らの生存をかけて外交を展開していることを詠んでいる。こうした認識は、近藤重蔵を含めた海外情勢に精通した人物との交流から得られたものであると考えられ、幽谷とも共有されたものであると考えてよいであろう。また錦城が北方問題を意識して著したものとして「御狄論」が挙げられてるが、これまで簡単な内容の紹介のみであるため、(78) 詳しく見ていきたい。『春草堂集』巻一三にある同論では最初に「夷狄ハ中国ノ患ヲ為ス、古ヨリ之レ有リ。唐虞ノ盛ナルモ亦タ之レ有リ。書云ク蛮夷猾夏是レナリ。周室ノ盛ナルモ亦タ之レ有リ。詩云ク、室靡《な》ク家靡キハ、玁狁《けんいん》ノ故、啓居スル遑《いとま》アラザルハ、玁狁ノ故、是レナリ。蓋シ之レヲ伐スレバ則チ既ニ破リテ復集ル。之ヲ和スレバ則チ既ニ服シテ復タ叛ク。之ヲ如何トモスル無シ。要ハ伐スベクシテ伐シ、和スベクシテ和シ、制御其ノ方ヲ失ハズシテ、大患弘害ヲ為スニ至ラザラシメバ、則チ可ナリ。若シ其ノ大患弘害ヲ為ス者ハ、皆由有リテ然リ。」として、中国史における「夷狄」の存在とその対処法について概説している。ここでの『書経』から引かれた箇所は、自らの徳を広げれば「夷狄」もそれに従うとする内容であり、(79)『詩経』からは「采薇《さいび》」と題された一節で、征役の速やかな終息を願う詩とされている。(80)続いて本文では、幽王、恵帝、玄宗の政治を略述し、「此ノ三者、皆女寵《じょちょう》ノ害ナリ。是レニ由リテ之ヲ観レバ、夷狄ノ大患ヲ為スハ、夷狄ニ在ラズシテ閨闥《けいだつ》ニ在リ。男戎《だんじゅう》ニ在ラズシテ女戎ニアリ。」と述べている。また徽宗《きそう》による蔡京《さいけい》父子の登用、及び熹宗《きそう》の魏忠賢の例を挙げ、「此ノ二者姦臣逆璫ノ禍ナリ。是レニ由リテ之ヲ観レバ、夷狄ノ弘害ヲ為スハ、夷狄ニ在ラズシテ朝廷ニ在リ。氈帽皮裘《せんぼうひきゅう》ニ在ラズシテ、縉紳貂蟬《しんしんちょうぜん》ニアリ。」としている。そうして「政治修明ニシテ民心安固ナレバ、則チ夷狄ノ害ナシ。（中略）若シ夫レ政治昏濁ニシテ民心離叛スレバ、則チ夷狄ノ害ヲ為ス。直ニ宗社ニ禍ス。」として、「民心」が「安固」であるか「離叛」の状態であるのかが、「夷狄」に対処できるか否かの主たる条件であることを述べている。正志斎が『新論』において、民心の統一を最重要項目として挙げていることは知られているが、こうした見解は錦城の外交思想においても看取することが可能であり、単に「夷狄」を排除するといった一元的攘夷論ではなく、政治の安定には民心の統一が不可欠であるという指摘は共通している。いずれにせよ、こうした思想が幽谷のネットワークにおいて議論されたと推測することは十分可能であり、そうした思想を背景として具体的な実践的教書としての『新論』の意義に着目することも必要である。

さらにこうした国際論に関する錦城の思想は、「明清革命論」にも表れている。これは管見の及ぶ限りこれまで分析の対象にされておらず、(81)「明清革命ノ際、天人ノ弁ヲ疑フ者有リ。清祖ハ辺隅叢爾ノ弾丸黒子《だんがんこくし》ノ地ニ起リ、其ノ始メテ兵ヲ起スハ、僅カニ十三人ナリ。」として、清の成り立ちが末端の小領地でありながら次第に勢力を拡大し明国に取って代わったことから起筆して、最後に次のように纏めている。

清ノ祖宗ハ夷狄ニ出ト雖モ、其ノ功徳ハ漢祖唐宗ト異ナル無クシテ、其レ道ヲ重シ徳ヲ尊ヘハ、則チ過有リ。是レ故ニ二百年ノ太平ヲ開キ、学問文物ノ盛、前古ニ超ル有ルハ、北魏金元ノ若キガ能ク及ブ所ニ非ザルナリ。（中略）中古以来、乱逆ヲ戡定《かんてい》シ、以テ天下ノ主タル者、中国ト夷狄ト、之ヲ押シ出スハ、是レ其ノ常ナリ。何ゾ必シモ満清ヲ悪マンヤ。詩書春秋、夷狄ヲ悪ミテ中国ヲ尊ブハ、其ノ彝倫《いりん》ヲ乱シ、礼法ヲ敗スルヲ悪ムナリ。（中略）春秋ノ時、秦祖ヲ以テ夷狄ト為ス。然レドモ秦ニ穆公《ぼくこう》有リ。楚ニ荘王有リ。北魏孝文ノ恭謙仁孝、金世宗ノ仁厚倹素、元仁宗ノ温潤慈倹、豈夷狄ヲ以テ之ヲ斥クベケンヤ。然レバ則チ聖人ノ華ヲ貴ビテ夷ヲ賤ムハ、其ノ行フ所ノ華夷ニ在リテ、其ノ生レル所ノ地ニ在ラザルナリ。其ノ辺隅荒陋《こうろう》ノ地ニ生レルヲ以テタチマチ夷狄ト為シ斥ケンカ。孟子言有リ、舜ハ東夷ノ人、文王ハ西夷ノ人、聖人モ亦斥ケル所在ランカ。是レ呂留良《りよりゆうりよう》、曽静ノ悦ブ所ニシテ、豈古聖賢ノ意ニアランヤ。嗚呼、中原ニ菽《しゆく》有レバ、庶民之ヲ采ル。螟蛉子《めいれいし》有レバ、蜾蠃《すがる》之ヲ負フ。天命常靡シ、王位ハ常家無ク、唯徳有ル者ハ之ヲ得テ、徳無キ者ハ之ヲ喪フハ、則チ要ハ其ノ徳如何ヲ論ズベキノミ。華夷天人ノ弁、措キテ講ゼザルモ亦可ナリ。(82)

文中に登場する呂留良（一六二九―一六八三）は清代初期において、朱子学にもとづき華夷の弁を明らかにし、明王室への回帰を主張した学者である。彼の死後四〇数年を経て、その思想に共鳴した曽静により排満挙兵事件が起きると、呂の墓は暴かれ子孫は奴隷にされて一族は崩壊した。彼の思想の核心は華夷の別と尭舜への復帰にあり、排満攘夷こそが春秋の大義であり、井田《せいでん》封建の復活によってのみ理想政治の実現が可能とした。(83) 錦城はこれを「聖賢ノ意」に反すると捉えており、『詩経』「小苑」の一節、すなわち世の中の秩序が乱れ祖霊に加護を求めることを表現したとされる箇所(84)を引き、「要ハ其ノ徳如何ヲ論ズベキノミ」と纏めている。ちなみに、『論語』「八佾」には、「子曰く、夷狄の君有るは、不如諸夏之亡也」という一節があり、「不如」を「ゴトクナラズ」と詠むか「シカズ」とするかで意味が正反対となる。古注では「シカズ」として、「夷狄は君があっても、未開の民だから、君がなくても諸夏の先王の礼楽の余沢が残っているのには及ばない」(85)と解釈している。これについて荻生徂徠は、「『夷狄の君有るは、諸夏の亡きに如かざるなり』。『亡は無なり』。諸夏は諸侯の国なり。是れ聖人の礼義を貴ぶなり。君有りと雖も礼義なければ、是れ其の禽獣を去ること遠からず。孔子の時、諸夏、君有りと雖も猶ほ亡きがごとく之然り。然れども先王の沢（余沢）斬《た》えず、礼義尚ほ存す。故に孔子以て之に勝れりと為す。程子の解、『如かず』の詁を失す。従ふべからず。[86]」として、「聖人の礼儀」なき「国」を認めず「華夷」を明確に区別している。他方で仁斎の『論語古義』では、「夫子時俗ノ変ヲ視ル毎ニ、一事ノ小ト雖モ、必ズ重ク之ヲ嘆ジタリキ。其ノ関係スル所大ナルヲ以テナリ。（中略）諸侯夷ノ礼ヲ用フレバ、則チ之ヲ夷ニシ。夷ニシテ中国ニ進メバ、則チ之ヲ中国ニス。蓋シ聖人ノ心ハ即チ天地ノ心、遍覆《へんぷく》包涵容レザル所無シ。其ノ善ヲ善トシテ、悪ヲ悪トス、何ゾ華夷ノ弁有ラン。後ノ春秋ヲ説ク者、甚ダ華夷ノ弁ヲ厳ニスルハ、大ニ聖人ノ旨ヲ失セリ[87]」として徂徠とは対照的である。ここでの錦城の主張は仁斎側に立脚するものであり、「華夷の弁」、「王覇の弁」といった議論において仁斎との思想的な距離は近いと考えられる[88]。

これに関連して易姓革命観と後期水戸学については、先にも触れた吉田昌彦氏の研究が参考になるであろう。そこでは、幕藩体制下における天皇と征夷大将軍の地位は春秋時代の「王」と「覇者」との関係性を援用しているとし、「易姓革命・放伐論の理論的前提を後期水戸学が具備していた[89]」としつつも、前者については放伐の対象から除外しているばかりか、その存在基盤に絶対性を付与しているとしている。そして後者については、「後期水戸学における徳川将軍の論理的存在基盤が、封建秩序・道徳の実現・拡大という機能論的見地から形成」されており、その機能論的立場は、その「責務」を遂行しうる間は、「正当性」を保証する一方で、「責務」を履行し得ない時は、その存立基盤を否定し、滅亡を肯定するという「両刃の剣」的性格を有していたとしている[90]。それゆえ、『尊王』と『征夷』の責務を履行し得ない征夷大将軍が、『義兵』による打倒――易姓革命・放伐論的思考（江戸幕府が倒されて徳川将軍がその地位を失うこと）の対象になることを甘受すべきであるとの論理を明らかに看取される[91]」とし、将軍の存在基盤は相対化されていたとしている。皇室の存在に対して絶対性を付与していることについては、『新論』も言及するところであり、先にも論じたように「藩風」のみならず崎門学の存在も無関係ではないであろう。そして易姓革命や放伐論の理論的前提を後期水戸学が提供したとするのであれば、錦城の「革命論」が幽谷や正志斎といった親交の深かった水戸学者に影響した可能性も大いに考えられ、その放伐論的思考が幕府に適用されて攘夷思想へと結実したのであれば、御三家である水戸藩が、何ゆえ倒幕の理念を提供するにいたったかの理由の一端もここにあると考えられる。

第三節　『諳夷問答』と国際観

会沢正志斎は、文政七年（一八二四）五月に水戸藩大津浜にイギリス人一二名が無断上陸した際、筆談役として参与し、その時の記録を『諳夷問答』として纏めた。『諳夷問答』については、栗原茂幸氏の研究において現存書誌の比較や、筆談に用いられた地図等などが詳細に分析されている(92)。本節ではそれらに依拠しながら、これまで論じてきた正志斎の学統や交友、そして当時の国際情勢を踏まえて新たな視点を提供していきたい。では先ず『通航一覧』から事件の初動を見ていきたい。

文政七甲申五月廿八日、常陸国大津浜（多賀郡に属す、水戸殿家老中山備前守領地なり）に異船二艘来り、十二人鉄砲を携へ上陸す。時に中山備前守か人数之を捕ふ。然るに本船の人数よせ来るへき形勢により、同廿五日水府に加勢を請ふ。よて同日より一番手二番手追々出張あり。

文政七甲申年五月十七日、柳橋藤蔵書状、（按するに、文中を察するに、此二都水府家臣にて、今度出張人数の内なり、下同し、）

一、五月廿八日朝より、異国船に大津浜辺へ相見え候処、凡船五六間も有之候よし、二艘昼頃右船より伝間《ママ》船四艘乗下し、大津浜辺へ寄来、無程着船仕候。伝馬船大さ四間半、六人乗船四艘の内、二艘沖へ漕返候。

跡二艘は渚へ付上陸致候。人数十二、持道具、鯨突二本、同とをし一本、同□□□一本、もり十三本、うけ旗帆、鉄砲四挺、筒目六匁位の仕立、玉目九匁八分也。火縄なしにて、金と石と摺合にて火出打申候由。同廿九日朝、水戸へ及注進、尤大津浜は、（按するに、大津浜以地名数種に渉れとも、みな常陸国、水戸、其外多賀郡の海岸なれは、下悉く郡名を注せす。）水戸別高、中山備前守知行所に有之候。同日昼頃一番手罷出候様達有之、吾々とも一同相詰候名前、

先手総頭、庄勘右衛門（騎馬）、組同心廿一人、同断、矢野九郎右衛門（騎馬）、組同心廿一人、目付役、近藤儀太夫（騎馬）、徒目付、住谷七之丞、千賀惣三郎、目付同心下役二人、筆談役、飛田勝太郎、会《ママ》津常蔵、同掛り徒目付、菊池三之丞、目付同心下役二人、大筒役（井上外記流）、高山勘左右衛門（騎馬）、高山角馬（騎馬）、同心五人、大筒七挺矢倉方、郡方、諸職人、都合二百人余、二器小荷駄四十二疋、

廿九日夜九ツ時分、評定所出立にて、別高境多賀郡伊師町浜辺迄相詰、晦日昼頃助川小木津川尻辺沖にて、異国船大筒を打候音、一時の内には十二三度つつ承候。尤何故打候歟相分り不申。戸抔へ響候程大き成も有之、又小きも有之、此段追々浜々より注進有之候。吾々ともは、伊師町に居候所へ、手綱より（按するに、多賀郡に属す、中山備前守か居所なり。）使番乗来り、大津浜へ二十八日より異人十二人捕置候に付、異国船とかく彼地に乗寄候。無勢にて無心許候間、何卒御加勢被下候様頼御座候間、此段水戸へ申遣、翌朔日伊師町出立、大津浜へ相詰申候。[93]

大津浜に上陸した一二名の「異人」は四挺の「鉄砲」を所持しており、その口径なども細かく記されている。また水戸藩への加勢願いは、上陸した一二名への対処というよりも、沖合に停留している本船、及びその「大筒」による示威行為によるものであろう。この時に正志斎は、飛田逸民と共に「筆談役」として当初から関わっており、その時の様子は次のように記されている。

十三日、兼て上陸の異人見分仕候処、其様体猿の如く、丈高く髪の毛ちゝれ赤候。二三寸位髭も赤くちぢれ、色の白きもあり、又殊に黒きも御座候。是は黒人と申候由、十二人の内一人黒く見え、衣服は猩猩緋羅《しょうじょうひら》紗《しゃ》或いは黒白、いつれもぬひくるみ致着用候。足は股引の様成物をはき、沓《くつ》をはき、底は金の様子に相見候。言葉は更に相分不申、通詞両人掛合候ても、書は相分り候ても、言語は更に不分由承之。[94]

このように正志斎と逸民が聴取にあたったわけであるが、両者とも言語に精通しておらず、筆談を主とする意思疎通を試みた。この時の記録が『諳夷問答』となり、意思疎通に限界があったがゆえに正志斎の記した「推察」は、「危機意識の高揚というイデオロギー」[95]に合わせて解釈されたと先行研究では見られている。そうした議論は『新論』から導かれる正志斎のイメージを帰納的に投影しており、この「推察」についても多角的に考察する必要がある。

では、『諳夷問答』の内容を見ていきたい。そこでは冒頭に「文政七年五月二十八日異人十二名常陸多賀郡大津村ニ登陸ス。専ラ諳厄利亜《あんげりあ》国ノ人ト称ス。余、飛田子健ト共ニ筆談スヘキノ内命ヲ蒙リテ彼地ニ至リ、六月三日両人並ニ監察府ノ人ト夷人ヲ捕置タル所ニ往テ筆談ス。[96]」とあり、事件発生により内命を受けてから「問答」に至る過程が記されている。この時同席した飛田逸民とは、字は子虚、子健であり幽谷に学び、彰考館で編集の任についた人物である。正志斎より六歳年長であり、『逸民集抄』、『孝経要義』等の著作がある。[97]両名は先ず「加比丹ゲビスン」の聴取から始めるが、「始テ見タル夷人ノコトナレハ言語ヲ通スベキ手段モナシ」としながら、日本語とロシア語の単語を示したものの理解を得られず、最終的には「ゲビスン」によるアルファベット、及びアラビア数字の提示によって筆談が開始されている。また「魯西亜人ニ非すして諳厄利亜人ナリト云コトヲ知る」とあるように、当初正志斎は、上陸した「夷人」をロシア人と認識しており、これは水戸藩におけるロシア研究の活発さゆえのこともあったのであろう。ロシアに関しては正志斎の『千島異聞』はじめ、その他藩内にも蓄積された記録により一定の知識があったと考えられるが、英国についてはどうであったのであろうか。正志斎が海外知識を得る上で参考とした書籍に新井白石の『西洋紀聞』がある。この書は、密入国したイタリア人宣教師シドッチの取調べにより得られた海外情報と、キリスト教に関することを主な内容とする。ただ、禁制とされたキリスト教の教義にも言及しているために、門外不出の方針を堅持して子孫もこれを守り、当初はその存在を知る人は少なかった。寛政五年（一七九三）に幕府の命令で献上されてからは、知識人の目にも触れることとなったが、正志斎と『西洋紀聞』との関係にはある種の因縁がある。それは大田錦城が白石の曽孫の邦賢《くにまさ》、もしくは弟の成美《しげよし》を教えている関係から、錦城を通じてこの書を読んだ可能性があり、また土肥元成《どひもとなり》は『西洋紀聞』の写本を持っていた数少ない門人の一人であるが、立原翠軒はこの土肥家の蔵本を書写したとされているからである。そして翠軒の写本が元となり水戸藩に広まった結果、幽谷たちの目にも触れることとなり、正志斎は『三《さん》眼余考《がんよこう》』を著して白石の見識を評価している(98)。これまで見てきたように、錦城と幽谷は学問、思想面においてその多くを共有しており、国際社会に対する関心についても同様の見解であった。そして両者ともにいち早く『西洋紀聞』に精通していたとするのであれば、正志斎をはじめとする水戸学者が海外へ高い関心を示したのも同書の存在があったからであると考えられる。これに限らずキリスト教に関する見解についても、正志斎が意図的に作り上げたものではなく、その内容からも白石の考察に依拠するものが多く含まれている。そこで英国に関する『西洋紀聞』の記述を少し確認しておきたい。

アンゲルア（アンゲリヤともいふ、イタリヤの語にはエンゲルタイラといひ、ヲヽランド人はインゲラントといふ。漢には、漢乂剌亜《ハアヌチヤハラツヤア》（はあとも、または諳厄利亜とも訳す。むかし我国にて、インガラテイラとも、またゲレホロタンともいひ、俗にはイギリスといひしは、すなはちこれなり。）エウロパ西北の海中に、二大嶋あり。此国幷にスコッテヤ、一嶋にわかれたつ（アンゲルアは、其南にあり）。其一嶋は、イペリニヤ国也。此国海中にあるによりて、其俗、舟を操る事を善くして、また善く水戦に習へり。ヲ、ランド人海外に通ずる事を得しも、初此国人をしへみちびきしによりて、つゐに海路に熟せし也。此方諸国の賈舟《こせん》、其水戦を善する事をあひ畏れて、此国人を号して、海賊とす。其君大に羞悪みて、国人みだりに外洋に出る事をゆるさず。また此国もとより天主を尊信して、其教を奉ず。近世に至て、其君、正妃を廃して、寵妾をたつ。天主の教、もと他犯を以て大戒とす。此方教化の主、其破戒の故によりて、此国と絶つ。其教を奉ずる諸国も、またこれとたつ、ヲ、ランド人を絶しも、また此時の事也といふ。(99)

別称、地勢、宗教に加え、「水戦」に習熟していることが記録されている一方で、「国人みだりに外洋に出る事をゆるさず」という記述に関しては、一七世紀後半から一八世紀初頭にかけての活発な海外活動の現実と矛盾している。(100)おそらく正志斎がイギリス人を想定していなかったのは、この箇所による理由もあるかもしれない。さらにこの「水戦」については、「古には、フランスヤの兵を称ず。其後は、アンゲルアに敵するものあらず。今に至りては、ヲ、ランデヤを其最とす。アンゲルアもまたこれに次ぐ。其戦船、高く大きなる事、山岳のごとくして、其船旁に、窓を設くる事三層にして、毎層に八九あり。各窓大砲を架して、敵船の大小・高下・遠近に随ひ、其砲を発す。(101)」とあり、その船が「水戦」に長じていることは承知していたため、本節後半で触れる商船と主張された「元船」への疑惑も、こうした知識もあったゆえのことであろう。そうして『諳夷問答』では国籍、船舶数、航海日数、航海航路などを聞いた上で、最も関心のある来港目的の質問へと移る。（カッコ内は割り注）

又勇三郎ヲシテ夷ノ何輩ノ故ヲ以テ渡来セシト云フコトヲ問シム。ゲビスン気ヲ吹キ手ヲ揺ス、其状鯨ヲ捕ルト云ニ似タリ（気ヲ吹クハ鯨ノ潮水ヲ吹クヲ形容シタル也）。故ニ余、モリノ形ヲ画テ示ス（モリトハ鯨ヲ刺ス器ノ名ナリ）。ゲビスン領キタル故ニ其捕鯨ノタメニ来リシト云ノ意ナルコトヲ知ル（夷輩海上ニ停泊シテ常ニ鯨ヲ捕ルコトハ事実ナレトモ、其来リシ本意ハ左ニ非ルコト明ナリ。然ルニ俗間ニモ亦夷虜捕鯨ノタメニ来ルト云謬説ノ行ハル、コト亦夷輩ノ狡謀点計ノ為ニ其欺ノ受シニヤ）。余其実情ヲ吐カサルコトヲ悪ミ、形容ヲ以テ詰ンニハ如何シテ其意ヲ通スベキト思ヒ彼カ顔ヲ熟視セシ間ニ、ゲビスン其色ヲ暁リシニヤ別ニモリノ図ナトヲ画キ他ノ事ニ転シテ其言ヲ濁シタルカト見ユ。(102)

その来港目的を捕鯨とする回答に対して疑念を抱いているのは、これまでの正志斎自身の国際関係についての研究に加え、幽谷の影響も大きいであろう。先に見たように、幽谷が「捕鯨の役は即ち屯田の意味と推察仕候」と述べていたように、正志斎は捕鯨の事実を認めながらもその発言は「夷輩ノ狡謀《こうぼう》」であるとし、目的としたのはその「実情」を探ることに傾注されていた。(103)このあと「ゲビスン」により話題は西洋諸国の国旗へと転ぜられてしまうが探求は続けられる。正志斎は「西洋諸国戦争ノ勢ヲ問ント思ヒ」、ヨーロッパ戦史の理解に努める。そこでは、地図上の二ケ国を指した後で「両拳ヲ打合セテ示」すといった稚拙なジェスチャーであったけれども、そこで得られた情報は当時の世界情勢を把握する上でも不可欠なものであった。これは同時に、天下太平と言われる自国の状況と異なり、世界は戦国の世であることを痛感せしめたことであろう。そして英蘭戦争、露土戦争、英仏戦争、英西戦争を知った上で「又各其相服属セル国々ノコトヲ問ント思ヒ」、国際情勢における勢力分布を摑もうとする。そこでもまた、利用された意思疎通は、正志斎が始めに「ゼルマニアト云テ大指ヲ出シ、ヲランダト云テ小指ヲ出シタルニ夷頷タル故、和蘭ハ入爾馬泥亜ノ属国ナルコトヲ知リ」といった初歩的な方法であったが、神聖ローマ帝国、ロシア、スペイン、イギリスの勢力範囲を聞き出す事ができた。続けて正志斎はイギリスの領有地を精しく尋ね、インド、東南アジア諸島、そして小笠原諸島、琉球、蝦夷周辺の「海外諸国の形勢」を答えさせた上で、再度来航の目的を問うている。

又勇三郎ヲシテ今度渡来セシ故ヲ再ヒ問シム。ゲビスン答フル所、分明ナラザリシガ其語未タ終ラサルニ、夷メトトンナル者傍ヨリ輿図ヲ指シテ、神州ノ地方ヨリ諳厄利亜マテノ海路ヲ四指ヲ再三撫テタリ。神州ヲ服従セシメント云ノ意ナルヘシ。悪ムヘキノ甚キナリ。(此事ハ監察府ノ人々マテモ皆カクト察セシナリ。)(104)

これはある意味で正志斎による誘導尋問とも考えることができるが、各国の従属関係を答えさせた上での再度の尋問は、「メトトン」をして、その「意図」を吐露させたのかもしれない。先のやり取りから「大指」(親指)が覇権国であれば、「四指」というのは服属国を表現したのであろう。たとえこのことが、両者の意思疎通の限界ゆえの誤解であったとしても、それまでの書籍からの分析や幽谷の影響、及び「問答」で明らかとなった自国を取り巻く世界の趨勢を総合的に加味するのであれば、安全保障上の視野を持ち、且つリアリズムに立脚して「神州ヲ服従セシメント云ノ意」と解釈されたとしても無理からぬことであろう。おまけに、後に明らかとなるイギリスをはじめとする西洋諸国による「服属」国での所行を考え合わせるのであれば(105)、正志斎の「危惧」が決して思い込みから生じたものとは言い切れないと思われる(106)。

ところで、正志斎と逸民による「問答」の後、幕府の通詞による聴取が行われた。この様子を『通航一覧』では、「柳橋藤蔵書状」が引用して「六月九日には別条無之、十日四ツ頃に、公儀御代官古山善吉殿、大通詞二人足立左内、吉雄忠次郎下着仕候、同日通詞二人幷水戸徒目付立合にて、異人と対面有之候処、イギリス国の異人にて、阿蘭陀国之文字通用、言葉も相分り、殊鯨取船の由挨拶仕候(107)」と記され、オランダ語を介して意思疎通が図られた。ここで具体的に判明した内容としては、船員の国籍、航海期間、上陸目的、銃器の所持理由、母船の種類及び艘数、一二名の氏名及び年齢等であった。その内、上陸の目的としては、「元船に敗血病人御座候に付、果実、野菜、阿蘭陀草様のもの、幷羊鶏等得度候に付上陸仕候」とし、治療の目的であったとしている。「敗血病」とは壊血病のことであると思われるが、航海時代において多くの船員がこの病魔に侵されたのは周知の通りである。そして最後に「近年に至て、此国の近海にて、異船の帆度々相見え候者、如何成儀哉」との問いに対し、「日本地方近海において、近年鯨漁多取れ申候、右相見え候異船は、都て鯨漁の船にて可有御座候と奉存候」と答えている。最終的には必要とする物資の提供と速やかな退去、及び着岸禁止の旨を僚船へ周知することを要求して聴取は終えられている。この通詞による問答の内容と正志斎のそれとを比較するとき、幕府側が表面上の質疑に終始しているのに対し、後者の質問が遥かに国際的視点において投げかけられているのがわかるであろう。またその追及にしても通り一遍の質疑で終始している通詞側に対し、国際情勢を積極的に把握しようとする正志斎の姿勢は、幕末期の日本において国際政治をリアリズムの立場で分析し、国家としてあるべき今後の安全保障を考察した人物としても着目してよいであろう。

『諳夷問答』では続けて、五日に行われた「問答」を箇条書きで一二項目記している。そこでは、再び各国の従属関係に関する会話がなされているが、最後の二つに着目してみたい。

一、教法ノ事、払郎察《フランス》、波爾杜瓦爾《ボルトガル》、伊斯把爾亜《イスパニア》、魯西亜《ロシア》、波羅泥亜《ポーランド》等ハ皆邏馬《ローマ》教ヲ奉シ、都爾格《トルコ》、巴爾巴里亜《バルバリア》、亜剌皮亜《アラビア》等ハ皆馬哈黙《マホメット》ノ教ヲ奉スト云。諳厄利亜ノ教法ヲ数々問タレトモ遂ニ答ヘス。（言語文字通セサレハ窮詰スルコトヲ得スト云ヘトモ、其情実ハ知ルヘシ。其教法ノコト諸書ノ載ル所ヲ以テ考ルニ、和蘭ト同派ナリト云コトモアレトモ、又イスハニヤト同派ニナリタルコトモアリ。又邏瑪ノ伴天連ヲ乗セテ清ヘ渡ラントセシコトモアリ。又采覧異言等ニモ天教ニ習コトアリ。〇又其旗紋ニ十字ヲ画キ蘭書ニ載スル所ノイキリスノ紋印ノ上ニ其王ノ冠ニモ十字形アリ。〇又近世ニ至テモ文政元年浦賀ニ来リシ時モ邪教ノ蛮書ヲ土人ニ与ヘ、去年銚子港ニテモ漢文ニ書シタル邪教ノ書ヲ土人ニ与ヘタル類ヲ以テ見ル時ハ、其邪徒ナルコト瞭然タリ。又ゲビスンカ姓ヲヨワント云、此ヨワント云コトハ耶蘇ノ弟子名ニシテ即チコレヲ己カ名ニ冠ラシムト云コト新井氏ノ書ニモ見、且邪徒ノ名ニヨワント云モノノ多キモ是亦其一証トスヘシ。）

このように正志斎は「教法」についての考察を試み、キリスト教とイスラム教を含めた世界の宗教分布の状況から国際情勢との関連において理解しようと努めていた。また、白石の『采覧異言』も参考にしつつ「旗紋」に描かれた「十字形」や名字による宗派の特定法は、現代でも参考となるかもしれない。これは単に「邪教」を排斥しようとするだけの「攘夷」思想ではなく、こうした情報はむしろ開国への準備にも転換しうるものであり、そうした知識の積み重ねが晩年における「時務策」の提言であったとも言えよう。ただ、やはり最後には、「今日ゲビスン自ラ筆ヲ取テ鯨ヲ捕ル図ヲ画カク、其意ヲ察スルニ往日メドトンガ図面ヲ撫テヽ其実情ヲ明シタル故、其事ヲ晦《くら》マサントシテ鯨ヲ捕ルタメニ来レリト云コトヲ再ヒ示セシナルヘシ。」と記し、その疑念は晴れることはなかった。

「諳夷問答」では、正志斎が抱いた所感とも言うべき「弁妄附」と題する文章が添えられている。そこでは冒頭、次のように書かれている。

諳虜今度渡り来りし事交易のために来るとも云、又漁猟のために来るとも云、巷説紛々なれ共皆信するに足らす。総て西洋の諸国犬羊の性とはいへとも、古より通商を事とし、万里の波濤を凌き殊方異域を経歴し、見分も広きに随ひ自然に志気も広大になり、四海万国を併呑するを以て業とす。是を助るに耶蘇の邪教を以てし、通商を名として至る所の国と親み近つきて窃に虚実を察し怠惰虚弱なるをは兵を挙て是を襲ひ、又其虚の乗すへき事なきをは邪教を以民心を誑し其国を奪ふの術を施す。(108)

この文章からは先にも触れた『新論』虜情篇における「故に人の国家を傾けんと欲せば、すなはち必ずまづ通市に因りてその虚実を窺ひ、乗ずべきを見ればすなはち兵を挙げてこれを襲ひ、不可なればすなはち夷教を唱へて、以て民心を煽惑す」[109]という箇所が想起されるであろう。正志斎が感知した国際社会における「現実」とは、西洋諸国による「併呑」が常に繰り広げられており、その方法とは通商を名目として対象国を「調査」し、それから得られた結果から「兵」か「邪教」か、つまりは軍事的制圧か人心掌握による手段かにより「国を奪ふの術を施」してくるのである。そして同趣旨の内容は、繰り返しになるが木村謙次の『北行日録』においても「窃ニ彼レカ諸国ヲ併呑スル術ヲ見ルニ、寛ナルトキハ権場互市辺要ノ地ニ盤拠シテ其巣窟トシ、或ハコレヲ懐タルニ滋恵ヲ施シ、或ハコレニ畏シムルニ威武ヲ示シ、貧者ニ啗シムルニ厚利ヲ以シ、愚者ヲ誘フニ妖教ヲ以ス。凡天下ノ民、廉智ハ少ク貧愚ハ多シ、其害勝テ言フベケンヤ。急ナルトキ兵興攻殺シ、其勢猛烈ニシテ当ルヘカラス。」[110]と記されており、『新論』の国際論には謙次の影響も大きい。他方こうした洞察については、先行研究において「会沢が最も知りたかったこと、見究めたかったことは、この来航目的である。」としながらも、それは「初めに会沢自身の内に結論があり相手がそれを『素直』に認めるかどうか」であるとし、「問答」の最中に正志斎がその「実情」を確かめようとした際、「ゲビスン」が話題を転じたことについて「会沢のイデオロギーが色濃く滲み出た無言の一幕であるといえる。」[111]と解釈されている。そして「イデオロギーの世界へと突き進」むことで、「会沢の『夷狄』観・危機意識の高揚というイデオロギー」が形作られたとしている。こうした意見については、たしかに『新論』において、今回の上陸事件やそれまでの思索等を踏まえた上で藩主に対して「危機意識の高揚」を目的とした側面も含まれていよう。しかしながら、現実問題としての世界における「併呑」の状況を総合的に考える時、個人的な「イデオロギーの世界へ突き進」んでいたと一概には言い切れないように思われる。先の宝島事件のみならず、例えばスペインのエルナン・コルテスによるアステカ王国、ピサロによるインカ帝国の事例が挙げられよう。これについてはバルトロメ・デ・ラス・カサスの『インディアスの破壊についての簡潔な報告』に詳しく記録されているが[112]、それらの歴史的事実を加味するのであれば、鎖国下において入手可能な史料や人的ネットワークを通じ、また自身が当事者となった大津浜上陸事件から「通商→軍事的制圧」もしくは「通商→宗教的人心掌握」という西洋の「術」を察知した正志斎の国際理解は、リアリストの観点からも的を射たものであると言えるであろう。そしてさらに、兵器分野においては劣っているものの、武士階級が政治の中心にあるため、「通商→宗教的人心掌握」が西洋諸国をして、我が国に対する「術」の主軸となることを結論としたのである。ゆえにこの対抗策の中心こそが『新論』で論じられた「国体」論であり、「人心」防衛のための安全保障上の概念として理念化されたものであったと考えられる。

「弁妄附」では続けて、西洋諸国がアフリカ、インド、南洋諸島、アメリカを領有し、その勢いは小笠原諸島に迫っていることを述べ、「禍いを包蔵する事、情実既に明白也」とした上で、「通商」が名目であり「手段」であることを見抜いている。それらは、西洋の船は漁船商船であっても戦艦への転用が可能なこと、民に「邪教の書」を与える行為は「漁商」とは関係のないこと、今回の「問答」の際に「メトトン」が地図上で日本からイギリスまでを再三撫でたのは「属国」化を表現したのであり、またイギリスの「宗門」を隠しているのも、その一環であるとしている。また、上陸理由とする食糧の確保については「人の国に初て来り物を乞来るの意なるに於ては其挙動穏便にこそあるへきに、初め上陸せし時意気揚々として人家を窺ひ婦女に戯れ、また洋中にありし本船も海岸近辺まで下ケ縄等を以て地形を測量せし事、是人々求る事あるものゝ挙動と云へけんや」とその時の挙動に不信感を抱いている。加えて、船舶間の「合図」と主張する大砲については、雨天晴天に関わらず発射しているのを自身も聞いたこと、「合図」であれば三発で充分であるのに半日で二〇発以上発砲していることから、「皆人を威し己か求る所を得んとせし事明白也」と砲艦外交としての手段であると見ている。たしかに「合図」としての機能も含まれているだろうし、これについては当時の英船船間における旗旒信号等の交信方法がいかなるものであったのかを分析することで真偽がわかるかもしれない。しかしながら、たとえ「合図」であったとしても、海浜では「元船にて、三百目玉程の鳥銃二三十程打出し候に付、諸人上下の差別なく、今にも合戦にも相成り候様に被存候(113)」といった心境や、「今日の内に如何成行事哉と大に騒立、家財道具を脊負ひ、皆々奥山へ引去候間、家数十四五軒明家に相成候、其外老年のもの、女童等に至まて、殊の外愁傷仕候(114)」といった有様であった(115)。ゆえにこの「合図」により庶民が恐怖し混乱を来したのは明らかであるため、そうした意図が無かったとしても、結果として「人を威」したことは否定できない。

では、『諳夷問答』で論じられた内容と、『新論』において反映されたであろう記述を推察してみたい。『新論』では冒頭に続き「しかるに今、西荒の蛮夷、脛足の賤を以て、四海に奔走し、諸国を蹂躙し、眇視跛履、敢へて上国を凌駕せんと欲す(116)。」と、海洋進出を始めた西洋諸国が自国へ迫りつつあることを述べた上で、その具体的な状況は、国体、形勢、虜情、守禦、長計の各論で折に触れて引用されている。例えば世界情勢の概要については、「人文漸く開けたれば、すなはち夷狄なるものもまた漸く条教を設け規則を立つるを知り、その高城深池は、古の穹廬《きゅうろ》にあらず、鉅礮《きょほう》大鑑は、古の騎射にあらず、回回《フイフイ》・邏馬《ローマ》の教法は、古の威もて駆け利もて誘ひて麕《きん》のごとく至り鳥のごとく散ずるものにあらず、おのおの一方に雄拠し、合従連衡して、宇内を挙げて一教に帰せしめんと欲し、また水草を逐うて転移するの類にはあらざるなり。故に古者、一区の中に就きて、分れて戦国となりしが、今はすなはち各区に並立して、こもごも戦国となれり(117)。」とし、イスラム教とキリスト教が「雄拠」、「並立」しており「戦国」の様相を呈しているとした上で、大津浜上陸事件については、次のように纏めている。

> 嚮《さき》には幕府、嘗て鄂羅《ロシア》に喩すに国法を以てして曰く「蕃舶、辺に近づかば、まさにこれを海上に摧くべし」と。今、諳厄利、常常停泊して、未だこれを駈らず。その陸に登る者といへども、また慰撫してこれを遣る。外夷をしてこれを聞かしめば、将た国法を何とか謂はんや。しかも諳厄利はまた徜徉自肆《しょうようじし》し、吾が山川を図画し、吾が運輸を妨害して、しかも吾が人民を誘ひ、啗《くら》はすに貨利を以てし、眩《くら》ますに妖教を以てす、異日、もし姦闌いよいよ多くして、しかも接済禁ぜざらしめば、すなはち変の不測に寓するは、勝げて言ふべけん

や。しかも偸安《とうあん》の徒、ややもすれば謂ふ、彼は漁たり商たり、固よりその常事にして、深く慮るには足らず、と。何ぞその思はざるの甚しきや。虜は航海万里にして、人の国家を伺へば、糧を敵に因らざるを得ず、故に至る所、或は商し或は漁し、以て屯田の用となすにあらざるなきなり。(118)

これらを一瞥してみると、西洋の海軍力の精強さを論じていても、自国における軍備増強の必要性はさほど強調していないように思われる。正志斎には『銃陣論《じゆうじんろん》』等の著作もあることから、兵器、兵法における造詣も深かった。また、水戸藩では藩主主導による兵器研究に加え、後章で論じる弘道館での教育は、文武一途を主軸としていたことからも決して無関心ではなかったはずである。しかしながら『新論』においては、安全保障における物理的軍事力よりも、精神的側面を講じているのは、民族としての紐帯《ちゆうたい》こそが自国を保守する要であり、それは西洋においても同様に、キリスト教やイスラム教といった宗教の力が原動力となっていると考えていたからであろう。国際関係を宗教的視点に依拠して分析することは、今では不可欠な要素となっているけれども、当時の国際情勢を海上覇権による「戦国の世」と認識しながらも、その「守禦」策を形而下よりもむしろ形而上の課題としたことは注目してよいであろう。そして、その形而上の安全保障こそが「国体」論であり、これは維新期を経てもなお日本人の精神性に影響を与え続けていたのである。

他方、大航海時代にはじまる西洋諸国の拡大については、資本主義経済における市場開拓の側面から論じたものや、航海技術の革新的発展による海洋覇権の獲得を根拠とするものなど識者の間で多様な意見がある。そうした種々の要因があるにせよ、結果として二〇世紀までに非白色人種圏において植民地化が促進されたことは歴史的事実であり、それらのうち近代と呼ばれる時代において独立を保つことができたのは、トルコ、タイ、そして日本を数えるのみであった。こうしたキリスト教圏における拡大政策について、カトリック側の史料に基づき分析したものとしては、高瀬弘一郎氏の研究が参考となろう。同氏は一四九四年六月にスペインのカトリック両王と、ポルトガルのジョアン二世との間で締結されたトルデシーリャス条約におけるデマルカシオン規定、すなわち大西洋上に垂直に引かれた直線から東はポルトガル、西はスペイン領とする規定について、これこそが日本について布教や貿易を行う権限をめぐって両国が対立する淵源になったとし、「宣教師が、日本はポルトガルなりスペインなりの征服に属する――言換えれば日本を征服し、そこを統治し、交易を行い、キリスト教への改宗を進めるのはポルトガルなりスペインなりの権限に属することである、というような観念を持っていたことは、現実にポルトガル又はスペインによって日本の武力征服が行われる可能性の有無に拘わらず、見のがすことのできない重大な点であり、わが国の為政者がとった対外政策、対キリシタン政策にしても、相手国のポルトガル、スペイン、及びキリシタン宣教師が日本についてこのような観念を抱いていたということをよく念頭において判断しなければならないであろう。[119]」としている。また、一面としては江戸幕府の弾圧よりキリシタンは滅んだものの、「布教が自国の利益につながるという意識を強くすればする程、宣教師は日本布教に情熱を抱いたと言ってよい。」とし、「自国の軍隊を導入し、キリシタン領主と結託して国内に足がかりとなる基地を作り、そしてそれを拡大させていくという方策を、相当数のイエズス会士が是認していたといってよいが、これは、そうすることが教・俗両面から自国の国益に適うと認めたからに外ならない。[120]」としている。さらに、軍隊の導入といった政策については、「武力によってそこを征服して、手取早くカトリック信仰を宣布すべきであるとの主張は、宣教師の間で一部ではかなり根強く行われていた。[121]」とし、ローマ・イエズス会文書館とセビーリャのインド綜合文書館所蔵の史料を用いて立証している。そこでは日本を「改宗」するのみに限らず、中国への拡大政策についても記されており、例えばアウグスチノ会士のフランシスコ・マンリーケが一五八八年にスペイン国王に送った書簡では、「(日本の) キリスト教徒の王は四人にすぎないが、一〇万以上の兵が赴くことが出来、彼等がわが軍を指揮すれば、シナを占領することは容易であろう。何故なら、日本人の兵隊は非常に勇敢にして大胆、且つ残忍で、シナ人に恐れられているからである。[122]」と、キリシタン大名を軍事組織の一部として活用し、大陸への拡張を説いている。これ以外にも、高瀬氏の著作には注目する点が多いが、本章との関連性においては、長崎のペドロ・デ・ラ・クルスのイエズス会総長宛の書簡の一節を見ておきたい。同書簡は非常に長文であるが、貿易に関して記された次の箇所は、これまで論じてきた正志斎をはじめとする関連人物の対外認識を一部裏付けるものと考えられる。それは、「神の摂理は、貿易という手段によってわれわれが日本に有する殆どすべてのものを作り給うた。これは、貿易と共に説教者達が渡来したということだけでなく、貿易のために説教が許され、それが守られて来ているからである。このことは、貿易が拡大すればキリスト教界が進展し、教界を維持する力が一層強化されるということを意味している。[123]」と貿易を契機とした「拡大」政策を述べ、また「以上は武力を用いず、貿易により、そしてそこに居住する商人の手で基地を得ることについて述べて来たが、一方軍事力に頼ってこれを行う方がよいと思われる場合については、これはポルトガル人では成就しえないことは明らかである。（中略）しかし基地を入手するためのこれらの二つの方法、即ち平和的に行うのと武力によって行うことをくらべてみると、もし出来るなら後者の方が断然まさっている。[124]」と報告している。こうした対日政策は、これまで木村謙次から『新論』まで一貫していた「互市」（通市）を手段とする「政策」そのものである。この他にも、「金銭的に非常に貧しい日本人に対しては、彼等をたすけ、これを友とするのに僅かなものを与えれば充分である。わが国民の間では僅かなものであっても、彼等の領国にとっては大いに役立つ。パードレ達が与えることが出来るごく些少な援助を期待するばかりに、これらの内の一領主は信徒になりたいという希望を持ち、そして説教を聞いて信徒になり、今では自領内に六万人のキリスト教徒がいる、という例があった。[125]」とも記しており、様々な「布教」方法があり実際に効果を上げていたことを教えてくれる。他方で、「日本人はすぐに航海術に熟達し、軍艦を造るようになるであろう。[126]」、「日本人が大して軍事力を持たない間は問題ないが、われわれを通じて徐々に軍備を増強し、フスタ船やガレーラ船、及び大砲を備えるようになるであろう。そうなると、ポルトガル人は彼等に対して当初のように意のままに振舞えなくなり、日々障害が大きくなるであろう。[127]」とも警告しており、これは後の徳川斉昭を中心とした水戸藩の外交策が、我が国の安全保障上において有益であったことを示すものであろう。ペドロ・デ・ラ・クルスは日本で長く神学教授を勤め、後にイエズス会の幹部パードレになった人物であるが、こうした認識を宣教師全体が共有していたとは言いきれない。しかしながら、高瀬氏も指摘しているように、「実際の布教政策の面では、布教地の諸事情に即応して、武力行使の件についても様々な考え方が宣教師の間で行われていたことは事実である。」とし、「当時の布教事業の本質的な性格を等閑に付して、江戸幕府の対キリシタン政策を単に信仰や思想に対する不当な弾圧とのみみるのは、必ずしも充分とは言えないのではないであろうか。[128]」と結んでいる。高瀬氏の研究はスペイン、ポルトガルが勢力を拡大した時代を中心として論じられているが、そうした西洋による「拡大」政策について、限られた情報源で考察し、リアリストの立場で国際情勢を分析したとすれば、必然的に覇権を拡大してきたイギリスに対しても、同様の「意図」を持っていると推測することは不自然ではないと思われる。

こうした歴史的事象を考え合わせるのであれば、文政期という一九世紀初頭において鎖国下で入手できる限りの文献を用い、「異国人」との交渉から世界を認識しようとした試みは、近世における国際理解の過程としても着目すべきものである。それは同時に謙次から幽谷、そして正志斎へと継承され、『新論』に提起された「危機感」を単なる「思い込み」や「プロパガンダ」として処置するだけでは、後期水戸学を含めた近代思想へ連なる系譜を理解するには不十分であるように思われる。なお、水戸藩における海外の情報収集は継続的に行われ、例えば文久年間（一八六一—一八六四）において正志斎門下である鈴木大《すずきはじめ》は、江戸の政治情報を水戸の豊田天功に送っており、七冊の史料が残されている。そこでは、東禅寺事件やポサドニック号事件等の経緯が詳細に記録されており、これについて先行研究では「ある意味西洋列強の暴力性の象徴たるイギリス海軍ですら、条約なしには自身の行動を正当化できないという事実である。鈴木の具体的で生々しい記述は、条約秩序というものが西洋人にとっては単なる知識や表層的な倫理ではなく、まさしく血肉化された一種の哲学に近い存在として機能していること、それゆえ使い方によっては西洋列強自身の行動をも縛る効力を備えていることを示唆している。[129]」とされ、また「鈴木や天功ら『鎮派』は、直接的な暴力や破壊活動によって己の主張を訴える『激派』とは異なり、今回考察したような『入念』な探索活動によって、リアルタイムで現場ではどのような外交が行われているのかといった『正確』な情報や知識を吸収することで、それらに対応した政治理論を形成していき、その時々に合わせた『慎重』かつ『冷静』な判断を下して、活動していった集団と評価できるのではないだろうか。[130]」と分析している。こうした認識は同じ「鎮派」である正志斎にも共有されたと考えられ、「開国」に主張を転じたとされる晩年の「時務策」を考察する上でも不可欠な視点である。

おわりに

現代の我々は、当時の世界情勢について多くの知見を得ることができる。例えば一八二四年のイギリスの動向を見てみると、三月五日ビルマに宣戦、五月一一日ビルマのヤンゴンを占領して、イギリスとオランダの協約が成立する。そこでアジアでの勢力範囲が定められた結果、イギリスはマラッカ・シンガポールを「獲得」した。そして五月一八日の常陸大津浜上陸、七月八日の宝島上陸と続いていく。これらを世界地図と平行して用いれば、同国の意図を読み取ることに困難は伴わないけれども、こうした状況を当時の日本人が察知することは不可能であった。しかしながら、水戸藩は開明的な藩主の存在に加え、ペリー来航に先駆けて「異国」との接触を経験したこともあり、いち早く国際社会の分析の必要性を認識し、その対抗策を打ち出す人材に恵まれていた。これは一般に薩摩藩が薩英戦争によって、また長州藩が四国艦隊との戦闘によって旧来の概念を転換させたと言われる以前に、独自路線により時代の要請に対処しようとした点で注目することができる。そうした状況下にあって軽視することのできない存在が木村謙次であり、その国際的視野は幽谷、そして正志斎へと伝承されていくうちに熟成され、『新論』の構成要素となっていった。また幽谷による藩主斉脩への「封事」をはじめ、師の「憂い」を身近で感じていた正志斎は、自身の考察と「筆談役」としての経験を踏まえた上で『新論』を執筆し、眼前に迫る「国際化」への対応策を喚起することで、その思想は維新への道を開く布石の一つとして機能したと言える。(131)そして『新論』が、大袈裟とも受け取られる言葉によって書かれた理由は、そうした国際情勢を踏まえた上での警世の書としての意味合いも持たせる意図があったからであり、敢えて過剰な表現を用いたとも考えられる。

ここで少し、正志斎の死去前年である文久二年（一八六二）に記された「時務策」について触れておくと、冒頭には、「国家厳制アリテ外国ノ往来ヲ拒絶シ給フハ、守国ノ要務ナルコト勿論ナレドモ、今日ニ至テハ、マタ古今時勢ノ変ヲ達観セザルコトヲ得ザルモノアリ。(132)」として開国の必要性を述べ、「当今ノ勢ハ、海外ノ万国皆和親通好スル中ニ、神州ノミ孤立シテ好ヲ通ゼザル時ハ、諸国ノ兵ヲ一国ニテ敵ニ受ケ、国力モ堪へ難キニ至ルベシ。時勢ヲ料ラズシテ、寛永以前ノ政令ヲモ考ヘズ、其以後ノ時勢ヲモ察セズシテハ、明識トハ云難カルベシ。(133)」として集団的安全保障の構築を提言している。これは正志斎の「変節」として説明されることもあるけれども、攘夷思想に固執せず、外交情勢の変化に柔軟に対応したこの時の正志斎の姿勢は、期せずして先に述べた井伊直弼の「別段存寄書」に記された主張と一致している。これは尊王を絶対としながらもそれを保守するための条件付「開国」であり、長期的「攘夷」を達成するための「策」であった。この原動力こそが我が国の近代化を促進させ、独立国としての地位を確立させたものと言えるであろう。水戸藩では安政五年（一八五八）八月に下された戊午の密勅をめぐり尊攘派は激派と鎮派に分裂することとなったが、「時務策」はそうした諸情勢の中で記されたものであり、たしかに激派への対抗という意味合いも含まれていよう。ただ先の薩長のような経験を有せず、尊攘のバイブルと称された『新論』を書き上げた正志斎が「和親通好」を提言したことは、国際性に裏付けられた国益という立脚点に加え、国際情勢を観察する上でも考証学的学風によって帰納的に導き出した「開国」路線なのである。これは正志斎の「イデオロギー」から導き出されたものではない。しかしながら正志斎は譲ることなく、「今時外国ト通好ハ已ムコトヲ得ザル勢ナルベシ。サレドモ通好シテ外患ナキ時ハ、人心怠惰ヲ生ジ兵力弱ク外侮ヲ受テ、彼ガ心ノ儘ニイカナル事ヲ要求センモ測リ難シ。富国強兵ノ政行レテ士気ヲ磨励シ彼ヨリ和ヲ破ルコトアラバ、速ニ打破ルベシトノ気焔アラバ、彼ガ虚喝ヲ畏レズ、天下衰弱ニ至ラスシテ不虞ノ変ニ応ズベシ。[134]」として常に警戒は途切れさせることのないよう述べ、宗教についても「通好スル時ハ邪教入易キ患」があり、「未ダ滋蔓セザルニ及デ、微ヲ絶チ漸ヲ杜グコト、尤急務ナルベシ[135]」と『新論』の基本思想が変更されることはなかった。では次に、こうした主張を構成させた儒学との関係について論じていきたい。

注

（1）山川菊栄『幕末の水戸藩』（岩波書店、一九九一年）、四五頁。
（2）水戸市史編纂委員会『水戸市史』中巻一（水戸市、一九七七年）、六三九―六五三頁。
（3）佐藤次男「徳川光圀と快風丸の蝦夷地探検について」（『水戸史学』八号、水戸史学会、一九七八年）、九六頁。
（4）徳川家『水戸藩史料』別記上（吉川弘文館、一九一五年）、二五二頁。
（5）徳川家『水戸藩史料』別記上、二六〇頁。
（6）徳川家『水戸藩史料』別記上、二六二頁。
（7）徳川家『水戸藩史料』別記上、二六四頁。
（8）瀬谷義彦『新装　水戸の斉昭』（茨城新聞社、二〇〇〇年）、一六九頁。
（9）山口宗之「徳川斉昭小論」（『九州文化史研究所紀要』二一、九州文化研究所、一九七六年）、一四三頁。
（10）吉田昌彦「後期水戸学の論理――幕府の『相対化』と徳川斉昭」（『季刊　日本思想史』第一三号、ぺりかん社、一九八〇年）、一二七頁。
（11）吉田昌彦「後期水戸学の論理――幕府の『相対化』と徳川斉昭」（『季刊　日本思想史』第一三号）、三六頁。

(12) 井伊直弼「別段存寄書下書」(『ペリー来航に際して出されたる彦根藩主井伊直弼の『別段存寄書』、彦根市教育委員会、一九五三年)、彦根城博物館所蔵。
(13) 栗原茂幸「『千島異聞』考――初期会沢正志斎の思想形成」(『日本歴史』四六九、吉川弘文館、一九八七年)。同「翻刻　千島異聞」(『跡見学園女子大学紀要』二六、跡見学園女子大学、一九九三年)。
(14) 享和元年説を否定するものとしては、水代勲「会沢正志斎著『千島異聞』について――享和元年成立説への疑問」(『水戸史学』三一、水戸史学会、一九八九年)があり、「文化元年(一八〇四)以前にはあり得ないことである」(六〇頁)としている。
(15) 栗原茂幸「『千島異聞』考――初期会沢正志斎の思想形成」(『日本歴史』四六九)、四九頁。
(16) 栗原茂幸「『新論』以前の会沢正志斎をめぐって」(『日本歴史』五〇六、吉川弘文館、一九九〇年)、八六頁。
(17) 吉澤義一「間宮林蔵と水戸藩」(『茨城県立歴史館報』一九、茨城県立歴史館、一九九二年)、五〇頁。
(18) 『国史大辞典』四(吉川弘文館、一九八四年)、二一五頁。
(19) 吉澤義一「木村謙次『江戸日録』――日露交渉の一側面」(『芸林』四一、芸林会、一九九二年)。
(20) 『北行日録』については、木村謙次と武石民蔵の両名が併記されているが、山崎栄作氏は著者を木村謙次としている。(山崎栄作編集・発行『北行日録』、一九八三年、一六四頁。)他の著作との比較をしてみても氏の意見に間違いはないであろう。
(21) 木村謙次『北行日録』上巻、茨城県立図書館所蔵。
(22) 徳川家『水戸藩史料』別記上、二五二頁。
(23) 木村謙次『北行日録』中巻、茨城県立図書館所蔵。
(24) 木村謙次『北行日録』中巻、茨城県立図書館所蔵。
(25) 木村謙次『北行日録』中巻、茨城県立図書館所蔵。
(26) 木村謙次『北行日録』中巻、茨城県立図書館所蔵。
(27) 木村謙次『北行日録』中巻、茨城県立図書館所蔵。
(28) 木村謙次『北行日録』中巻、茨城県立図書館所蔵。
(29) 水戸市史編纂委員会『水戸市史』中巻四(水戸市、一九八二年)、七八二頁。
(30) 木村謙次『北行日録』中巻、茨城県立図書館所蔵。

(31)工藤平助『赤蝦夷風説考』（『蝦夷・千島古文書集成』第三巻、教育出版センター、一九八五年）、三五頁。
(32)会沢正志斎『新論』（『水戸学』日本思想大系五三、岩波書店、一九七三年）、九五頁。
(33)林子平の対露観については、『蝦夷・千島古文書集成』第三巻、七三頁に記されている。
(34)豊田天功『北島志』（『水戸学大系』四、水戸学大系刊行会、一九四一年）、一一二頁。
(35)木村謙次『北行日録』中巻、茨城県立図書館所蔵。
(36)木村謙次『北行日録』中巻、茨城県立図書館所蔵。
(37)会沢正志斎『及門遺範』（架蔵本。瀬谷義彦『会沢正志斎』、文教書院、一九四二年）、二三八頁。
(38)なお、「寛政甲寅」（寛政六年、一七九四）とあるが、実際の来航は寛政壬子（寛政四年、一七九二）であるため記憶違いである。
(39)「西土詰戎記」については、「水戸学講座」において但野正弘氏が解説され、講義録が常磐神社発行の『藤田幽谷に学ぶⅠ・Ⅱ』（常磐神社、二〇一三年）に掲載されている。
(40)藤田幽谷「西土詰戎記序」（『藤田幽谷関係史料』一、日本史籍協会、一九七七年）、二七三頁。
(41)藤田幽谷「西土詰戎記序」（『藤田幽谷関係史料』一）、二七四頁。
(42)藤田幽谷「西土詰戎記序」（『藤田幽谷関係史料』一）、二七四頁。
(43)藤田幽谷「西土詰戎記序」（『藤田幽谷関係史料』一）、二七五頁。
(44)藤田幽谷「与木村子虚」（『藤田幽谷関係史料』一、日本史籍協会、一九七七年）、三六五頁。
(45)藤田幽谷「復木村子虚」（『藤田幽谷関係史料』一、日本史籍協会、一九七七年）、三六五頁。
(46)藤田幽谷「木村謙次宛書簡」（『木村謙次集』下巻、山崎栄作、一九八六年）、四九六頁。
(47)荒川紘「寛政の三奇人と遊歴の時代」（『人文論集』五五、静岡大学人文学部、二〇〇五年）。
(48)水戸市史編纂委員会『水戸市史』中巻二、（水戸市、一九六九年）、四二九頁。
(49)水戸市史編纂委員会『水戸市史』中巻二、四三〇頁。
(50)水戸市史編纂委員会『水戸市史』中巻二、四六一頁には「文政年間異国船関係年表」があり、当時の状況を一瞥できる。
(51)小笠原貞道「続水戸紀年」（『茨城県史料』近世政治編Ⅰ、茨城県、一九七〇年）、六三二頁。

(52) 青山延于『筆談御用日記・蕃船記事』国立公文書館所蔵。
(53) 藤田幽谷「癸未封事稿」(『藤田幽谷関係史料』二、日本史籍協会、一九七七年)、七一八頁。
(54) 藤田幽谷「癸未封事稿」(『藤田幽谷関係史料』二)、七一九頁。
(55) 藤田幽谷「甲申呈書」(『藤田幽谷関係史料』二、日本史籍協会、一九七七年)、七二三頁。
(56) 平川新『戦国日本と大航海時代――秀吉・家康・政宗の外交戦略』(中公新書、二〇一八年)。
(57) 藤田幽谷「青山延于宛書簡」(『国立国会図書館所蔵貴重書解題』第一四巻、フジミ書房、一九八八年)、三九頁。
(58) 『日本歴史地名大系』四七(平凡社、一九九八年)。
(59) 『三国名勝図会』巻二八(山本盛秀、一九〇五年)、三七頁。
(60) 鹿児島県歴史資料センター黎明館編「文化朋党一条」(『斉宣・斉興公史料』、鹿児島県、一九八五年)。
(61) 同じく立原翠軒の『海防之集説』でも宝島事件についての記述があり、こうした安全保障に関する事項については、両者の史書編纂における確執を越えて解決課題であったものと思われる。
(62) 藤田幽谷「青山延于宛書簡」(『国立国会図書館所蔵貴重書解題』第一四巻)、四〇頁。
(63) 藤田幽谷「青山延于宛書簡」(『国立国会図書館所蔵貴重書解題』第一四巻)、四一頁。
(64) 小笠原貞道「続水戸紀年」(『茨城県史料』近世政治編Ⅰ)、六三七頁。
(65) 藤田幽谷「乙酉三月封事稿」(『藤田幽谷関係史料』二、日本史籍協会、一九七七年)、六九一頁。
(66) 藤田幽谷「青山延于宛書簡」(『国立国会図書館所蔵貴重書解題』第一四巻)、四〇頁。
(67) 井上善雄『大田錦城伝考』下(加賀市文化財専門委員会、一九七三年)、四二一頁。
(68) 大田錦城「贈水戸木村生」(『春草堂集』巻八、育徳財団、一九三八年)。
(69) 小野金次郎『近藤重蔵』(教材社、一九四一年)、一一頁。
(70) 水上雅晴「近藤重蔵と清朝乾嘉期の校讐学」(『北大文学研究科紀要』一一七、北海道大学、二〇〇五年)、一一三頁。
(71) 水上雅晴「近藤重蔵と清朝乾嘉期の校讐学」(『北大文学研究科紀要』一一七)、一二七頁。
(72) 梅澤秀夫氏によると、『論語』泰伯編「子曰、民可使由之、不可使知之」について、徂徠的解釈を近藤が「学術の大逆賊」であるとしていたとし、その思想的差異を指摘している。(梅澤秀夫「近藤重蔵論ノート(一)」『清泉女子大学人文科学研究紀要』二

七、二〇〇六年、一七八頁。)
(73) 大田錦城「送近藤正斎之浪華」(『春草堂集』巻一九、育徳財団、一九三八年)。
(74) 近藤重蔵「海防策建言書草案」(『近藤重蔵蝦夷地関係史料』一、東京大学史料編纂所、一九八四年)、三頁。
(75) 鶴田啓「近藤重蔵における『異国』と『異国境取締』」(『東京大学史料編纂所報』二四、東京大学史料編纂所、一九八九年)、三二頁。
(76) 岸田知子「大田錦城」(『皆川淇園・大田錦城』日本の思想家二六、明徳出版社、一九八六年)、一七九頁。
(77) 大田錦城「北事歎」(『春草堂集』巻一二、育徳財団、一九三八年)。
(78) 岸田知子「大田錦城」(『皆川淇園・大田錦城』日本の思想家二六)、一七九頁。
(79) 加藤常賢『書経』上(新釈漢文大系、明治書院、一九八三年)、三八頁。
(80) 石川忠久『詩経』中(新釈漢文大系、明治書院、一九九八年)、一九三頁。
(81) 戦前に刊行された竹林寛一『漢学者伝記集成』(関書院、一九二八年)の大田錦城の解説に一部引用されている。
(82) 大田錦城「明清革命論」(『春草堂集』巻一三、育徳財団、一九三八年)。
(83) 電子版『日本大百科全書』。
(84) 石川忠久『詩経』下(新釈漢文大系、明治書院、二〇〇〇年)、三三八頁。
(85) 吉田賢抗『論語』(新釈漢文大系、明治書院、一九六〇年)、六五頁。
(86) 荻生徂徠「論語徴」(『荻生徂徠全集』第二巻、河出書房新社、一九七八年)、五七頁。
(87) 伊藤仁斎『論語古義』(『日本名家四書註釈全書』論語部一、東洋図書刊行会、一九七三年)、三二頁。
(88) 伊藤仁斎、荻生徂徠、太宰春台における王覇論については、原貴史氏の論考がある。そこでは、仁斎は王覇の相違を認識することを非常に重視し、徂徠は『孟子』に否定的評価を与え、「王覇の弁」を重視する仁斎や朱子学をも批判した。そして春台は、徂徠以上に『孟子』に否定的であり、また独自の見解により王道と覇道は同質で連続するものであるとしたとしている。(原貴史「古文辞学派の王覇論批判」『中国哲学』三五、北海道中国哲学会、二〇〇七年、三〇三頁。)
(89) 吉田昌彦『幕末における「王」と「覇者」』(ぺりかん社、一九九七年)、一五五頁。
(90) 吉田昌彦『幕末における「王」と「覇者」』、一五八頁。

(91) 吉田昌彦『幕末における「王」と「覇者」』、一五九頁。
(92) 栗原氏は現存している『諳夷問答』を無窮会図書館の一本、彰考館の二本とされているが、武藤長蔵『日英交通史之研究』においても寺門勤による写本を原本とした全文が掲載されていることを付言しておきたい。
(93) 林韑『通航一覧』第六、巻之二六一（国書刊行会、一九一三年）、四五五頁。
(94) 林韑『通航一覧』第六、巻之二六一、四五七頁。
(95) 栗原茂幸「『新論』以前の会沢正志斎──注解・『諳夷問答』」（『東京都立大学法学会雑誌』三〇号、一九八九年）、一九五頁。
(96) 武藤長蔵『日英交通史之研究』（内外出版印刷、一九三七年）、四六九頁。
(97) 干河岸貫一『先哲百家伝』（青木嵩山堂、一九一〇年）、二一四頁。
(98) 『西洋紀聞』と大田錦城、及び水戸藩の関係については、東洋文庫『新訂　西洋紀聞』（平凡社、一九七〇年）の宮崎道生氏の「解説」を参考とした。
(99) 新井白石『西洋紀聞』（『新井白石』日本思想大系三五、岩波書店、一九七五年）、三六頁。
(100) 新井白石『西洋紀聞』（『新井白石』日本思想大系三五）、三六頁、脚注。
(101) 新井白石『西洋紀聞』（『新井白石』日本思想大系三五）、六三頁。
(102) 武藤長蔵『日英交通史之研究』、四七一頁。
(103) また正志斎が参考とした『西洋紀聞』のシドッチの言葉にも「イスパニア人、こゝに至るに及びて、其生養の道を得るのみにあらず、我教ある事をもしりぬ。国人挙りて、本国に属せむ事を望請ふ。或人諌て、『相去る事万里にして、彼国を治めむ事我財用もまた給ぐべからず。棄てむにはしかじ』といふ。本国の君、『海外の人をして、いきてその生を安くし、死して其苦をまぬかれしめんには、我デウスの恩に報ふる所、すくなからじ』といひて、つゐに其請ふ所をゆるされき。此余ゴア・アマカワのごときは、其地を借て、海船互市の事に便する所也。すべて其国を侵し奪ひしなどいふ事にはあらず」と、侵略によるものではないと主張しているが、実際は軍事的に制圧されたことは校注でも指摘されている。（『新井白石』日本思想大系三五、六四頁。）
(104) 武藤長蔵『日英交通史之研究』、四七四頁。
(105) 例えばイギリスによるインドでの「統治」については、ラース・ビハーリ・ボースの『インドの叫び』（三教書院、一九三八年）などに記されている。

(106)「問答」を踏まえて正志斎は、「夷人」の性格について次のように記している。「夷人ノ性今日撃スル所ヲ以テ言フニ智ナルトコロアリ愚ナルコトアリ勇ナルコトアリ怯ナルコトアリ、常情ヲ以テ忖度シカタシ、是ヲ要スルニ陰柔ニシテ親ミ易キカ如クナレトモ、其中情ニ獷獰ニシテ馴カタキ所アリ、今日頗ル和懌ノ色ナルカ如キモ一時情意相接スル間ノ事ノミニシテ其終リ狼子野心ト云ル類ナルコト勿論ナリ、此夜ゲビスンカ俄ニ上衝シテ発狂ニ至リシモ中情ニ陰険ナル所アル故ニ潜ニ心思ヲ労セシコトアリシ故ナルニヤ、是ヲ以テ見ルニモ其心中明白ナラサルコト有ルニ知ルベキナリ。」（武藤長蔵『日英交通史之研究』、四七四頁。）

(107) 林煒『通航一覧』第六、巻之二六一、四六二頁。

(108) 武藤長蔵『日英交通史之研究』、四七八頁。

(109) 会沢正志斎『新論』（『水戸学』日本思想大系五三）、九五頁。

(110) 木村謙次『北行日録』中巻、茨城県立図書館所蔵。

(111) 栗原茂幸「『新論』以前の会沢正志斎——注解『諳夷問答』」（『東京都立大学法学会雑誌』三〇号）、一九四頁。

(112) なお、南北大陸における先住民の状況はトーマス・バージャー『コロンブスが来てから——先住民の歴史と未来』藤永茂訳（朝日新聞社、一九九二年）が参考となる。

(113) 林煒『通航一覧』第六、巻之二六一、四六〇頁。

(114) 林煒『通航一覧』第六、巻之二六一、四六一頁。

(115) 当該事件におけるその他の記録として『文政七甲申夏異国伝馬舩大津浜上陸幷諸器図等』（茨城県立図書館所蔵）がある。ここでは上陸した一二名や彼等の持ち物などを写生したものが記録されている。

(116) 会沢正志斎『新論』（『水戸学』日本思想大系五三）、五〇頁。

(117) 会沢正志斎『新論』（『水戸学』日本思想大系五三）、八九頁。

(118) 会沢正志斎『新論』（『水戸学』日本思想大系五三）、一〇〇頁。

(119) 高瀬弘一郎『キリシタン時代の研究』（岩波書店、一九七七年）、七頁。

(120) 高瀬弘一郎『キリシタン時代の研究』、六八頁。

(121) 高瀬弘一郎『キリシタン時代の研究』、七五頁。

(122) 高瀬弘一郎『キリシタン時代の研究』、一〇三頁。

(123) 高瀬弘一郎『キリシタン時代の研究』、一三九頁。
(124) 高瀬弘一郎『キリシタン時代の研究』、一五五頁。
(125) 高瀬弘一郎『キリシタン時代の研究』、一四一頁。
(126) 高瀬弘一郎『キリシタン時代の研究』、一四〇頁。
(127) 高瀬弘一郎『キリシタン時代の研究』、一五五頁。
(128) 高瀬弘一郎『キリシタン時代の研究』、一六四頁。
(129) 奈良勝司「後期水戸学と国際秩序――文久元年の『新聞』からみる」(『立命館言語文化研究』二三―三号、立命館大学、二〇一二年)、九七頁。
(130) 松平智史「鈴木大の情報探索活動――ポサドニック号事件を事例に」(『立命館言語文化研究』二三―三号、立命館大学、二〇一二年)、一五三頁。
(131) ただ、『新論』における世界地理知識については、不正確な箇所があることも否定できない。先行研究では、経線の記載が自筆本よりも、非公式の流布本の方が正確な記述であるとしている。(上田穣「『新論』形勢篇にみられる世界地理知識」『日本洋学史の研究』三、創元社、一九七四年、二三五頁。)
(132) 会沢正志斎「時務策」(『水戸学』日本思想大系五三、岩波書店、一九七三年)、三六二頁。
(133) 会沢正志斎「時務策」(『水戸学』日本思想大系五三)、三六五頁。
(134) 会沢正志斎「時務策」(『水戸学』日本思想大系五三)、三六三頁。
(135) 会沢正志斎「時務策」(『水戸学』日本思想大系五三)、三六三頁。

第三章　儒学の構造

はじめに

会沢正志斎は自身の著作を五つに分類し、その中で儒学に関するものを思問編として纏めている。九部二八巻からなる同編は、『新論』以後に書かれたものではあるけれども、儒学に関する学問的素養がどのように熟成されて国体論へと統合されていったのかを観察する上で有益な史料である。思問編の概要については今井宇三郎氏の二本の論考を中心に(1)、その他は限られた研究者により分析されているが、『新論』との関係性を総合的に考察し、また正志斎の思想における「国体」や「祭祀」、「孝」といった概念をキーワードに設定しての解明はこれまで不十分であったように思われる。そこで本章では以下六つの儒書について考察し、正志斎がそれぞれの儒書においていかなる理念を重視し、思想を形成させたかを見ていくこととしたい。

正志斎は思問編について、経伝の中で自身が疑問とするところを述べて世に問うことを目的としており(2)、これについて今井氏は「要するに会沢の儒教経伝についての研究は、原典そのものの解明よりも、まず水戸学者会沢の水戸学的見識が先行し、その見識に従って採り上げて立論するものであったが故に、その見識に牽引せられて牽強の断章取義が行われる結果を導くことも屢々である。然し、儒教経伝の日本的理解を示したものとしては、一つのピークをなすものであり、その実学的理解は儒教経伝の日本化として大きな意義を持つものである。[3]」と総括している。この「牽強の断章取義」とされることについては、筆者も一定の理解を示すものであるが、逆を言えばそこに正志斎の主張、及びその特徴を読み取ることも可能である。また「儒教経伝の日本的理解」については これまでの儒学者も同様に行ってきたことであるけれども、正志斎について特徴的なことは実学的な要素、すなわち国際状況を踏まえた眼前の課題の解決策を見出すことであり、それは考証学的手法によるものの、平時における自由な学問的伸張性と比較すれば、一定の目標にむけられた限定的作用とならざるを得ない側面を有していたことも確かであろう。ただ、日本の近代化成功の一つに、和魂洋才といった言葉で象徴されるような諸外国のものを「日本化」して摂取する特徴があるとするのであれば、そうした限られた方向性であっても、国体観を含めた近代日本人の精神性を規定した諸要素を解明することにもなると思われる。それまでの和魂漢才の下地があったが故に和魂洋才への転換も容易にさせたという議論を踏まえるのであれば[4]、正志斎における儒学の経伝研究にも維新の前提条件としての思想性を指し示す上で、その意義を認めることもできよう。なお、以下では各儒書ごとに分節したが、各節は必ずしも成立順とはなっていない。

第一節　『中庸』

『中庸』は江戸の学者によって様々な解釈を見出された。朱子学を官学とした近世において、同書がどのように読まれ、解されてきたかについては金谷治氏の研究が参考となる。そこでは日本的特色ともいえる顕著な傾向を明らかにすることを目的とし林羅山、伊藤仁斎、荻生徂徠、中井履軒、大田錦城、佐藤一斎について分析している。彼らに共通した傾向としては、「朱子の理気哲学、とくにその自然法的な根拠づけに反対して、日常的な実践性を強調すること[5]」であり、性よりも心を重視して「性との関係よりは、その心の動きの均衡に関わるものとして見られる傾向にあった。[6]」としている。そうして日本の儒学は現実の封建秩序を支持するものとしては朱子の理気哲学を有効に利用しつつも、その自然哲学そのものについて思索を重ねることは否定したのであり、「日本儒学の反哲学的な実学的現実主義、心情主義、さらには反原理的な機会主義、状況主義といった顕著な傾向性を認めることができるように思われる。[7]」と纏めている。『中庸』には分章の問題があり、『礼記』では三一章、朱子章句では三三章としている。今井氏によると正志斎が天保一〇年（一八三九）に著した『中庸釈義』では朱子に従い分章して「道の大要を論ずる」ものを経とし、「礼の由りて起るところ」と「政の立つ所以」とを伝とした。それゆえ第二一章（朱子章句本）以下の誠を説く諸章をも礼・政の行われる所以、もしくは政は礼によって立つことを説いているとし、「『中庸』を礼政の立場から採り上げる点に一特色を発揮している」と説明している。[8]他方で松崎哲之氏によると、正志斎の『中庸』は「本文からの解釈を基本とし、他の経伝、特に『易経』『書経』『孟子』『論語』、および朱熹の集註、鄭玄・孔穎達《くえいだつ》の注疏、伊藤仁斎等を参照しつつ解釈するスタイルをとる。また、彼が参照した経伝には『孟子』以外、独自の専著があり、その上で『中庸』に解釈を施すのである。[9]」としている。そして正志斎にとって『中庸』の最重要概念は「道」であり、人に「道」を修めさせる教えが全編を通じて論じられ、それは誠になるための「人の道」を修めることでもあり、「誠之者人之道也」が重要な一文であることを指摘している。具体的には朱熹の「誠を之れ貴しと為す」という解釈に対し、「之を誠にするを貴しと為す」と読むべきであるとして、「道」を修めるための自発的要素を含んでいる。[10]そうして自らが「道」を修得するとそれを他者へ、他者から万人へと広がることで誠が完成し、「会沢にとって聖人の教えは、まずは『己を成し』、そして『人・物を成し』、最終的に『外内を合し』て、誠へと導くものであった。[11]」としている。さらに「外内を合する」とは天下国家を治めることであり、それには善を撰ぶための「学問思弁」が必要であり、天から与えられた知・仁・勇の性の徳に従い、人の道である五倫の道の実践が誠とされたとしている。[12]つまりは道と礼とは表裏一体の関係であり、尭舜文武や孔子も礼を通じて道を教え、そこにおいて「祭祀」の重要性が認識されることで、「祖先祭祀によって祖霊に対する行動を一致させ、その行動を生者に応用しようとした。さらに、国の神々を王者が祀ることによって、人々にも国家の神々を敬神させ、神々に対する敬意、行動を基礎にした国家統治を目指したのである。」と纏めている。(13)

『中庸』は『礼記』の三一篇にあたり、『史記』には孔子の孫の子思が作ったとされている。成立については種々の説があり、本来の『中庸』は前半のみで後半は誠明書であるとする説や、秦代の子思学派の「中庸説」の解説書とする武内義雄氏の分析などがある。『中庸』に限らず古代文献の成立過程には様々な問題があるけれども、そうした点が着目されるのは近代以後のことであり、それ以前はその教義をいかに理解し、どう身に付けるかが問題であった。そうした中で朱子は全編を三三章に分かち、全体を通じて一貫した主張を有する論であることを明らかにした。朱子による『中庸』解釈については、原書に明確に表れていない陰陽、五行、理などの観念が挿入された朱子自身の哲学が表明され、また段落以外に語句、行文の解釈にも妥当でないものもある。(14)しかしながら、『中庸』が実践道徳の根本問題について触れていることは、朱子のような独創的解釈を生み、常に新たな意義を発揮する可能性を含んでいるため、「朱子の哲学とともに『中庸章句』が広く行われて、人々の深く豊かな思索の糧になったのは、ここに理由があろう。(15)」とも説明されている。正志斎も朱子の分章に従い論述していることからも、これに倣い思索を重ねたものだと思われる。『中庸』に説かれた「誠」については、『孟子』や『荀子』もすでに成立していたその概念を伝えているだけで、その成立過程は明らかではなく、その原型については不明である。先の松崎氏も指摘しているように「誠之者人之道也」の解釈をめぐって正志斎は独自の論を展開しており、(16)朱子の分章に従いつつも主要概念の一つである「誠」についても「独創的解釈」があった。

正志斎が『中庸』に言及している箇所として、例えば『下学邇言』の「論道」では、「子思ノ如キノ則チ智勇ヲ以テ仁ト並べ称シ三達徳ト為ス。而シテ夫子亦曰ク、知者ハ惑ズ、仁者ハ憂ズ、勇者ハ懼ズ。(子罕・憲問)是レ亦三者ヲ以テ並べ称ス。然レドモ知者ハ仁ヲ知ル所以、勇者ハ仁ヲ行フ所以、仁ニ非レバ則チ智勇亦未ダ必ズシモ美徳ト為ラザルナリ。故ニ論語ニ仁知並ベ称ス者有リ[17]」として『中庸』を作ったとされる子思による「知仁勇」の関係性を引き、「中庸モ亦既ニ知仁勇ヲ以テ達徳ト為ス。又己ヲ成スノ仁ト物ヲ成スノ知トヲ以テ、性ノ徳ト為ス。一書ノ中亦必ズシモ三徳ヲ並ベ称セズ。孟子ニ至テ、亦礼知ヲ以テ仁義ト並べ称ス。凡ソ経伝ノ中此ノ如キノ類、枚挙スベカラズ、夫レ言豈一端ナランヤ。然レドモ其帰ヲ要スレバ則チ曰ク仁ノミ。而ルニ後儒或ハ仲尼ハ只仁ヲ説キ、孟子ハ便チ仁義ヲ説クト謂フ、恐クハ未ダ深ク考ヘザルナリ。[18]」として正志斎は孟子へと続く道統を支持し「達徳」、すなわち時代や場所に限定されない普遍的「道」が存在する立場をとっていた。後に論じることであるが後期水戸学者の中でも、例えば藤田東湖は我が国固有の「道」における特殊性を強調したけれども、正志斎は常に共通した理想的「道」の存在を信じ、そうした信念に基づき著述を重ねていたことは強調してよいであろう。それは少なくとも、東アジア圏における価値観の共有の可能性を示唆したものであり、そうした意味において儒学における排他的側面は最小化されていたのである。

　さらに『中庸釈義』において詳しく見てみると、『中庸』の「天下の達道は五。之を行ふ所以の者は三。曰く、君臣なり。父子なり。夫婦なり。昆弟なり。朋友の交はりなり。五者は天下の達道なり。知・仁・勇の三者は、天下の達徳なり。之を行ふ所以の者は、一なり。[19]」について正志斎は、「達道ハ上文ノ身ヲ修ムルニハ道ヲ以テスノ道ナリ。達徳ハ道ヲ修ムルニハ仁ヲ以テスノ徳ナリ。前ニ仁ヲ言フハ、仁ノ一字知勇ヲ該《そな》フ。此ニ至リ乃チ分チテ之ヲ言フナリ。五者ハ人ノ道、三者ハ性ノ徳。性ノ徳ヲ以テ、人ノ道ヲ行フハ、性ニ率フト為ス所以ナリ。人性ハ皆同ジ。故ニ其ノ徳ト道トハ、以テ古今ニ通ジ天下ニ達スベクシテ、其ノ之ヲ行フ所以ノ者ハ、則チ亦一致スルナリ。」と説明した上で、「蓋シ知ハ則チ五道ヲ知リ、仁ハ則チ五道ヲ行ヒ、勇ハ則チ能ク之ヲ果ス。其ノ徳ハ三ト雖モ、其ノ致ハ則チ一ナリ。一ハ下文ノ之ヲ知ルト、功ヲ成スノ一ト同ジク、其レ帰一ト謂フナリ。致一ナレバ暗ニ下文ニ誠ヲ言フノ起本ト為ス。然ルニ此レ未ダ誠ヲ説カザルナリ。夫レ三徳ヲ以テ五道ヲ行ヒテ、君臣朋友ヘ賢ヲ尊ブノ等ナリ。父子、夫婦、昆弟、親ニ親シムノ殺ナリ。此ヲ以テ人ト天トヲ知リ、以テ親ニ事フベク、以テ親ニ親シミ賢ヲ尊ブノ礼ヲ天下ニ行フベシ。即チ上文ノ舜及ビ武王周公ノ行フ所ノ如キハ、所謂道ト徳ト之ヲ達スヲ称ス所以ナリ。[20]」と解釈している。ここでは、「知仁勇」とは人が誰でも有している「性之徳」であり、これを用いて「人之道」である「五道」を実践するとし、「性」を基点としているからこそ古今に通じて、天下に遍《あまね》く共有されるとしている。また「知仁勇」がそれぞれ「五道」を知り、行い、そして能く果たすためのものであり、表現は異なるものの内容は一致しているとし、これは後半での「誠」を暗示するものであるとしている。そうして「君臣朋友」間における賢者を尊ぶ「等」（等級）や、「父子、夫婦、昆弟」などは近い者から親しむという「殺」（差）から一定の秩序が生じ、「礼」が起こるとしている。続く正志斎の見解を述べた「按」文では「舜ハ五典ヲ徽《よ》クシ、契《せつ》ニ命ジ五品ニ遜《したが》ハシム。皐陶《こうよう》ハ天、有典ヲ叙《つい》ヅルト言フ。孟子ハ契ノ以テ人倫ヲ教フルヲ称フ。見ルベシ五者ハ尭舜以来変ラザル所、達道ト為ス所以ナリ。」とし、舜の司徒である契や皐陶の事績を引き、「尭舜治世以来」の不変性を主張している。[21] さらに続けて正志斎は、「又按ズルニ、達道達徳、皆天下ヲ以テ之ヲ言フハ、聖人ノ道ハ天下ト之ヲ同ジクシ、特リ一身ノ心性ヲ説キテ止マザルヲ見ルベシ。伊藤氏謂ク天下大同ノ道ヲ以テ、天下大道ノ人ヲ治ム。又曰ク、聖人ハ天下ノ上ヨリ道ヲ見ル。老仏ハ一身上ニ就キテ道ヲ求ム。此言、之ヲ得タリ。[22]」と述べている。後期水戸学では、朱子学や陽明学が強調する「心性」論に対して否定的見解を示しており、それは仁斎の見解とも共通している。仁斎の著述については、『中庸釈義』の他の箇所でも引かれており、心は理のような「死物」ではなく「活物」とする能動的存在と見ることは、正志斎の議論とも一致するところである。仁斎は朱子学における「性」と名付けられた自分の心奥をみつめるという内省的な志向に対して、「道」を道徳的なもの、「人倫」を統《す》べるものと捉えながら、同時に「道」を何より「大」なるものと理解していた。そして、「性」は己の所有するところであるが「道」は天下に通じ、言葉にはそれをカバーする範囲というものがあるため、もし道が性から出てくると言えば、それは誤りであるとしている。[23]『孟子』についても、子思の後の書物ではあるけれども、『論語』の思想を敷衍したものとしては最も優れており、

『論語』の「道」や『孟子』の「性善」などの意味を正しく理解して、その上で子思の意図を推し量っていけば思想の定式化として積極的な価値を持っているとした。[24] また仁斎の『中庸』解釈は、朱子の高遠な哲学的解釈に反対して、卑近な日常的実践性を強調するところに特色があるともされている。[25] 仁斎の思想については後節でも触れるが、四端（惻隠、羞悪、辞譲、是非）の拡充を含めた動的な心の捉え方は、正志斎の著述を読む上で意識してよいであろう。

　こうした正志斎の『中庸』の思想は、『新論』においても表れており「夫れ万物は天に原づき、人は祖に本づきて体を父祖に承け、気を天地に稟《う》く。故に言苟しくも天地鬼神に及べば、愚夫愚婦といへども、その心を悚動《しょうどう》することなき能はずして、政教・禁令、一に天を奉じ祖に報ゆるの義に出づれば、すなはち民心いづくんぞ一ならざるを得んや。[26]」とし、これについてさらに「天地の間、鬼神より誠なるはなくして、人・神の相感ずるは、盥《かん》して未だ薦《せん》せざるの間に在りて最も至れりとなし、天下の誠は以て尚《くわ》ふるなし。故に中庸に誠を論ずるも、またまず鬼神の徳を言ひて、舜と武王・周公との孝は、宗廟これを饗《う》け、子孫これを保つといふに及び、遂に宗廟を修むることを言ひて、以て郊社《こうしゃ》・禘嘗《ていしょう》に至り、すなはち曰く『国を治むることこれを掌に示るがごとし』と。[27]」とあり、「鬼神」を媒介として「相感」する「誠」こそが最上であり、それは誰もが心を動かされるものであるとしている。『中庸』の引用は、『新論』の別の箇所でも「応神天皇の朝に至り、周人の経籍を得て、これを天下に行ふ。その書は尭・舜・周・孔の道を言ひ、その国は神州に隣して、風気相類し、その教は天明・人心に本づき、忠孝を明らかにして、以て帝に事へ先を祀り、天祖の彝訓と大同となり。」の注として、「中庸に云ふ『郊社の礼は、上帝に事ふる所以なり。宗廟の礼は、その先を祀る所以なり。郊社の礼、禘嘗の義を明らかにせば、国を治むること、それこれを掌に示るがごときか』と。蓋し国を治むること掌に示るとは、郊社・禘嘗にして、その礼と義とは、すなはち曰く『帝に事へ』『先を祀る』と、これなり。また神聖の立教の意と合せり。[28]」としており、正志斎が『中庸』のこの箇所を重んじていたことがわかるであろう。さらに同文は、『新論』最終部の長計篇でも再度言及しており、それらは「郊社・禘嘗」の祭祀に集約される。そこで少し説明を加えると、「郊」とは春に南方郊外の圜丘《えんきゅう》で上帝を祭ることであり、「社」は土の神を祭ることで、大社、国社、里社などの別があるとされている。[29] それゆえ祭礼のうちで最も重要なものとされ、これは万物の祖である上帝に仕えて万物の成長にさわりがないように天地の秩序を正すことであるから、地上の主たるものがつとめなければならぬことであると解釈されている。また「禘嘗の義」とは春秋の祭りの儀式であり、前後を含めると宗廟の祭礼は一族の祖先を祭ってその繁栄を図ることであって、一族の長がつとめなければならぬのと同じであり、それゆえ天子が郊社の祭礼、宗廟の春秋の祭礼をよく知っていて行うならば天地も平和に人民の心服を集めるために、国家を治めることは掌上において扱うようにたやすいことであろうと解されている。[30] 正志斎がこの「郊社・禘嘗」の祭祀に、我が国の大嘗祭を含めた祭祀を重ねたことは後に見ていきたい。

　正志斎が大津浜上陸事件以後に今後の国際情勢を鑑み、人心の集約に傾注し、その方策として祭祀に注目したことは本書でも折に触れて述べてきたが、その根拠の一つとしてこの『中庸』一九章があったことは間違いない。そして『中庸釈義』は『新論』から一〇年以上経て認められたものではあるけれども、『中庸』を改めて分析し思索を深めることで、祭祀と治国との関係性を再認識し、その思想を深化させていったと考えられる。そうした意味において、思問編の著作と『新論』との該当箇所を比較検討することは、幕末を席巻した同書を研究する上で不可欠なことであると同時に、特に『新論』のみを主体として正志斎の思想を探ろうとした先行研究に対しても新たな視座を提供するものだと思われる。そこで『中庸釈義』第四章の「論礼之所由起」を見ておきたい。ここは先行の研究でも部分的に取り上げているが、[31] 本節の要点であり、且つ正志斎の意見を記した「按」文も含め以下に該当箇所を翻刻したい。

以上皆親ニ順ズルノ心ヲ推シ、発シテ礼ト為シ、用ヒテ以テ己ト物トヲ成スヲ言フナリ。○礼ト曰ヒ義ト曰フハ互文ナリ。万物ハ天ニ本ヅキ、人ハ祖ニ本ヅク。而シテ天ト祖ト、其神洋々トシテ在ルガ如クナレバ、則チ固ヨリ帝ニ事ヘ先ヲ祀リ、以テ本ニ報ヒ始メニ反ラザルベカラザルナリ。鬼神ハ之レ物ヲ体シテ遺サズ。凡ソ人物ノ生ハ、父祖ニ体ヲ、天地ニ気ヲ受ケザルハ莫シ。生民ノ気体ハ、即チ天地父祖ノ気体、其ノ相感スル所以ノモノハ、固ヨリ自然ノ符ナリ。故ニ人情ハ天地父祖ニ敬畏追念セザルハ莫シ。而シテ王者ノ帝ニ事ヘ先ヲ祀リ、既ニ其誠敬ヲ尽シ、推テ之レヲ人ニ達ス、亦皆ヲシテ其敬畏追念ノ心ヲ伸スヲ得セシム。衆心一斉、同ク天地鬼神ニ事ヘ、億兆精誠ノ萃ル所、以テ神ヲ感ゼシムルニ足ル。神人和合シ、亦以テ億兆ノ心ヲ服セシムルニ足ル。即チ祭義ニ云フ、物ノ精ニ因リテ、制シテ之ガ極ヲ為シ、明ニ鬼神ヲ命《なづ》ケテ、以テ黔首《けんしゅ》ノ則ト為ス。百衆以テ畏レ、万民以テ服スハ是ナリ。而シテ王者、民心ノ敬畏追念スル所ノ主ト為リテ、以テ万民ニ臨メバ、民、王者ヲ視ルコト天ノ如ク、後王ヲ視ルコト先王ヲ視ルガ如シ。治教ヲ之レニ施セバ、歓欣シテ命ヲ聴カザルハ莫シ。是国ヲ治ムルノ易々ナル所以ナリ。帝ニ事ヘ先ヲ祀ルハ、礼ノ最モ重ズル所、故ニ子思此ヲ言ヒ、以テ礼ノ本ヲ明カニスルナリ。○按ズルニ、前章近キヨリ遠クニ及ブノ義ヲ論ズ。舜大孝以下、乃チ遠クニ及ブノ事、遠クニ及ブハ天下国家ヲ治ムルヲ謂フ。徒ラニ高遠行ヒ難キノ事ヲ謂フニ非ズ。本篇ノ意ヲ見ルベシ。己ヲ成シ物ヲ成スニ在リテ、徒ラニ己ヲ成シテ止ムニアラザルナリ。○道ハ人ニ遠カラズヨリ此ニ至ル。明カナルハ端ヲ造《はじ》メ以テ其ノ至レルニ及ビ、己ヲ成シ以テ物ヲ成スハ、礼ノ由テ起ル所ナリ。此以下或ハ物ヲ成スノ本ハ己ヲ成スニ在リト言ヒ、或ハ己ヲ成スモノヲ推シテ以テ外内ニ合スモノト言フ、皆道ヲ修ムル事ナリ。(32)

ここに記されている「帝ニ事ヘ先ヲ祀リ、以テ本ニ報ヒ始メニ反」るという部分は正志斎の思想において頻出する要素であるが、この前半部は、先に引用した『新論』の「夫れ万物は天に原づき、人は祖に本づきて体を父祖に承け、気を天地に稟《う》く。故に言苟しくも天地鬼神に及べば、愚夫愚婦といへども、その心を悚動《しょうどう》することなき能はずして、政教・禁令、一に天を奉じ祖に報ゆるの義に出づれば、すなはち民心いづくんぞ一ならざるを得んや。」と対をなす表現であろう。そして、「天地鬼神ニ事ヘ、億兆精誠ノ萃ル所、以テ神ヲ感ズルニ足ル。神人和合スモ、亦以テ億兆ノ心ヲ服スニ足ル。」も同じく『新論』の「天地の間、鬼神より誠なるはなくして、人・神の相感ずるは、盥して未だ薦せざるの間に在りて最も至れりとなし、天下の誠は以て尚ふるなし。」を言い換えたものであり、正志斎にとって『中庸』とはこの部分こそが最も心を引きつけた内容であったと考えられる。また文中の「祭義ニ云」とは、『礼記』の「祭義」第二四であり、そこでは古代の聖王が人や物の精気を指示して、それこそが人や物に備わる最も尊い性質であることを教えると共に、鬼と神との名の用い方をも教えて、人々の死後の心得を設けたため、万民は謹んでそれを承り、これに従ったとされる内容を指している[33]。ここでは治教一致の理念が説かれていると同時に、誰もが持っている死後の不安について然るべき諭しを施すことで王を仰ぎ、「民、王者ヲ視ルコト天ノ如ク、後王ヲ視ルハ先王ヲ視ルガ如シ」と述べられている。これは明らかに我が国における皇室祭祀を通じた民衆の統合が念頭に置かれているものと考えられ、精神的統一を最重要課題に掲げた正志斎の眼目を具現したものであった。そして「按」文の「前章近キヨリ遠クニ及ブノ義ヲ論ズ」とは、『中庸』の「君子の道は、辟《たと》へば遠きに行くに、必らず邇《ちか》きよりするが如く、辟へば高きに登るに、必ず卑きよりするが如し。[34]」を指しており、「邇」（＝「近」）とは父母へ孝を尽くし、死後においても祭祀により「鬼神」を感じ、そうすることで一族が和合することを説いている。これを「舜大孝以下」、つまりは「舜は其れ大孝なるかな。徳は聖人たり、尊は天子たりて、四海の内を富有す。宗廟に之を饗し、子孫之を保つ[35]」を指し、「孝」の理念を拡大して最終的に天下国家を統治することが「本篇ノ意」であるとしている。正志斎は、「孝」の理念を基点とする祖先祭祀から家々の和合、そして王による祭祀から民心統合へと繋がる思想を見出しており、ここでも民心の「孝」の理念の重要性が現出することとなる。こうした民心を基底とする統治理念は、為政者による上からの法やイデオロギーの直線的な支配形態と比較しても、民から王といった拡大（自近及遠）を提示している点で、儒教圏独特の政治思想と言うこともできるであろう。さらに、後段の『中庸』二〇章では、政治の本義・本務が述べられており、そこでは有徳の人物を登用してその力を用いなければならず、そのためには君主がその身を正しく修め、道を行い、仁を広める必要性を説いている。[36] これについて正志斎は、「按ズルニ、前ハ礼ノ由リテ起ル所ヲ論ジ、之レニ接スルニ政ヲ問ノ章ヲ以テスルハ、礼ト之レトハ、二者相須チテ相用フルト為シ、人ヲ治ム所以ノ大体ハ此ニ尽クナリ。而シテ本篇近キヨリ遠クニ及ブヲ論ジ、並ビニ此ノ二者ヲ挙ゲルハ、其ノ意一身ヲ修ムニ止ムニアラザルヲ見ルベシ。[37]」として、「礼」から「政」へと身近なものから広げていくことが政治の要諦であり、単に「修一身」のみに止まらないことを再度強調している。

ところで、『中庸』における祭祀では、郊社は天子が郊で天地を祭る大祭であり、禘嘗は天子諸侯が宗廟で祖先を祭る時祭とされているが、郊社の郊祀と禘嘗の禘祭とに混淆が生じて、禘嘗に時祭と大祭の二義が含まれ、正志斎もこれに従っていると解説されている。[38] しかしながら、『孝経』の「聖治章」の「昔者、周公は后稷を郊祀して以て天に配し、文王を明堂に宗祀して以て上帝を配す。」では配祀がこれに絡み、これに起因して禘祭と郊祀との混淆が生じた。時祭としての禘祭と、郊に配祀する大祭としての禘祭の二義を正志斎も認めており、後者の禘祭を正志斎は大嘗祭へと敷衍したものと思われる。では次に、正志斎の祭祀観と関係の深い『孝経』の思想について考察していきたい。

第二節　『孝経』

『孝経』は孔子が曽子に、孝を道徳の本源とし天地人を一貫する原理として、修身平天下の道を論じたのを曽子の門人が輯録したと一般に伝えられており、戦国時代曽子学派の儒家によって撰されたものと推定されている。我が国では、『大宝令』、及び『養老令』には『孝経』を大学の必修科目とし、孔伝・鄭注によるべき旨が規定され、孝謙天皇は唐制にならって家ごとに一本を蔵することを詔した。このため『孝経』は、『論語』とともにわが国では最も広く読誦され、国民道徳に深く影響を与えた経書であるとされている。『孝経』成立の背景となった周王朝は、諸侯の連合政権の上に成り立っており、周そのものはこれらの強国の一つに過ぎなかった。このため、例えば孔子は地方に独立した国を認める封建制擁護の立場をとっており、周王朝末期において孔子の思想は時代の要請に応じるものではなかった。しかしながら、続く漢王朝は秦王朝の失策に鑑み、中央集権的な政権であったため、孔子を含めた儒学文献に対して「解釈」という形で漢帝国の実情に合わせた経学が誕生した。この周王朝から、郡県制による漢王朝への移行は、江戸幕府から明治政府への変遷と類似する点があろう。そして漢王朝により儒学の重要文献は「経」という文字が付され、それまで『詩』、『書』、『易』であったものが、『詩経』、『書経』、『易経』と改められた。ただ『孝経』は最初から「経」の字が含まれており、現時点ではこの問題に関して有効な説明が見出されていない。これについて加地伸行氏は、『孝経』における組織性と体系性、及び内容が有する指導性を指摘し、『孝経』成立時において中央集権的統一国家に対応する道徳が希求されたが、それは広範に残存する強大な中小の共同体と妥協することが必要とされ、その妥協の努力が『孝経』に残ったとしている[39]。また加地氏によると、『孝経』は原則論、総論にとどまっていて不十分であり、行政上の具体性が乏しいため、その難問に答えるために、儒教、経学の範囲内から浮上したのが、『周礼』であるとしている[40]。『周礼』については後節で詳しく触れるが、正志斎の思想を論じる上では具体策が述べられた『周礼』と総論の『孝経』とを合わせて理解しておく必要がある[41]。

正志斎の『孝経考』はこれまで簡単に触れられることはあったものの、管見の及ぶ限り主たる研究対象とされることはなかった。そこで同書の序文から見ていくこととしたい。

孝経ハ聖人曽子ニ告グルニ孝ノ経ヲ以テスルナリ。天下ノ事、経アリ緯アリ。緯ハ委曲シテ詳悉、而シテ経ハ易簡正大、二者相須ツ。猶ホ機ニ経有リテ以テ緯ヲ持スルガゴトシ。孝ハ徳ノ本、孩提《がいてい》親ヲ愛シ、長ジテ兄ヲ敬スハ、天下ノ至情ナリ。之ヲ天下ニ達スレバ則チ仁義、仁義ハ天下ノ大道ニシテ聖人ノ天地ヲ経緯スル所以ナリ。是ヲ以テ親之ヲ生ジ、膝下以テ父母ヲ養フヲ厳ト曰フ。聖人因テ以テ愛敬ヲ教フ、政治リ教成リ、厳粛ヲ待タズ。故ニ曰ク天地ノ経、而シテ民是ニ則ル、是孝ノ経タル所以ナリ。(42)

『孝経』の書名については、『古文孝経』の三才章第八にある「夫れ孝は天の経なり。地の誼なり。民の行ひなり。」から命名されたとされており、また古文献における「孝」の概念では、一般に「孝」は「養」と考えられていた。「経」とは、織物の縦糸の意であり、その概念には人の由り則るべき「常道」や「常法」の義があるとしている。『孝経』が経書のうち中核的存在であるのは、「孝」が人間行為の本をなすという思想的背景があり、経の名を最初に冠されたとされており、さらに「孝」が「経」として認識されうるのは、「身体髪膚、之を父母に受く。」(開宗明義章)という生命の継承性(縦糸)の意味も含まれている。(43)正志斎も同様に、自然な親への愛情から発している「孝」の概念を起点としていることで、厳格さを伴わなくても「政治リ教成」るため民が習うべきものであると考えていた。続けて序文では「孝」の史的起源に触れ、我が国との関係性を次のように記している。

夫レ孝ノ徳タル大ナリ。尭ノ舜ヲ挙グルニ其孝ヲ以テス。孔子ノ舜ヲ称シ武王周公ノ徳ニ及ビ、以テ志ヲ継ギ事ヲ述ベ其尊親スル所ヲ愛敬シ、帝ニ事ヘ先ヲ祀レバ、国ヲ治ムルコト掌ニ示スガ如シト。曽子伝フル所ノ郊祀宗祀ハ聖人ノ徳ニシテ、子思之ヲ述ベ、一口ニ出ヅルガ如シ。聖人ノ意、蓋シ亦見ルベシ。昔ハ神聖天業ヲ承ケ、天祖ノ象教ヲ遵奉シ、大孝ヲ皇祖天神ニ申フ。歴朝読書、必ズ孝経ヲ始ト為ス。学校ハ経ヲ分チテ孝経論語ヲ教授シ、学者ハ之ヲ兼習ス。天下ヲシテ家ニ孝経ヲ蔵セシム。孝ノ天下ニ重ンゼラルルコト此ノ如シ。[44]

序文では尭舜、孔子に触れ、その「徳」には「孝」が根本にあることを述べた上で、「尊親」における「愛敬」の感情で「帝」に事え、祭祀を行うことが「治国」となることを記している。また日本においても同様に「大孝」が建国の淵源であるとし、それゆえ「歴朝読書、必ズ孝経ヲ始ト為ス。」として、我が国と『孝経』との歴史的関係性を指摘している。[45]そしてここでも幽谷の影響がある。

我ガ先師藤先生夙ニ此篇ヲ尊信シ、仁孝一本ノ義ヲ発明ス。以テ愛ト敬ト一篇ノ綱要ヲ謂テ、仁ノ本ト為ス。諸レヲ曽孟及ビ百氏ノ書ニ徴シ、傍ラ諸家ノ説ヲ捃摭《くんせき》シ参互《さんご》考覈《こうかく》、以テ其衷ヲ折シ、而シテ其偽古文ノ謬リヲ弁ズルコト極メテ詳カナリ。安、幼ニシテ先生ニ侍ス。先生諄々トシテ開説シ、底蘊《ていうん》ヲ叩謁《こうえつ》ス。安、不肖ニテ眇視蠡測《びょうしれいそく》一斑ヲ窺フ能ハズ。而シテ歳月荏苒《じんぜん》、歯《よわい》已ニ晩春、聞ク所ヲ齎《もたら》シテ澌滅《しめつ》ニ就カシムルニ忍ビズ。之ヲ筆シテ以テ諸レヲ同志ニ質《ただ》サント欲ス。[46]

正志斎は、幽谷から教えられたことは幼少ゆえに「一斑ヲ窺フ能ハズ」と回想しながらも、その教えが継承されないことを憂い、晩年に及んで改めて『孝経』の解釈を試みたとしている。そこで、具体的な『孝経考』の記述法としては、『孝経』の本文が引用された後に、「註」、「指解」、「考」という順で書かれており、これについては次のように説明している。

蓋シ唐ノ玄宗ノ註、諸儒論定スル所、多クハ漢儒ノ旧説ニ本ヅク、以テ根拠トスベシ。宋司馬君実ハ篤行ノ君子、著ス所ノ指解、古文ニ従ト雖モ、而シテ深切着実、註家未ダ備ハラザル所ヲ補フベシ。故ニ今二家ノ解ヲ並列シ、附スルニ先師ニ聞ク所ト愚見ノ及ブ所ヲ以テス。安ヤ固陋寡聞、何ゾ以テ聖経ノ奥義微旨ヲ論説スルニ足ランヤ。而シテ悍然《かんぜん》トシテ厚顔僭踰《せんゆ》ノ罪ヲ忘ル。敢テ狗尾ニ於テ貂ヲ続グ者、亦狂愚ノ質、微《すこ》シク先師循誘ノ徳ニ報ズル有ラント欲スルノミ。嘉永己酉、季秋望、常陸会沢安題[47]

正志斎にとって『孝経考』は、幽谷から継承した理念を伝えることに加え、『孝経』の注釈書としての意図も含んでいたのであろう。そのことは他の経書研究書ではみられない「併列二家解」という記載法からも推測できる。『孝経考』における幽谷の影響を考察したものに梶山孝夫氏の研究がある。そこでは幽谷一七歳の著述である「幽谷随筆」の「先王の治は能く天下の民をして和睦し、上下怨みを亡さしむ。至徳の要道有るに非ず。悪ぞ能く是の如くならんや。徳にして至ると曰ひ、道にして要と曰ふ、皆、之に賛するの辞、至徳の要道は是れ泛言《はんげん》なり。必ずしも指して孝徳孝道と為さざるなり。」という箇所から、「幽谷の主張は注家が夫子すなわち孔子が孝を説く書に泥んでいるのではないか、というものである。」とし、「幽谷は御注と弘安国に異を唱えたわけであるが、それは古典によって先王の治の根源を探求した結果なのである。[48]」とした思索が『孝経考』の考察に生かされたと分析している。弘化三年（一八四六）から嘉永二年（一八四九）までの正志斎は、藩主斉昭の幽閉に起因する関係者の蟄居謹慎の処罰に伴い幽囚の身となっていた。「嘉永己酉」、つまり嘉永二年と記されたこの著作は、幽屏時代に纏められたものである。この時何故『孝経』について纏めようと考えたかは不明であるが、弘化三年に仁孝天皇が崩御したこととも関係しているのかもしれない。

さて、『孝経』の「経」には「縦糸」（＝生命の連続性）という概念が込められていることは先に述べたが、『孝経考』におけるそうした関係性の具体的記述としては、「父母ト子孫ト同気一体。天地ノ生々息マザルガ如シ。大初ヨリ無究ニ伝フ。其ノ相継続、焉ヨリ大ナルハ莫シ。既ニ其ノ気体ヲ続ケテ、又其ノ志ヲ継グ。永世不諠、人ノ禽獣に異ナル所以ノモノ、其ノ本ハ天経地義ニ出ヅ。即チ天性ナリ。[49]」とあり、同趣旨の内容は繰り返し記されている。それゆえ、例えば父母と子孫が「同気一体」であるという言説は、『迪彝篇』においても述べられており、そこには正志斎の儒教的宗教性を読み取ることができる。

父子は本、同一気にして、身体の分れたるのみなり。譬へば一水の流るゝが如し。上流濁る時は下流も亦濁り、下流塞がる時は上流も止る。水脈連綿として絶えざる故なり。人の身も血脈連綿して分流するなれば、子孫の血脈は父祖の血脈なり。父祖は上流にして、子孫の前身なり。子孫は下流にして、父祖の終身なり。故に聖賢の語にも、「身は父母の遺体なり」といへり。（中略）是れ皆、永き孝慈なり、此の故に、生る時は是を養ひ、死する時はこれを祭り、祖の志を継ぎて永世まで忘れざれば、人道の盛なるなり。[50]

そして「されば、此の父母分身の一体の義を以て久遠に推す時は、百世と雖も一身に異ならず。[51]」として、生命の連続性は必然的に父祖との一体感を伴うとしている。こうした言説は正志斎個人の独創、もしくは水戸学特有の観念といった限定的思想ではなく、現代の生命論とも相通ずるものである。これについては加地氏は『礼記』祭義篇「身は父母の遺体なり」という言葉は宗教性を表出しているとし、生命は遺伝子の連続であり、生命体は次世代の肉体へ乗り移るとする「現代生物学・生命学における〈生命〉の概念に限りなく近い。[52]」としている。そうして自身の肉体が崩壊した後は「魄」となるけれども、子孫の存在によって自己の死後も物体的に存在し続けると理解することによって、死の恐怖を前にしても安心が得られるとしている。その結果、「①祖先祭祀（過去）・②子の親への敬愛（現在）・③子孫の存在（未来）の三者を併せて〈孝〉という体系が形成されたのである。これは「孝」の字自体が有する二個の概念すなわち〈祖先祭祀〉〈親に尽くすこと〉の両者を〈子孫〉を加えることによってつなぎ、かつ一貫させることに成功したことを示している。つまり祖先祭祀（祖先―自己）と親への敬愛（親―子）との融合（祖先―親―子・自己―子孫）であった。」として、そこに生命論を読み取っている。

こうした死生観は東北アジアの人々において普遍化し、その核となる「孝」の理念は家族道徳の基盤となり、宗教と道徳との体系的融合が儒教において実現されたのである(53)。こうした概念を正志斎も把握していたことは随所から窺うことができ、それ故に『孝経』は特別な存在であったのである。そして祖先との一体化を感格させる「祭祀」こそが重要性を帯びることとなる。『新論』では、「祀礼廃らば、すなはち天人隔絶して、民は易慢を生じ、遊魂安きを得ずして、生者も身後を怵《おそ》れ、民に固志なく、冥福陰禍の説、これに由りて入る。幸を死後に徼《もと》めて、義を生前に忘れ、政令を避くるがごとく、異言を慕ふこと、慈母を慕ふがごとし。心、外に放たれて、内に主なければなり、身後の禍福は、目未だ覩《み》ざるところ、故に邪徒、民心の怵るるところに乗じて、これを恐嚇するを得るも、また怪しむに足らざるなり(54)。」として、祭祀を通じた子孫との一体感が無くなり、死への恐怖を克服する術を失うと「民心」は動揺をきたすとしている。これはまさに「生命の連続性」を「保証」する「祭祀」の意義を理解していたからの記述であり、正志斎の「生命論」は次のように展開されている。

精気、物をなし、游魂、変をなす。故にその昭明にして焄蒿悽愴《くんこうせいそう》なるものは、祭祀ありて以てこれを安ずるにあらざるよりは、すなはち死者は憑《よ》るある能はず。死者をして憑るなからしめば、すなはち生者の心においても、また歉然《けんぜん》たるなき能はず。衆人のごときは、自からその然る所以を知らずといへども、しかも冥冥に憾《うら》みあるは、人情の免るる能はざるところなり。且つ生者もまたその死の安んずるところなきを以てして、内に恃みて以て自から強くするなくんば、すなはち身後の説に惑ふなき能はざるなり。故に祭祀なるものありて以てこれを安んず。父祖と子孫とは、固より同一気なり、父祖はすなはちその前身にして、子孫はすなはちその後身なれば、すなはちその游魂なるものは、子孫を去りていづくにか往かんや。故に子孫を以て父祖を祭らば、感応せざるなくして、昭明にして焄蒿悽愴なるものも、頼りて以て安んず。天は昭昭の多きにして、人は天地の間に在り。天地の気、常に全身に潜行して、以て生活するなり。故に人は天地とも、また

> 同一気にして、その元気は固より天地と通ず。ここを以て聖人は天に事へ先を祀り、幽明憾みなくして天下服す。後世、慮深遠ならず、天に事へ先を祀るのこと、視て以て文具となし、民は生きて畏敬することなく、また死の憑依するところあるを知らずして、疑懼《ぎく》の心生ず。疑懼生じて民心、主なし。ここにおいて西夷は陰禍冥福を以てこれを怵れしむるを得。これ所謂、自から侮りて後に人これを侮るものなり。(55)

こうした「孝」理念が、道徳性とも不可分の関係であることは『孝経考』でも述べられており、それは「親ヲ忘レズシテ其ノ誠敬ヲ致ス。以テ鬼神ヲ感ズベシ。皆報本反始スル所以ナリ。〇親ヲ忘レザルハ先ヲ辱カシムルヲ恐ル。而シテ修身慎行ハ、即チ祖ヲ念ヒ徳ヲ修ムルナリ。(56)」として、亡き親を忘れずに祭り、「鬼神」を感じることで、親の「遺体」である自分が辱められることは、同時に親の辱めとなるがゆえに「修身慎行」という道徳が醸成されるとしている。こうした「孝」の概念には愛と敬との理念が両立しており、この愛敬の感情を君に移行することで父母から主君へ、すなわち孝から忠へとその概念が『孝経』によって拡大されている。これには、「君子は親に事ふるに孝、故に忠をば君に移す可し。」（『孝経』広揚名章）という私的共同体から公的共同体への道徳が確立された一方で、『孝経』が成立した秦漢帝国成立期においては、天子への絶対服従は忠という道徳に依るのではなく、「法」への服従というものであった可能性が高く、この「忠」は後世の「尽己」・「至公無私」というような、いわゆる忠義の意識をまだ含んでおらず、むしろ孝に対して近縁的な共同体的感情であったとする分析もある。(57)

ところで、これまでも正志斎の思想を、加地氏の儒教研究を参照しつつ分析したものがある。そこでは正志斎が西洋諸国の侵略を宗教と一体化したイメージで捉え、それゆえに軍事よりも「民心」の掌握に傾注したとし、「これこそ、国内秩序の回復はもちろんのこと、邪教の侵入をくいとめ、西洋侵略の脅威を打破する方途に違いなかった。」としている。そして、「会沢において『国体』とは、要するに武士や民衆が日々に実践すべき当為規範（具体的には忠孝道徳）をその内容とするものであった。」とし、「国家を忠孝というすぐれて道徳の問題としてとらえなおし、その内面からの能動性を引き出すことをめざしていた。[58]」として、忠孝道徳における恣意性を認めている。また、こうした忠孝一致論は「会沢が『孝経』その他の儒学経典類によってその構造を論証しようとしても、それが儒学本来の立場でないことは明らかである[59]」と述べている。しかしながら、これまで見てきたように『孝経考』で述べられた解釈と、加地氏による『孝経』の研究を比較すると、正志斎の忠孝論がそれほど「儒教本来の立場」とは乖離していないように思われる。そもそも『孝経』の成立事情とは、漢王朝という中央集権国家を思想的側面において擁護するために編纂されたものであり、文政七年（一八二四）にイギリス人が無断上陸した常陸大津浜事件を経験して以降「思問」を深めていき、その延長線上に『孝経』に基づいた『新論』へ連なる思索があると考えられる。そして『孝経』の本来の「役割」とは、家族倫理に過ぎなかった孝の国家倫理化を成功させることであり、民衆において強い影響力のあった家族間の孝を基盤に敬を通じて国家への忠へと連続させ、それらを統合し「孝」として再構成することにあった。この忠孝一元化を含んだ新しい「孝」への染色とは、言葉を借りれば「家族集団の倫理が、家族集団より上位の社会的集団の倫理に、つまりは、最上級の社会集団の国家倫理にと移行できることとは、家族・宗族を基盤とする旧中国の国家体制にあっては、もっとも有効な政治理論であった。『孝経』はその任務を持っていたのである。[60]」ということであり、『孝経』そのものにこうした「任務」が存在していたとするのであれば、それを見極め、「民心」の統合に応用し、時勢に対応できると確信した正志斎の慧眼は、幕末の思想家の中でも注目すべきものであろう。そして結果的に、『新論』が多くの志士を鼓舞した要因は、正志斎個人による「イデオロギー性」による「煽動」が成功したというよりもむしろ我が国に特有な事情、つまりは家族集団内における儒教的な孝と、封建制下における将軍・藩主を頂点とした忠、そして神話と歴史的に語り継がれてきた忠臣を理想とする感情とが固有の道徳思想としてすでに存在し、これらを「孝」の理念において集約したところにあると考えられる。

他方で、正志斎の国体論について、記紀神話という特殊な「神話」に依拠して国体論が論じられているが故に、西欧に対して自国の普遍性を論じる際には、必然的に「矛盾」を伴うとする解説もある。[61] そこでは記紀神話を「強大な天皇権確立にもとづく政治的イデオロギーを反映した政治的作品にほかならなかった。」とも規定している。けれども、繰り返しになるが『新論』は幽谷を通じて藩主への上申書として記されたものであり、多数の支持を得るための普遍性云々を目的とされた著述ではない。また水戸藩といえども、御三家の藩主に天皇家の偉大さを説くことのみに正志斎の意図を読み取ることは難しいであろう。また正志斎は『日本書紀』には依拠しているものの、『古事記』に関しては中立的立場をとっており、これに関しては正志斎と国学を論じた箇所で述べていきたい。

いずれにしても正志斎が神話を取り上げた理由の一端についてはスミス氏の著作も参考となろう。そこでは神話について「エスニックなアイデンティティの特性を把握したいと願うならば、むしろ、『神話―象徴』複合体として一括しうるような、エトニの神話・象徴・歴史的記憶・中心価値の特性（形態と内容）をみなければならず、また、一定の人々にこれらが流布（またはその欠如）し、将来の世代に継承されていくメカニズムを、みなければならない。[62]」としており、エスニックな要素を多分に含有した国体論を分析する際は、神話に対する否定的見解を改める必要があろう。ここでの「将来の世代に継承されていくメカニズム」とは、「追孝」の概念に基づく「祭祀」であることは言うまでもない。[63] したがって、これまで論じてきた正志斎の『孝経』に関する思想的背景を踏まえると、仮に記紀神話が「古代国家成立期」における「政治的作品」だとしても、「神話―象徴」複合体としての側面も軽視すべきではなく、そこで根幹となるものは「孝」の思想であり、その具体的表現であると同時に次世代へと継承される「祭祀」についてである。そう考えるならば、大陸の王朝と異なり、同一の皇室が祖先祭祀を継続している「固有」性は、紛れもなく「エスニックなアイデンティティ」（＝国体）であり、そこにある種の諸外国と並ぶ「普遍」性を見出したとしても、それほど無理のない論理だと思われる。

それでは、以上のような前提において『新論』を読み直してみると、同書の中心となる国体篇の各所にそれらを多く認めることができる。例えば、「孝敬の心、父は以て子に伝え、子は以て孫に伝へて、志を継ぎ事を述べ、千百世といへどもなほ一日のごとし。孝は以て忠を君に移し、忠は以てその先志を奉じ、忠孝は一に出て、教訓聖俗、言はずして化す。(64)」として、『孝経』における「孝」の理念を理解し、その概念を適応しつつも我が国の「固有」性を次のように述べている。

夫れ天祖の遺体を以て、天祖ことに膺《あた》り、粛然優然として、当初の儀容を今日に見れば、すなはち君臣観感し、洋洋乎として天祖の左右に在るがごとし。而して群臣の天孫を視るも、またなほ天祖を視るがごとく、その情自然に発するもの、豈に已むを得んや。而して群臣なるものも、また皆神明の冑《ちゅう》にして、その先世、天祖、天孫に事へ、民に功徳あり、列して祀典に在りて、宗子、族人を糾緝《きゅうしゅう》して、以てその祭りを主る。入りては以てその祖に追孝し、出でては以て大祭に供奉するも、またおのおのその祖先の遺体を以て、祖先の事を行ふ。(65)

ここでは、『礼記』に記されている「身は父母の遺体」を、我が国の固有性にあてはめ、「天祖の遺体」を「祖先の遺体」と表現し、君臣関係にある両者が「祀典」を媒介として亡き祖先への「追孝」のあり方を述べている。そして、こうした「追孝」とは「先世、天祖、天孫」を過去、現在、未来における歴史的永続性において保持することこそが、正志斎の「忠孝」の本質であると考えられる。さらにこうした「孝」を原点とし、「祭祀」を媒介とする祭（＝政）の永続性を保つことは、同時に「礼」が伴うとして『新論』の長計篇では以下のように表現されている。

これ天皇すでに天に事《つか》へ先を祀り、孝を申べ民を愛する所以の意を挙げたまひて、天下とこれを同じくするなり。この意あれば、必ずこの礼あり、ここを以て民日にこれに由り、告げずして暁り、語らずして喩り、おのおの忠をその事ふるところの君に輸《いた》して、以て倶に天朝を奉戴す、民の志ここにおいてか一なり。(66)

「祭祀」を通じた「追孝」によって、「民」は人としての道を「告げずして暁り、語らずして喩」ることが可能となり人心の統一が実現されるとしている。このことは、指導者のカリスマ性や法的強制性による支配によらず、道徳的「礼」に基づき人心の調和を意図したところに正志斎の描く「政」の理想が込められている。正志斎の思想には、『孝経』についての思索である『孝経考』が大きな比重を占め、それらが醸成され「国体」（＝エスニックなアイデンティティ）という中心概念を創出し、理論化されたものであると考えられよう。そこで述べられた理念とは、単に内憂外患を主張し、危機意識を鼓舞するだけの「啓蒙書」に止まらず、その本質は我が国固有の神話を基底とし、祭祀を媒介とする「孝」のあるべき姿を提唱した側面がある。また、本来の『孝経』が敬を媒介として家族倫理の孝—敬—礼—国家倫理（後世の忠）という、ある意味で為政者の都合による直線化を意図したものであるのに比べ、そこに神話を用いたことにより、近代国家に必要とされる人心の見事な紐帯感の創造に成功したのである。このことはスミス氏が、「出自や血統に関する神話は、エスニシティの必要条件であり、成員にとって、エスニックな紐帯や感情の奥にある意味複合体のうちで、鍵となる要素である。それはさまざまなしかたで、世界のなかの集合体の位置に意味づけを与えるとともに、自分たちが属する共同体の起源・成長過程・今後の運命を説明する、共同の憲章となっている。(67)」とする言葉を裏付けるものであろう。すなわち正志斎はわが国の「共同の憲章」（＝「国体」）を言語化することに成功したのである。

加えて、神話における三種の神器、中でも特に八咫鏡《やたのかがみ》を重視する姿勢は、「身は父母の遺体」という観念と、そこから派生する『孝経』の思想とを考えることで理解しやすいであろう。これを『新論』では、次のように解説している。

天祖の神器を伝えたまふや、特に宝鏡を執り祝ぎて曰く「これを視ること、なほ吾を視るがごとくせよ」と。而して万世奉祀して、以て天祖の神となし、聖子神孫、宝鏡を仰ぎて影をその中に見たまふ。見るところのものは、すなはち天祖の遺体にして、視ることなほ天祖を視るがごとし。ここにおいてか盥薦《かんせん》の間、神人相感じて、以て已むべからざれば、すなはちその遠きを追ひて孝を申べ、身を敬んで徳を修むること、また豈已むことを得んや。父子の親は敦くして、至恩は以て隆んなり。天祖すでにこの二者を以てして人紀を建て、訓《おしえ》を万世に垂れたまふ。(68)

これまで論じてきた内容を加味すれば、正志斎の国体論は『孝経』において述べられた自然な親子愛と、我が国の歴史的遺産が見事に統合された結果として生み出されたものであることがわかる。そこではいわばイコンに相当するものが「吾」自身であり、それを「鏡」において客観視する時、「天祖」を視ることが可能となる。これは鏡という存在を通して一個人の容姿を視るに止まらず、そこに「父母」、及び「父祖」の「影」を確認することで自身の「存在」を映し、祖先に恥じることのない人としての生き方＝「人紀」を伝え守ることを述べている。そして自身の死後においては、自分がその「影」となることで子孫の中に生き続け、それが死への不安を和らげる作用もあることは先に述べた通りである。それゆえ、この「国体」が保持されることで、「天祖は天に在りて、下土に照臨したまひ、天孫は誠敬を下に尽して、以て天祖に報じたまひ、祭政これ一、治むるところの天職、代るところの天工は、一として天祖に事ふる所以にあらざるものなし。祖を尊びて民に臨めば、すでに天と一たり、故に天と悠久を同じくするも、またその勢のよろしく然るべきなり。(69)」として、我が国の政治形態と皇室祭祀が不可分の関係であることを述べている。政治学における統治方式では支配の三類型をはじめとして多様な形態があり、その優劣を論じることはできないが、正志斎の「国体」論はそうした中でも西洋的発想からは逸脱している特殊な理論であると言えよう。ただ祖先崇拝という「東北アジアの人々の決定的な死生観」に基づいているために、明治にかけても支持されたのは、その普遍性を見出された理由によるものとも考えられる。

ここでさらに、『孝経』の核心部分とされる「聖治章」について正志斎の見解を見ていきたい。「聖治章」は周公旦が周の始祖である后稷《こうしょく》を南郊に祭る際に天に配祀し、父君の文王を明堂において上帝に配祀するという礼法を得た、聖人孝治の理想を実現した至上の慶事と説明されている。[70] そこで同章における正志斎の理解を詳しく見ていきたい。(〔 〕は『孝経』本文)

〔曽子曰ク、敢テ問フ聖人ノ徳ハ、以テ孝ニ加フルコト無キカト。〕曽子ハ明王ノ孝治ヲ問フテ、又聖人ノ徳ト雖、以テ之ニ加フル無キカヲ問フ。礼記、作者之ヲ聖ト謂、述者之ヲ明ト謂、是レ明聖ノ別ナリ。〔子曰ク、天地ノ性ハ、人ヲ貴シト為ス。人ノ行ヒハ、孝ヨリ大ナルハ莫シ。〕夫子将ニ聖人ノ孝ヲ言ハントス、故ニ又其ノ天地ノ経為ルヲ言ハントス。〔孝ハ、父ヲ厳ニスルヨリ大ナルハ莫シ。〕曽子曰ク、大孝ハ親ヲ尊ビ、是父母ヲ顕スノ極、其親ヲ敬スレバ則チ当ニ之ヲ尊顕スベキナリ。〔父ヲ厳ニスルハ天ニ配スルヨリ大ナルハ莫シ。則チ周公ハ其人ナリ。〕天ニ配スルハ尊ブノ至リナリ。孟子曰ク、天子ノ父タルハ、尊ブノ至リナリト。然レドモ是聖徳有リテ天下ニ臨ミ、而シテ礼楽ヲ制作スル者ニ非ザレバ、則チ之ヲ為ス能ハズ。故ニ周公挙ゲテ之ヲ実ニス。○先儒此ノ語ヲ疑フ。人ヲシテ今之ノ心ヲ将テスルアラシムルヲ。然モ此レ必ズ作者ノ聖ニシテ、後能クスベシ。周公ノ徳ヲ位トスルニ非ザレバ、則チ之ヲ為スヲ得ズ。故ニ夫子聖人ノ説ニ於テ之ヲ言フ、豈ニ衆人ノ宜シク企図スベキ所ナランヤ。〔昔者、周公ハ后稷ヲ郊祀シテ以テ天ニ配シ、文王ヲ明堂ニ宗祀シテ以テ上帝ニ配ス。〕后稷文王、其徳天ニ配シテ、天子ノ父祖タリ。固ヨリ宜シク尊ンデ以テ天ニ配スベシ。○按ズルニ天ハ民物ヲ覆幬《ふとう》ス、故ニ民心ハ天ヲ敬セザル莫シ。王ハ天ニ父祖ヲ配スレバ、則チ天下之ヲ敬ス。亦猶ホ天ヲ敬スルガゴトシ。民ノ瞻仰《せんぎょう》スル所、一定シテ弐《か》ハラズ。是ヲ以テ億兆一心、敬戴シ它無シ。是其ノ天下ヲ一統スル所以、中庸曰ク、郊社ノ礼、上帝ニ事フル所以ナリ。宗廟ノ礼、其先ヲ祀ル所以ナリ。郊社ノ礼、禘嘗ノ義ヲ明ラカニスレバ、国ヲ治ムルコト其諸レヲ掌ニ示スガ如キト。亦以テ帝ニ事ヘ先ヲ祀リ国ヲ治ムル所以タルヲ見ルベキナリ。(71)

ここで正志斎が「王ハ天ニ父祖ヲ配スレバ、則チ天下之ヲ敬ス。」で想定した「王」とは天皇のことであり、天皇の祭祀により「億兆一心」、すなわち民心の統一が実現され、時代に対応しようとしたことは明らかである。そうした発想を正志斎にもたらしたものこそ「聖治章」であり、これは『新論』の国体論においても根幹を成すものであった。また后稷が農業神であったことも、その親近性を感じさせたであろう。続けて後半では以下のように記している。（［　］は『孝経』本文）

［是ヲ以テ四海ノ内、各其ノ職ヲ持テ来リ祭ル。］海内皆后稷文王ヲ仰ギ以テ天ト為ス。億兆一心、以テ祭祀ヲ奉ズ。孟子曰ク、天下ヲ以テ養フハ、養ノ至リナリ。則チ天下ヲ以テ祭ルハ、祭ノ至リナリ。祭統曰ク、天子ノ祭リナリ。天下ト之ヲ楽ム。［夫レ聖人ノ徳、又何ヲ以テカ孝ニ加ヘンヤ。］周公制作シテ、厳父配天ノ礼、其最モ重ズル所ハ、則チ作者ノ聖ト雖モ、而シテ其徳孝ニ加フル莫キナリ。［故ニ親之ヲ膝下ニ生ジ、以テ父母ヲ養フヲ厳ト曰フ。］既ニ聖人愛敬ノ徳ヲ言ヒ、天ニ配スルニ至リテ極マル。故ニ又愛敬ノ心ノ由テ生ズル所ノ者ヲ言フ。親愛ノ心、孩幼ニ生ジ、親愛ノ心ヲ以テ父母ヲ養フ。日又一日、厳恭ノ心、加ハル有テ而シテ自ラ知ラズ。是天性ニ出ヅル者ニシテ、而シテ聖人是ヲ強ルニ非ザルナリ。［聖人厳ニ因リテ以テ敬ヲ教ヘ、親ニ因リテ以テ愛ヲ教フ。］厳ト親トハ生レテ之有リ、聖人其ノ固有ニ因リテ之ヲ教ヘ、以テ其ノ愛敬ヲ長養スルナリ。［聖人ノ教ヘハ、粛ナラズシテ成リ、其ノ政ハ厳ナラズシテ治マル。］其ノ固有ス

ルニ因テ、厳粛ヲ待タズ、前章此語、天経地義ニ出ヅルヲ謂フ。此章ハ聖人立教ノ本、二者相発スルヲ謂フナリ。(72)

本文では周公による父祖への「孝行」により、天下の諸侯は各地から供物を周室へ持参し、天子の祭祀を助けたとされ、これ以外に「孝」に付け加えるものはないと説明されている。また父母を敬い尊ぶのは、聖人がこれに基づき人々に「敬」と「愛」を教えるため、厳粛性を伴なわなくとも自然と父母を尊敬し、秩序は保たれるとしている。このように、それらの根本に「孝」という概念があることを述べた箇所において正志斎は、周公による「厳父配天ノ礼」は「孝」のみであるとしながらも、「孝」とは「天性」であり、「聖人」によって強いられたものではないことを強調している。そして「聖治章」の最後に付された次の考察は、同章が『孝経』の中心的命題であると同時に『新論』においても不可欠な分析材料である。

［其ノ由ル所ノ者ハ本ナリ。］本ハ厳ト親トノ二者ヲ謂フ。聖人ノ因ル所、其ノ本ハ天性ニ出ヅ。而シテ以テ之ヲ強テ造設スルニ非ズ。故ニ曰ク本ナリ。○孟子曰ク、人ノ学バズシテ能クスル所ノ者ハ、其ノ良能ナリ。慮ラズシテ知ル所ノ者ハ其ノ良知ナリ。孩提ノ童モ、其ノ親ヲ愛スルコトヲ知ラザル無シ。其ノ長ズルニ及ビテヤ、其ノ長ヲ敬スルコトヲ知ラザル無シ。親ヲ親シムハ仁ナリ。長ヲ長スルハ義ナリ。他無シ、之ヲ天下ニ達スルナリト。又曰ク、仁ノ実ハ、親ニ事フルコト是ナリト。祭義曰ク、愛ヲ立ツルニ親ヨリ始ムルハ、民ニ睦ヲ教フルナリ。敬ヲ立ツルニ長ヨリ始ムルハ、民ニ順ヲ教フルナリ。教フルニ慈睦ヲ以テシテ、民親有ルヲ尊ビ、教フルニ長ヲ敬フヲ以テシテ、民命ヲ用フルヲ貴ブ。孝以テ親ニ事ヘ、順以テ命ヲ聴キ、諸ヲ天下ニ錯ケバ、行ハレザル無シト。亦本ノ文意ト相発ス。愛敬之ヲ天下ニ達シテ、仁義ト為ス。仁義ハ人道ノ最大ナル者ナレバ、天経地義民行ノ三者並立ス。故ニ易曰ク、天ノ道ヲ立テテ、陰ト陽ト曰ヒ、地ノ道ヲ

立テテ、柔ト剛ト曰ヒ、人ノ道ヲ立テテ、仁ト義ト曰フト。則チ孝弟仁義、愛敬ニ生ジテ、天地ト並ビ立ツ者ハ、昭々トシテ見ルベシ。故ニ天経地義ノ章教ヲ言テ粛ナラズ、政ハ厳ニセズ、此章ニ至テ再ビ之ヲ言ヒ、以テ相照応シテ之ヲ結ンデ曰ク、因ル所ノ者ハ本ナリ。又之承クルニ天性ヲ以テスレバ、則チ孝弟仁義ノ本、則チ愛敬、而シテ其ノ因リテ天性ナル者ハ天経地義トナル所以、此ノ篇題、孝経ノ二字ヲ以テス。其ノ旨深シ。論語開巻第二章亦曰ク、本立チテ道生ズ。孝弟ナル者ハ、其レ仁ノ本為ルカト。仁ヲ言ヒ義ヲ言ハズト雖、而シテ既ニ弟ヲ言ヘバ、則チ仁ヲ以テ義ヲ断ズルナリ。而シテ其ノ道ノ生ズル所ノ本ト此ノ篇相符ス。孟子曰ク、尭舜ノ道ハ、孝弟ノミト。亦之ヲ此謂フナリ。聖人ノ教、固ヨリ其本ヲ一ニス。故ニ其言一ロニ出ヅルガ如シ。読者当ニ深ク其ノ意ヲ体スベキナリ。(73)

ここで再度正志斎は、「本」とは「厳（尊厳）」と「親」とからなり、それらは人知により作られたものではなく「天性」から発しているものだとしている。そして『孟子』、『礼記』、『周易』、『論語』を引きながら、「本」が「一」であることを考証学的に導き、その含意を熟慮すべきことを述べている。加えて「天経地義」とは、『孝経』の「三才章」を指しており、そこでは「子曰く、夫れ孝は天の経なり。地の誼なり。民の行ひなり。天地の経にして、而して民是れ之に則《のっと》る。天の明に則り、地の利に因る。以て天下に訓《をし》ふ。」とあり、「孝」が「天経地義（誼）」、及び人間の当為としての「民の行ひ」の根源であるとし、聖人は人々にこの教えを説いたとしている。それゆえに、「是を以て其の教へ粛ならずして成り、其の政厳ならずして治まる」として、抵抗なく受け入れられることが記されている。この「聖治章」における正志斎の論考は、これまで見てきたように『新論』における祭祀の根拠となるものであり、その理由は人為ではない「天性」に基づく「孝」の概念により、強制性を伴わなくとも人々の心は分散せず、政治は安定することに注目したのである。これまで論じたように、西洋諸国による人心不安を憂慮した正志斎にとって、この「聖治章」の理念はこれからの時代に不可欠な思想であると確信させた。そして、ここにおいて最大の注意が払われるのが「祭祀」のあり方であり、『新論』執筆においては、周公旦による「祭祀」の理念を継承しつつも、我が国独自の理念を付加することに成功したのである。

では次に、この「祭祀」について詳しく述べている『孝経』「応感章」を見ていきたい。「応感」とは、人の至誠は天地神明に通じ、そこに神秘的力が現れ応感作用が行われることとされている。また阮福は「聖治章」との差異を指摘し、「聖治章」が周公によって洛邑明堂に天帝を配した事を言うのに対し、応感章は洛邑平定以後における天を配し上帝を配した祭祀を述べた内容であると説明している。(74) 明王の「孝」は父母と気持ちが通じ合っていれば同時に天地にも通じて「明察」が可能となり、祭祀によって祖霊と感応することで禍が生じないとしている。また天子であっても父兄があり、宗廟における祭祀は親を忘れないためであり、修身慎行は祖霊に恥をかかせないことを重んじている。そうした心境で祭祀を行うことで祖霊が現出し、天地の神明に感通することができ、この思いは限りなく広がっていくことを述べている。これは特に、「王」たる者の「孝」についての記述であるが、そこでの正志斎の考察は以下の通りである。(［　］は『孝経』本文)

［子曰ク、昔者《むかし》、明王父ニ事ヘテ孝、故ニ天ニ事ヘテ明ナリ。母ニ事ヘテ孝、故ニ地ニ事ヘテ察ナリ。］王者ハ天ヲ父トシ地ヲ母トス。孔子曰ク、仁人ノ親ニ事フルヤ、天ニ事フルガ如ク、天ニ事フルハ親ニ事フルガ如シト。(哀公問) 父母ニ事ヘテ以テ孝、天地ニ事ヘテ以テ仁、、其本ハ一ナリ。愛敬ハ天性ニ出ヅ。性ニ因テ以テ天地ニ事フ。矯飾スル所ニ有ルニ非ズ。愛敬以テ仁義ト為シ、陰陽剛柔並ビ立ツニ至ル者ト、是レ天地人ノ道、用シテ以テ天命ニ則リ地利ニ因ル。故ニ明察ナリ。［天地明察ナレバ、神明彰ル。］天地ニ事ヘテ明察ヲ致ス。以テ神明ヲ感ズベシ。父母ニ事ヘテ底予《ていよ》、異ナル無キナリ。［故ニ天子ト雖モ、必ズ尊有ルナリ。父有ルヲ言フナリ。必ズ先有ルナリ。兄有ルヲ言フナリ。］天子尊シト雖モ父兄ヲ先ニス。家ニ居ルノ礼、諸臣ニ接スト同ジカラザルモノ有ルナリ。○王者親ニ事フルノ心ヲ推シテ、以テ天地ニ事ヘ、祖ヲ念ヒ

徳ヲ修ムルナリ。〔宗廟ニ敬ヲ致スハ、親ヲ忘レザルナリ。〕親ヲ思フテ忘ル能ハズ、故ニ宗廟敬ヲ致ス、礼中由リ出ヅ、中外相応ズ。徒ニ外貌ヲ以テ其礼節ヲ行フニ非ザルナリ。〔身ヲ修メ行ヲ慎ムハ、先ヲ辱メンコトヲ思フナリ。〕身ヲ修ムルハ徒ニ己レガ身ヲ保ツニ非ズ。遺体ヲ以テ所生ヲ忝《はずか》シムルヲ恐ル。祖ヲ念フテ徳ヲ修メザルヲ得ザレバナリ。以上四者、天子ノ孝悌ナリ。〔宗廟ニ敬ヲ致セバ、鬼神著ル。〕親ヲ忘レズシテ其ノ誠敬ヲ致ス、以テ鬼神ヲ感ズベシ。皆報本反始スル所以ナリ。〇親ヲ忘レザルハ先ヲ辱カシムルヲ恐ル、而シテ身ヲ修メ行ヲ慎ム者ハ、則チ祖ヲ念イ徳ヲ修ムルナリ。〔孝悌ノ至リハ、神明ニ通ジ、四海ニ光《み》チ、通ゼザル所無シ。〕天地宗廟ニ事フ、皆孝悌ノ至情ニ出ヅ。誠之レ揜《おほ》フベカラズ。神明ニ感通シ、四海ヲ光被シ、遠トシテ至ラザル無キナリ。此ノ神明ト言フ者ハ、上文ノ神明鬼神ヲ通ジテ言フナリ。〇万物ハ天ニ本ヅキ、人ハ祖ニ本ヅク。故ニ人情、天ヲ敬シ祖ヲ尊バザル莫シ。而シテ王者其ノ孝悌ヲ以テ天地宗廟ニ敬事シ、神明ヲ感覚スルニ至リ、民ノ属望スル所ト為リ、以テ民心ヲ結デ解ケザルニ足ル。即チ中庸ノ帝ニ事ヘ先ヲ祀リ、国ヲ治メ之ヲ掌ニ示スノ義、前章天ニ配スル者、天祖ヲ一ニスルヲ以テ之ヲ言フ。是章則チ天ト祖ト相並ンデ言ヲ為シ、而シテ其ノ民心ヲ壱ニスル所以ハ則チ一ナリ。〔詩云フ、西ヨリ東ヨリ、南ヨリ北ヨリ、思ヒテ服セザル無シト。〕四方感服シテ、特ニ其ノ政令ニ従ハザランヤ。中心思慕シテ誠ニ服スルナリ。孝悌ノ至リ、其愛敬ノ推ス所、通ゼザル所無シ。王者身ヲ立テ道ヲ行フ所以、即チ経ナリ。(75)

ここでは「天子の孝悌」について述べられており、「天子」であっても必ず父兄を先にする心を必要とし、「祖」を辱めることのない道徳性が求められている。そして、その「脩身慎行」といった道徳は、そのまま「念祖修徳」に通じるものとされている。そうして「天地宗廟」に仕え「感通神明」して、それを「四海」へと広げていくことは「王」に限定された行為であり、こうすることで民心が結束していくという点に、正志斎が着目したのは明らかであろう。そこにおいて想定された「王」とは天皇に他ならず、この「応感章」を原点として天皇による祭祀のあり方を構想したと思われる。ただ、正志斎はこうした理念を仰ぎつつも、これに日本の独自性を付加しようとしたことは想像できよう。それは諸外国からの宗教・思想的影響を克服するために、自国の特殊性を表明しなければならず、そこで織り込まれたのが建国神話であり、種々の皇室祭祀であった。また、神武天皇から連なる皇統の一貫性においても、そうした「表明」のためには不可欠であり、それらの接合により国体論が形成されたのである。先行研究において、『新論』が民心の統一を企図していたとする主張は多く見受けられるが、その執筆動機としては外国船の接近やキリスト教対策などといった指摘がされているものの、その手段としての基底にある思想についての明確な定義は不十分であった。しかしながら、ここで示されているように、「王」たる者が「孝悌」の心で宗廟に仕え、「神明」を「感格」することで民衆が「属望」し、「民心」が統一されるとする理念はまさしく『新論』で意図された「民心統一」のあり方であり、皇室祭祀こそが「治国」の要と解釈されたのである。

ここで、「宗廟」について少し考えてみたい。宗廟とは本来、祖先の霊を祀った「みたまや」のことであり、皇室の場合は特に伊勢神宮を意味し、石清水八幡宮を「第二宗廟」と称する場合もある。また宗とは尊祖の廟のことであり、廟については、『礼記』の祭法篇の鄭注に、「廟之言貌也。宗廟とは、祖先の尊貌なり。」とあるのが宗廟の本義とされている。(76)そこで『礼記』を見てみると、「夫れ祭りの者為る大なり。其の物を興すこと備る。順にして以て備る者なり。其れ教の本か。是の故に君子の教や、外は即ち之に教ふるに其の君長を尊ぶを以てし、内は則ち之に教ふるに其の親に孝なるを以てす。是の故に明君、上に在れば、則ち諸臣服従し、宗廟社稷に崇事すれば、則ち子孫順孝なり。其の道を尽し、其の義を端《ただ》して教生ず。是の故に君子の君に事ふるや、必ず身之を行ふ。上に安んぜざる所は、則ち以て下にせしめず、下に悪む所は、則ち以て上に事へず、諸を人に非《せ》めて諸を己に行ふは、教の道に非ざるなり。是の故に君子の教や、必ず其の本に由る。順の至なり。祭は其れ是か。故に曰く、祭りは教の本なるのみ。(77)」とされており、君子の教導とは自らの孝順を保つことであり、この意味において「祭」こそが政教の根本であることを述べている。そして『礼記』では続けて、「夫れ祭りに十倫あり。鬼神に事ふるの道を見《しめ》し、君臣の義を見し、父子の倫を見し、貴賤の等を見し、親疎の殺《さい》を見し、爵賞の施を見し、夫婦の別を見し、政事の均しきを見し、長幼の序を見し、上下の際を見す。此を之れ十倫と謂ふ。筵《えん》を鋪《し》き同几《どうき》を設くるは、神を依らしむるが為なり。室に詔祝して祊に出づるは、此れ神明に交はるの道なり。君、牲を迎へて尸《し》を迎へざるは嫌を別つなり。尸、廟門の外に在れば則ち臣疑はれ、廟中に在れば則ち君に全し。君、廟門の外に在れば則ち君に疑はる。廟門に入りては則ち臣に全く、子に全し。是の故に出でざる者は、君臣の義を明にするなり。[78]」とあり、祭祀における「十倫」を示して「君臣の義」を説いている。また祭礼における「尸」の役割について記し、そこでも「尊卑等を明にするなり。」とし、宗廟における霊位の席次である祭礼の昭穆《しょうぼく》を「昭穆は父子遠近長幼親疎の序を別ちて、乱るる無からしむる所以なり。[79]」として、その峻別を説いている。こうした言葉からは、幽谷の「正名論」を思い起こすべきであろう。その冒頭部では、「甚ダシイカナ名分ノ天下国家ニ於ケル、正且ツ厳ナラザルベカラザルヤ。其レ猶ホ天地ノ易フベカラザルガゴトキカ。天地アリテ然ル後君臣アリ、君臣アリテ然ル後、上下アリ、上下アリテ然ル後、礼儀措ク所アリ。苟モ君臣ノ名正シカラズ、上下ノ分厳カナラザレバ、則チ尊卑位ヲ易ヘ、貴賤所ヲ失ヒ、強ハ弱ヲ凌キ、衆ハ寡ヲ暴シ、亡ルコト日無キナリ。[80]」とされており、『礼記』祭統篇は水戸学における国体論の眼目と多くの共通項を有しており、その原典と定めることができるかもしれない。そこで、正志斎が我が国の祭祀のあり方を『礼記』に依った根拠としては、『新論』における次の箇所からも推察できよう。

大物主神は、始めて国土を平げて功あり、民これを尊奉せり。故にその孫を挙げて祭を主らしめ、而して民は朝廷の、民の心を以て心となすを知り、望を朝廷に属す。而してそのこれを祭るの義は、すなはち周人の所謂、大社なるものと、相似たるあり。礼記に云ふ「王、群姓のために社を立つるを体社と曰ふ」と、これなり。社とは土地の神を祭りて、功ある者を配す。すなはち「共工氏に子あり、句竜《こうりよう》と曰ひ、后土となる。后土を社となす」と、これなり。倭国魂とは、蓋し大和の地を鎮めし者ならん。当時は大和に都す、故に特にその神を祭る。その義は、周人の所謂、王社なるものと、また頗る相似たり。礼記に云ふ「王、自から社を立つるを王社と曰ふ」と、これなり。土地は民の依るところ、この地の神は民の敬するところにして、天皇、首としてこれを祭りたまへば、すなはち民心の統属するところあり、これその一に帰する所以なり。[81]

このように正志斎は、『礼記』で語られた「王」と「天皇」とを対比して、その共通性を探っていた。そして『新論』に示された天皇と民との関係性についても『礼記』を参考としていたと考えられる。同書では「神州は漢土と、風気素より同じくして、人情もまた甚だ相類す、故に教を設くるの意、甚だ相似たるも、またかくのごときなり。[82]」というように、「漢土」の「王」だけでなく、民衆の「人情」の類似性にも言及している。

ここで『礼記』を起点にして『新論』へと影響を与えたであろう内容を探ってみたい。そこで改めて祭統篇に焦点を当ててみると、春夏秋冬それぞれに礿禘嘗蒸《やくていしようじよう》の祭りがあり、中でも「禘嘗より重きは莫しと。」とした上で、「禘嘗の義は大なり。国を治むるの本なり。知らざる可からざるなり。[83]」とする箇所がある。また、同篇の最後には、「昔者周公旦、天下に勲労有り。周公既に没して、成王、康王、周公の勲労せし所以の者を追念して魯を尊くせんと欲す、故に之に賜ふに重祭を以てす。外祭は則ち郊社是なり、内祭は則ち大嘗禘是なり。夫れ大嘗禘には、清廟を升歌《しようか》し、下にて象を管にし、朱干玉戚《しゆかんぎよくせき》ありて以て大武を舞ひ、八佾して以て大夏を舞ふ。此れ天子の楽なり、周公を康《ほ》む、故に以て魯に賜ふなり。子孫之を纂《つ》ぎ、今に至りて廃せず。周公の徳を明にする所以にして、又以て其の国を重んずるなり。[84]」と結ばれている。先に述べたように、『礼記』で記された「王」を「天皇」に置き換えて正志斎が思索を重ねていたとすれば、ここから想起されるべきは大嘗祭であると考えられる。大嘗祭には毎年行われる新嘗祭と、一世一度の大嘗祭である践祚大嘗祭とがあり、四季の「禘嘗」と内祭の「大嘗禘」に重なるものと推定できよう。そこで、『新論』における大嘗祭の記述を確認してみると、「列聖の大孝を申べたまふや、山稜を秩り、祀典を崇ぶは、その誠敬を尽す所以のものにして、礼制大いに備りて、その本に報い祖を尊ぶの義は、大嘗に至りて極れり。(85)」として大嘗祭の皇室祭祀における意義を述べ、さらに「祀典の目は、践祚の大嘗祭を大祀となす。(86)」とした上で、「これ天皇すでに天に事へ先を祀り、孝を申べ民を愛する所以の意を挙げたまひて、天下とこれを同じくするなり。この意あれば、必ずこの礼あり、ここを以て民日にこれに由り、告げずして暁り、語らずして喩り、おのおの忠をその事ふるところの君に輸《いた》して、以て倶に天朝を奉戴す、民の志ここにおいてか一なり。(87)」として、民心統一のための大嘗祭の役割を記している。これは正志斎が『礼記』の祭統篇を基礎として、我が国の国体たる歴史的独自性と融合させ、『新論』へと結実させた内容を記している。先に述べた「君臣の義」を説いた箇所も、同様に祭統篇であったように、同篇の理念は『新論』の思想に大きな影響を与えていると言えよう。

さて、『孝経考』の最終章では、「喪親章」についての思索が成されている。ここでは、親の死に際しての「喪」のあり方、及び死後における「追孝」について記してあり、これについての正志斎の考察は以下の通りである。(〔 〕は『孝経』本文)

〔子曰ク、孝子ノ親ニ喪スルヤ、〕喪ハ親ニ事フルノ終リ、故ニ篇末ニ於テ之ヲ言フ。〔哭シテ依セズ、礼ハ容《かたち》ツクル無ク、言ハ文《かざ》ラズ、美ヲ服シテ安カラズ、楽ヲ聞イテ楽シマズ、旨《うま》キヲ食ラヒテ甘《うま》カラズ、此哀慼《あいせき》ノ情ナリ。〕六者ハ表礼ヲ謂ヒ皆哀慼ノ至情ニ本ヅク。即チ哀ヲ致シテ而シテ止ム者、是レナリ。服セズ聞カズ食ハズト云ハズシテ、安セズ楽マズ甘カラズト云フ。情ニ発シテ外飾スルニ非ザルヲ謂フ。猶ホ稲ヲ食ヒ錦ヲ衣テ汝ニ於テ安キカノ意ナリ。〔三日ニシテ食スルハ、民ヲシテ死ヲ以テ生ヲ傷ル亡キヲ教フルナリ。毀《や》スレドモ性ヲ滅セザルハ、此レ聖人ノ政ナリ。喪、三年ニ過ギザルハ、民ニ終リ有ルヲ示スナリ。〕食ハズト云ハズ、而シテ食フト云フ。毀スハ則チ性ヲ滅セズト云フ。食ハズト謂フトハ是情ニシテ、而シテ食フト滅セズトハ性、是レ情ヲ矯メテ制ヲ立ツナリ。喪三年ト云ハズシテ三年ニ過ギズト云フ。終身ノ憂ヲ謂イ是レ情ニシテ、三年ヲ踰エザルモノ、以テ之ヲ遂グレバ則チ是レ究リ無シ。故ニ亦情ヲ矯メテ中制ヲ立ツ。猶ホ三年懐ヲ免ルノ意ノゴトシ。皆孝子ノ情余リ有ルヲ謂フ。聖人ノ制ヲ立テ之レヲシテ俯シテ之ニ就カシムルナリ。［之ガ棺槨衣《かんかくい》衾《きん》ヲ為リテ之ヲ挙ゲ、其ノ簠簋《ほき》ヲ陳ネテ之ヲ哀慼シ、擗踊哭泣《へきようこっきゅう》哀ンデ以テ之ヲ送リ、其ノ宅兆ヲ卜《ぼく》シテ、之ヲ安措シ、］四者ハ喪礼ノ大綱、礼ハ文情ヲ以テスルナリ。［之ガ宗廟ヲ為《つく》リテ鬼ヲ以テ之ヲ享シ、］孝子其親ヲ死トセズ、形ヲ送リテ往キテ、精ヲ迎テ返リ、死ニ事フルコト生ケルニ事ルガ如シ。著レ存スルヲ心ニ忘レズ。其ノ神永ク存シテ其ノ祭リヲ享ケンコトヲ庶フナリ。［春秋ニ祭祀シテ、時ヲ以テ之ヲ思フ。］時ノ変ニ感ジテ、親ヲ思フ。祭義ニ云フ、霜露既ニ降ル、必ズ悽愴ノ心有リ、両露既ニ濡フ、必怵惕《じゅってき》ノ心有リト。是レナリ。范氏曰ク、天神格ル、人鬼享クト。皆己ニ由テ以テ之ヲ致ス。其ノ誠有レバ則チ其ノ神有リ、其ノ誠無ケレバ則チ其ノ神無シ。此ノ言尤モ祭礼ノ義ヲ得タリト為ス。故ニ時ヲ以テ之ヲ思ヒ、祭リテ在ルガ如キモノハ、孝子親ヲ思フノ至情ナリ。［生事ニ愛敬シ、死事ニ哀慼ス。生民ノ本尽クセリ。死生ノ義備レリ。孝子ノ事終レリ。］生ニ事フルノ事、愛敬ノミ。其人亡ブト雖モ、而シテ愛敬ノ心尽ル無シ。故ニ哀慼ス。哀慼スルハ愛敬ノ余情ナリ。哀慼尽キズ、故ニ之ヲ祭リ以テ其ノ敬ヲ致ス。祭ハ哀慼ノ余ニシテ愛敬ニ由テ出ヅルモノナリ。生民ノ本ナレバ則チ此ニテ尽ク。言フハ天地ノ性、人ヲ貴シト為ス。人行ノ本ハ則チ親愛厳敬、以テ生ヲ養ヒ死ニ喪シ、至ラザル所無キトキハ則チ其ノ本此ノ如クシテ尽ク。而シテ其ノ孝ハ生ニ事フルニ止マズ。死生ノ義備ハリ之レヲ終ルヲ以テスル者ハ、経タル所以ナリ。○此ノ章、葬祭ノ礼ヲ言フ。其ノ要領ヲ挙ゲ、深ク聖人制礼ノ本旨ヲ得、語短ク意長シ。反復審思セザルベカラザルナリ。孝経一篇愛敬ヲ以テ綱要ト為ス。前章ノ述ブル所、歴歴観ルベシ。而シテ此ノ章ニ至リテ又愛敬ヲ以テシテ終ル。読者当ニ玩味シテ深ク其義ヲ喩ルベキナリ。○右第十四章、喪親ヲ言フ。亦前章ノ末

ダ尽サザルノ意ヲ足ラスナリ。(88)

正志斎が幽谷の門下となった当時、幽谷は三年の喪を実践していた。このことは若年の正志斎にとって深く心に刻まれることとなり、その後の思想にも影響したと考えられる。「三年ニ過ギザルハ」とは「終身ノ憂」であり「無窮」と解釈したのは、そうした幽谷の態度と無関係ではないであろう。この「喪親章」は、自身の親に対する「祭祀」、及びそこでの心情が語られているが、先の「応感章」における「王」の「宗廟致敬」と異なり、ここでは一般の民を対象としている。けれども「宗廟」に対しては「其ノ誠有レバ則チ其ノ神有リ、其ノ誠無ケレバ則チ其ノ神無シ。此ノ言尤モ祭礼ノ義ヲ得タリト為ス」としているように、その「祭礼」においては「誠」の心が重要であるとし、先の「徒ニ外貌ヲ以テ其ノ礼節ヲ行フニ非ザルナリ」と軌を一にしている。そして、「人行ノ本ハ則チ親愛厳敬」とあるように、生きては愛敬を尽くし、死しては哀惜を尽くす心が人として行うべき「本」であり、「孝」の本質であるとしている。ここから「孝」、つまりは「愛敬」の心を民が抱くことで道徳心の涵養、そして民心の安定に寄与することを導いたのである。『孝経』における「応感章」と「喪親章」は、「王」と「民」の相違はあるものの、祖先の「宗廟」に対して誠実に向き合う姿勢は同じであり、両者の「修身」という行為は相関関係にあると言ってよいであろう。また、民心を何よりも重んじていた正志斎にとって、「喪祭」の確立は不可欠であり、こうした『孝経』の思索を重ねた結果が、先の「喪礼」における結論へと帰着したと考えられる。

第三節　『論語』

藤田幽谷の教えでは、「先生、孝経を談説するに愛敬の二字を以て第一義と為す。仁孝一本の義を発し、之を曽孟の言に徴し、鑿鑿《さくさく》確拠有り。而して諸経を講論するや、必ず論語を以て首と為す。毎に大宝令経に分つて教授し、孝経論語、学者をして之を兼習せしむるを誦し、将に梅巷筆叢を著さんとし、粗端緒有り。未だ就らずして世に即く。誠に憾むべしとなす。然れども学者能く二書を熟読し、反復玩味して、果して意会有らば、庶幾くは先生の意に倍かざらん。」(89)として、『孝経』と同じく『論語』が重んじられたことが記されている。また正志斎が『論語』を研究した『読論日札』冒頭でも、「先師藤先生、論語ヲ尊信シ、発明スル所多シ。嘗テ梅巷筆叢ヲ著サント欲シ、粗端緒ニ就ク。未ダ成ズシテ易簀《えきさく》スルハ、誠ニ憾ム可キト為ス。安、従テ業ヲ受クモ数仞《じん》ノ墻《かき》、其門ヲ得ル能ズ。既ニシテ離群索居、徒ニ固陋ヲ歎ズ。」とあり、幽谷による未完の解説書があったことが書かれている。

『論語』は孔子とその弟子達の言行録であり、その他の諸侯や大夫たちとの対話から成り立っている。注釈書については経書の注解に古学と新学とがあるように、『論語』にも古注と新注とがあり、前者は一三経注疏に列するもので弘安国、鄭玄、邢昺《けいへい》らの注を主とし訓詁に長じている。後者は朱子の集注を中心としたもので義理にまさると言われており、正志斎の注釈もこれに因るものが多い。清朝に至っては考証学の影響もあり七、八〇〇種にも上るとされている。(90)日本に伝えられたのは応神天皇の一六年（二八五）とされており、百済の王仁が献上したものを最初としている。当時は宮中、措紳、僧侶の間のみに読まれていたが、徳川時代になって宋学を正統の学としてからは、朱熹の新注の『論語』が庶民の間にも広まった。この頃は、林家の程朱学の他に、伊藤仁斎や荻生徂徠、安井息軒《やすいそつけん》らも各々注釈を著し検討を加えた。そうした中で正志斎も、それらの著作に目を通し種々の意見を表明しており、本節で扱う『読論日札』もその一つに数えられる。

『読論日札』は『論語』における約三〇〇の用語について注釈を施したものであり、これについて今井宇三郎氏は「『読論日札』四巻（弘化四年）は論語二〇篇について、順次論述し、各篇中の主要語句とするものにつき立論したもので、朱子の『集註』を主とし、これに諸注の善とするもの、及び典拠・例証の挙げられるものを付加している。」(91)と書かれている。また大場一央氏は正志斎の『論語』観というべきものを分析し、『読論日札』、『洙《しゅ》泗教学解《しきょうがっかい》』、及び『下学邇言』における関連部を中心に考察を試みている。この『洙泗教学解』は『退食間話』の附録として『論語』の六六章に解説をつけたものであり、閑聖編に分類されるものであるが、正志斎の『論語』理解を論じる上で補完的な役割を果たすものである。同氏の分析によると正志斎の注釈とは語義解釈に拠る明晰な理解ではなく本文の熟読を重視し、「自分が『論語』の各章に付ける注釈も、単純な字義の他は、他の経書の類例をひたすら列挙し、熟読から得られた『自分の考え』を暫定的にメモ書きする、という方法を取る。故に厳密な語義解釈を施したり、全章に注釈を付けて体裁を整えるような操作はしない。」とし、このため「会沢が何度も繰り返している主張を採り上げれば十分である。」(92)として、反復された内容に着目している。そしてそれは、『読論日札』『洙泗教学解』とも、冒頭に『四教』を掲げて細かく解説し、各章の主題に据えていく体裁がとられ、「学問事業の一致」という標語に導かれていくとし(93)、正志斎の主題とは「学問事業の一致」であり、「これを四教、君子といった『論語』の言葉、そして成徳達材という先儒の常套語と結びつけ、『論語』の権威を背景に、彼の教学思想の主題として提示した」としている。『洙泗教学解』についても、その議論のほとんどが「学問事業の一致」という主題へと導くための解説であり、この「主題がひたすら繰り返されるばかりであって、それ以外の議論は実質存在しない」(94)とされている。『読論日札』に関しては、『学解』ほど主題が明確ではなく、「細かい議論に踏み込みすぎて却って分かりにくい」としつつも、そこに正志斎の意図を読み取っている。(95)そこでの語義解釈等の方法を排除し、「議論」をしないという態度には、「会沢流の『論語』の世界が存在せず、『学問事業の一致』が繰り返されるのもこれによる」ためであり、正志斎にとっては「『論語』を読んで孔門の諸弟子の如く孔子に親炙し、『学問事業の一致』を肝に銘じて、自分の学習と実践とに反映することだけが大事」であり、「体系的な語義解釈を組み立てて共通理解を追求する」といったことは、「現実から遊離していく危険」があると考えていたと推論している。(96)また、正志斎が『日札』に列挙した「メモ書」については、自らも発展途上である姿勢を示したものであり、「この姿勢こそ、会沢が『読論日札』に込めた、最大の自己主張である。」とし、この体裁もまた「学問事業の一致」を補強する一策として、「言論批判を『行事』として実践したものであったと捉えなくてはならないのである。」と『日札』に記された体裁方法に注目している。こうした正志斎流の体裁は、他の著作でも共通しており、「原文」─「注釈」─「按文」を基本としているのはこれまで見てきた通りである。これは、他の水戸学者にも見られるものでもあるため興味深い指摘である。ここから導き出されるものは、「諸学派が学説の相違で摩擦を起こすことなく結集し、儒教の力を外へ向けて最大限に発揮させる場の創出」であり、「一見過激な言論批判の先には、政治的に穏当な諸学派の結集、共存が見据えられていた。(97)」と結論づけている。これは後に見る正志斎の国学に対する立場とも共通した意見であると考えられる。

さて、本節ではこうした研究を補完する意味で、もう少し『読論日札』の細部にも目を向け、特に『新論』との関係性においてキーワードとなる用語について着目していきたい。そこで『新論』の『論語』を引いている箇所に目を向けてみると、国体篇では「遠きを追ひて孝を申べ、身を敬んで徳を修むること、また豈に已むことを得んや。(98)」、「故に『曽子曰く終りを慎み遠きを追へば、民の徳は厚きに帰す』と。(99)」、そして「故に論語の篇末に、尭・舜・禹の授受を叙すれば、すなはち『天の暦数』と言ひ、湯、桀を伐てば、すなはち曰く『簡ぶこと帝の心に在り』と。『周の重んずるところは、民の食・喪・祭なり』と。また皆、天を奉じ祀を慎むなり。(100)」といった箇所が主なものである。最初のものは本文であり残りは注であるが、これらに共通しているのは祭祀についてである。また、同箇所は長計篇においても再度引用されており、(101)これは『論語』の「学而」にある一節で、上に立つ者が死をおろそかにせず葬儀、及び祖先の祭りに対して誠で臨めば、人々もそれに感化されて人情風俗が厚くなることを述べた箇所である。そこで『読論日札』における祭祀の記述は、「慎終追遠」と題された以下の部分となる。（カッコ内は割り注）

慎終追遠　喪祭ハ人ノ大事。人情ノ已ム能ハザル所。故ニ曰ク、人未ダ自ラ致ス者有ラザルナリ。必ズヤ親ノ喪カト。又曰ク、喪ハ哀ヲ致シテ止ム。（並子張）曰ク、孝子ノ親ニ喪スルヤ、哭シテ依セズ、礼ハ容ツクル無ク、言ハ文ラズ、美ヲ服シテ安カラズ、楽ヲ聞イテ楽シマズ、此レ哀戚ノ情ナリ。（孝経）孟子亦曰ク、親ノ喪ハ固ヨリ自ラ尽ス所ナリ。（滕文公上）死ヲ哭シテ哀シムハ、生者ノ為ニ非ザルナリ。（尽心下）見ルベシ終ヲ慎ミ遠ヲ追フハ、人情ノ厚キニ出ヅルナリ。聖人ハ人情ニ因リ、教ヲ設ケ礼ヲ制シ、其ノ厚キニ因リテ之ヲ厚クス。故ニ其ノ民ニ入ルコト深シ。若シ終ハ人ノ忽易キ所、遠ハ人ノ忘レ易キ所ト曰ヘバ、則チ人情ヲ矯、礼ト為シ、荀子性悪ノ説ト異ナル無シ。故ニ袁了凡曰ク、豈ニ父母死シテ人ノ忽易キ所ト為ルモノ有ランヤ。死生ノ際、人情ノ尤モ切ナル所ナリ。故ニ曰ク、生ヲ養フハ、以テ大事ニ当ツルニ足ラズ、唯死ヲ送ルハ、以テ大事ニ当ツベシト。大事ニシテ之ヲ厚クスルハ、民ノ徳厚キニ帰ス所以ナリ。故ニ礼ニ云フ、喪祭ノ礼廃ルレバ、則チ臣子ノ恩薄クシテ、死ニ倍キ生ヲ忘ルル者衆シ。（経解）是レ人情厚薄ノ分ル所由、故ニ重ンズル所ハ民ノ食喪祭。食ト並ビ称スハ、其ノ民ニ於テ急ナルコト此ノ如キナリ。故ニ人ノ自ラ致スニ因リテ之ヲ慎ミ、其ノ忘ル忍ビザルニ因リテ之ヲ追フ。上ニ斯ノ徳有レバ、則チ是ノ事有リ。故ニ喪祭ノ礼ヲ制シ、民ヲシテ其ノ情ヲ伸得セシム。徳行ト事業ト一ナリ。其ノ徳有リテ必ズ之ヲ施シ事ヲ行フ。是レヲ以テ民ノ観感スル所有リ。法則ナル所有リ。故ニ其ノ徳厚キニ帰ス。若シ事業ヲ外ニシテ徒ラニ徳化ヲ説ケバ、則チ老仏感応ノ見ナリ。（終ヲ慎ミ遠キヲ追フハ、喪祭ノ義ヲ為ス。古書確証有リ。左伝喪親ノ終ナリ。始能ハザルト雖モ、終ヲ善クシテ可ナリ。荀子、生ハ人ノ始ナリ。死ハ人ノ終ナリ。終始善ヲ倶シ、人ノ道畢ル。故ニ君子始メヲ敬シテ終ヲ慎ム。坊記、死ハ民ノ卒事ナリ。祭統、祭ハ養ヲ追ヒ孝ヲ継グ所以ナリ。坊記、宗廟ヲ修メ祀事ヲ敬スルハ、民ニ追孝ヲ教フルナリ。祭義、宗祧《そうちょう》ヲ設ケ為《つく》リテ、以テ親疎遠邇ヲ別チ、民ハ古ニ反リ始ニ復リ、其ノ由リテ生ルル所ヲ忘レザルヲ教フルナリ。坊記、喪礼ハ加フル毎ニ以テ遠ザカル。中霤《ちゅうりゅう》ニ浴シ、牖（窓）下ニ飯シ、戸内ニ小斂《しょうれん》シ、阼《そ》ニ大斂《たいれん》シ、墓ニ葬ル。遠ザカルヲ示ス所以ナリ。匡衡《きようこう》上疏シテ曰ク、陛下至孝ヲ秉《まも》リ、哀傷思慕、心ニ止マズ、未ダ遊虞弋射ノ宜ニアラズ。誠ニ慎終追遠ニ隆ナル等、皆以テ徴スベシ。仁斎異説有リ。是レニ非ズ。[102]）

ここでは正志斎の「喪祭」の思想に関して、根拠となった儒書を一覧することができる。それらは先の『孝経』のみならず『論語』、『孟子』、『礼記』などに依拠している。喪祭とは「人情」、「徳」、「臣子ノ恩」といったものと密接に関連しており、人間が如何なる存在であり、自らの人生を如何に生きるかを問いかける上でも不可欠なものである。そして正志斎が、国体篇において祭祀を記したのは、このような喪祭の理念こそが我が国の国体であり、国柄そのものであることを示唆していたと言えよう。それは一方で国際化に伴う民心統一の形而上学的手段であると同時に、他方で日本人としてのあるべき宗教観を示していたのである。

『新論』で引かれた「論語の篇末」とは「尭曰」を指しており、『論語』の中でも体裁の異なったもので僅か三章で構成されている。第一章では『尚書』の語句を点綴《てんてい》して二帝三王の政治の性格を述べ、次に一般為政者における政治的訓戒をまとめて孔門の学規とされる学而篇に対応させ、最終章では知命、知礼、知言を君子の要訣として全篇に照応させたところに特徴があるとされている。[103] 正志斎が着目したのは第一章であり、運命による帝位の巡り合わせと私心を排除した天帝の判断、そして人民の食生活の安定、喪祭、祖先祭祀の部分を挙げ、それらは「天を奉じ祀を慎む」ことに帰着することと理解している。『読論日札』ではこれについて、「民ノ食喪祭ヲ重ズレバ則チ厚生正徳ノ事、皆四海ヲシテ困窮セザラシム所以ナリ。尭舜ノ遺意ヲ奉ズ。[104]」として民衆の生活安定の上でも欠くことのできない要素であるとしている。

『新論』ではさらに、「締の説を知る者の天下におけるは、これを掌に視るがごとし」として、祀礼について述べている箇所でも『論語』から引用しており、これは同書の「八佾」の一節である。同様の内容は先の『中庸』の節でも触れたが、ここで『読論日札』における解釈を詳しく見ておきたい。「八佾」は礼楽について、礼とは名分を正し社会秩序であると同時に国家組織の制度であるとされており、これが乱されることは社会平和が崩れ、人々の安寧が脅かされるとしている。楽は音楽であり、性情の諧和を旨とし人情と和楽をもたらすものとされ、儒家は先王の道を礼楽の教えとして、礼と楽の二つを併せて説いた。(105) そして正志斎は、「禘之説」を問われた孔子の答えについて「八佾雍徹」と題して論じている。この「八佾」とは天子が行うことのできる舞のことであり、「佾」は舞楽の行列で一佾は八人から構成されているため、六四人の舞のことである。また「雍」は詩経の一句を指し、「徹」は祭祀の後に神に供《そな》えた物をささげることである。正志斎は「大夫ニシテ八佾雍徹、世ヲ倍キ視ルニ以テ栄ト為シ欣羨スル所、然ルニ其ノ実ハ生テ僭窃《せんせつ》ノ人ヲ為シ、大夫ニシテ天子ノ礼楽ヲ用フニ至ルハ罪悪顕然、情ノ忍ビザル所、大夫ノ堂ニシテ辟公天子、其ノ空言虚詞、実ニ取ルベク無ク、以テ寵栄ト為スニ足ラザルヲ見ル。(106)」としており、これは名分論とも関連する内容である。そうして「禘」については、「一ハ則チ云フ、禘ハ唯周公廟ニ其礼物ヲ用フ、亦天子ノ禘礼ト同ジカラズ。三代ノ天子器物ヲ雑用シ、特ニ三恪ニ比ス。天子一等ヲ降セバ、則チ上公礼ニ仍ルノミ。（三礼義疏礼運扁ヲ見ヨ。）大夫大事有リ、其ノ君ヲ省ル。然ル後祫《こう》有レバ、則チ周公大勲労有リ。成王ニ省テ然ル後禘有リ。故ニ礼記曰ク、禘礼ヲ以テ周公ヲ大廟ニ祀レバ、則チ禘ハ群廟ニ施スベキ哉（趙匡采説(107)）」として、臣下である周公旦との関係性について述べ、『礼記』における「明堂位第十四」の一節である「禘礼ヲ以テ周公ヲ大廟ニ祀ル」を引き、魯が周公旦を始祖としていることから、本来臣下の身分でありながら天子の礼を用いることを認めていたことを取り上げている。これに続く「按」文では、「周公天子を相ケ、天下ヲ治メ、太平ニ致シ、功烈天子ト同ジ。固ヨリ他人ノ能ク及ブ所ニ非ズ。之レニ報ユルニ殊礼ヲ以テシ、天子一等ニ降ス亦タ天意人情ノ已ムヲ得ザル所、而シテ亦タ他人ノ比シ得ル所ニ非ザレバ、則チ義ニ亦タ害スル所無シ。両説並存シテ可ナリ。（諸儒ノ論ズル所、大抵両端ニ出デズ。今悉ク載セズ。）夫子ノ言、李氏三家ヲ譏ルニ止ミテ、成王伯禽ニ及バズ、若シ後世僭窃ノ罪ヲ以テ、成王伯禽ヲ併譏レバ、則チ獄吏文致羅織ノ意、以テ莽操簒奪ト併シ、尭舜ヲ罪スル冤《ぬれぎぬ》亦タ甚シ。学者当ニ聖人ノ言ヲ信トスルノミ。(108)」として、周公が天子を助けて国家を治めた功績は天子に並ぶものであり常人の及ぶものではなく、「殊礼」により遇せられており、これは「天意人情ノ已ムヲ得ザル所」であるため矛盾はないと解している。儀容装飾の礼を排斥した孔子からすると、当時の魯における禘祭も本来は正統ではないとの解釈も成り立つが、正志斎の主張では両立しうるものであると理解されていたことは着目してよいであろう。後期水戸学における名分論は幽谷の『正名論』を引くまでもなく、その特徴の一つとされているが、少なくとも正志斎においてはこうした許容範囲が存在していたことは興味深いことである。これについてはさらに、「禘自既灌」と題された部分においても触れており、「魯ノ礼ヲ失スハ、恵僖以下ノ事、而シテ禘礼止テ之レ周公ノ廟ヲ用フベクシテ、以テ他廟ヲ祭ルベカラズ。魯ハ用ニ以テ他廟ヲ祭リ、既ニ灌スレバ則チ神降ル。向ニ祭ル所ノ周公ノ神ニ非ズ。蓋シ夫子此レヲ言ヒ以テ神歆《う》ケザルヲ喩シ、非礼ノ享、猶ホ奚ゾ三家ノ堂ニ取ランヤノ意ノゴトシ、其ノ祭ル所ノ虚文、神ヲ敬スルノ実ニ非ザルナリ。[109]」としている。ここでは、魯が周の命令で禘祭を行ったとはいえ、後世では名分が乱れることとなったことや、孔子の「三家ノ堂」の意、つまりは陪臣身分でありながら雍の詩を歌わせた僭越非礼について、それらは「実」を欠いているものとして理解している。

では続けて「禘之説」と題された正志斎の言葉を見ておきたい。これは同じく『論語』の「八佾」の一節で、禘祭の意義について孔子が答えている箇所である。そこでは魯国の非礼を認めつつも、禘祭の真義を心得た王者による統治が実現されたならば、名分は正され天下が治まることを述べている。ここで正志斎は、「中庸、郊社ノ礼ハ、上帝ニ事フル所以ナリ。宗廟ノ礼ハ、其ノ先ヲ祀ル所以ナリ。郊社ノ礼、禘嘗ノ義ヲ明カニシ、国ヲ治ムルコト其レ諸ヲ掌ニ示スガ如キカト。万物ハ天ニ本ヅキ、人ハ祖ニ本ヅク。故ニ人情、天ヲ畏レ祖ヲ念ハザル莫シ。天ヲ祭リテ其ノ祖ヲ配セバ、民、王者ノ祖ト天ト一ナルヲ知リ、其ノ祖、自ラ出ル所ヲ祭リ、祖ヲ以テ之ニ配ス。民、時ニ王亦タ曩祖《のうそ》ト一気ナルヲ知ルハ、既チ天ト一ニシテ又祖ト一ナリトシ、時ニ王ヲ仰グハ天ト祖トノ如クス。孝敬ノ心、天下ニ達シ、下ハ観テ化シ孚《まこと》有リテ顒若《ぎょうじゃく》タリ。本ニ報ヒ始ニ反リ、億兆一心、異物ニ遷ラズ。天堂地獄等ノ説ガ如キ有リト雖モ、豈之ヲ移スヲ得ンヤ。民心一定シテ変ラズ。国ヲ治メ天下ヲ治メ、諸ヲ掌ニ示スガ如キハ、蓋シ此ヲ以テナリ。孝経、郊祀宗祀、四海其ノ職ヲ以テ来祭シ、夫子以テ聖人ノ孝ト為ス。亦タ此ト同ジナリ。(110)」として、『中庸』や『孝経』に加え、『易経』における「観」卦の理念も取り入れている。ここでは将来に備えた「民心統一」の理想が、正志斎により抽出され『新論』の思想へと統合された過程を見ることができるであろう。つまりは「禘之説」と、固有の「王」を有する我が国の歴史とを接ぎ木することで、「億兆一心」にして「民心一定」となる理念が導き出されたのであり、正志斎が『論語』から導いた中心となる思想なのである。

ところで藤田幽谷と大田錦城の関係については、学統についての章でも触れたが、錦城の思想的影響が正志斎においても軽視できない存在であることは『読論日札』からも確認できる。それは『読論日札』において仁斎の『論語古義』、錦城の『論語大疏』、徂徠の『論語徴』が、おおよそ七対六対一の割合で引かれているからである。(111)この割合は、錦城の『九経談』における仁斎、及び徂徠への記述、つまりは「英邁ノ資(112)」とする仁斎に対し、「其ノ説浅薄無味、其ノ言誇誕誣ニ近シ(113)」と断じ、「百中一二ハ取ルベキモノ有リ(114)」とする評価と軌を一にするように思われる。正志斎が依拠している『論語大疏』とは、寛政三年（一七九一）錦城が二七歳の時に記した著作である。同書は最初に「論語作者」、「論語名義」、「三論異同」、「論語授受」について述べ、解説によると「論語大疏は二十巻あり。論語の注釈書を網羅するを主として、其の注釈に対して簡単なる批評を下せる書なり。漢・唐・宋・明・清の各代を通じて主なる説は大概之を挙ぐ。本邦仁斎・徂徠・宇野明霞の論語考等を多く引用せり。九経談五巻に『予大疏ヲ作リ、古注ヲ以テ主ト為ス、古注ト通ゼザル所ハ、則チ朱注ヲ以テ之ヲ補ヒ、朱注ト通ゼザル所ハ、則チ明清諸家ノ説ヲ以テ之ヲ補ヒ、諸家ト通ゼザル所ハ、則チ一得ノ愚ヲ以テ之ヲ補フ』とあり、大要此の如き書なり。錦城は学海堂経解の刻成以前に卒したれど、其の学風は純然たる考証学にて、其の説は漢宋兼採家なり。然し漢を主とせる事は論語大疏に就き言へるが如し。山本北山も稍考証学に近き所あれど、未だ純ならざる所あり。我邦の考証家としては錦城を嚆矢とすべし。此より海保漁村・島田篁村の諸氏相尋《つい》で興り学風一変せり。[115]」と紹介されている。「学海堂経解」とは、『皇清経解』とも呼ばれ清代の経学研究書を収めた叢書である。両広総督の阮元が厳杰《げんけつ》に命じて編集させ、一八二九年に出版された。後に錦城が同書を剽窃して『九経談』を記したとする噂もあったが、『経解』が輸入されたのは錦城没後のことであり、我が国における考証学の始祖としての地位は疑いのないものである。そして『読論日札』の「顔淵」篇における記述は、正志斎における「仁」の理解、及び錦城学の存在を解明する上で興味深い。『論語』の「顔淵」篇とは、孔門の中で学徳共に優れた弟子である顔淵が、孔子に仁を尋ねた箇所であり、仁の本質に触れているとされる内容である。正志斎が取り上げた『論語』の本文は、「顔淵仁を問ふ。子曰く、己に克ちて礼を復むを仁と為す。一日己に克ちて礼を復めば、天下仁に帰す。仁を為すは己に由りて、人に由らんやと。顔淵曰く、其の目を請ひ問ふと。子曰く、非礼視ること勿れ、非礼聴くこと勿れ、非礼言ふこと勿れ、非礼動くこと勿れと。顔淵曰く、回不敏なりと雖も、請ふ斯の語を事とせんと。」であり、正志斎は以下のように解釈している。（カッコ内は割り注）

> 己ハ人ニ対スノ称、（仁斎錦城）一身ノ喜怒欲悪憂楽等是レナリ。（己ヲ解スニ私欲ト為スハ、性悪ノ見ニ流ル。本文但一己ノ私意ニ勝ツヲ謂フ、私欲ノ謂ニアラズ。）蓋シ顔淵仁ヲ為スノ方ヲ問ヒ、子曰ク、一己ノ心ニ克ツ。（尭ノ允恭、舜ノ恭己、舎己亦タ是。）聖人、制スル所ノ礼ヲ践ム（復ノ読ハ履ト為ス、錦城ノ説ニ従フ。）己ト礼ト対ノ言ナリ。仁ハ親愛ノ徳、修己治人ノ道、（中略）其ノ制スル所ノ礼ヲ践行シ、其ノ事皆仁ヲ為スノ法則ニ合テ、天下皆其ノ仁ニ帰嚮ス。是レ其ノ仁ヲ為スヲ欲スルハ己ニ在リ、之ヲ為スト為サザルト、他人ヲ待ツコト無シ。而シテ其ノ目ハ則チ視聴言動、皆礼ヲ以テス。所謂道徳斉礼、皇極以テ建ハ、天下仁ニ帰ス所以ナリ。顔子ハ王佐ノ才。故ニ此ヲ以テ之ニ告グ。而シテ道ハ内外小大ヲ兼、之ヲ用フレバ則チ行ハレ、之ヲ舎レバ則チ蔵《おさむ》ル。陋巷ニ在リテ素位ニシテ行フモ、亦タ礼ヲ践ムノ事ニ非ザル莫シ[116]。

冒頭には仁斎と錦城の名が並記されているが、仁斎の『論語古義』は「己ハ人ニ対スノ称[117]」とのみあり、他方で錦城の『論語大疏』では「己ハ人ニ対スノ称、下文ハ己ニ由リテ人ニ由ル。雍也、己立タント欲シテ人ヲ立テ。学而、人ノ己ヲ知ラザルヲ患ヘズ、人ヲ知ラザルヲ患フ。憲問、己ヲ修メテ以テ人ヲ安ンズト。同上、古ノ学者ハ己ノ為ニシ、今ノ学者ハ人ノ為ニス。[118]」として『論語』の使用例を示し、続いて『春秋左氏伝』等における用例を列挙して考証学的に説明している。また、「復ノ読ハ履ト為ス、錦城ノ説ニ従フ」とあるのは、『論語古義』では「復、反復ナリ。[119]」としているのに対し、『論語大疏』においては「復礼、復ト履ト践行ニ通ズルナリ。[120]」として「復」＝「履」と解釈しており、徂徠は「復は践むと訓ず」としている。この箇所については、古注と新注において議論の分かれる箇所であり、正志斎は仁斎の解釈ではなく、錦城の立場をとっていた。そして、「顔淵」の眼目でもある「非礼視ること勿れ、非礼聴くこと勿れ、非礼言ふこと勿れ、非礼動くこと勿れと。」については特徴的な判断をしている。それは『読論日札』の「顔淵」篇最後の割り注部において、「荻生氏曰ク、非礼、視聴言動スルコト勿レバ、則チ復礼ノ外、更ニ復《また》己ヲ克《おさ》ムル者無シ。宋儒分ケテ以テ二ト為ス謬リナリ。伊藤氏曰ク、顔子王佐ノ材、故ニ天下ニ仁ノ道ヲ以テ之ヲ告グ。実ニ四代ノ礼楽ヲ損益シ、以テ邦ヲ為スノ問ニ答フル者ト表裏ス。按ズルニ此ノ章、大田氏ノ解スル所ニ従フベシ。[121]」として、三者を比較して最終的には錦城の主張に賛同している。『論語徴』を通じた学問観の分析については、徂徠が実証よりも願望を優先しているとする研究を先に引いたが、考証学の影響下にある正志斎の学統にあっては、徂徠の『論語』観は消極的な受容であったと考えられる。

そこで当該箇所の『論語大疏』の結論を見てみると、「徂徠曰ク、非礼ハ礼ヲ似テ礼ニアラザル者ヲ謂フナリ。孟子ノ所謂非礼ノ礼、非義ノ義ト、非礼ヲ誤ルカナ。猶ホ孝経ハ非法非道、孟子ハ非仁非礼ノゴトシ。非礼ヲ言フ者ノミ。豈言ハ似テ非ナル者ナランヤ。徂徠経ヲ解スル、往々此ノ如シ。集註、非礼ハ己ノ私ナリ。視聴言動ハ己ノ私欲、是レ何等ノ語、通ゼザルノ甚ダシ。」として徂徠の主張に疑義を唱えた後に「総論」として次のように纏めている。

中庸、礼ニ非ザレバ動カザルハ、身ヲ修ムル所以ナリ。又云、斯ノ三者ヲ知レバ、身ヲ修ムル所以ヲ知ル。身ヲ修ムル所以ヲ知レバ、則チ人ヲ治ムル所以ヲ知ル。人ヲ治ムル所以ヲ知レバ、則チ天下国家ヲ治ムル所以ヲ知ル。憲問、己ヲ修メ以テ敬ス。己ヲ修メ以テ人ヲ安ンズ。己ヲ修メテ以テ百姓ヲ安ンズ。孟子離婁、天下ノ本ハ国ニ在リ。国ノ本ハ家ニ在リ。家ノ本ハ身ニ在リ。大学、天子ヨリ以テ庶人至ルマデ、壱ニ是レ皆身ヲ修ムルヲ以テ本ト為スト。仁ハ済人ノ謂ナリ。安民ハ極功ト為ス。克己復礼ハ修己ノ事ナリ。礼ニ非ザレバ動カズ。其ノ目ヲ為ストハ相関セザルガ如キナリ。然ルガ故ニ古ヨリ其ノ解難シ。殊ニ知ラズ、仁ハ道ヲ為シ、人ヲ治ムルニ在ルト雖モ、然ルニ其ノ行ノ本ハ、己ヲ修ムルニ在ルナリ。己ヲ修メ然ル後人ヲ治ムノ功得ベクシテ言フノミナリ。己之レ修メザレバ則チ何ニ由リテ人ヲ治ムルヲ得ンヤ。所謂身ヲ修ムル所以ヲ知レバ則チ、人ヲ修（ママ）ムル所以ヲ知ル。己ヲ修メ以テ人ヲ安ズ。是レ故ニ夫子顔子ノ問ニ答ヘテ曰ク、己ニ克チテ礼ヲ復ムヲ仁ト為ス。曰ク仁ヲ為スハ己ニ由ルト。世人徒ニ人ヲ治ムルヲ知ルヲ仁ト為シ、動スレバ諸ヲ人ニ求ム。是レ仁ノ為シ難キ所以ナリ。是レ故ニ曰ク、己ニ由リテ人ニ由ランヤ。其ノ己ヲ修メテ後人ヲ治ムノ意、見ルベキナリ。禹、稷、顔子、地ヲ易フレバ皆然リ。故ニ居レバ則チ箪瓢陋巷《たんぴょうろうこう》、出テハ則チ廊廟《ろうびょう》鍾哲、此ノ道ヲ以テ王ヲ興スヲ佐ケレバ、則チ天下ノ民、其ノ仁ニ帰ス。故ニ夫子極言シテ其レ盛ンナリ。是レ顔子ノ承当スル所ナリ。仁ハ人ナリ。済人之レヲ謂フモ、済人之レ成シ難シ。但シ是レ一箇ノ私己、克ハ己ノ私欲ヲ去リ、毫釐《ごうり》モ己ノ念ニ営ム無ケレバ、則チ済人ノ事、得ベクシテ言フノミ。故ニ克己ハ仁ノ本ト為スナリ。[122]

このように錦城は、『中庸』、『論語』、『大学』における用例を並記して、「己ニ克チテ礼ヲ復ムハ己ヲ修ムル事」とし、あくまでも「修己」を経て「治人」が可能となることを強調していた。そして「克己」が達成されてはじめて、「仁」が醸成されることを強調している。なお、錦城の「仁」については先行研究でも取り上げられており、その特異性が指摘されている。加地伸行氏は錦城の『仁説三書《じんせつさんしょ》』を分析し、『論語』の「仁」について、歴史主義的（考証的）解釈という用例重視によって、そこから帰納して把握しようとする試みからでは成果がないとし、博引傍証、考証の学以外にそれを求めたとしている。[123]そして錦城は、数年後に『孟子』を読んで孔子の思想を貫くものは仁であり、その仁とは善であるという結論に至ったと分析している。またこの『三書』は、理論篇としての『洙泗仁説』、『一貫明義』、資料篇としての『仁説要義』から成り、錦城が『論語』を統括的・相対的に把握しようとした書物であり、考証家的立場に立っての注解である『論語大疏』を乗り越え、哲学的立場で『論語』を独自に把握しようとするものであったと纏めている。[124]加えて、福井佐枝子氏はこの「哲学的立場」をさらに掘り下げ、錦城の求めた「善」とは、儒学が日常語によって語られることによって喚起される皮膚感覚的な、多分に情緒的なものであるが、それは天によって権威づけられ、善を礼楽刑政によってではなく、それを択んで生きるのは人間の天与の能力であると説明した。[125]また、この「善」は「仁」「明徳」「中庸」と同義であり、「福善禍淫」「陰徳積善」の「善」でもあり、自発的にこの「善」を択びとっていくことは、運命を克服し、可能性に生きることであり、ここにおいて錦城の学問は経書研究と啓蒙行為が一体となったとしている。[126]そしてこれは錦城の学問の完成、思想的成熟であり福井氏はこれを「善の大系」として定義している。このような錦城における「仁」の理解をどこまで正志斎が受容し、自身の思想に織り込んでいったのかという過程については、さらに用例の比較検討を必要とするけれども、「此ノ章、大田氏ノ解スル所ニ従フベシ。」とあるように、その影響は少なくないであろう。また「仁」の思想は、『論語』に限らず儒学全体においても主要概念であり、その把握において錦城の思想が作用しているとすれば、その波及性についても認識しておく必要があろう。いずれにせよ幽含め、正志斎の思想分析には錦城学の視点が不可欠である。

第四節　『書経』

正志斎は『書経』の研究書として、『典謨述義』と『読書日札』とを残している。『書経』は儒学の基本となる文献であり、古くは単に『書』と称され漢代には『尚書』とも呼ばれていた。編著者については不明であるが、内容的には政治思想を中心としており、周王が同族の子弟を領主として派遣する際の訓戒などが記され、明徳と慎罰とを主題としている。ただ、周王朝を正当化するために殷王朝の欠点を指摘して王朝の興亡を天命とする思想が記されており、革命の原義とも言われている。孔子も天命を論じてはいるものの、これは個人的な使命や運命という意味であり、王朝交替の革命的意味はない(127)。編成については、清の閻若璩《えんじゃくきょ》によってテキストの約半分が東晋時代（西暦四世紀初頭）に偽作されたことが立証されて以来、「真古文」と「偽古文」として区別される。正志斎は『典謨述義』、すなわち『書経』の最初の二篇である「尭典」と「皐陶謨《こうようぼ》」について述べ、『読書日札』では残りの二六篇について論じているため、「真古文」二八篇に依拠している。両書の他には、『典謨述義附録』が一巻あり、任意で取り上げた五篇について問題点を指摘したものである。正志斎の『書経』研究については今井氏の論文が唯一のものであり、これによると、「会沢の尚書本文の理解は専ら蔡伝に拠り、古注その他を参照しているが、その要義として特に解明せんとしているのは、殷周革命の際における天及び天命の思想である。(128)」とし、これは封建体制下における祭政一致の思想的根拠であり、『新論』以来一貫している正志斎の立場であるため、同書の研究が他の経伝研究に比して最も浩瀚である理由としている。そして正志斎の『書経』研究を総括して「会沢の尚書学においては、かく受命を前提の事実として専ら受命者の実践倫理を強調すると共に、帝と天とを同一視して専ら帝の理念によって天を理解する基本的な姿勢が健在する。会沢がこの点に疎略であったというよりは、むしろ意識して帝と天とを同一視したものと思われる。それは根底において会沢の国体観に基づくものであろう。[129]」と推論し、これらは『新論』における天祖、天孫、天神、天胤等の語に明示されているとしている。また、こうした見解は幽谷の天の思想についての関係が影響しているとし、両者の「天の思想に、著しい日本化を発見し、その儒教の受容に神主儒従の明証を見ることができるのである。[130]」としている。

今井氏が『新論』において特に指摘しているのは国体篇における比較的長い割り注の部分で、同所は本章で論じてきた各節においても引用した箇所である[131]。ここでは、大きく天に仕え天命を慎むべき事例と、先を祀る事例を『書経』から四〇箇所近く引用して論じている。重複を避けるため『書経』を根拠とした「天」に関する考察については先行研究に譲るとし、本節では新たな視点で正志斎の思想と『書経』の影響を探っていきたい。そこで先ず『典謨述義』の序論から見てみると、

> 孔子、尭ノ徳ヲ称シテ曰ク、唯天ヲ大ナリト為ス。唯尭之ニ則ル。蓋シ人君ハ天ニ代リ、民物ヲ覆育シ、天位ニ居テ天功ヲ亮ク。其ノ則ル所ハ天ノミナリ。夫レ天覆地載シテ、民ハ其ノ間ニ生レ、大易ハ之ヲ三才ト謂フ。尭ノ暦象釐功、舜ノ在璣類禋、頒瑞巡守、天ト其ノ道トヲ一ニシ、以テ四海ニ君臨ス。天下ヲ籠絡シ、之ヲ橐籥《たくやく》ニ納メ、以テ其ノ政教ヲ施シ、之ヲ天覆スルナリ。禹ハ之ヲ下土ニ敷キ、地ノ道ヲ尽シ、以テ民物ヲ区処シ、之ヲ地載スルナリ。舜禹皐陶、其ノ謀謨ヲ尽シ、以テ天地ノ道ヲ宰成輔相シ、人事ヲ両間ニ行フナリ。故ニ尭典ハ天載ナリ。皐陶謨ハ人謀ナリ。禹貢ハ地宜ナリ。史ハ唐虞ノ事ヲ紀シ、一典一謨一貢、三才ヲ兼テ天地人ノ道備ハル。而テ尭ノ志ハ即チ舜ノ事、舜之績ハ即チ尭ノ業、之ヲ始メトシ之ヲ終ルハ一身ニ異ナル無ク、其ノ典宜シク分ケテ二トナスベカラズ。禹ノ謨ハ皐陶ノ篇ニ備フ、而シテ其功ハ禹貢ニ専載ス。以テ各長スル所有ルヲ見ルベシ。今、尭舜禹ノ業ヲ観ント欲セバ、三篇ニテ足レリ。[132]

とあり、『書経』の「尭典」、「皐陶謨」、「禹貢」にそれぞれ天地人の三才が記されていると解している。三才とは天道には陰陽、地道には剛柔、人道には仁義の働きがあるとする易の発想であるが、『書経』において特にこの三篇に傾注し、独立した四巻を著した理由がここでは書かれている。また「禹貢」が纏められている『読書日札』の序には、正志斎の『書経』全体の所感ともいうべきものが述べられている。そこでは、「夫子人ヲ教フルニ、詩書執礼、其ノ雅言スル所ハ、詞ヲ以テ人情ヲ道ヒ、書ヲ以テ政治ヲ知ル。此ノ夫子文章、諸弟子ニ聞クコトヲ得ベキハ、後世乳臭児ト雖モ輒チ性ト天道トヲ説クガ如ニ非ザレバ、則チ孔子ノ道ヲ学ント欲スル者、其ノ先ンズル所ハ詩書執礼ニ在リ。固ヨリ論亡キノミ。余ハ薄劣非才、浅見寡聞。詩ヲ誦シ書ヲ読ムト雖モ、発明スル所有ル能ハズ。然ルニ経文注義ニ亦タ小疑無キ能ハズ。聊カ見ル所ヲ筆キ、以テ質問ノ資ニ供セント云フノミ」[133]とし、「雅言」、すなわち『論語』の「述而」を引き、「詩書執礼」重視の立場を示している。続く「古今文」と題された部分では、「経文、夫子ノ伝フル所、其ノ詳ハ知ルベカラズ。或ハ云フ、本ハ百篇有リ。而シテ今存スル所ハ僅ニ二十八篇。其ノ梅本ノ増多スル所ハ二十五篇ノ如シ。後世偽作ヲ出スハ、先儒ノ既ニ定論有リ。今必ズシモ弁説ヲ費サザルナリ。夫レ詩書残欠、孔門ノ旧、復タ見ルベカラズ。実ニ学者ノ大阨、千載ノ遺恨ナリ。然ルニ今見ルニ存スル所二十八篇ニ就キ、其ノ要義ヲ講求シ、亦タ以テ夫子ノ刪定スル所ノ大意ヲ概見スルニ足ランヤ。」[134]として梅賾《ばいさく》の「偽古文」の問題に関しては周知のこととしながらも、残されたものから「要義」の読解に努めたとしている。これに続いて「蓋シ尭典ハ聖人ノ天工ニ代ル事、四方ヲ天覆スルナリ。禹貢ハ四国ヲ経営スル迹、民物ヲ地載スルナリ。皐陶謨ハ君臣同ジク謀猷ヲ竭シ、人事ヲ尽スナリ。天地人ノ功、三篇ニシテ備フルナリ。聖人ハ三才ヲ兼ネテ、基業ヲ建ツ。礼楽征伐天子ヨリ出ヅ[135]。」として、先の『典謨述義』と同趣旨の内容が記された後に『書経』各篇についての概説が付されている。そして「此ヲ以テ之ヲ考フレバ、百篇闕ト雖モ、存スル所二十八篇、庶幾亦タ以テ夫子ノ原意志ヲ推知スルニ足ラン。夫子嘗テ言フ、文王既ニ没シ、文斯ニ在ラザランヤ。蓋シ尚書既ニ闕クトモ、其ノ文猶ホ存スルナリ。唐虞ノ経綸、周室ノ基業、歴々観ルベキハ、則チ夫子ノ祖述憲章スル所、孰レカ遂亡シテ見ルベカラズト謂ハンヤ。[136]」と述べ、「真古文」二八篇の中から「唐虞之経綸、周室之基業」を解明する意図を述べている。

では『典謨述義』本文を見てみると、そこでは正志斎の意見が述べられた「按」文も多く非常に興味深いものである。それらのうち、「尭典」第二節の尭が羲《ぎ》氏と和《か》氏の各二名に農耕暦に関する命を記した次の「按」文は、尭の政治と我が国のそれとが、正志斎の胸中でいかに解されていたかを見ることができる。(カッコ内は割り注)

按ズルニ、聖賢ノ治化、近キヨリ遠クニ及ブハ、古今ノ通論ナリ。然ルニ天下ノ事、近キヲ詳カニシテ遠キヲ略スモノ有リ。遠キヲ挙ゲテ近キヲ該スモノアリ。緩急先後、宜シク活用スベクシテ、株守《しゅしゅ》スベカラザルナリ。尭ノ時ニ当リ、天下未ダ平カナラズ、洪水横流、下民昏墊《こんてん》、四凶朝ニ在リ。元凱《げんがい》未ダ試ズ。是レ其ノ内治亦タ未ダ尽シ修メ挙ゲザルモノ有リ。(中略)尭ノ九族ニ親ミテ、弁章協和スルモノハ、内ヨリシテ外ニ及ブナリ。羲和ヲ四方ニ宅シ、天下ニ挙ゲテ之ヲ掌握スルニ帰ス。外ヨリシテ其ノ内ヲ包ムナリ。是ヲ以テ遠近内外、偏覆セザルハ莫シ。天ト其ノ功ヲ同ジクス。聖人遠大ノ略、抑亦拘儒ノ見ト異ナルナリ。附、鴻荒ノ世、天祖基ヲ開キ、既ニ出雲ヲ平グ。先ニ皇孫ニ勅シ、降リテ西州ヲ治ム。猨田彦命ヲシテ伊勢ニ往カシメ、建雷命東海ヲ鎮メシム。(建雷命経津主命、神宮常総ニ在リテ、其ノ分祀常奥等地ニ在ルモノ、尤モ多キヲ為ス。蓋シ往キテ東方ヲ鎮ムナリ。)崇神天皇将帥ヲ四道ニ遣シ、豊城命《とよきのみこと》ヲシテ東国ヲ鎮メシム。景行天皇筑紫ヲ平ラゲ、蝦夷ヲ攘ヒテ、治化四裔《しえい》ヲ被ヒ、外ヲ挙ゲ以テ内ヲ包ム。遠キヲ蓋《おお》ヒ以テ近キヲ該ス。滄海之外、地ノ相去ルコト数万里、而シテ神聖四方ヲ経略ス。其ノ迹期セズシテ相同ジ。規模宏遠、覆《ふ》幬《とう》セザルハ莫シ。徳化四表ヲ被フ、宜ナルカナ。[137]

正志斎は尭の行った治世のあり方と、我が国における出雲平定から景行天皇に至る事績を対比し、そこに理想的な政治のあり方を読み取っている。そして先の序論にあるように、「尭典」が三才の「天」として認識されている以上、正志斎の「天」の理解についても「尭典」が手掛かりとなり、その普遍性の解明に努めていたと考えられる。ただその一方で、自国の特殊性についても言及しており、儒学を盲目的に追認するのみではなかった。それは「尭典」にある尭帝崩御の後の舜帝による諸官任命の様子が記された箇所で、舜が文祖の廟に詣でたことが書かれたことに続く「附論」では、次のように論じられている。（カッコ内は割り注）

皇朝君臣ノ義、天地ト並立ス。皇統歴歴、太初ヨリ以テ今日ニ至ルマデ変ラズ。是レ四海万国絶無ナル所ニシテ独リ神州ニ有ルノミ。故ニ世ノ議スル者、君臣ノ義ヲ論ジ、其ノ皇朝ヲ推尊シ、以テ独リ宇内ニ尊ブト為セバ則チ当ラン。而シテ或ハ謂フ、異邦ハ放伐簒奪ノ俗、尭舜ノ禅譲ヨリ、其ノ端ヲ啓クト。是レ大義ノ起リ天地ノ大勢ニ本ヅクヲ察セズ。毛ヲ吹キ疵ヲ求メテ、自ラ其ノ説偏倚ニ流ルヲ知ラザルナリ。夫レ天地ノ勢、陽ハ則チ其ノ首ニシテ、陰ハ則チ足ナリ。神州ハ太陽ノ生ルル所ニシテ、万国ノ首ニ居ル。故ニ皇統一姓ニシテ、宇内ノ至尊ト為ル。固ヨリ以テ異邦ノ殊俗ヲ律トスルベカラズ。陽一陰二ハ天地ノ道、故ニ皇統ト天地ト易ラザルモノ、独リ神州ニ有リテ、復タ二有ラザルナリ。若シ夫レ海外諸国、星布碁列シテ、一ノ姓ヲ易ヘ、命ヲ革メザルモノニ有ルコト無ケレバ、何ゾ独リ漢土ニシテ之ヲ怪シマンヤ。故ニ尭舜ノ前、伏羲、神農、黄帝、少昊、高陽、高辛、亦タ皆迭ニ相代ル。又何ゾ独リ尭舜ニシテ禅譲ノ端ヲ啓カンヤ。而シテ尭之レ岳ヨリ禅リ、岳ハ神農ニ出ヅ、亦タ帝王ノ後、舜亦タ黄帝出デテ、尭ト同宗ナリ。故ニ司馬遷亦タ曰ク、黄帝ヨリ舜禹ニ至リ、皆同姓ニシテ国号異ナルト。（尭姓ハ伊耆《いき》、舜姓ハ姚《よう》、禹姓ハ姒《じ》、而シテ史記云ク同姓、其ノ出自ハ同ト謂フナリ。）則チ後世権臣簒奪シ、或ハ草沢ニ崛起シテ、立チテ天子ト為ル者ト同ジカラザルナリ。之ヲ要スルニ、天朝ノ基ヲ建テ、万民ヲ以テ一君ヲ奉ズ。故ニ君臣ノ名分、尤モ明ニシテ且ツ厳、未ダ嘗テ人臣ヲ以テ天位ヲ覬覦《きゆ》スル者有ラザルナリ。西土ハ則チ一君ヲ以テ万民ヲ養ス。故ニ曰ク丘民ヲ得テ天子ト為シ、苟モ民ニ便ス。姓ヲ易ヘ命ヲ革メルト雖モ、亦タ甚ダ怪シマザルナリ。況ンヤ尭舜禹ハ、皆同姓相譲リテ論ハ之レニアラズ。後世簒奪ヲ以テ、罪ヲ尭舜ニ帰スレバ、則チ亦タ羅織文致ノ流ナリ。(138)

尭舜禹の王朝交替における禅譲、および放伐の思想は、国学者が儒学者を批判する際にも引き合いに出され、それは儒学者間においても争点の一つである。これは国儒論争とも呼ばれ、これに対する正志斎の立場については後章で詳しく触れる。ここでは「西土」が一君を中心として万民を統治したのに対し、我が国では万民が主体となって一君を奉ったとする相違を強調している。このことは正志斎が我が国の「一姓」たる優越性を述べていると考えるよりも、むしろ「上」から「下」（＝「万民」）への支配形態ではなく「下」から「上」を支える政治形態こそが理想であると考えたのであり、「君臣ノ義」にはそうした意味も含まれているのである。これは同時に「下」が政治の主体的担い手であるゆえに、「革命」そのものが必然性を伴わない国柄であることを述べたものでもあろう。正志斎が『新論』を含めた著作において、必要以上に皇室や祭祀といった国体の重要性を強調するのは、万民が積極的に政治性を発揮して「上」を支えてこその政治形態であり、「上」からの強制的支配では国柄にそぐわないことを理解していたためである。これまでの正志斎の評価は、このロジックを踏まえていないゆえの誤解も多くあったと考えられる。

さて、これまで本章では、正志斎が儒学研究を通じて学んだであろう祭祀に関する理解について稿を多く割いてきたが、ここでも同様の内容に着目してみたい。そこで「尭典」を見てみると、舜が文祖廟において尭に代わって帝位につく祭祀が記されており、これについて「按ズルニ、舜ハ既ニ暦ヲ治メ時ヲ明ニシ、之レニ次ギ類禋望徧ヲ以テスルハ何ゾヤ。祀ハ国ノ大事、人君ノ本ニ報ヒ始ニ反ル所以ニシテ、人心ヲ一ニスルノ大端ナリ。万物ハ天ニ本ヅキ、人ハ祖ニ本ヅク。人ノ生、其ノ骨肉ハ則チ父祖ノ遺体ニシテ、魂気ハ則チ之ヲ天ニ受ケ、形魄《けいはく》ハ則チ之ヲ地ニ受ク。故ニ其レ天地鬼神ニ於テ悚然《しょうぜん》敬畏セザルハナシ。帝王ハ天地ト祖考トヲ祭リ、臣民ヲシテ亦タ各其ノ父祖ヲ祭ラシム。天地ノ道、人情ノ実ニ因リ以テ之ヲ教ヘ、終ヲ慎ミ遠ヲ追ヘバ、民ノ徳ハ厚キニ帰ス。其ノ帝王ヲ敬スル亦タ猶ホ天地ノゴトシ。其ノ瞻仰スル所ハ、一定不変、自然ノ勢ナリ。(139)」として「類禋望偏」、すなわち舜が上帝に臨時の祭をあげ、六宗（天の神々）に禋祭し、山川の神々に望祭し、あまねく諸の神々を祭ったことから、人心を統合する祭祀を述べた上で「郊社之礼」、「禘嘗之義」について触れている。後半では、「周公ノ洛邑ヲ営ムニ、先ヅ牲ヲ郊ニ用《ころ》シ社ニ用ス。類望ト其ノ義ヲ同ジクスルナリ。文王武王ヲ禋《まつ》ルト、宗ヲ禋ルト其ノ義ヲ同ジクスルナリ。文《みだ》ル無ク秩シ、功宗ヲ記スト、神ヲ偏スルト其ノ義ヲ同ジクスルナリ。先聖後聖其ノ揆ハ一ニシテ、民ノ敬畏スル所ニ因リテ、以テ之ヲ礼ト為シ、民心ヲ一ニスルハ、帝王ノ急トスル所ナリ。(140)」と記し、祭祀に込められた思想を説明している。

そこで次に、周公の事績が記されている『書経』「召誥《しょうこう》」、及び「洛誥」を中心に見ていくことで、深めていくこととしたい。これについては『新論』の「新邑を営めば、すなわち『牲を郊・社に用ふ』と。『殷礼を称げ、功宗に記し、文・武に禋・蒸す』と。(141)」のほかにも多く引かれており、正志斎が『書経』から影響を受けた部分として注目に値する。例えば「太祖、天神を奉じて、以て不順を討つに、至る所明禋し、遂に霊時を立て、皇祖・天神を祭りて、以て大孝を申べたまふ。(142)」の「明禋」とは、「洛誥」にある「明禋、拝手稽首、休享」という王から周公へ伝えられた言葉であり、柴を焼いて煙りを焚く祭祀である。また「霊時《れいじ》」とは神武天皇が天神を祭ったとされる庭であり、『書経』の要素を取り入れた文章と見られる。さらに『新論』長計篇では、「周公の洛邑を営むや、初めてその地に至り、牲を郊に用ふるもの、最も百事に先んずるは、万姓を天覆する所以のもの、最もよろしく先んずべければなり。(143)」においても「召誥」から引いている。このほか「民は朝廷を尊奉畏敬して、叛する者も自から平ぎ、埴安・振根の徒のごとき、踵《くびす》を旋《めぐ》らさずして戮《りく》に就けり。神道すでに明らかにして、列世継紹したまひ、祀典を四方に班ち、咸《みな》文なきを秩せり。征討すればすなはち功宗を記して、以てその地を鎮し、以て民心を純らにして、夷狄を斥け、獷俗《こうぞく》を変ず。(144)」、及びここに付された割り注である「周人の洛邑を営むや咸文なきを秩し、功宗を記し、功を以て元祀を作せり。その意もまた頗る祖宗の法と相類するものありしなり(145)」では、『書経』の思想的影響を受けた部分として注目すると同時に、そこでもやはり我が国の「祖宗の法と相類するもの」を見出そうとしており、その普遍性を見出すための模索が試みられている。

『書経』の「召誥」、及び「洛誥」とは、周公が一度洛邑に来てその建設を視察した後、西周に帰って成王に報告し、再び成王と共に洛邑にやって来るが、周公のみがそこに留まり治政にあたるまでの記録である(146)。これについて正志斎は、「洛ハ則チ周公留ムルコト七年、以テ斉魯燕晋ヲ興ス。声息相ヒ通ジ、余民ヲシテ形格勢禁、動揺ヲ得ザラシム。其ノ民心ヲ鎮圧スルコト、既ニ此ノ如シ。而シテ又循々告諭ス。悃愊《こんそく》ノ至誠、其ノ心ニ竭《つき》ザル所無ク、是ニ於テ迷民ハ和懌《わえき》シ、干伐永息シ、世ハ太平ヲ楽シム。豈ニ威恩ノ兼施《けんし》ハ以テ其ノ心ヲ服スニ足リ、之ヲ致ス所アラザランヤ。（中略）書ヲ用テ之ヲ命ジ、庶殷丕《ここ》に作《た》つ。古ハ諸侯工役ニ従ヒ、亦タ天子ニ供スノ一事、猶ホ今時諸邦幕府ノ役事ニ供スルガゴトシ。（中略）当時庶殷新定シ、邦君ハ其ノ民ヲ卒ヒ、役ハ周ニ執リ、以テ臣職ヲ供ス。君臣ノ礼ヲ明ニスル所以ナリ。封建ノ制、東西異域ト雖モ、而シテ事勢ノ自然暗合スルモノ、亦タ見ルベキナリ(147)。」として、周公の政治と幕政とを比較した解釈を行っている。続く「洛誥」では多くの頁が割かれており、そこでもやはり祭祀は中心議題の一つとなっている。例えば、「周公、洛ニ宅ト告グノ事、言ク殷礼ニ因リテ之ヲ損益ス。礼ハ祀ヲ大ト為ス。故ニ首ハ新邑ニ祀リテ、文（案）ルルコト無ケレバ則チ其ノ損益スル所ナリ。周ハ魯侯ヲ封ジ、商奄ノ民ニ因リ、康叔ハ殷虚ヲ封ズ。皆啓スニ商政ヲ以テス。洛亦タ殷地ニシテ陰民、故ニ殷礼ヲ称《あ》ゲテ、民心ヲ順ハシムルナリ(148)。」として、周公の洛邑統治における「祀」の存在を強調している。ここで特徴的なのは、「殷礼」の解釈である。それは通例では蔡伝、及び朱淋に従い「殷」を「盛」と解し、「殷礼」を「大礼」として解しているが(149)、正志斎はこれに「従ハズ」と記し殷王朝の意に解している。

礼のあり方においては伝統に根ざしていることが重要であり、それゆえに民心が「順」になるとしているのである。このことからも正志斎の祭祀の思想には、単に天祖を祭るという行為の他に、その土地の文化・風習を踏まえた礼式で挙行することも重要な要素として認識されていた。それは常に儒書の解釈をしつつも、自国の歴史や伝統を引き合いに出し、その根源的理念を共有しつつ、『日本書紀』を主体とする国の個性とも言うべきオリジナリティを援用する姿勢からも看取することができよう。そして後半で再度「周公ハ殷礼ニ因リテ之ヲ損益シ、惇宗《とんそう》シテ祀ヲ称グ。至テ文ルル無ク秩ス。以テ迪乱《てきらん》四方、此レ周公ノ洛ニ居シ命ヲ定ムル所以ノ大礼、此篇ハ反復シ其ノ丁寧ニ致ス所以ナリ。而シテ明堂ハ文王ヲ宗祀シ、四方来祭シ、夫子以テ父ヲ厳ニスルヲ孝ト為ス。聖人ノ徳ハ以テ加フル莫シ。（孝経）礼記云フ、明堂ノ礼、諸侯ニ孝ヲ教フ所以、安ゾ其ノ当日烝禋ニ由リテ起ラザルヲ知ランヤ。古ハ皇朝神祀ヲ崇敬シ、祭政維一、天神地祇神祇ノ祀、経世ノ大典ト為ス。天下ノ大経ヲ率ヒ、焉ニ先ンズル莫クシテ、億兆異物ニ遷ラズ。周公礼ヲ制スハ、東西敻《とおし》ト雖モ、冥符暗合シ、一人ニ出ヅガ如シ。神聖之レ其ノ揆ヲ一ニス。豈偉《すぐ》レザランヤ。[150]」として、周公による「明堂宗祀」の意義を論じ、これが朝廷における祭祀とも「暗合」するものとしている。加えて任意の章立てで構成されている『典謨述義附録』では、「作洛論」上中下の三篇があり、「洛誥」についてさらに詳しく述べられている。「上」では周公が新たに都を作るに際して祭祀を最も重視し、天地鬼神とその徳を一つにするまでのことが述べられており、これは既に『新論』の「補注」でも引用されている。[151]続く「中」では、祭祀における「郊」と「禋」について、「周公洛ヲ作ルニ及ビ、其ノ初ニ至ルヤ、先ヅ牲ヲ郊社ニ用シ、然ル後書ヲ用《もっ》テ庶《もろもろ》の殷ノ邦伯ニ命ジ丕《ここ》ニ作《た》ツ。既ニ功ヲ記シ文王、武王ニ禋《いん》シ、其ノ之ヲ始ムルト終ト、亦タ皆舜ト同ジナリ。而シテ其ノ天地ヲ祭リ諸侯ニ致スヲ以テ、率先逡奔シ、同ク父祖ヲ尊ブ。亦タ武王ノ行フ所ニ遵フ。皆先聖ト其ノ揆ヲ一ニスルナリ。郊ハ天ヲ祀リ祖ヲ以テ之ヲ配スルナリ。禋ハ昊天上帝ヲ祭ルノ名、亦タ文武ヲ以テ帝ニ配スルナリ。（中略）始ニ郊社、四方ハ天地ニモマタ周室之レ有リト為スヲ知ル。乃チ周室ヲ仰グハ天ヲ仰グガ如シ、丕ハ中ニ作テ、四方謹ミテ王職ニ供スルヲ知ル[152]」と説明されている。『中庸』の節でも触れたが、ここでは周公により「郊」の概念に配祀の要素が加えられたことに正志斎も注目していることに加え、これに「禋」の解釈を並列している。「昊天上帝」とは儒学経典においては宇宙の最高神というべき存在を指し、王朝の存在はこの上帝の意志によるものと考えられていた。しかしながら『書経』の本文では「昊天上帝」とは記されておらず、注釈書においても「禋」の解釈については柴を焼いて煙りを上揚するとし、「文献にはこの禋字について種々の説明がしてあるが、すべて後世の解釈である。」としている。(153)では正志斎がこの「禋」を超越的存在である「昊天上帝」を祭ると理解し、周公の功績として特筆していたことは何故であろうか。これについて根拠を求めるとすれば、『周礼』であろう。先の「禋」における正志斎の解釈は、『周礼』「大宗伯」にある「禋祀を以て昊天・上帝を祀り、実柴《じつさい》を以て日月星辰を祀り、槱燎《ゆうりよう》を以て司中・司命・風師《ふうし》・雨師を祀る。(154)」を参考にしていると考えられ、「禋」と「昊天上帝」との関係性が、周公における「禋祭」をそのように理解させたものと考えられる。

また、「作洛論下」では副題として「記功宗」とあり、『新論』でもこれまでの箇所と並列され、「新邑を営めば、すなわち『牲を郊・社に用ふ』と。『殷礼を称げ、功宗に記し、文・武に禋・烝す』と。(155)」と記されている。「記功宗」とは、宗廟において臣下の功績を記録することであり、功績の大きい者には盛大な祭りを行うよう成王から周公へ伝えられた命令である。これがあるのは経伝の中でも『書経』のみであり、正志斎によると「功宗ニ記シ功ヲ以テ元祀ヲ作《な》スト。是ニ於テ群臣百祀、挙ザル莫キナリ。功宗ハ有功ノ宗ナリ。法ヲ民ニ施スガ如ク、死ヲ以テ事ヲ務ムルガ如ク、労ヲ以テ国ヲ定ムルガ如ク、大災ヲ禦《ふせ》ギ大患ヲ捍《ふせ》グ者ノ如キハ、祀典ニ列セザルハ莫キナリ。是レ皆徳ハ民ニ功有ルモノニシテ、人情ノ敬慕スル所、故ニ将礼ハ以テ之ヲ称秩ス。(156)」として、功績のあった者を「祀典」に列し、それを讃えることを述べている。これは先の「天」や「祖」を祭る祭祀とは異なり、臣下であってもその勲功により祭祀の対象となることを認めたものであり、これまでの祭祀とはその意義を異にするものである。そして功臣を祭ることで子孫が「沈淪《ちんりん》」し零落していたとしても、世がこれを「元祀」して讃えることは必要であるとしている。これを踏まえて『新論』の一節である「夫れ万物は天に原づき、人は祖に本づきて体を父祖に承け、気を天地に稟く。故に言苟しくも天地鬼神に及べば、愚夫愚婦といへども、その心を悚動することなきに能はずして、政教・禁令、一に天を奉じ祖に報ゆるの義に出づれば、すなはち民心いづくんぞ一ならざるを得んや。[157]」を見てみると、ここでの「祖に報ゆるの義」とは、この「記功宗」に依拠して述べられた表現であると考えてもよいであろう。ただ、この功績ある臣下を祭るという内容については、『書経』の他に『周礼』でも記されており、[158]同書の内容を踏まえると、複合的に導き出されたと考えられる。

第五節　『易経』

正志斎の『易経』に関する研究は、『泰否《たいひ》炳鑑《へいかん》』と『読易日札』がある。先行研究によると『読易日札』については三巻と四巻については欠落しているものの、六四卦の爻辞《こうじ》の解釈を終えているので、これにより注解を終えたものとされている。[159]各巻の増補整理については、最初に五経大全本の『易経大全』を用いて各卦の注解から始め、任意の卦《か》爻《こう》辞によって立論されており、無窮会所蔵本を成書と推定している。[160]また、それらに「格別に会沢の新見解として見るべきものはない。」としながらも、正志斎の易経研究の特徴として「一君二民、陽尊陰卑の思想的根拠を『易』に求めている点[161]」が指摘されている。徳行における陽卦は一君二民で、陰卦は二君一民としていることから、前者が君子の道で後者が小人の道であり、君子の道を陽道、小人の道を陰道とし、これを一二ケ月の一二消息卦に当てはめ泰卦と否卦に分け、君子小人の価値観と国家の治乱興亡を説明したのが『泰否炳鑑』である。[162]そしてこれらを総括して、「周易の引用の思想には、本来、尊卑の観念もなく先後の観念もない。これを積極的に導入して説き一君二民の思想的根拠としたのが、会沢の周易学であった。或は古事記に見える諸冊二神の国生み神話に基づく発想であろうか。然しこの尊卑・先後の観念を積極的に導入して神州の優位性を説いている点に、会沢学の周易受容のあり方を見ると共に、神主儒従の明証を認めうるのである。[163]」と説明されている。ちなみに正志斎という号は書斎名でもあり、「正志斎記」によると「内ニ難アリテ能ク其ノ志ヲ正シクス。箕子《きし》之ヲ以《もち》ヒタリ。[164]」から引用しており、これは『易経』の「明夷」卦である。「明夷」の「夷」は「傷《やぶる》」の意味であり、自身の身を省みずに紂王の行いを正そうとした文王や箕子が「明夷」の道を用いた聖人とされている。[165]そしてここでは、紂の叔父である箕子が、紂王を諫めたが聞き入れられず佯狂《ようきょう》して奴となり、その志を正し終えたとする一節を指している。「正志斎記」では続けて「箕子ノ明、敢当スル所ニアラザランヤ。然レドモ士ハ志ヲ尚クシ、艱テ能ク正ス。是レ天ノ我ニ命ズル所ニシテ、文王・周公・孔子ヲシテ之ニ言ハシム。我ノミ提スガ如シ。夫レ室ハ我居ル所ノ天地ナリ。我之レヲ名スルニ天ノ命ズル所ヲ以テ、其ノ間ニ俯仰宴息《ふぎょうえんそく》シ、以テ天命ヲ宅《さだ》ム。而シテ我志ヲ尚シ、其ノ正ヲ失ハザラント欲スルナリ。[166]」とあり、箕子を範として自身の「志」を貫徹しようとする胸中を表している。

さて、正志斎と易との関係についても幽谷からの影響は無視できない。これについては次のように回想している。

> 先生謂へらく、「易の起る、本象数に由りて義生ず。漢儒象数を説く、尚古に近しと為す。唯其の節牽強附会多し。王氏専ら義を説き、陋習を一洗す。然れども象数を離れて義を言ひ、其の本を失ふ。且つ説く所老荘の見に出づ。程伝に至りて始めて聖人の意に本づく。其の正を得たりと為す。朱義出づるに及んで、而して経文古に復す。而して其の義も亦益々明かなり。然れども皆象数を論ぜざれば、則ち未だ其の義の本づく所を得たりとせず。学者象義を兼ねて之を推求せよ。然る後始めて易を学ぶの本末を失はずとせん。」[167]と。

幽谷によると、魏の王弼は「象数」と「義理」が分離しており老荘の見解に基づいているため参考とはならず、宋の程子、朱熹の『周易本義』でも「義理」については明らかとなったが、「象数」を論じていないため、「象義」を兼修する必要性が重要だとしている。ここでの「象数」とは易の各卦が象徴する形と、その卦を形づくる六爻のもつ数のことであり、これから派生して運命や天命といった意義を含むものであると考えられる。こうした幽谷からの教えを基礎とした易学は次のような言葉で表現されている。

> 聖人ノ易ヲ作ルハ、以テ天地ノ蘊ニ発ス。其ノ活動変化、生々トシテ息マズ。以テ万物ヲ鼓鑄《こちゅう》スルモノハ、天地ノ精神ナリ。聖人ノ象、観卦ヲ設ケ、以テ人事ノ則ト為ス。即チ形ヨリシテ上ナル者之ヲ道ト謂フ是レナリ。而シテ其ノ百行万事、吉凶善悪、尽ク備ハラザルハ莫シ。聖人ハ天地ヲ視ルニ活物ト為シテ、天必ズ人ニ及ブト言ヒ、未ダ嘗テ天人ヲ以テ二ト為サザルナリ。近世ノ洋学者流、盛ニ西洋窮理ノ精細ヲ称ヒ、道聴塗説シ、其ノ声ヲ聞クモ而シテ其ノ実ヲ覚ズ。天地之レ活物為ルヲ知ラズ。天地日月、霜露雲雨ノ類、其ノ形状ニ就イテ、其ノ理ヲ縷析《るせき》ス。其ノ目ル所ハ視ル能ハズト雖モ、臆度意想《おくたくいそう》、細ハ牛毛ノ如ク、棘猴《きょくこう》ノ世ヲ欺クガ如シ。天地ヲ視ルコト一器玩ト異ナラズ。即チ形ヨリシテ下ナル者之ヲ器ト謂フ是ナリ。徒ニ其ノ形器ヲ論ジ、天地ヲ視ルニ死物ト為ス。天ヲシテ人ニ相合セザラシム。其ノ説巧ト雖モ、而シテ人ヲ離レテ天ヲ説クハ、人事ニ益無シ。其ノ説ヲ唱フ者ハ、浅陋《せんろう》無識、蛮夷ノ鴃舌《げきぜつ》ヲ信ズ。以テ聖人ノ大道ヲ凌駕ントシ、世道人心ニ害ナルハ、勝ゲテ言フベカラズ。易ヲ読ム者淂ト之ヲ深ク思ハザランヤ。[168]

このように正志斎は洋学について、天地を形而下の事物と同様に考え「死物」として扱う学問に疑念を持ち、天人相関にもとづく易の思想に理解を示していた。また、「天地」の理解には聖人の作成した易の思想を手段とすることが不可欠であり、形而上の学問におけるその意義を認めていたと言ってよいであろう。『易経』では「卦形」・「卦名」と「卦辞」・「爻辞」の本文とがあり、これらを「経」としている。「卦形」は六四種あるので同数の「卦名」があり、「卦辞」とは各卦の卦全体に繋げた辞を指し、「爻辞」とは各卦の各爻に繋げた辞を指している。六四卦であるため、「卦辞」は六四、「爻辞」は各卦六爻で三八四あり、この「経」をそれぞれの立場において伝述し経文の意味を解明しているのが「伝」とされる。この「伝」には彖伝、象伝、繫辞伝、文言伝、説卦伝、序卦伝、雑卦伝の七種あり、これらを一〇篇に分けたものを「一〇翼」とし、「翼」とは「たすける」の義で「経」を補佐し伝述して、その意味を解明している。この「経」（本文）と「伝」（一〇翼）とにより構成されているのが『易経』である。(169) こうした『易経』における泰否の関係性に依拠しつつ、君子と小人の価値観と国家の治乱興亡を論じたものが『泰否炳鑑』である。そこでまず『読易日札』にまとめられた「泰」の箇所を確認しておきたい。

小往キ大来ルハ、則チ地気ハ天気ヲ稟《う》ケテ、上行シ形質ト為ル。天気ハ形質中ニ潜行シテ、下リ済シテ之ヲ発揚ス。万物以テ通シ、天地ハ以テ泰ナリ。人在レバ則チ上ニ仁政有リ。恩意ハ下ニ洽クス。下情上達、竭《けつ》誠《せい》感戴、上下六爻皆応ジ、其ノ志ヲ同ジクスルヲ以テ、国家以テ泰ナリ。彖辞云フ、吉ニシテ亨《とお》ルハ、此ヲ以《もち》フナリ。或ハ疑フ君子小人其ノ志ヲ同ジクセズ。上下交ト雖モ、宜シク小人ヲシテ同志ヲ得ベカラズ。曰ク君子ハ陽剛、己ヲ修メ人ヲ利ス。小人ハ陰柔、志ハ己ヲ利スヲ専ラニス。二者弁ゼザレバ則チ忠邪混淆トシテ、是非顚倒ス。人各心有リ。而シテ其ノ志シハ一ナラズ。上下交ハルガ如クシテ壅塞《ようそく》無ケレバ、則チ是非分明ス。而シテ忠邪ハ弁ズベシ。（中略）以テ天下之ヲ言ヘバ、則チ君子ハ陽ニシテ内ニ健在シ、以テ君徳ヲ輔ク。小人ハ陰柔ニシテ外ニ在リ、以テ使令ニ供ス。君子ノ道ハ日長ク、勢ハ三陽春ヲ遇スルガ如シ。小人ノ道ハ日消シ、猶ホ歳三陰ヲ改ムルモ讒ヲ存スルガゴトシ。駸々乎トシテ日趨リ休明ス。天下泰安ナル所以ナリ。世称《いわゆる》尭舜ノ時、比《ひ》屋《おく》封ズベシトハ、是レ紙上ノ談、実事ニ非ザルナリ。世ハ小人ヲ無クス能ハズ。猶ホ莠《はぐさ》ノ苗ニオケルガゴトシ。尭朝四凶有リ、舜ハ讒説《ざんせつ》ヲ堲《にく》ム。五刑五用、皐陶ノ刑、以テ廃スベカラズ。

豈其ノ無実ノ小人ナランヤ。但ダ其ノ内ニ在ルト外ニ在ルト、泰否ノ分ル所由ナリ。故ニ衆ヲ選ブニ皐陶ヲ挙ゲ、不仁ナル者ハ遠ザク。遠ハ之ヲシテ朝廷親密ノ地ニ在ラシメズ、之ヲ外ニシテ之ヲ処スハ之疎遠ノ謂ヒナリ。故ニ又曰ク、佞人《ねいじん》ヲ遠ザク、亦タ之ヲ遠ト云フノミ。而シテ君子、小人、内外、消長、泰否、是ニ於テ判ズ。大易ノ明戒、察セザルベカラザルナリ。(170)

このように正志斎は「君子」と「小人」の存在を認めた上で、「小人」を否定して排除することを求めるのではなく、それぞれの「志」に応じて適材適所に配置することを記している。ただ、そこでも「忠邪ハ弁ズベシ」とあるように一定の秩序感覚の必要性を述べている。ここで「正邪」ではなく「忠邪」(忠心と邪心)としたのは、歴史的教訓を踏まえた政治のあり方が念頭に置かれていたのであり、その具体的事例と正志斎の解釈については、『泰否炳鑑』に纏められている。

『泰否炳鑑』は正志斎の閑聖編に属する著作としてその存在は知られているが、管見の及ぶ限り、その内容を主として論じた研究は見あたらず、解説書でも簡単に触れられている程度である。同書は嘉永元年(一八四八)に記されたものであり、易の思想的観点から宋代を中心にその盛衰について独自の視点で論じられている。その一巻では「両卦略解」と題されて「泰否」の解説が成されており、その冒頭では正志斎の易観というべきものを窺うことができる。

天下治乱ノ迹、古今ノ人情時勢万変アリテ言語文字ノ能ク尽スヘキ所ニアラズ。聖人大易ノ象ニ因テ其意ヲ寓シ給ヘリ。易ノ六十四卦三百八十四爻、天ノ神道ヲ尽シ、天地人ノ消長変通備ラスト云コトナシ。易ノ窮理尽性ト云ルハ、陰陽運動ノ妙ヲ著シタルモノニテ、近時西洋ナトノ無用ノ穿鑿ヲ務メ、聖人ノ名ヲ仮テ人事ヲ離レ人ヲ欺クモノトハ雲泥ノ差ナリ。(中略)聖人ノ道ハ、カクノ如キ無益ノ穿鑿ヲスルコトヲ索隠行怪トテ大ニ嫌給ヘリ。聖人ノ道ハ極テ広大精微ニシテ、万物ノ理不備ト云コトナシト雖トモ、至テ着実ニシテ天下国家ヲ治ルヨリ一身ノ躬行心術ニ至ルマデ尽ク備リ、其消息盈虚《えいきょ》ノ理、言語文字ニ尽シ難キ所ヲ易ノ象ニ因テ是ヲ示シ給フ。其中ニ治乱興衰ノ勢ヲ説ケルコト泰否ノ二卦ニ明了ナリ。依リテ人ヲシテ其象義ヲ諭リ易カラシメン為ニ俚語《りご》ヲ以テコレヲ略解シ、次ニ漢唐宋明ノ事実ヲ略挙シテ治本乱機ノ両卦ト的中セルコトヲ証シ、国家ヲ治ル人ノ鑑戒トナランコトヲ庶フ。見ル人、紙上ノ空論ニ付スルコト無クハ幸甚シカルヘシ。(171)

ここでの正志斎の執筆意図で注目すべきは、天下の治乱興亡を理論的に解説するには限界があり、その「言語文字」によって表現しきれない部分を、易の思想により解き明かそうとしたことであろう。歴史を「鑑戒」として見ることは『大日本史』の編纂理念においても共通しているが、歴史学を易学の視点で再分析し、それを「俚語」により読みやすく論じたことは一般に供することを念頭に置いてのことだと考えられる。またその擱筆の辞として、「後世天下国家ヲ治平センニ、泰否二卦ノ象義ヲ深ク玩味シ、且之ヲ証スルニ歴代ノ君子小人ノ内外消長ノ実迹ヲ以テ反復シテ思ヲ致シ、是ヲ紙上ノ空言トセスシテ今日ノ実事ニ施行ハヽ、庶幾ハ過寡《あやまちすくな》カランカ。余、泰否二卦ヲ観テ深ク易象ノ空言ニアラザルコトヲ感ス。易義ノ深奥ナルコト筆舌ノ及フ所ニアラザラントモ、聊カ是ヲ略解シ、因テ古来ノ実事ヲ挙テ象義ノ人事ニ的確深切ナルヲ証スルコトカクノ如シ。(172)」と記しており、易学を媒介として、我が国に適応可能な普遍的政治理念について、幅広い読者層を想定した興味深い著作である。そして「泰否」については、「泰ハ天地和合シ君臣上下ノ情相通シテ国家泰安ナル卦ナリ。其卦、乾ヲ下ニシ坤ヲ上ニス䷊、乾ハ天ナリ坤ハ地ナリ。天気ハ上ヨリ下リ、地気ハ下ヨリ上リ、天地相交ル卦ナリ。否ハ坤ヲ下ニシ乾ヲ上ニス䷋、天気下ラズ地気上ラズ天地交ラズ、上下通セズ、国家否塞セル卦ナリ。」として卦意に従った解釈を説きつつ、先の尭舜の世における「皐陶ノ刑」をその例として挙げている。また、これを自国の歴史にも投影し、「東照宮ノ小人ハ役義ニカケズ、下ニ在テ政ノ妨ニナラヌヤウニスヘシトノタマヒシモ即チ此意ナリ。」(173)とし、幕政でも用いられた価値観であると認識している。また、『新論』においても『易経』の視点から君子小人を説いており、「語に曰く『君子は義に喩り、小人は利に喩る』と。苟しくも義利をして弁せず、小人にして君子の器に乗らしめば、すなはち天下の利は、未だ変じて害とならざるを見ざるなり。」(174)と表現されている。これは、「繋辞上伝」第八章から引いた言葉であり、そこでは小人が君子の用いるべき乗り物に乗っていると、分不相応ゆえに盗人はこれを奪ってもかまわないと考えることから、一国においても上位が放漫で下位が横暴であるなら、他国がその国を討伐してもかまわないと思わせてしまうことを意味している。(175)

では、『泰否炳鑑』本文を見てみると、巻二と巻三では「消長事証」と題され、北宋第六代皇帝である神宗政権下での変遷を中心にして、政権内における「小人」の跳梁が、いかに国家の衰亡と関連しているかが詳しく描かれている。これは『新論』が主とする「外患」への警鐘に対し、特に「内患」について述べているという点でも興味深い。具体的には神宗に登用された王安石の諸政策を中心としてその「泰否」を考察し、安石に代表される「小人」の存在は、「君子ヲ害スルコト、只其悪ヲ生者ニ施スノミニアラズ、死者ニ至マデ其棺ヲ破リ尸ヲ暴ントス。」(176)として「其陰険深刻ナルコト実ニ甚シ。」としている。

王安石の諸政策の詳しい内容に関しては先行研究に譲るが、それらの政策を概観して「論説スル所ハ皆財利ノ説ノミナリ。」(177)とし、安石は「是ヲ周ノ泉府ノ法ナリト称スレトモ、実ハ経文ノ一両句ヲ挙テ己カ私意ニ附会シタルナリ。」(178)としている。また「小人ハ一身ノ利害ノミ謀テ、国家ノ善悪利害ニハ一切心ヲ留メザル故、時ノ風向ニテイカヨウニモナルナリ。」とその語気を強め、己の利害のみを追求し、国益を度外視する「内患」について宋代の歴史を拠り所として危険視している。これまでも王安石については、正志斎以外にも様々な評価が多様な立場の者から論じられており、東一夫氏の研究では中世五山の禅僧から、近世の儒学者にかけての言辞が纏められている。正志斎の王安石に対する評価は批判的なものが多いけれども、その背景として東氏の論考を一瞥しておくことは、他の安石評と比較する上でも有益である。例えば林羅山については、「要するに学問的研究の上からではなく、政治的な、或いは学閥的な風潮に立って結論を下し、王安石も王莽も『周礼』を利用して悪政を行ったという点において、同罪であると決めつけているのである。」とその内容を分析している。[179]また頼山陽《らいさんよう》に関しては、政論とそれを導き出す諸要素に多くの共通点があるにも関わらず批判的であったのは、「山陽が『周礼』についてどれ程研究をしたかも疑わしい」とした上で、「筆禍を恐れる性格と、彼の社会的地位が大きく作用しているのではあるまいか」とその信憑性に疑問を提示している。[180]そこでこれらの点に関して述べるならば、正志斎はいずれとも該当しないであろう。学問的研究においては、『読周官』をはじめとして『周礼』についても詳細に研究した論考があり、「筆禍」という点に関しては公的出版を阻まれるほどの『新論』を執筆しており、「政治的」立場云々を配慮する「性格」とは言い難い。加えて安石も『周礼』を根拠として諸政策を遂行しており、安石同様に『周礼』研究に余念のない正志斎の言葉は注目に値するであろう。[181]これらを踏まえ正志斎の安石論を考えるならば、そこには「風潮」等に左右されない独自の視点があり、わが国における他の安石論者と比較しても、その評価には一定の説得性が読み取れるように思われる。そして、ここでの「視点」とは、彼自身が編纂に関与した『大日本史』で表された史観とも無関係ではない。これは正志斎が、「君子」、「並君子」、「並小人」、「小人」と人物名の下に割り注を施していることからも、大義名分の理念により纏められた『大日本史』における「列伝」の記述と、共通した理念によるものであると考えられる。

ここで正志斎が繰り返し述べている「驕心」について、言及しておきたい。「驕心」が安石をはじめとする「小人」とどのように関係するかと言えば、「富貴ノ人、驕慢ナラサル事少シ。驕慢ナレバ已ニ誇テ人ヲ侮ル。故ニ甘言ノ疾ヲ愛シテ苦言ノ薬ヲ悪ム。諫官ヲモ陽ニ敬シテ陰ニ忌ム。然ルニ仁宗、是ヲ親近スルコト実ニ賢君ト云ヘシ。」[182]として、「苦言」を呈する「君子」よりも、「甘言」を述べる「小人」を重用する王の危険性を記している。そして、「安石初ヨリ甘言ヲ進メ、論説スル所ハ皆財利ノ説ノミナリ。」[183]というように、「小人」は「財利」のみが論点であり、「一身ノ利害ヲ謀[184]」るため、「人君」への「義」は軽んじられ、状況次第で「夷狄ノ臣妾」にもなり、「遂ニ国家ヲ亡ス」と結論づけている。そこで宋代衰亡の歴史が、「小人」の周旋にあると考えた正志斎は、指導者たる「人君」の教育を重視し、「小人」に付け入る隙を与えない「有用ノ器」を育成することを目的としたのである。そして、そうした「器」を備えた「聖賢」を教育する目的で書かれた『周礼』の学制こそが、正志斎の要求を満たすものであった。

では、こうした北宋衰亡の要因となった「小人」の周旋に鑑み、如何なる歴史的教訓を導き出した結果として、『周礼』の学制に依拠するに至ったのであろうか。それは国家の命運は「人君ノ明暗ニ由テ相消長スル事ナル故[185]」と述べているように、指導的立場にある「人君」の養成を重視し、「神宗、実ハ美質ニシテ有為ノ君ナレドモ、聖賢ノ大道ヲ知ラズ、義利ノ弁ニ暗ク、利ヲ先ニスルハ必小人ナル事ヲ悟ラズ[186]」とし、「安石ニ迷テ暁ル事能ハズ、人ノ邪正ヲ弁ゼサリシモ、其本ハ道理ニ暗キ故ナリ。孔子モ言ヲ知ラザレバ、以テ人ヲ知ルコト無キナリト仰ラル。言ヲ知ルトハ道理ニ明ニシテ、邪正曲直ノ言ヲ能ク弁明スルヲ云、是人君学問ノ要ナリ。[187]」と述べている。また、「人君ハ常ニ警戒優恤シテ安逸ニ流ルヘカラサル事、前ニモ論セシカ如シ、然ニ安石、己カ僻説《へきせつ》ヲ信用セラレン為ニ三不足ノ説ヲ主張ス。天変、人言、祖法ノ三ハ人君第一ニ畏敬スヘキ事ナリ。是ヲ畏レザル時ハ何事モ心儘ニナリテ、人君ノ戒惧ハナキ事ニナルナリ。小人ノ是非ヲ顚倒スル事甚シト云ヘシ。[188]」として、「人君」が特に心得べきものとして「天変、人言、祖法」を挙げている。さらにこの「祖法」に関しては、「宋ノ天下ハ祖宗ノ天下ナリ[189]」とした上で以下のように記している。

> 小人ノ指シテ先帝ノ政ト云モノハ、神宗、安石等ニ欺レタル邪僻ノ弊政ニシテ、宋代祖宗ノ旧法ヲ乱リタルナリ。宣仁ノ改タルハ其祖宗ノ旧法ニ復シタルナリ。然ニ庸俗ニテハ一旦政令ニ出タルコトヲハ、後世ノ弊政ニテモ祖宗ノ旧法ト同様ニ心得ル故、旧ニ復シタルヲモ旧ヲ改ル様ニ云ナシ、是非ヲ混淆ス。聖賢ノ道ト

祖宗ノ法トノ美意トヲ熟知セサル時ハ、離間ノ言モ入易キコト千古ノ通患ナリ。(190)

ここでは宋代における「旧法」を述べているけれども、正志斎はこれを自国に投影して考察していることは間違いないであろう。それはこれまでも見てきたように、儒書に記された核心的思想内容についてその普遍性を探り、自国へと投影していることからも明らかである。そして「聖賢ノ道ト祖宗ノ法」を並列していることは、「人君」教育法の普遍性と、各地域の特殊性を「熟知」することが、その教育には不可欠であることを強調したものである。ちなみに、「人君」の国家の統治理念においては、「人君ノ国家ヲ治ルハ天工ニ代テ天職ヲ行フナレバ、一己ノ私智ヲ以テセズ、天然ノ道ニ本ツキ天地相交ルノ象ヲ観テ、是ヲ以テ天地ノ道ヲ人事ニ施スナリ。（中略）人君天地ニ代リ天然ノ宜キ所ヲ輔ケ相ケテ人事ニ施シ民ヲ治ム。左右トハ左右ヨリ手ヲ添テ介抱スル意ナリ。是皆上下ノ情通ゼズシテハ万事手違ニナリ。(191)」と述べており、国家を「人君」の個人的見解において治めるのではなく、「天地ノ道ニ本キ」掌握することと、「上下ノ情」が疎通していることといった条件を述べている。それでは正志斎が理想としたわが国における「人君」教育の模範とは、どのようなものであったのであろうか。これは、先に述べた「人君」教育法の普遍性とも関連するが、『学制略説』等の著作には、その具体例を読み取ることができない。けれども『泰否炳鑑』には以下の先例が記述されている。

幼主ヲ輔導スルノ論、古周公ノ成王ヲ輔ラレシ時ヨリシテ此ノ如シ。台徳公ノ御時、皆川老甫ト云武功ノ老人ニ命シテ毎日西城ヘ出、竹千代君（大猷公ノ御事）御心得ニナルヘキ雑談ヲ仕、挨拶人ニハ林道春、大橋立慶ヲ命セラレシモ是ト暗合ス。是幼主ヲ輔導スルノ要務ナリ。此ノ如クナル時ハ、寺人宮女ト親ムコト自然ニ少ナクナリテ、瑣末ノ語ヲ聞クコト少ク、正大ノ論ヲ聞事多ク、幼君ノ徳智自然ニ長シテ賢明ノ君トナルヘキ基本ナリ。(192)

このように正志斎が日本において模範と考えた教育は、「大猷公」こと徳川家光の受けた教育法であり、「人君」とは家光を念頭に置いてのことであった。そして皆川老甫、林道春、大橋立慶による教育は『周礼』の教育法とも暗合するとし、「人君」教育における普遍性を提示している。こうした『泰否炳鑑』によって導き出された歴史的考察と、『周礼』に依拠した学制論、そして教育における普遍性と特殊性の両立を勘案すると、そこではやはり、水戸学の特長でもある「実践」に基づいた教育規範を読み取ることができるであろう。「君子小人ノ情態古今一徹ナレハ、古ヲ鑑トシテ今ヲ知ヘキコト勿論ナリ。徒ニ古ヲ見テ今ヲ知ラザルハ百万巻ヲ誦スレトモ無益ナリ。」(193)という言葉に象徴されるように、正志斎は古に拘泥し、机上の遊技を楽しむ学者ではなかった。『新論』によって示された思想と行動規範同様、正志斎の教育論は水戸学者として探求され続けた歴史的考察と、現実社会の直面する諸問題への応用を模索することによって導き出された結論であったのである。

第六節　『周礼』

正志斎が『周礼』について著した『読周官』は、他の思問編と比較しても内容的に最も充実したものであり、(194)それゆえに『新論』のみならず教育関係の著作においても『周礼』の言及は多い。正志斎を『周礼』へと導いたのにはやはり幽谷の影響があり、『及門遺範』では次のように記されている。

先生好んで周官を読む。謂へらく、「聖人天地を経緯し、国家を綱紀するは、悉く此の書に備はれり。其の発明の説、大抵前賢未だ発せざる所、而して其の説軍令を内政に寄せ、管仲斉を治むると同意なり。司馬の軍政は即ち司徒の六郷、之を治するの法多く今制と合す。西土の諸儒は郡県の世に在りて、而して、封建の制を説く。紙上の談多く、尽くは信ずべからず。今世目のあたり封建の勢を見、周室封建の世を論ず。愈々其の事情に的切なるを覚ゆ。独り軍政を然りと為すのみならず。」と。安、此の言を聴き、恍然として蒙を発する有るが如し。始めて此の書の実用に切なるを知る。信に先生の厚貺《こうきょう》なり。(195)

正志斎の著作においては、「藤先生曰」として幽谷の言を引いている箇所が多分に散見することができ、『読周官』においてもそれは例外ではない。幽谷は特に『周礼』に関する著作を遺していないものの、その理解は徳川期の学者においても注目すべきものであったことは曽我部静雄氏の研究に詳しい。曽我部氏は幽谷について「その律令の知識は歴史の知識以上であり、徳川時代の学者中で最も傑出した律令学者であると私は認めるのである。」とし、『勧農或問《かんのうわくもん》』を中心に分析を行っている。(196)そこでは、「我が令制の力役を述べるに当つては、これを先づ周礼と比較し、周礼の力役の原則に照して、両者が原則的には同じであることを明かにしているのは、全く正鵠を得た《(ママ)》論断と謂ふべきである。」とし、特に幽谷が征役に『ヤク』、施舎及び舎に『ユルス』、服公事者に『ツトメスルモノ』と言ふ振仮名をつけているのは全く正しい説明であると解説している。(197)さらに、こうした振仮名の記載や、課役に徭役を当てたことについても「余程の勇気があつたからこそ、敢てこの行為に出たのであらう。」とし、「何故ならば、我が国では中国の律令が輸入された頃から、この課役を調・庸、或は調・庸・雑徭、更には租・調・庸・雑徭と解釈し、これ等を負担するのが課口・課丁・課戸であり、負担しないのが不課口・不課丁・不課戸であると見做して、法令もその線に副つて実施したのである。このやうな厳然たる既成事実を無視し、全く別の解釈を立てて堂々と発表したのは、幽谷に確信があり勇気があつたからこそ為し得たのである。」(198)と論じている。こうした見識は同時代の「制度通」の著者である伊藤長胤《いとうながつぐ》や、「兵制新書」の岡熊臣《おかくまおみ》などと比較しても、『周礼』の施舎制度まで溯って論じてはいないので卓越したものであると言えよう。このように幽谷の『周礼』についての理解は、徳川時代の学者においても際だったものであり、ここから多くを学んだ正志斎の

『周礼』論も注目されるべき論考であると考えられる。そのうえ「会沢の立論の根拠には常に聖人の聖経が援用されるが、その聖経の内でも尚書・周官・周易の三経が最も有力である。会沢の経伝研究において、この三経に特にその精力を傾倒している所以でもあるが、その三経の中でも特に周官に対して努力を集中している」[199]という指摘に加え、藤田東湖の遺稿からも『周礼』の影響を看取することもできることから、[200]後期水戸学と『周礼』との関係性については、幕末維新期の思想研究においても不可欠な視点である。

　そこで、本章で扱う『周礼』について少し解説を付しておきたい。同書は『周官』、『六典』とも言い全六篇から構成されている。内容は天地春夏秋冬に則《のっと》って官制を立ててその職掌を述べたものであり、各官六〇の官職から成り立っているため、全部で三六〇官から構成されている。作者は不明であり、当初から冬官が欠けていたので、それを「考工記《こうこうき》」によって補完している。『周礼』は始皇帝による焚書後、漢王朝の初期である文帝から武帝の時代に民間から発見されて朝廷に献上された。周王朝創立の功労者周公旦の行政典範であるという評価がある一方で、戦国乱世の陰謀家の作とする意見もある。発見された時には秦以前の古い文体、いわゆる古文で書かれていたので、前漢末の経学の今古文論争では劉歆《りゅうきん》らの古文学派に大いに重用された。そして安定した学術的地位を確立したのは後漢の鄭玄からであるとされる。『周礼』は特定国家の下で編纂されたものでないため、理想的行政法典としての権威を持ち、王莽や王安石の理論的根拠ともなった。日本では令制下の大学寮の教科書中にその名があり、鄭玄の注を用いることとされていた。また荻生徂徠が『周礼』を好んだことがよく知られており、近代以後では津田左右吉・宇野精一・重沢俊郎らによる文献学、及び思想史的研究がある。[201]

　一方、羽賀祥二氏は『周礼』が明治維新に与えた影響について論文を発表しており、明治政府における行政組織の名称が『周礼』に由来していることや、水戸学と『周礼』との関係、そして幕末において『周礼』を研究した人物などが取り上げられている。そこでは、正志斎を含め伊藤東涯や太宰春台、安井息軒らについて、その関連著作と共に特徴が述べられている。そして同氏は、『周礼』と維新政府の官制、君主論、地誌編纂のもつ歴史的意義の関係を解き明かすことが今後の課題であるとし、「『周礼』研究で培われ、共有化された知識と方法が幕末維新期の政事改革のどのような所に反映しているのかを考察することは、近代西欧の統治理念・技術を広汎に、かつ速やかに受容しつつ形成されていった明治維新の特質と知識基盤を再検討する上で重要な課題だろう。[202]」と結んでいる。羽賀氏も幽谷、及び正志斎と『周礼』との関係については一節を割いており、その「六官制」との関連について言及している。

　さて、先の幽谷の言葉にも「之を治するの法多く今制と合す」とあるように、正志斎も幕府による現行の封建制度と一致する点が多いことを認め、理想的な国家体制の姿を『周礼』の中に求めていた。また、先行研究によると、正志斎が『周礼』を研究した理由は、「『周官』は変革者にとって魅力にみちあふれるものであったのである。それは『周官』が一王のために具体的な法を設けるという性格を有していたからである。会沢もこのような『周官』の本質をみぬいていた。」として、それは「天皇親政を合理化しうるもの」であり、「天皇親政下における封建制」を実現するための理想像を示したものとし、[203]また諸制度においても「水戸学的理想に合致する点が多」く含まれていたとしている。[204]このことは他の思問編における著作同様に、『読周官』の編目においても正志斎独自の構成となっており、「理想」と認めた点について解説する形式となっている。具体的には、『周礼』の六官の長と副とを掲げ、それ以下については任意で取り上げたものが記されている。『周礼』の規定する官制・職掌とは、天官は冢宰《ちょうさい》に率いられて六官の全官僚を統轄し、地官は大司徒に率いられ、所管する領域は教育・財政を含む地方行政一般であり、春官は大宗伯を長とし所管する領域は国事行為としての儀礼一般を掌《つかさど》り、同時に各種の祭祀をも政務とする。夏官は大司馬に率いられ、所管する領域は国軍を主とし、軍の編成は住民組織に対応している。秋官は大司《だいし》寇《こう》に率いられ、所管する領域は法務一般のほか国賓の接待などを掌握し、冬官は佚亡したため「考工記」が当てられ、車輛兵器・日用工具などの技術職と製作工程などを記述している。[205]そして『読周官』の特徴については、「特に六官の職任につき会沢のすぐれた見識を見ることができる。それは六典を実施する六官の職掌に各々専門とするところがあるが、その権勢を均しくしてある点を指摘していることである。」とし、「その長の権力の重い者は属の要職は軽く、その長の権力が軽い者は、属の要職を重くしてあり、軽重を均しくして偏るところがない。その用意の周密さに聖人の深慮を見ることができると論ずるが如きである。」としている。[206] これに加え、「軍賦の制を内政に寄せて説くのは、文武不岐・兵農一致を主張する会沢説の一特色をなしている。これは先師幽谷の説を継承するもので、その解明に甚だしく努力している。[207]」とし、また『周礼』の作者と成立年代の問題については、「周公の筆に成るものではないが、必ず周史の手に成るものであると断定して」おり、これについても幽谷の説を受け継いでいるとしている。[208] ただ、『読周官』は「総論」から始まり「天官」から「秋官」までを論じて終えているので、「考工記」（「冬官」）については触れていない。そこで、『読周官』の構成を一覧しておきたい。

巻一　「総論」、「井田、溝洫、民居」、「大宰・六典」、「八法」、「八則」、「八柄」、「八統」、「九職、九賦、九式、九貢」、「九両」、「小宰、宰夫以下諸官」、「宮正、宮伯」、「大府司会」、「内宰」。

巻二　「大司徒・地図、民数」、「十有二教」、「荒政」、「保息六」、「本俗六」、「比、閭、族、党、州、郷」、「職事十有二」、「郷三物」、「郷八刑」、「五礼、六楽」、「小司徒、郷師以下諸官」、「郷大夫」、「布教、頒法」、「賓興賢能」。

巻三　「州長」、「祭祀、飲食、喪紀」、「党正」、「族師、閭胥《りよしよ》、比長」、「載師、閭師、県師、遺人、均人」、「師氏、保氏」、「徳行道芸」、「国中失之事」、「養国子以道」、「司諫、司救」、「調人、媒氏」、「司市」、「遂人至隣長」、「廩人」。

巻四　「大宗伯・天神、地祇、人鬼」、「吉、凶、賓、軍、嘉」、「天産、地産」、「小宗伯、肆師以下諸官」、「天府」、「司服為天王斬衰」、「大司楽」、「禁淫声、過声、凶声、慢声」、「大史、内史」。

巻五　「大司馬・九法、九伐」、「九畿之籍、邦国之政職」、「振旅、茇舎《ばっしゃ》、治兵、大閲」、「小司馬以下諸官」、「司士、諸子」、「大僕」、「職方氏以下諸官」。

巻六　「大司寇・三典」、「五刑」、「圜土《えんど》、嘉石、肺石」、「小司寇、士師以下諸官」、「八辟」、「士師、五禁、五戒、八成」、「大行人以下諸官」(209)。

正志斎の『読周官』を扱った研究では、間嶋潤一氏のものが最も詳しく、本書においても必要に応じて参照した。それでは、『読周官』の概要が示されている「総論」から見ていくことにしたい。

周官一書、鄭玄謂らく周公の太平を致すの迹なりと。而ども陋儒或いは此れ聖人の書にあらずと疑う。是れ、其の人、聖人の制作の深意を窺うこと能わざるに由りて、好みて異説を為す、夏虫の氷を疑うの類なるのみ。我が先師藤先生、此の篇を尊信し、発明するところ甚だ多し。嘗て謂う、周室の封建の制、国家の封建の勢と暗合するもの尠なからず、愈以て事情に切なるを見る。漢土の諸儒は郡県の世に在りて、封建の制度を論じ、目のあたりに実形を見ざれば、隔靴《かっか》搔痒《そうよう》の如し。宜なるかな、其の説多く実に切ならざるやと。今、先生の言に因りて之れを考うるに、聖人の経綸の大業は、此の書において之れを見る。其の謀慮の遠大、精詳なること、聖人にあらざれば則ち之れを為す能わず。而して漢唐以後、制を立て法を設くる者の能く髣髴《ほうふつ》する所にあらず。則ち後世、偽作せんと欲すると雖も、而も其の人、聖人にあらざれば、将た安んぞ之れを為さん。況んや郡県に在りて之を憶度模擬して、以て封建の経制を贋造するをや。然らば則ち此の書、周公の筆する所にあらずと雖も、其の周史の手に成ること、万万疑う可きことなし(210)。

『周官』の成立経緯については先に述べたが、これが周公の作であると言い切れないことは承知しつつも、その充実した内容からも信頼を置いていたようである。これは先に見たように『周官』に深い理解を示していた幽谷から、直接的に教えを受けていたことと同時に、その応用範囲の広さは新時代においても適応可能であると認識させたと考えられる。このため国家経綸の施策が記された『周礼』を基礎として、『新論』を含めた正志斎の著作に多大な影響を与えていることは言うまでもない。具体的に見ていくと、『新論』では「周官には、天官は首として六典を掌り邦国を治むる者にして、政事においては統べざるところなきなり。地官は首として土地の図、人民の数を掌る者にして、土地・人民は統べざるところなきなり。二官は四時の官を経紀して、春秋二官の掌るところは、多く典礼・政刑のことなり。夏官は軍を制する者にして、人民を用ふるなり。冬官は空土を司る者にして、土地を治むるなり[211]。」と概説している。これは先に引用した「総論」の後半を簡略に述べたものである。ここで述べられているように、「天」、「地」の二官が『周官』における主要な役割を担っているため、両官と春官を中心にして『新論』では言及されている。そこで天官から見ていくと「周礼、天官の首に、六典を以て邦国・官府・万民を統制すとは、これを天覆するなり[212]。」として「六典」を強調している。この「六典」とは、治典、教典、礼典、政典、刑典、事典の六種の法典を指し、『周官』では「大宰の職。邦の六典を建て、以て王を佐け邦国を治むることを掌る[213]。」とされており、国家統治のための中心法典であり、これを基礎として六官も構成されている。これに関連して間嶋氏の研究では、正志斎が『周官』と『書経』の「皐陶謨《こうとうぼ》」、及び「大禹謨《たいうぼ》」を比較することで独自の分析を行ったことを論じている。それは「天工」を「典礼」という概念によって原理的に説明しており、人には親、義、別、序、信の「五典」と吉、凶、軍、賓、嘉の「五礼」は先天的にあり、これらは天が秩序づけたものであるとする「天序有天」と「天秩有礼」の思想があるとしている。また、人は「五典」を謹み厚くし、五礼を活用することを「人功」とし、「惇典庸礼《とんてんようれい》」の四字に纏めたとしている[214]。そうして「政事」（政令刑罰）を施す原理も「典礼」に求められることとなり、結局「惇典庸礼」を補佐し強化する所に正志斎における「政事」の意義を認めている。これを『周官』の官制組織に当てはめると、天官冢宰＝治官、地官司徒＝教官、春官宗伯＝礼官を「惇典庸礼」とし、夏官司馬＝政官、秋官司寇＝刑官は「政事」として二分したとしている。[215]そうして正志斎は舜の官制を『周官』に合致させようと試み、「舜典」において百官を統べる官職である百揆こそが『周礼』の大宰であるとしている。そして正志斎の主張は、「大宰の職掌構造をこう結論する。『八法』、『八則』、『八柄』、『八等』、そしていうまでもなく『六典』は『皐陶謨』でいう『典礼』に相当するが、そのうち特に『八柄』、『八統』の両法典は『周礼』では夏官・秋官が主として確立する『政治』の原理である、と。つまり、会沢は、『周礼』全体の官制構造が大宰一官の中に現出している、というのである。このことは、大宰が確立する『六典』等は王者が独占的に執持するものであるから、王者自身が『典礼』と『政事』の構造を既に有する存在であるということにもなるだろう。まさに王者は『天工』執行者であったのである。[216]」と説明している。これについては『新論』においても「天」、「地」、「春」の三官に引用が集中していることから、「惇典庸礼」と「天工」（＝天皇）の意義を踏まえた結論であると考えられる。これに加えて、『新論』では『周官』における祭祀の内容についても言及しており、「祀礼は十二教の首に居り、神を馭するもまた八則の首に居り、民をして苟しくもせざらしむる所以なり。[217]」として、これまでと同じく祭祀についても主要な論点としている。

そこで次に、本書で繰り返し取り上げている正志斎の祭祀観について、『周礼』を用いて分析を試みたい。『新論』において六官中最も多く引用されているのは地官であり、その官制は「惟れ王、国を建て、方を弁じ位を正し、国を体ち野を経《わか》り、官を設け職を分ち、以て民の極を為す。乃ち地官司徒を立て、其の属を帥いて邦教を掌ら使め、以て王を佐けて邦国を安擾す。教官之属、大司徒卿一人。小司徒中大夫二人。郷師下大夫四人。上士八人。中士十有六人。旅下士三十有二人。府六人。史十有二人。胥十有二人。徒百有二十人。[218]」となっている。そして大司徒の職掌として示されているのが「十有二教」であり、そこでは「此の五物は民の常なるに因りて、十有二教を施す。一に曰く、祀礼を以て敬を教うれば則ち民、苟もせず。二に曰く、陽礼を以て譲を教うれば則ち民、争わず。三に曰く、陰礼を以て親を教うれば則ち民、怨みず。四に曰く、楽礼を以て和を教うれば則ち民、乖《そむ》かず。五に曰く、儀を以て等を弁ずれば則ち民、越えず。六に曰く、俗を以て安んずることを教うれば則ち民、愉《とう》せず。七に曰く、刑を以て中を教うれば則ち民、虣《ぼう》せず。八に曰く、誓を以て恤《じゅつ》を教うれば則ち民、怠らず。九に曰く、度を以て節を教うれば則ち民、足を知る。十に曰く、世事を以て能を教うれば則ち民、職を失はず。十有一に曰く、賢を以て爵を制すれば則ち民、徳を慎む。十有二に曰く、庸を以て禄を制すれば則ち民、功に興る。[219]」と記されている。冒頭の「五物」とは、五種類の土地とそこで暮らす人々の特徴のことであり、それぞれ山林、川沢、丘陵、墳衍《ふんえん》（丘と平地）、原隰《げんしゅう》（野原や低地）を指している。また、『新論』で「十有二教」と並列されている「八則」とは、天官の冢宰における大宰の職務であり、「八則を以て都鄙を治む。一に曰く祭祀。以て其の神を馭す。二に曰く法則。以て其の官を馭す。三に曰く廃置。以て其の吏を馭す。四に曰く禄位。以て其の士を馭す。五に曰く賦貢。以て其の用を馭す。六に曰く礼俗。以て其の民を馭す。七に曰く刑賞。以て其の威を馭す。八に曰く田役。以て其の衆を馭す。[220]」として、「十有二教」と同じく祭祀を筆頭に掲げている。

そこで『読周官』の「八則」を見てみると、「都鄙ハ邦国ノ小ナルモノ、故ニ六典ニハ列セズ。畿内ニ在リテ邦国ノ官府ノ体ヲ具フ。故ニ大宰ハ八則ヲ以テ之ヲ治ム。即チ則ヲ都鄙ニ施シテ長ヲ建テ（公卿大夫、王子弟ノ采邑ニ有ル者）、両ヲ立テ（両郷）、伍ヲ設ケ（五大夫）、殷ヲ陳《つら》ネ、輔ヲ置ク。之レ各ヲシテ八則ヲ奉ゼシメテ之レヲ守ラシムルナリ。[221]」とあり、王城の周辺地域に設定された特別の行政範囲である「都鄙」に適用されたことを最初に述べている。ここでの都鄙とは、鄭玄によれば公卿大夫の采邑、王の子弟の食《は》むところの邑とあり、また孫詒譲《そんいじょう》は功徳により公卿大夫にあたえられた領地の俸禄を采邑、王の子弟の生活維持のための食邑としている。[222]これに続けて、「祭祀、以テ其ノ神ヲ御スルハ、鬼神ト雖モ亦タ王ニ在リテ駕御セラル所、（中略）鬼神ハ人ノ畏敬スル所、本ニ報ヒ始ニ反ルハ人心ノ切ナル所ニシテ、祈福禳災モ亦タ人情ノ已ムル能ハザル所ナリ。」として、「鬼神」が民心の安定に不可欠なものであるとした上で、「若シ夫レ左道淫祠、民神雑糅《ざつじゅう》スレバ、則チ民心ヲ蠱惑《こわく》シ、風俗ヲ傷害スルコト甚ダシキコトナカランヤ。」と述べ、「淫祠」介入による政情不安の危険性を指摘している。そして正志斎が繰り返し用いる「本ニ報ヒ始ニ反リテ、民ノ徳ハ厚キニ帰ス。淫祠ヲ禁ジ其ノ鬼ニアラザルヲ祭ラザルガ如クスレバ、神姦ハ行ハレズシテ、民心ハ純一ナリ。是レ王者ノ能ク人心ヲ萃ムル所以ニシテ、離レ換ザラシムルナリ。」として、「王」による祭祀が民心の安定に寄与することを強調している。これまでも本書では正志斎が情勢変化に備え、人心の統一を企図していたことは述べてきたが、この『周礼』「八則」の記述においても、祭祀がそうした目的のための必要条件であることが記されており、立論の論拠として大きな役割を占めていたことは間違いないであろう。

では次に、『新論』において「八則」と並んで言及されていた「十有二教」について詳しく見ていきたい。「十有二教」と題された論考では冒頭に、「聖人ノ教ヲ施スハ、風土人情ニ因リテ、之レガ厚薄軽重ノ法ヲ為ス。故ニ先ヅ土会ノ法ヲ以テ、五地ノ物生ヲ弁ズ。物生斉シカラズシテ、習俗ハ宜シキヲ異ニシ、久シキヲ経テ常ト為リ、移易スベカラザレバ、聖人ハ常俗ニ因リテ其ノ教ヲ施ス。[223]」として、聖人の教えは各土地の風土人情に合わせて施され、最初に「土会ノ法」から着手されるとしている。この「土会ノ法」とは、生産物の異なる各種の土地における貢税の計算法則であり、[224]「土均職モ亦タ曰ク、邦国、都鄙ノ礼俗喪紀祭祀、皆、地ノ媺《び》悪《あく》ヲ以テ軽重ノ法ト為シテ之ヲ行フ是レナリ。有虞ノ五教ハ、立教ノ本ニシテ、周ノ十二教ハ施教ノ方ナリ。」としている。「土均」とは同じく地官に含まれる職掌であり、土地の税を平治することを掌り、虞衡等の地守りを均平にし、農圃等の地事を均平にし、邦国都鄙の地貢を均平にするとされている。[225]そしてこの職は邦国都鄙に対し、土地に関する政令・刑禁と賦役を免除する規定、礼儀習俗喪祭祭紀とを宣布し、これはその土地の善悪に基づいて定められ、軽重の法を制定、施行するとともに禁令を掌握するのは正志斎の指摘通りである。また「有虞ノ五教」とあるのは『書経』「舜典」における「有虞」（舜）の「五教」、すなわち義、慈、友、恭、孝であり、これらを「立教ノ本」とし、「十二教」はその施行方法であると述べている。『読周官』では、次に「十二教」の各項目についで述べられているが、ここでは「祀礼」について記された最初の項目を見ておきたい。（カッコ内は割り注）

一ニ曰ク、祀礼ヲ以テ敬ヲ教フレバ、則チ民苟モセズ。祀ハ国ノ大事、（国ノ大事ハ祀ト戒トニ在リ。）王ハ民心ヲ一ニシ誠敬ヲ尽サシムル所以ナリ。万物ハ天ニ本ヅキ、人ハ祖ニ本ヅク。帝ニ事ヘ先ヲ祀レバ、民、王ヲ視ルコト猶ホ天ヲ視ルガゴトシ。専心誠敬、（大宗伯ノ条ヲ詳見セヨ。）推シテ以テ民ニ及ブモ、亦タ皆奔走供給シテ其ノ祭ヲ助ク。而シテ又自ラ其ノ父祖ヲ祀リ、其ノ本ヲ諼《わす》レズ。終ヲ慎ミ遠ヲ追ヘバ、民ノ徳厚キニ帰ス。中有《ちゆうう》ハ敬スル所ニシテ、苟且《こうしよ》ノ心生ゼズ。王者ノ天神地祇人鬼ヲ祀ルハ、則チ宗伯ノ掌ル所ニシテ、民ヲシテ自ラ祭ラシムレバ、則チ司徒之レヲ教治ス。(226)

このように王みずからが率先して祀礼を実践することにより範を示し、民へと浸透させていくことが述べられており、祭祀を媒介とした日本の基本的政治形態を読み取ることができる。そこでは理性のみによる統治よりもむしろ、「天神地祇人鬼」といった感性に根ざした不文律法こそが我が国の歴史的実情に即したものであると言い換えることもできよう。これに続いて本文では、「郷師」、「州長」、そして「八則」の関連する内容が解説され、周公の洛邑経営に及んで「敉功《びこう》ノ事」、つまりは武王に及んでも文王の功を受け継いだとする『書経』「立政」の一節を引いている。最後に「十二教」を総括して次のように述べている。

十二教、礼楽ヲ以テ先ト為シ、政刑之レヲ次ニス。（呉氏澄曰ク一ヨリ六ニ至ルハ、徳礼ノ属、七ヨリ十二ニ至ルハ、政刑ノ属）礼楽ヲ先ト為シ、政刑教ノ具ヲ佐ク。即チ皐陶典礼ヲ先ニシ、次ニ政事ノ意ヲ以テス。之レニ先ンズルニ謙譲ヲ以テシ、之レニ次グハ親和愛敬ノ道ヲ以テス。礼楽ハ化俗ヲ以テシ、民ヲシテ之レヲ安ゼシム。施教ノ務、教フベカラザル者ハ刑ヲシテ之レニ従ハシム。康誥ノ明徳慎罰、並言ノ意ニシテ、誓フニ相恤ヲ以テス。度《はか》ルニ節ヲ知ルヲ以テ、民ヲシテ刑ニ陥レザラシム。世事ハ能ヲ以テ其ノ職ニシ、爵賢禄庸、民ヲシテ慎徳興行セシメテ之レヲ教フルコト成ナリ。聖人、人ヲ教フルニ事ヲ以テス。後世ノ論説ヲ以テシテ教ヘト為ストハ、相胥壊《しょうじょう》ナリ。[227]

ここでは『書経』の「皐陶謨」、及び「康誥」を引き、礼楽と政刑の関係性について考証しつつ、法家者流とは一線を画した政治を構想している。他方で間嶋氏は、『下学邇言』を引用し「十二教」の第一「祀礼」、第二「陽礼」、第三「陰礼」、第四「楽礼」、第五「儀」、第九「度」が、春官・大宗伯の「五礼」（吉礼、凶礼、賓礼、軍礼、嘉礼）と表裏する関係にあると捉えていることを指摘して、正志斎の考察を特徴づけている。[228]この「大宗伯」については、「十有二教」における「祀礼」の説明においても言及されているように、正志斎の祭祀を探る上では軽視できない項目であるため、後半では『読周官』における該当部を詳しく見ていくこととしたい。

正志斎が大宗伯について論じている箇所は、『読周官』巻四にあり、祭祀に限れば「大宗伯・天神、地祇、人鬼」、及び「吉、凶、賓、軍、嘉」がこれにあたる。大宗伯とは『周礼』の春官に分類され「大宗伯の職。邦の天神・人鬼・地示の礼を建て、以て王を佐け邦国を建保することを掌る。[229]」とあり、王の祭祀における礼制に関与し、それを補佐する職掌としている。そして「大宗伯・天神、地祇、人鬼」と題された箇所では、「大宗伯ハ五礼ヲ掌リ、礼ハ祭ヨリ重キハ莫シ。舜ハ五礼ヲ秩シ、伯夷ニ命ズレバ則チ独リ三礼ヲ挙グ。故ニ大宗伯ハ神鬼祇ノ礼ヲ掌リテ、天地人ニ報ユル所以ノモノハ備ハレリ。故ニ郊社ハ以テ天地ニ事ヘ、禘嘗ハ其ノ先ヲ祀ル。明ナルコト其ノ礼ト義ト、国ヲ治ムルコト諸掌ニ示スガ如シ。（中略）故ニ古ハ祀ヲ以テ国ノ大事ト為ス。（中略）舜ノ終ヲ受ケ、類禋望徧スルコト百事ニ先ンズ。巡守スレバ則チ柴望《さいぼう》シテ祖ニ格《いた》リ以テ之レニ終始ス。[230]」として、『中庸』の「郊社」、「禘嘗」の意義、及び『書経』における舜の功績を並列しつつ「礼」を掌る大宗伯の職掌こそが治国の要諦であることを述べている。本文では続けて周公の「洛」の経営、一二教の最初が「祀礼」である意義を記してから、「宗伯ハ礼ヲ掌ル、首ニ天地人ノ礼ニ報ユルコトヲ挙グ。其ノ旨深シ。」と再度強調している。

そして正志斎は、こうした『周官』の思想を我が国へと応用して以下のように記している。

天朝尤モ祭祀ヲ重ジ、天祖ノ遺体ヲ以テ、天祖ニ奉祀ス。天神地祇ヲ大祭シ、祭政ハ同義トナル。（政ハ為末都理古登ト読ミ、即チ祭事ノ義ナリ。）朝政廷儀、神祇ニ報ユルニ本ヅカザルハナクシテ、民心ヲ一ニ萃メル。其レ天朝ヲ奉戴スルコト、天地ヲ敬スルガ如シ。父母ニ親シメバ、其レ民ノ深キニ入リ、誠敬ノ心ハ、骨髄ニ淪《しず》ミ浹《ゆきわた》ル。父ハ以テ子ニ伝ヘ、子ハ以テ孫ニ伝フ。千万世スルモ遷ラズ。宝祚ノ無窮、天壌ト比隆シテ、精義ノ所在ハ、虞舜周公ノ意ト暗号ス。地ノ相去ルコト千万里ナルモ、本ニ報ヒ始ニ反ル所以ナルモノハ、符節ヲ合スルガ如クシテ、其ノ功効ノ久遠ニ及ベバ則チ焉ニ加フル有ラン。豈ニ盛ナラザランヤ。[231]

ここでは我が国の歴史的経緯における「宝祚ノ無窮」という特殊性が、「虞舜周公ノ意」と正志斎の胸中で統合され、そこに普遍的理念が導き出されたことが明確に表現されていよう。それゆえ、『周礼』の大宗伯の職掌が解説されたこの箇所は、正志斎の祭祀観を解明する上で欠くことができない一節であると考えられる。さらに後半では、『新論』においても重要なキーワードとなっている大嘗祭について言及しており、次のように記されている。

天朝ハ質ヲ尚ビ、百事簡易ニシテ大嘗一祭ハ徧ク天下ノ天神地祇ヲ祀リテ、祖先ノ意ニ報ヒテ寓スルナリ。諸祭中ニ於テ、最モ大祀ト為シテ、世一之レヲ行フ。其ノ祈念、月次、神嘗、新嘗等年年之レヲ行フハ、皆大嘗ノ儀ヲ約略ス。其ノ義各主トスル所有ルト雖モ、而シテ其ノ神ハ則チ亦タ皆大嘗所祭ノ如クス。群神ヲ合シテ一ト為シ、至易至簡ニシテ、天地祖先ニ報ユニ至リテ、其ノ義亦タ尽ザル所無キナリ。大礼ハ必ズ簡ニシテ、其ノ誠ヲ尽シ敬ヲ尽シ、天下ト之レヲ同ジクシ、以テ天下ノ民心ヲ萃メ、共ニ之レヲ享ク。仲尼、周易ニ乾坤二卦ヲ賛シテ曰ク、易簡ニシテ天下ノ理ヲ得ルナリ。又曰ク、易簡ノ善ハ至徳ニ配スト。唯其ノ至徳ナリ。故ニ民ハ言ハズシテ信ジ、誨《おし》ヘズシテ諭ル。肺腑ニ淪《しず》ミ、骨髄ニ銘《きざ》ム。子子孫孫心口相伝へ、永世諠《わす》レズ。太初ヨリ今日ニ至ルマデ尊奉敬戴シ、一日ノ若ク然リ。而シテ神州ト虞周ト、天神地祇人鬼ヲ祭ル所以ハ、精意ノ所在、符節ヲ合スルガ如シ。若シ其ノ同ジカラザルモノハ、則チ之レヲ祀ルノ礼、分合繁簡有ルノミ。夫レ人ハ天ヲ戴キ地ヲ履ミ、父祖ニ体ヲ承ケザルコトナケレバ、則チ人情ノ敬畏思慕スル所、焉《これ》ヨリ大ナルハ莫シ。人情ニ因リテ以テ帝ニ事ヘ先ヲ祀リ、以テ治国ノ要ト為ス。良《まこと》ニ以《ゆえ》有ルナリ。(232)

『読周官』によって示されたこの部分が、『新論』における大嘗祭の記述である「列聖の大孝を申べたまふや、山陵を秩り、祀典を崇ぶは、その誠敬を尽す所以のものにして、礼制大いに備りて、その本に報い祖を尊ぶの義は、大嘗に至りて極れり。(233)」、また「古者、大嘗の祭に、天下とその誠敬を共にす。(234)」等に反映されているのは間違いであろう。そして「天」と「民」とが区別なく「誠ヲ尽シ敬ヲ尽」す大嘗祭によって民心が統一される我が国独自の祭祀は、先の「大宗伯」における「五礼」、及び「十二教」の「祀礼」の意味を含んでいるものの、それ自体は外部からの伝来ではないことも意識しておく必要があろう。

そしてさらに正志斎は「五礼」、すなわち「吉、凶、賓、軍、嘉」について独立した項目を立てて説明している。その冒頭では、「礼ノ目ハ五、唐虞ヨリ商周ニ至ルモ変ラザル所ナリ。礼ハ祭祀ヨリ重キハ莫シ。故ニ吉礼ハ其ノ首ニ居ル。吉礼ハ即チ虞書ノ所謂三礼、天地人ニ事フル所以ノモノヲ備フルナリ。而シテ王者、鬼ニ事フルハ神祇ノ義、推テ以テ邦国都鄙ノ万民ニ及ブ。諸侯ハ王ノ祭ヲ助ケテ、又封内ノ山川ヲ祭ル。而シテ都家亦タ各祭祀スル所有リ。大宰ハ八則ヲ以テ都鄙ヲ治ム。祭祀ヲ以テ其ノ神ヲ馭ス。（詳八則ノ条ニ詳シ。）司徒十二教祀礼ヲ以テ敬ヲ教フ。（十二教ノ条ニ詳シ。）王者ハ三礼之レヲ推ニアラザルハ莫キナリ。(235)」として、「吉礼」が最初に掲げられていることに触れ「三礼」、すなわち天神、地祇、人鬼を祭る儀式を王が行い、大幸の八則、司徒の一二教へと拡大させるとしている。この後本文では「凶礼」から順に各礼の解説が述べられており、「軍礼」までを総括して「以上四礼、吉礼ハ則チ王者躬《み》自ラ之レニ事フル所、凶賓軍ハ邦国ヲ統馭スル所以ニシテ、四礼之レヲ用ヒ、皆《あまね》ク四海ニ及ブ。嘉礼ハ則チ万民ヲ親シム所以ニシテ、亦タ用フルニ以テ邦国ノ宗族故旧ヲ親シム。其ノ主トスル所ノ如キハ、則チ万民ニ在リ。故ニ経ハ是ニ於テ特ニ万民ヲ親シマシムト言フ。四礼ト同ジカラザルナリ。[236]」としてその特徴を列挙し、最後に「後世万民ヲ親シム礼ヲ廃ス。故ニ任意酔飽シ、動スレバ闘怒ニ至ル。男女淫縦シ、且ツ多ク曠《むな》シク怨ム。故ニ旧キ朋友ヲ遺棄シテ相忘ル。風俗偸薄《とうはく》ニシテ暴乱ヲ禁ゼズ。聖人ハ礼ヲ制シ、万民ヲシテ相親シマシム。礼譲ハ俗ヲ成シ、忠厚ヲ以テ相交リ、未萌《みぼう》ニ乱ヲ防グ所以ナリ。五礼ノ目ハ嘉ニ終リ、祭祀ト相首尾ス。蓋シ深意有ルナリ。[237]」と纏め、万民相互における関係改善を意図した「嘉礼」の存在は、民心統合を目指した正志斎にとっても、祭祀同様に不可欠な理念であったのである。

　ところで、『周礼』には『周官』という別称があり、正志斎もこれに倣い『読周官』としている。これについて宇野精一氏は『周礼』の名称は本来『周官』であったが、前漢末、元始五年以後居摂三年以前の三ケ年の間に『周礼』と変更され、後漢においておそらく王莽の改革を否定する意図から再び『周官』の名に戻ったと推測している。そして安帝の時に『周礼』の名が復活して両者が並用されるようになり、鄭玄に至って殆ど『周礼』の名が確立したとしており、これに従い本書でも『周礼』を用いている。[238]そして同氏は各事例から、『周官』という場合は必ず『礼』と対照させてあることに気づくので、修辞的な意味があるのではないかと思われる。」と述べている。[239]ここで正志斎が『読周官』とした名称と、「礼」との対照という見解を踏まえると、これまで見てきたように「五礼」への傾注に気づかされると思われる。そこでもう少し『周礼』の「礼」について調べてみると、宇野氏の未発表の論考では、「五礼」については『尚書』にも見えているとしながらも、その分類というものは『周礼』以前には存在しない特殊なものと言うべきであるとし、「『周礼』の吉凶賓軍嘉の五礼の分類は、極めて概念的な整理であつて、かなり進んだ思想——別の面から見れば、礼が実生活から遊離しつつある状態を示すものといへよう。(240)」としている。結論として宇野氏は、『周礼』における「五礼」の分類とは『尚書』には既に五礼の称があるのだから、前後関係の如何によっては、特に珍らしいこともいへないが、内容の点で画期的な説を提出してゐるのはどういふ訳か。その理由を推測すると、『周礼』は天子の礼を説いたもの、少なくともその建前であるから、行礼者の身分的分類は意味をなさぬといふことがあつたろう。さればといつて、行礼の対象としての天地人の三礼では、孔穎達（『礼記』大題正義）がいふ如く、天地は吉礼のみで、その余の四礼は皆人事であるから、それでは分類の目的を達しない。といふ訳で、礼の質的分類を試みたものではなからうか。(241)」と推察している。(242)さらに鄭玄における「五礼」の理解については、間嶋氏の研究によると基本的には王の「五礼」としつつも、それぞれの礼細目には「大宗伯」に列挙されている礼細目以外のものもあると考えたとし、また公、卿、大夫、士、諸侯にも「五礼」があり、それぞれの礼細目を持っていると捉えたとしている。(243)そして鄭玄はこの「五礼」の礼細目の儀節を記すのが原『儀礼』の篇巻であったとして、王と諸侯の間では共通する礼細目があると共に、分族が異なる礼細目でありながら関連性も有するものがあり、最初に王の儀節が作成され、王以外のものはこれに準拠しているとしている。(244)そうして鄭玄は、『周礼』の礼制解釈のために、対応する篇が『儀礼』一七篇になくとも、『儀礼』の記述は援用できるものとし、『儀礼』で不十分なものに関しては、『礼記』を検討することでそれを補い、これら『三礼』を相互に関連づける「五礼」の大系を構築したとしている。(245)

そこで先の正志斎における「五礼」の考察を踏まえると「吉礼」を重要視し、「嘉礼」を独立して考えていることなど、特徴的な視点が含まれている。これについてさらに詳しく見るために、次に『下学邇言』の「論礼」について分析してみたい。「論礼」では、その小題が「総論」、「吉礼」、「凶礼」、「賓礼」、「軍礼」、「嘉礼」となっており、「総論」以下は「五礼」と同様の順番となっている。『下学邇言』は『読周官』以前に執筆されたものであるが、当該箇所について多くの示唆を与えてくれる。ここで着目されるべきは、「吉、凶、賓、軍、嘉」を小題として掲げつつも、その内容については『周礼』の内容とは乖離したものとなっている点であろう。例えば先の「嘉礼」について、『周礼』本来の「嘉礼」とは「飲食」、「冠昏」、「賓射」、「饗燕《きょうえん》」、「脤膰《しんはん》」、「賀慶」を指すが[246]、『下学邇言』では、「元日拝朝之礼」、「即位之礼」、「家郷之礼」、「周室郷党之礼」、「天朝燕饗之礼」となっている。こうしたことからも正志斎は、『周礼』における官制、礼制を含めた組織論や哲学を信頼しつつも、その各論においては独自の視点を取り入れ、自国の歴史に即した文脈において、いわば『周礼』の日本的解釈を行っていたのである。これは鄭玄が『周礼』の説明に『三礼』を統合的に用いたのと同様、正志斎もこれに我が国の伝統を含めたかたちで『周礼』の日本化を試みたのであり、そこには真正の思想とは普遍性を持ちうるという確信に裏打ちされたものがあったと考えられる。では、そうした価値観によって解釈された『下学邇言』「論礼」部の「吉礼」を見ていくことで、正志斎における祭祀の思想を纏めていきたい。ここでは、その冒頭に次のように記されている。（カッコ内は割り注）

> 礼ハ祀ヨリ大ナルハ莫シ。万物ハ天ニ本ヅキ、人ハ祖ニ本ヅク。其ノ本ニ報ジ其ノ始ニ反ルハ、人道ノ大ナル者ナリ。上古天祖創生ヲ生活スルヲ思ヒ、万民衣食ノ源ヲ肇開シ、御田ノ稲、織殿ノ繭、大ニ天下ニ敷キ、民今ニ至テ其ノ賜ヲ受ケ、天位ヲ皇孫ニ伝フルニ迨《およ》ビ、授クルニ三種ノ宝物ヲ以テス。君臣ノ大義明ニシテ、宝祚ノ隆ナルコト天壌ト窮リ無シ。宝鏡ヲ視ルコト猶ホ天祖ヲ視ルガゴトシ。遺体ヲ鏡中ニ見、祖ヲ念ヒ徳ヲ修メ、万世一日、父子ノ親惇シ。而シテ日胤歴々、天潢《てんこう》流ヲ易ヘズ、累代奕葉《えきよう》、元祀是レ慎ミ、本ニ報ジ始ニ反ルノ義、太初ニ原キテ、無窮ニ垂ル。故ニ太祖ノ中州ヲ定ムルヤ、位ヲ橿原《かしはら》ニ正シ、皇祖天神ヲ鳥見ニ祀リ、以テ大孝ヲ申フ。而シテ天ニ報ジ祖ニ報ズルノ義、兼ネ存シテ両ナガラ全シ。（書紀云、詔シテ天神ヲ郊祀シ、用シテ大孝ヲ申フ。乃チ鳥見山中ニ霊畤ヲ立テ、皇祖天神ヲ祭ル。謹ンデ按ズルニ、郊祀ハ特ニ郊ニ祀ルヲ言フ。漢土ノ謂フ所ノ郊祀トハ同ジカラズ。天朝ノ践祚大嘗、天ニ事ヘ先ヲ祀ル。蓋シ太祖鳥見ニ孝ヲ申フニ淵源ス。神世新嘗ト合セテ一祀ト為ス。而シテ両義並存ス。易簡ニシテ本ニ報ズルノ義尽ク

ナリ。桓武天皇延暦六年交野ニ天神ヲ祀リ、昊天上帝ニ告ゲ、高紹天皇（光仁）以テ之ヲ配ス。此全ク西土郊祀ニ倣ヒ、別ニ之ヲ創立ス。然ルニ一時ノ行フ所、永制ト為サズシテ、大嘗ハ天ニ事ヘ先ヲ祀ルノ義ヲ兼レバ、則チ太祖ノ深意ノ在ル所、之レ万世ニ伝フ。毫モ加損スル所有ラザルナリ。）[247]

ここでは我が国における「礼」の成り立ちが述べられており、中でも「郊」についての内容が特徴的であろう。「郊」については、本章の『中庸』を扱った箇所において触れたが、『新論』においても「郊社禘嘗」が祭祀におけるキーワードとなっている。「郊社」とは天子が郊で天地を祭る大祭であり、禘嘗は天子諸侯が宗廟で祖先を祭る時祭であるとされ、前者については『尚書』に、後者については『中庸』に記されている。そして『孝経』「聖治章」において周公が周の始祖后稷を天に祭る郊祀に配祀して、周王朝の開祖文王（周公の父）を明堂に祭って上帝に配祀したことにより、禘祭と郊祀との混淆が生じたとされている。[248]正志斎においても時祭としての禘祭と、郊に配祀する大祭としての禘祭の二義が混在しているとされ、これは嘗に時祭（新嘗）と大祭（大嘗）の二義を認めるゆえに、禘にも二義を認めたものと説明されている。[249]しかしながら、引用文では「郊祀ハ特ニ郊ニ祀ルヲ言フ。漢土ノ謂フ所ノ郊祀トハ同ジカラズ。」としているように我が国の「郊」と「漢土」のそれとを区別している点は留意しておく必要があろう。つまりは、「郊社禘嘗」においても単に「混在」させて「二義」を認めたのではなく、「天朝ノ践祚大嘗」が根本にあってこその祭祀であり、その説明として「漢土」の用語を用いたものの、中身においては一致したものであると認めてはいないのである。こうした記述は他の箇所でも「尭舜孔子之道ハ、天朝ノ謨訓ト暗合ス、（論道篇ヲ見ヨ）其礼ヲ設クルノ意異同有リト雖モ、亦タ天朝ノ旧典ト、其義相符スル者尠カラズト為ス」[250]としているように、その道の普遍性を主張しつつも、それらが完全に一致しているとはしていない。このため、正志斎の祭祀論を考察する上でも、儒学における記述・定義を先行させ、その用語においても同義性を自明のものとするのではなく、日本固有の文化的側面が主体であり、「西土郊祀ニ倣ヒ、別ニ之ヲ創立ス」と認識していることに注意する必要があろう。それは思想というものが抽象的であり普遍化することが可能であるけれども、それを実践するにあたっては、具体的な国家や習俗、そして民族性によって制約されるがゆえに特殊性の側面を打ち消すことができないことと無関係ではない。これは「学問事業、其の効を殊にせず。」とする水戸学の理念からしても、必然的なものであったと考えられる。そうであるならば「嘗」における解釈も我が国の実情に即したものであり、「古ハ天ニ事ヘ先ヲ祀ルノ義、大嘗ノ一祀ニシテ兼ネ尽シ全ク備ハル。必スシモ郊社ト禘嘗トヲ分チテ以テ二ト為サズ。易簡ノ善、蓋シ亦タ風土ノ宜ニ出ルナリ。(251)」としているように、「郊社」と「禘嘗」の区分も便宜的なものであり、「大嘗一祀」にそれらが具備されているとする理解は、正志斎の祭祀を論じる上で常に意識しておく必要があろう。このことは祭祀論に限らず、正志斎の思想は儒書に記された理念を単に取捨選択して成立したものではなく、解釈の手段として尭舜の功績などを考証学的に捉えているのであり、それは「神州の質なるを、西土の文を以て助くること(252)」と言い換えることもできよう。

さて、この大嘗祭は六〇〇年代末の天武天皇のころから現代まで、南北朝時代（一三三六―一三九二）、応仁の乱（一四六七―一四七七）、そして戦国時代から江戸前期までの一二代の天皇を除いて行われている。『日本書紀』においては、それを反映した伝承もなく、確実な記載は持統天皇四年（六九〇）まで見られないが、天武朝にも悠紀・主基・斎田を設定した「大嘗」の記事があり、これを新嘗とみるか否か現在でも議論がある。大嘗祭の本質は単に皇位継承の政治的儀礼にとどまるものではなく、縄文・弥生時代にまで溯る日本文化の深層部に発しているとされ、天皇位の文化的権威の源の表現であり、法的正当性の表現としての即位の儀とは別次元にある。(253)大嘗祭の成立には、唐・新羅による百済の滅亡、白村江の海戦における敗戦など国際情勢の変化に伴う、国家体制の構築が急務とされる時代背景があった。それゆえ唐の文化に依存していた我が国では、より日本的なるものが希求され、国家としてオリジナリティが求められたのである。こうした当時の状況は、正志斎が直面していた幕末の変化と重複するものがあり、大嘗祭への着目は必然とも言えるであろう。そして大嘗祭の存在は、公家などの限定された人々のみならず、庶民においても少なからぬ関心を集めた。これについては、先行の研究においても、荷田在満《かだのありまろ》の『大嘗会便蒙』における写本変化の過程や大嘗会見学禁止の町触などから庶民の注目度を考察したものがある。(254)

そこで正志斎の大嘗祭の説明を確認してみると、「天朝神ヲ尊ビ祭ヲ敬シ、立ツルニ三祀ト為ス。曰ク大、曰ク中、曰ク小。而シテ大祀トハ則チ大嘗ノ祭、毎世一タビ之ヲ行フ。其ノ儀文ノ盛ナル、意義ノ精ナル、中小祀ノ毎年行フ所ノ者ト夐《はるか》ニ別ナリ。苟モ能ク其ノ礼ニ拠リ其ノ義ヲ求メ、其ノ流ヲ酌ミ其ノ源ニ溯リ、精思《せいし》審度《しんたく》、類ニ触レテ之レヲ長ズレバ、則チ天神業ヲ開キ訓ヲ垂レタマヒシ所以ト、日胤志ヲ継ギ事ヲ述ベタマフ所以ト、群臣神天ヲ敬シ君父ニ事フル所以ト、国祚ノ長久ナル所以ト、皇統ノ永ク固キ所以ト、皆将ニ掌ヲ指スガ如クニナラントス。」(255)としている。続けて大中小の祭祀において、大嘗祭は大祀と位置づけ、中小祀については「四時常祭」とし、祈念、月次、神嘗、新嘗、神衣を中祀、鎮華、大忌風神、三枝、鎮火道饗、相嘗鎮魂を小祀とし、それぞれ三日と一日としている。(256)ちなみに、正志斎も新嘗大嘗の二祭は本来一体であったと説明しているが、新穀を用いる新嘗祭には女性の出産と重ね合わせた、稲の母による稲の子の出産という模擬儀礼の存在があり、そこには「永遠の生命を保証」する要素が含まれていたとも考えられる。(257)これは『孝経』における「生命の連続性」の要素とも共通する価値観であり、そうした側面からも今後考察を加えていく必要もあろう。加えて正志斎は、『書経』「召誥」において周公の郊祭では「牲」として牛二頭を捧げたのに対し、我が国では稲を用いることで「肉ヲ食ハズ、刑殺ヲ判セズ、音楽ヲ作ラズ、穢悪《あいあく》ノ事ニ預ラズ。」(258)として、その文化的相違点についても細かく記している。こうした修正に関しては、唐律に対しても同様の傾向があり、これについて瀧川政次郎氏は「我が律は、唐律を日本の国情に適合せしめる為めに、所々唐律に修正を加えているが、この条文はなお日本の実情にそぐわず、いかにも借りものという感じのする条文である。というのは、日唐両律共に『大祀』とあるのが、その大祀の意味するものが、唐と日本とは非常に違っているからである。すなわち唐の大祀は、その疏議に

『大祀。謂。天地・宗廟・神州等。』とあるごとく、幾つかの祭りの総称であるが、我が国の大祀は、大嘗祭オンリーであって、大嘗祭の大祀とはシノニムである。大嘗祭も一種の収穫儀礼、農耕儀礼であるから、中国の大祀と共通する性格もあるが、大嘗祭は農耕儀礼から出発して帝王儀礼となったものであるから、中国の大祀にはない異質の性格を持っている。[259]」として律令の制定過程から大嘗祭の固有性を主張している。こうした祭祀における大陸文化の受容については、これまでの研究と比較検討を要するけれども、正志斎にとっての基軸は我が国の歴史的、及び文化的経緯において醸成された祭祀（＝国体）にあり、それらを儒学で再構成し、近代思想流入後においてもなお一定の影響力を持ち得たことは特筆してよいであろう。

おわりに

これまで見てきたように会沢正志斎の思問編は、江戸時代に数多《あまた》書かれた他の儒学論の中でも特徴的である。この時代に儒学が興隆した理由について宇野精一氏は、「儒教の精神が支那に行はれずして日本に於て初めて真に行はれたといはれてゐるが、一体江戸時代に於ける諸大名の藩政が、敢て周礼とはいはぬが、少くとも儒家の治道を以て施行せられ且成功したことは、為政者の心術に於て純粋性があるといふ内面的な事情と共に、地域的、人工的、更に人民の素質などといふ外的諸条件に於ても甚だ適合してゐたといふことが大きな理由であつたと考へられるのである。[260]」としており、その成立は外国であっても、日本人の「素質」に合致していたことも大きな要因であったとしている。この指摘は正志斎が頻繁に用いる「暗合」という言葉と共に、日本人の特殊性たる民族的「個性」をして、普遍的なる儒学を真に実践させたというある意味で逆説的側面をも持ち得たのである。そうした意味でも思問編は興味深い研究対象であるけれども、これらは『新論』と比較してほとんど省みられることなく、現在でも大半は史料館で確認できるのみである。

こうした現状において本章では、先行研究に依拠しつつ、特に正志斎の祭祀に焦点を絞り考察し、最終節において一定の結論を導いた。そこでの論点の一つとして『日本書紀』の存在が挙げられるが、これについて少し附言しておきたい。神話の位置づけについては、我が国において論じられる際と、ヨーロッパなどにおけるそれとでは温度差がある。諸外国の神話は、民族のアイデンティティとでも言うべきものとして肯定的に論じられているのに対し、我が国では儒学的合理主義と、敗戦後の歴史界のトレンドによって批判の対象にされてきた。後者の特徴については萩野貞樹氏の著作が参考となり(261)、「政治宣伝文書」といった結論が先に設定されているこれまでの学問的態度は、今後あらためる必要があろう。「史実反映説」と「創作説」からなるそれらの論考を、ギリシア神話についても主張する者がいないように、今一度冷静に捉え直すことが不可欠である。こうした傾向は神話の世界から連なる一族が、現在まで存続している世界で唯一の国柄であることを素直に認識できない反動とも言えるが、それらを冷静に認識することで水戸学においても儒学的合理主義を克服した端緒を発見することができると考える。

ただ、正志斎を含めた水戸学者において、『日本書紀』が絶対的権威を持った教典に値するものであったかについては、誤解があるように思われる。それは、『大日本史』の三大特質の一つである大友皇子を帝紀に列したこととも関連しており、同書一〇巻の大友皇子を皇太子とする本文の割り注では、「按ズルニ、懐風藻、大友皇子、年甫弱冠、太政大臣ヲ拝シ、年二十三、立チテ皇太子ト為リ、壬申ノ乱ニ会ヒ、天命遂ゲズ。時ニ年二十五ト。是ニ由リテ之ヲ推セバ、元年帝大友二十一、太政大臣トナリ、三年皇太子ト為ルハ、大ニ本書ト水鏡ト異ナリ、而シテ其書帝大友孫淡海三船ノ手ニ成ルモノナレバ、則チ旧史ノ曲筆隠諱ノ比ニ非ズ。疑フラクハ事実ヲ得タラン。附シテ以考ニ備フ。(262)」とあり、『日本書紀』と『水鏡』の異同を述べ、前者の「曲筆」を指摘している。それゆえ『大日本史』の執筆に加わっていた正志斎においても、こうした認識を共有しているものと考えられ、『日本書紀』の記述に全幅の信頼をおいていた訳ではないと考えられる。正志斎と『日本書紀』についての論考も本来であれば必要であったが、これについては著作のみに留まらず、『大日本史』の編纂過程を含めた史料も考察する必要があるため今後の課題として保留したい。これに加えて本章では、特に思問編著作群に見られる儒学経伝研究の著作のみを対象として扱ってきたが、正志斎が論拠として考証する儒書には『孟子』や『史記』も多分に含まれている。正志斎と儒学を、考証学的視点を踏まえて扱うのであれば、本来はこれらについても言及するべきであったが、これについても同様に後日検討することとしたい。

注

（1）今井宇三郎「会沢正志斎における儒教経伝の研究」（『日本漢文学史論考』、岩波書店、一九七四年）、五〇一頁。同「水戸学における儒教の受容」（『水戸学』日本思想大系五三、岩波書店、一九七三年）、五二五頁。
（2）会沢正志斎「正志斎五編序」（名越時正編『会沢正志斎文稿』、国書刊行会、二〇〇二年）、一〇六頁。
（3）今井宇三郎「会沢正志斎における儒教経伝の研究」（『日本漢文学史論考』）、五三八頁。
（4）平川祐弘『和魂洋才の系譜――内と外からの明治日本』（河出書房新社、一九八七年）。
（5）金谷治「日本近世における『中庸』解釈について」（『金谷治中国思想論集』下巻、平川出版社、一九九七年）、三一八頁。
（6）金谷治「日本近世における『中庸』解釈について」（『金谷治中国思想論集』下巻）、三一九頁。
（7）金谷治「日本近世における『中庸』解釈について」（『金谷治中国思想論集』下巻）、三二〇頁。
（8）今井宇三郎「会沢正志斎における儒教経伝の研究」（『日本漢文学史論考』）、五三七頁。
（9）松崎哲之「会沢正志斎の『中庸釈義』について」（『中国文化』七三、中国文化学会、二〇一五年）、八〇頁。
（10）松崎哲之「会沢正志斎の『中庸釈義』について」（『中国文化』七三）、八二頁。
（11）松崎哲之「会沢正志斎の『中庸釈義』について」（『中国文化』七三）、八三頁。
（12）松崎哲之「会沢正志斎の『中庸釈義』について」（『中国文化』七三）、八五頁。

（13）松崎哲之「会沢正志斎の『中庸釈義』について」（『中国文化』七三）、八九頁。
（14）赤塚忠『大学　中庸』（新釈漢文大系、明治書院、一九六七年）、一五五頁。
（15）赤塚忠『大学　中庸』（新釈漢文大系）、一五五頁。
（16）松崎哲之「会沢正志斎の『中庸釈義』について」（『中国文化』七三）、八二頁。
（17）会沢正志斎『下学邇言』「論道」国立国会図書館所蔵。
（18）会沢正志斎『下学邇言』「論道」国立国会図書館所蔵。
（19）赤塚忠『大学　中庸』（新釈漢文大系）、二六三頁。
（20）会沢正志斎『中庸釈義』五章、茨城県立歴史館所蔵。
（21）会沢正志斎『中庸釈義』五章、茨城県立歴史館所蔵。
（22）会沢正志斎『中庸釈義』五章、茨城県立歴史館所蔵。
（23）田尻祐一郎「伊藤仁斎の中庸論」（『江戸儒学の中庸注釈』、訓詁書院、二〇一二年）、一九一頁。
（24）田尻祐一郎「伊藤仁斎の中庸論」（『江戸儒学の中庸注釈』）、一九一頁。
（25）金谷治「日本近世における『中庸』解釈について」（『金谷治中国思想論集』下巻）、三一三頁。
（26）会沢正志斎『新論』（『水戸学』日本思想大系五三、岩波書店、一九七三年）、五六頁。
（27）会沢正志斎『新論』（『水戸学』日本思想大系五三）、五七頁。
（28）会沢正志斎『新論』（『水戸学』日本思想大系五三）、六四頁。
（29）赤塚忠『大学　中庸』（新釈漢文大系）、二五五頁。
（30）赤塚忠『大学　中庸』（新釈漢文大系）、二五二頁。
（31）松崎哲之「会沢正志斎の『中庸釈義』について」（『中国文化』七三）、八八頁。
（32）会沢正志斎『中庸釈義』四章、茨城県立歴史館所蔵。
（33）竹内照夫『礼記』中（新釈漢文大系、明治書院、一九七七年）、七一二頁。
（34）赤塚忠『大学　中庸』（新釈漢文大系）、二三八頁。
（35）赤塚忠『大学　中庸』（新釈漢文大系）、二四三頁。

(36) 赤塚忠『大学　中庸』（新釈漢文大系）、二五六頁。
(37) 会沢正志斎『中庸釈義』五章、茨城県立歴史館所蔵。
(38) 今井宇三郎ほか『新論』「補注」（『水戸学』日本思想大系五三、岩波書店、一九七三年）、四五三頁。
(39) 加地伸行『孝研究』（研文出版、二〇一〇年）、二七三頁。
(40) 加地伸行『儒教とは何か』（中央公論社、一九九〇年）、一六〇頁。
(41) なお、加地氏は儒教に付随する宗教性を真に理解していた人物として会沢正志斎と中江藤樹を挙げている。（加地伸行『儒教とは何か』、二四八頁。）ただ、会沢に関しては具体的な分析を試みられていないため本節で補いたい。
(42) 会沢正志斎『孝経考』国立国会図書館所蔵。
(43) 栗原圭介『孝経』（新釈漢文大系、明治書院、一九八六年）、一頁。
(44) 会沢正志斎『孝経考』国立国会図書館所蔵。
(45) これについては実際に、醍醐天皇から後一条天皇の読書始に教科書として「御中孝経」等が用いられたことが先行研究によって明らかとなっている。（尾形裕康『就学始の史的研究』日本学士院、一九五〇年、及び加地伸行『孝経』、講談社学術文庫、二〇〇七年、二四一頁。）
(46) 会沢正志斎『孝経考』国立国会図書館所蔵。
(47) 会沢正志斎『孝経考』国立国会図書館所蔵。
(48) 梶山孝夫「藤田幽谷と『孝経』」（『水戸史学』八四号、水戸史学会、二〇一六年）、三四頁。
(49) 会沢正志斎『孝経考』国立国会図書館所蔵。
(50) 会沢正志斎『迪彝篇』（『水戸学大系』二、水戸学大系刊行会、一九四一年）、三六二頁。
(51) 会沢正志斎『迪彝篇』（『水戸学大系』二）、三六四頁。
(52) 加地伸行『孝研究』、二二七頁。
(53) 加地伸行『孝研究』、二二七頁。
(54) 会沢正志斎『新論』（『水戸学』日本思想大系五三）、一四四頁。
(55) 会沢正志斎『新論』（『水戸学』日本思想大系五三）、一四四頁。

(56) 会沢正志斎『孝経考』国立国会図書館所蔵。
(57) 加地伸行『孝研究』、二六四頁。
(58) 辻本雅史『近世教育思想史の研究』(思文閣出版、一九九〇年)、三〇一頁。
(59) 辻本雅史『近世教育思想史の研究』、三〇二頁。
(60) 加地伸行『孝研究』、四四八頁。
(61) 辻本雅史『近世教育思想史の研究』、三一七頁。
(62) アントニー・D・スミス『ネイションとエスニシティ』(名古屋大学出版会、巣山靖司、高城和義他訳、一九九九年)、一九頁。
(63) スミス氏による日本についての分析は、『ネイションとエスニシティ』一〇九頁に示されている。
(64) 会沢正志斎『新論』(『水戸学』日本思想大系五三)、五六頁。
(65) 会沢正志斎『新論』(『水戸学』日本思想大系五三)、五五頁。
(66) 会沢正志斎『新論』(『水戸学』日本思想大系五三)、一五〇頁。
(67) アントニー・D・スミス『ネイションとエスニシティ』、一九頁。
(68) 会沢正志斎『新論』(『水戸学』日本思想大系五三)、五二頁。
(69) 会沢正志斎『新論』(『水戸学』日本思想大系五三)、五三頁。
(70) 栗原圭介『孝経』(新釈漢文大系)、二二七頁。
(71) 会沢正志斎『孝経考』国立国会図書館所蔵。
(72) 会沢正志斎『孝経考』国立国会図書館所蔵。
(73) 会沢正志斎『孝経考』国立国会図書館所蔵。
(74) 栗原圭介『孝経』(新釈漢文大系)、二八七頁。
(75) 会沢正志斎『孝経考』第一二章、無窮会所蔵。
(76) 栗原圭介『孝経』(新釈漢文大系)、二九五頁。
(77) 竹内照夫『礼記』中(新釈漢文大系、明治書院、一九七七年)、七四〇頁。
(78) 竹内照夫『礼記』中(新釈漢文大系)、七四一頁。

(79) 竹内照夫『礼記』中（新釈漢文大系）、七四二頁。
(80) 藤田幽谷「正名論」（『藤田幽谷関係史料』一、日本史籍協会、一九七七年）、二二七頁。
(81) 会沢正志斎『新論』（『水戸学』日本思想大系五三）、一四一頁。
(82) 会沢正志斎『新論』（『水戸学』日本思想大系五三）、五九頁。
(83) 竹内照夫『礼記』中（新釈漢文大系）、七四七頁。
(84) 竹内照夫『礼記』中（新釈漢文大系）、七五二頁。
(85) 会沢正志斎『新論』（『水戸学』日本思想大系五三）、五三頁。
(86) 会沢正志斎『新論』（『水戸学』日本思想大系五三）、一四九頁。
(87) 会沢正志斎『新論』（『水戸学』日本思想大系五三）、一五〇頁。
(88) 会沢正志斎『孝経考』国立国会図書館所蔵。
(89) 会沢正志斎『及門遺範』（瀬谷義彦『会沢正志斎』、文教書院、一九四二年）、二二五頁。
(90) 吉田賢抗『論語』（新釈漢文大系、明治書院、一九七五年）、五頁。
(91) 今井宇三郎「会沢正志斎における儒教経伝の研究」（『日本漢文学史論考』）、五三八頁。
(92) 大場一央「会沢正志斎の『論語』理解と実践」（『東洋の思想と宗教』三二号、早稲田大学東洋哲学会、二〇一五年）、七三頁。
(93) 大場一央「会沢正志斎の『論語』理解と実践」（『東洋の思想と宗教』三二号）、七五頁。
(94) 大場一央「会沢正志斎の『論語』理解と実践」（『東洋の思想と宗教』三二号）、七八頁。
(95) 大場一央「会沢正志斎の『論語』理解と実践」（『東洋の思想と宗教』三二号）、七八頁。
(96) 大場一央「会沢正志斎の『論語』理解と実践」（『東洋の思想と宗教』三二号）、八〇頁。
(97) 大場一央「会沢正志斎の『論語』理解と実践」（『東洋の思想と宗教』三二号）、八三頁。
(98) 会沢正志斎『新論』（『水戸学』日本思想大系五三）、五三頁。
(99) 会沢正志斎『新論』（『水戸学』日本思想大系五三）、五七頁。
(100) 会沢正志斎『新論』（『水戸学』日本思想大系五三）、五九頁。
(101) 会沢正志斎『新論』（『水戸学』日本思想大系五三）、一四四頁。

(102) 会沢正志斎『読論日札』「慎終追遠」茨城県立歴史館所蔵。
(103) 吉田賢抗『論語』(新釈漢文大系)、四三二頁。
(104) 会沢正志斎『読論日札』「尭曰」茨城県立歴史館所蔵。
(105) 吉田賢抗『論語』(新釈漢文大系)、六一頁。
(106) 会沢正志斎『読論日札』「八佾雍徹」茨城県立歴史館所蔵。
(107) 会沢正志斎『読論日札』「八佾雍徹」茨城県立歴史館所蔵。
(108) 会沢正志斎『読論日札』「八佾雍徹」茨城県立歴史館所蔵。
(109) 会沢正志斎『読論日札』「禘自既灌」茨城県立歴史館所蔵。
(110) 会沢正志斎『読論日札』「禘之説」茨城県立歴史館所蔵。
(111) 先に引いた高山氏の著作では「仁斎の六十七回(その説が否定されるのは四回のみ)である。以下、大田錦城の五十五回、高拱(鄭維嶽『論語知新日録』所引の説)の二十一回が続く。」(高山大毅『近世日本の「礼楽」と「修辞」』、東京大学出版会、二〇一六年、一五四頁。)としているが、錦城については「又曰」としている箇所等を加えれば更に多くなる。
(112) 大田錦城「九経談」(『日本儒林叢書』第六巻、東洋図書刊行会、一九七一年)、一六頁。
(113) 大田錦城「九経談」(『日本儒林叢書』第六巻)、一六頁。
(114) 大田錦城「九経談」(『日本儒林叢書』第六巻)、一六頁。
(115) 安井小太郎『日本儒学史』(冨山房、一九三九年)、二四四頁。
(116) 会沢正志斎『読論日札』「顔淵問仁」茨城県立歴史館所蔵。
(117) 伊藤仁斎「論語古義」(『日本名家四書註釈全書』論語部一、東洋図書刊行会、一九七三年)、一七二頁。
(118) 大田錦城『論語大疏』「顔淵」国立国会図書館所蔵。
(119) 伊藤仁斎「論語古義」(『日本名家四書註釈全書』論語部一)、一七二頁。
(120) 大田錦城『論語大疏』「顔淵」国立国会図書館所蔵。
(121) 会沢正志斎『読論日札』「顔淵問仁」茨城県立歴史館所蔵。
(122) 大田錦城『論語大疏』「顔淵」国立国会図書館所蔵。

(123) 加地伸行「大田錦城の『論語大疏』・『仁説三書』」(『皆川淇園・大田錦城』日本の思想家二六、明徳出版社、一九八六年)、二七〇頁。
(124) 加地伸行「大田錦城の『論語大疏』・『仁説三書』」(『皆川淇園・大田錦城』日本の思想家二六)、二七四頁。
(125) 福井佐枝子「大田錦城の『善』――日本考証学と善書的世界の接点」(『日本思想史研究』二九、東北大学文学部日本思想史学研究室、一九九七年)、二四頁。
(126) 福井佐枝子「大田錦城の『善』――日本考証学と善書的世界の接点」(『日本思想史研究』二九)、三一頁。
(127) 加藤常賢『書経』上(新釈漢文大系、明治書院、一九八三年)、三頁。
(128) 今井宇三郎「会沢正志斎における儒教経伝の研究」(『日本漢文学史論考』)、五二二頁。
(129) 今井宇三郎「水戸学における儒教の受容」(『水戸学』日本思想大系五三)、五四二頁。
(130) 今井宇三郎「水戸学における儒教の受容」(『水戸学』日本思想大系五三)、五四三頁。
(131) 会沢正志斎『新論』(『水戸学』日本思想大系五三)、五八頁。
(132) 会沢正志斎『典謨述義』第一巻、茨城県立歴史館所蔵。
(133) 会沢正志斎『読書日札』第一巻、茨城県立歴史館所蔵。
(134) 会沢正志斎『読書日札』第一巻、茨城県立歴史館所蔵。
(135) 会沢正志斎『読書日札』第一巻、茨城県立歴史館所蔵。
(136) 会沢正志斎『読書日札』第一巻、茨城県立歴史館所蔵。
(137) 会沢正志斎『典謨述義』第一巻、茨城県立歴史館所蔵。
(138) 会沢正志斎『典謨述義』第三巻、茨城県立歴史館所蔵。
(139) 会沢正志斎『典謨述義』第二巻、茨城県立歴史館所蔵。
(140) 会沢正志斎『典謨述義』第二巻、茨城県立歴史館所蔵。
(141) 会沢正志斎『新論』(『水戸学』日本思想大系五三)、五九頁。
(142) 会沢正志斎『新論』(『水戸学』日本思想大系五三)、六四頁。
(143) 会沢正志斎『新論』(『水戸学』日本思想大系五三)、一三五頁。

(144) 会沢正志斎『新論』(『水戸学』日本思想大系五三)、一四二頁。
(145) 会沢正志斎『新論』(『水戸学』日本思想大系五三)、一四二頁。
(146) 加藤常賢『書経』上(新釈漢文大系)、二三五頁。
(147) 会沢正志斎『読書日札』第二巻「召誥」茨城県立歴史館所蔵。
(148) 会沢正志斎『読書日札』第二巻「洛誥」茨城県立歴史館所蔵。
(149) 加藤常賢『書経』上(新釈漢文大系)、二四〇頁。
(150) 会沢正志斎『読書日札』第二巻「洛誥」茨城県立歴史館所蔵。
(151) 今井宇三郎ほか『新論』「補注」(『水戸学』日本思想大系五三)、四五八頁。
(152) 会沢正志斎『典謨述義附録』「洛誥」中、茨城県立歴史館所蔵。
(153) 加藤常賢『書経』上(新釈漢文大系)、二五〇頁。
(154) 本田二郎『周礼通釈』上(秀英出版、一九七七年)、五三七頁。
(155) 会沢正志斎『新論』(『水戸学』日本思想大系五三)、五九頁。
(156) 会沢正志斎『典謨述義附録』「作洛論下」茨城県立歴史館所蔵。
(157) 会沢正志斎『新論』(『水戸学』日本思想大系五三)、五六頁。
(158) 加藤常賢『書経』上(新釈漢文大系)、二四〇頁。
(159) 今井宇三郎「会沢正志斎における儒教経伝の研究」(『日本漢文学史論考』)、五三二頁。
(160) 今井宇三郎「会沢正志斎における儒教経伝の研究」(『日本漢文学史論考』)、五三五頁。
(161) 今井宇三郎「会沢正志斎における儒教経伝の研究」(『日本漢文学史論考』)、五三五頁。
(162) 今井宇三郎「会沢正志斎における儒教経伝の研究」(『日本漢文学史論考』)、五三七頁。
(163) 今井宇三郎「水戸学における儒教の受容」(『水戸学』日本思想大系五三)、五五五頁。
(164) 会沢正志斎「正志斎記」(名越時正編『会沢正志斎文稿』、国書刊行会、二〇〇二年)、一三三頁。
(165) 今井宇三郎『易経』中(新釈漢文大系、明治書院、一九九三年)、七三五頁。
(166) 会沢正志斎「正志斎記」(『会沢正志斎文稿』)、一三三頁。

(167) 会沢正志斎『及門遺範』(瀬谷義彦『会沢正志斎』)、二三六頁。
(168) 会沢正志斎『読易日札』「卦変」茨城県立歴史館所蔵。
(169) 今井宇三郎『易経』上（新釈漢文大系、明治書院、一九八七年)、一三頁。
(170) 会沢正志斎『読易日札』「泰」茨城県立歴史館所蔵。
(171) 会沢正志斎『泰否炳鑑』巻一、茨城県立歴史館所蔵。
(172) 会沢正志斎『泰否炳鑑』巻四、茨城県立歴史館所蔵。
(173) 会沢正志斎『泰否炳鑑』巻一、茨城県立歴史館所蔵。
(174) 会沢正志斎『新論』(『水戸学』日本思想大系五三)、一三二頁。
(175) 今井宇三郎ほか『易経』下（新釈漢文大系、明治書院、二〇〇八年)、一四六二頁。
(176) 会沢正志斎『泰否炳鑑』巻三、茨城県立歴史館所蔵。
(177) 会沢正志斎『泰否炳鑑』巻三、茨城県立歴史館所蔵。
(178) 会沢正志斎『泰否炳鑑』巻三、茨城県立歴史館所蔵。
(179) 東一夫『王安石新法の研究』(風間書房、一九七〇年)、三一三頁。
(180) 東一夫『王安石新法の研究』、三四四頁。
(181) 東氏は「結びの言葉」において、原稿を出版社に届ける直前に会沢の安石評の存在を知ったと述べておられるため、残念ながら同書に会沢の分析はない。
(182) 会沢正志斎『泰否炳鑑』巻二、茨城県立歴史館所蔵。
(183) 会沢正志斎『泰否炳鑑』巻三、茨城県立歴史館所蔵。
(184) 会沢正志斎『泰否炳鑑』巻四、茨城県立歴史館所蔵。
(185) 会沢正志斎『泰否炳鑑』巻二、茨城県立歴史館所蔵。
(186) 会沢正志斎『泰否炳鑑』巻三、茨城県立歴史館所蔵。
(187) 会沢正志斎『泰否炳鑑』巻三、茨城県立歴史館所蔵。
(188) 会沢正志斎『泰否炳鑑』巻三、茨城県立歴史館所蔵。

(189) 会沢正志斎『泰否炳鑑』巻二、茨城県立歴史館所蔵。
(190) 会沢正志斎『泰否炳鑑』巻二、茨城県立歴史館所蔵。
(191) 会沢正志斎『泰否炳鑑』巻一、茨城県立歴史館所蔵。
(192) 会沢正志斎『泰否炳鑑』巻三、茨城県立歴史館所蔵。
(193) 会沢正志斎『泰否炳鑑』巻三、茨城県立歴史館所蔵。
(194) 今井宇三郎「水戸学における儒教の受容」(『水戸学』日本思想大系五三)、五三四頁。
(195) 会沢正志斎『及門遺範』(瀬谷義彦『会沢正志斎』)、二三五頁。
(196) 曽我部静雄「律令家としての藤田幽谷――幽谷の力役についての知識紹介」(『藝林』一二、藝林会、一九六一年)、二三〇頁。
(197) 曽我部静雄「律令家としての藤田幽谷――幽谷の力役についての知識紹介」(『藝林』一二)、二三二頁。
(198) 曽我部静雄「律令家としての藤田幽谷――幽谷の力役についての知識紹介」(『藝林』一二)、二三六頁。
(199) 今井宇三郎「水戸学における儒教の受容」(『水戸学』日本思想大系五三)、五三六頁。
(200) 藤田東湖「弘道館記述義」(『水戸学』日本思想大系五三、岩波書店、一九七三年)、三二七頁。
(201) 『国史大辞典』七(吉川弘文館、一九八六年)、四〇三頁。なお、『周礼』の訳注には本田二郎『周礼通釈』上・下(秀英出版、一九七七年・一九七九年)が詳しいため本章も参考とした。また、日本における『周礼』の研究状況に関しては、南昌宏氏が簡潔に纏められており、(「〈日本における『周礼』研究論考〉略述」『中国研究集刊』一〇、大阪大学、一九九一年、八四頁。)関連論文を概観することができる。
(202) 羽賀祥二「明治維新と『周礼』」(『年報近現代史研究』創刊号、近現代史研究会、二〇〇九年)、一三頁。
(203) 間嶋潤一「会沢正志斎『読周官』訳注稿(一)解題」(『香川大学国文研究』一八、香川大学国文学会、一九九三年)、八三頁。
(204) 今井宇三郎「水戸学における儒教の受容」(『水戸学』日本思想大系五三)、五四三頁。
(205) 『国史大辞典』七、四〇三頁。
(206) 今井宇三郎「会沢正志斎における儒教経伝の研究」(『日本漢文学史論考』)、五三〇頁。
(207) 今井宇三郎「会沢正志斎における儒教経伝の研究」(『日本漢文学史論考』)、五三〇頁。
(208) 今井宇三郎「会沢正志斎における儒教経伝の研究」(『日本漢文学史論考』)、五三二頁。

(209) 会沢正志斎『読周官』無窮会所蔵。
(210) 会沢正志斎『読周官』無窮会所蔵。間嶋潤一「会沢正志斎『読周官』訳注稿（二）」（『香川大学国文研究』一九、香川大学国文学会、一九九四年）、八九頁。
(211) 会沢正志斎『新論』（『水戸学』日本思想大系五三）、六〇頁。
(212) 会沢正志斎『新論』（『水戸学』日本思想大系五三）、一三五頁。
(213) 本田二郎『周礼通釈』上、四八頁。
(214) 間嶋潤一「会沢正志斎の周礼学に関する覚書――「代天工」の意義と『周礼』」（『鈴木淳一教授退官記念論文集』、教育出版、一九八六年）、九四頁。
(215) 間嶋潤一「会沢正志斎の周礼学に関する覚書――「代天工」の意義と『周礼』」（『鈴木淳一教授退官記念論文集』）、九六頁。
(216) 間嶋潤一「会沢正志斎『読周官』の大宰について」（『香川大学国文研究』一〇、香川大学国文学会、一九八五年）、二三頁。
(217) 会沢正志斎『新論』（『水戸学』日本思想大系五三）、一五二頁。
(218) 本田二郎『周礼通釈』上、二五六頁。
(219) 本田二郎『周礼通釈』上、二八五頁。
(220) 本田二郎『周礼通釈』上、五一頁。
(221) 会沢正志斎『読周官』巻一「八則」無窮会所蔵。
(222) 本田二郎『周礼通釈』上、五二頁。
(223) 会沢正志斎『読周官』巻二「十有二教」無窮会所蔵。
(224) 本田二郎『周礼通釈』上、二八四頁。
(225) 本田二郎『周礼通釈』上、四七三頁。
(226) 会沢正志斎『読周官』巻二「十有二教」無窮会所蔵。
(227) 会沢正志斎『読周官』巻二「十有二教」無窮会所蔵。
(228) 間嶋潤一「会沢正志斎『読周官』訳注稿（五）上」（『香川大学国文研究』二二、香川大学国文学会、一九九七年）、八八頁。
(229) 本田二郎『周礼通釈』上、五三六頁。

(230) 会沢正志斎『読周官』巻四「大宗伯天神地祇人鬼」無窮会所蔵。
(231) 会沢正志斎『読周官』巻四「大宗伯天神地祇人鬼」無窮会所蔵。
(232) 会沢正志斎『読周官』巻四「大宗伯天神地祇人鬼」無窮会所蔵。
(233) 会沢正志斎『新論』(『水戸学』日本思想大系五三)、五三頁。
(234) 会沢正志斎『新論』(『水戸学』日本思想大系五三)、八一頁。
(235) 会沢正志斎『読周官』巻四「吉凶賓軍嘉」無窮会所蔵。
(236) 会沢正志斎『読周官』巻四「吉凶賓軍嘉」無窮会所蔵。
(237) 会沢正志斎『読周官』巻四「吉凶賓軍嘉」無窮会所蔵。
(238) 宇野精一「中国古典の学の展開」(『宇野精一著作集』第二巻、明治書院、一九八六年)、一八頁。
(239) 宇野精一「中国古典の学の展開」(『宇野精一著作集』第二巻)、一六頁。
(240) 宇野精一「『周礼』に見える礼に就いて」(『宇野精一著作集』第二巻、明治書院、一九八六年)、四〇二頁。
(241) 宇野精一「『周礼』に見える礼に就いて」(『宇野精一著作集』第二巻)、四〇二頁。
(242) ちなみに宇野氏は「軍礼」という概念の存在には疑義を呈しており、『周礼』の内容と年代的に関係させて考えるべき問題であろうとしている。(「『周礼』に見える礼に就いて」『宇野精一著作集』第二巻、四〇三頁。)
(243) 間嶋潤一『鄭玄と『周礼』――周の太平国家の構想』(明治書院、二〇一〇年)、一一三頁。
(244) 間嶋潤一『鄭玄と『周礼』――周の太平国家の構想』、一一三頁。
(245) 間嶋潤一『鄭玄と『周礼』――周の太平国家の構想』、一一四頁。
(246) 本田二郎『周礼通釈』上、五四九頁。
(247) 会沢正志斎『下学邇言』「論礼」国立国会図書館所蔵。
(248) 今井宇三郎ほか『新論』「補注」(『水戸学』日本思想大系五三)、四五三頁。
(249) 今井宇三郎ほか『新論』「補注」(『水戸学』日本思想大系五三)、四五四頁。
(250) 会沢正志斎『下学邇言』「論礼」国立国会図書館所蔵。
(251) 会沢正志斎『下学邇言』「論礼」国立国会図書館所蔵。

(252) 会沢正志斎『退食間話』(『水戸学』日本思想大系五三、岩波書店、一九七三年)、二四二頁。
(253) 工藤隆『大嘗祭――天皇制と日本文化の源流』(中公新書、二〇一七年)、一二頁。
(254) 森田登代子「大嘗会再興と庶民の意識」(笠谷和比古編『十八世紀日本の文化状況と国際環境』、思文閣出版、二〇一一年)、三五四頁。
(255) 会沢正志斎『下学邇言』「論礼」国立国会図書館所蔵。
(256) 会沢正志斎『下学邇言』「論礼」国立国会図書館所蔵。
(257) 工藤隆『大嘗祭――天皇制と日本文化の源流』、二〇三頁。
(258) 会沢正志斎『下学邇言』「論礼」国立国会図書館所蔵。
(259) 瀧川政次郎『律令と大嘗祭』(国書刊行会、一九八八年)、一三一頁。
(260) 宇野精一「中国古典の学の展開」(『宇野精一著作集』第二巻)、三三一頁。
(261) 萩野貞樹『歪められた日本神話』(ＰＨＰ新書、二〇〇四年)。
(262) 徳川光圀『大日本史』「本紀」国立国会図書館所蔵。

第四章　教育思想とその展開

はじめに

会沢正志斎は四四歳の時に『新論』を著し、それは翌年に藤田幽谷から藩主斉脩《なりのぶ》に献じられた。その後『新論』が公刊されたのは七六歳の安政四年（一八五七）であったが、筆写を通じて多くの志士に影響を与えたのは周知の通りである。『新論』が公刊されるまでの間、先に論じた儒学研究である思問編は記されており、その思想はしだいに熟成されていった。公刊と時を同じくして、日本藩校史上最大級の規模を誇る水戸弘道館の本開館式が挙行される。正志斎は老齢ゆえに教職の任を辞退することを申し出たものの、結局その中心的役割を担うこととなった。『新論』によって提示された理念には、来るべき時代に備えた国民統合の方針が示されていたことは繰り返し述べてきたが、正志斎は単に祭祀を通じた宗教的情操教育のみならず、時代の要請を満たす具体的な教育指針や方法についても思慮を巡らしていたことは言うまでもない。そしてその思想的基盤となるものは儒学から読み取れる普遍的理念でありつつも、我が国の実情に沿うよう配慮されたものであった。これまでの正志斎の研究に関しては、『新論』の分析や、「国体論」に関する政治面の論考が主なものであり、教育思想を扱ったものは限定的である。安政期という日本史上特筆すべき時代は、かつて正志斎が『新論』によって予測した「時代」でありつつも、有効な手立てを講じることができずに、それを現実化させてしまった焦燥をも感じさせた時代でもあった。アヘン戦争（一八四〇―一八四二）からアロー号事件（一八五六）、そして英仏軍による広州の占領・略奪（一八五七）という欧米による中国の侵略は、隣国である我が国にただならぬ空気を伝えたのは言うまでもない。そうした渦中にあって、希望となるのはやはり次世代の日本人の育成であり、それまでの正志斎の学問の集大成が教育論へと傾注したのは必然であった。ただ、水戸弘道館ほどの大規模な藩校の運営は決して正志斎の力のみで実現されたものではなく、そこでは国際的視野を育ませたのと同様、水戸藩の「風土」というものが多分に関係している。そこで同藩の学風から起筆していくことで、その推進力となった背景を確認していきたい。

第一節　水戸藩の学風

水戸の学風が大きく躍進したのは、天保の改革を契機とする。天保年間（一八三〇―一八四五）において水野忠邦主導で行われた改革は、幕府のみならず諸藩をも巻き込んだかたちで進められていった。一般に天保期が幕藩制の国家と社会との転換期であり、また危機の時期であったとされているが、そうした危機意識を指摘したものとして水戸藩主徳川斉昭が幕府へ上呈した「戊戌《ぼじゅつ》封事」がある。そこでは、「大筋ハ内憂と外患との二つに御座候、内憂は海内の憂にて外患ハ海外の患に御座候、歴史の上にて御承知も被為在候通り内憂起り候て外患を来し候事も有之、外患来り候て内憂を引出し候事も有之、内憂外患一時に起り立候事も御座候」(1)と「内外」の課題についての諸献策が記されている。具体的に前者は「人材の任用、祖廟壮麗の戒飭《かいちょく》、言路の開通、城狐社鼠《じょうこしゃそ》の大害、食を足らし兵を足らす財政整理及悪貨の弊、賄賂の禁、蘭国交易の廃止、武備の修飭《しゅうちょく》」を、後者は「邪教の厳禁、蘭船入港の禁、蘭学の停止、宗旨改を神官に委任、大船の解禁、攘夷の厳制、蝦夷地開拓」を提言している。中でも「何卒才徳有之候もの御撰み夫々御役方へ御試み被遊、忠厚勇武にて人馬兵具等たしなみ宜き者ハ御称美被遊、武芸文学等絶倫の者ハ不時に上覧等被遊、天下の士風御一変被遊候ハヾ、乍憚神君への御孝道無此上御義と奉存候[2]」として人材の精選に関しては特に注意を払っている。また、「奢侈の風[3]」の矯正についても憂慮しており、このことは後半で触れる弘道館教育においても関連している。また、「外患ほど油断不成義ハ無之候[4]」とし、西洋諸国について、「夷人共是まで追々諸国奪ひ取候術ハ種々御座候半がまつ強き国へハ交易を以てちなみを求め、段々に宗門をひろめ候上にて其国を奪ひ、弱き国をバ大筒打立兵威を以ておびやかし、一旦に其国をきり従ひ候上にて宗門をひろめ兎角邪教にて人をなつけ兵威にて人をおびやかし候事に候[5]」と記しており、これは先に触れた木村謙次の記録、及び『新論』の一節を想起させるものであろう。そして、「商船鯨とり交易船と申候ても一ト通りハ聞え候へ共、此方の商船猟船と違ひ、船頭ハ彼国の重役にて、すハと申候へバ直に大将に在之船ハその制作堅固の上、進退も自在にて大筒もかけ置候故、直に軍船に相成候間、商船鯨取とあなどり候ハ心得がなき事に御座候[6]」としており、ここでも正志斎の『諳夷問答』と同様の内容を認めることができる。さらにロシアについても「蝦夷の北ハ人も住不申不毛の土地と相見え候処、近来『ヲロシヤ』国強大に相成、蝦夷の北『カムサツカ』と申す所へ出張をかまへ段々南方へ志し既に千島と申すハ蝦夷と『カムサツカ』の間の島々にて日本の地に相違も無之候処、千島之内『ラツコ』島と申す所迄ハ夷人蚕食いたし彼国より来候て住居いたし候由、神国の耻辱無此上口惜き事に御座候[7]」として、対露政策を重視している。他方、学際上の問題については、蘭学の流行について「儒道にても仏法にても其道へ入候へバ其先師を尊く存候ハ自然の勢に御座候[8]」として人心が「外国の本尊」へと吸収されるのを危惧し、「神国の益」となる鉄砲等の「物の理」以外については「蘭学御制禁」を願い出ている。こうした提言からも察せられるように、教育政策については藩主の主導性は常に牽引力となっており、これは先に論じた蝦夷地探検における二代藩主光圀とも共通するものである。そして斉昭の治世は水戸藩史上最も困難を窮めた時代であったことは言うまでもなく、そうした現実を打開するための教育施策は、弘道館に集約されたのである。

ここで藩主斉昭について確認しておきたい。徳川斉昭（一八〇〇―六〇）は七代藩主治紀《はるとし》の三男であり、八代藩主斉脩《なりのぶ》は兄である。斉脩には子がいなかったことからその嗣子に立てられ、正志斎や藤田東湖らの献策もあり藩主に擁立された。文政一二年（一八二九）に襲封すると藩政の基本方針を示して改革に着手し、民政重視の政策を行うこととなる。天保四年（一八三三）には約一年間水戸に帰国し、飢饉や海防対策などに乗り出し、江戸へ戻ってからも藤田東湖等を重用して、領内の民生安定、文武奨励、神儒一致の思想を推進した。一方で幕府へ対しても先の「戊戌封事」をはじめとする提言を行い、同一〇年には水戸で兵式を拡充しつつ、各地に郷校を建て教育政策を振興し、藩校弘道館の開校準備を進めた。同九年の『弘道館記』には斉昭の教育理念が集約されており、開館と同時に石碑に刻まれ館庭に設置された。他方で急進的な側面を持つ斉昭の改革は、藩内では藤田貞正を筆頭とする門閥保守派からの反感を招き、また寺院へ対する圧迫や、極端な軍備拡充などから誤解を生み、弘化元年（一八四四）に幕命により謹慎処分を受け、駒込の別邸に幽閉されることとなる。これは「甲辰の国難」と呼ばれており、当時藩内は大きく動揺し、正志斎も雪冤《せつえん》運動に奔走した。嘉永六年（一八五三）のペリー来航後は海防問題の幕政参与に任ぜられ、安政二年（一八五五）には政務参与も務めたが、開国派の堀田正睦《ほったまさよし》と対立すると同四年に辞任することとなる。安政二年の大地震で家老戸田《とだ》忠敞《ただあきら》と藤田東湖を失った後も、那珂湊《なかみなと》反射炉の建設や弘道館の開校など、安政の藩政改革は着実に実行に移された。その後、日米修好通商条約調印をめぐり幕府と対立し、尾張藩主徳川慶恕《よしくみ》、松平慶永《よしなが》と共に処分を受け、朝廷からの「戊午の密勅」を契機とした安政の大獄により藩政は混乱を極めることとなった。安政六年（一八五九）に永蟄居となり国許で過ごすこととなったが、七男の一橋慶喜は一五代将軍に擁立された。

斉昭には天保四年（一八三三）に家臣らに示した『告志篇』がある。これは帰国してからの数日間、政務の合間に書きためたものを纏めたものであった。就藩に際し藩主が家臣へ諭告するのは慣例であったが、これほど整ったものを与えたことは前例がなかった。その学問と思想については、「三十歳までの長い部屋住時代に、幽谷の門人正志斎や吉田令世らに接していたので、幽谷の学風に触れ、その農政や施策は、幽谷の農政書『勧農或問』に説くところを、藩政上に施行したといっても過言ではない。[9]」とされている。ただ、斉昭の原案は東湖によって修訂が加えられた後、それを元に大幅な改訂を行い公表されたとされているため、[10]『告志篇』と共に、「斉昭親諭原案」についても合わせて見ていく必要がある。同時に正志斎の思想が斉昭へ影響していることについては、先の封事の言説や「喪礼」の教えを受けたことなど、本書で見てきた通りである。

『告志篇』では冒頭、「人は貴き賤きによらず、本を思ひ恩に報い候様心懸候儀専一と存候。抑日本は神聖の国にして、天祖天孫統を垂、極を建給ひしよりこのかた、明徳遠き太陽とゝもに照臨ましまし、宝祚の隆んなる天壌とゝもに窮りなく、君臣父子の常道より衣食住の日用に至るまで、皆これ天祖の恩賚《おんらい》にして、万民永く飢寒の患を免れ、天下敢て非望の念を萌さず、難有と申も恐多き御事なり。[11]」としており、これは『新論』の「謹んで按づるに、神州は太陽の出づる所、元気の始まる所にして、天日之嗣、世宸極を御し、終古易らず。固より大地の元首にして、万国の綱紀なり。誠によろしく宇内に照臨し、皇化の暨ぶ所、遠邇あることなかるべし。[12]」とその雰囲気が似通っているのは偶然ではないであろう。また、「今世にはよく父母を養ひ、衣食等の世話行届き候を孝子と唱へ候処、これも孝の一端に候へども、庶人の孝にて、士の孝とは申し難く存候[13]」や「人々の身は父母の遺体」等、『孝経』の理念も織り込まれている。教育に関しては、「子孫には徳行道芸を学ばしめ」と『周礼』「地官」における教育理念を引きながら次のように述べている。

> 子孫教育の儀は、其親の如在も有間敷候へども、当時の風俗、大臣の子弟は其父兄の故を以人も疎略に不致、無理をいひても其侭通し置候故、我まゝのみ増長し、小臣を見下し候類もありときく。大臣の子弟は行々政務にも預り、国の柱石ともなるべき身なれば、別して学問等をも励み、下情にも通達する様にと教ふべきに、

左はなくて、幼年より貴きを挟む様に悪しく癖を付候は、よからぬ事なり。且大臣小臣に限らず、幼年の内は文武の芸を励むといへども、十五以上にもなり候へば、却て修行を怠り、読書をも恥べき事の様に成行、武芸も大抵廿余歳にも至候へば精を出さず、金銀酒食等の欲に溺るゝは嘆しき事なり。（中略）何事も最初の習はしから可有之間、子弟の教育は厚く心を用候事、我等への大なる奉公と存候。大臣の儀は猶更教誨ありたき事に候。

このように斉昭が憂慮したものとは、特に「大臣の子弟」における教育であり、その驕慢《きょうまん》とも言うべき性行の矯正にあった。このことは当然弘道館内における教育とも連動しており、正志斎が苦慮した教育課題とも関連することは後半で見ていきたい。いずれにせよ斉昭による「内憂外患」の指摘は、同藩の改革における指針を示したものでもあり、その教育課題の克服という側面において構想されたのが藩校弘道館であり、そこでは旧来からの教育思想が維持されつつも、安全保障の側面を含めた先進的技術が取り入れられたカリキュラムとして構成されていった。弘道館の教育理念については、『弘道館記』にその建学の理念と綱領が記してあり、藤田東湖等により起草された。また、その解説書として東湖は『弘道館記述義』を、正志斎はより平易な『退食間話』を著し、それらは当時広く読まれるものとなった。また「弘道館学則」については、総教に命じて教則条目を論定させ、斉昭自らが裁定して学則とした。こうした弘道館における斉昭の積極的な関与からも、その教育方針は藩主の理想が原点にあり、それらを具現化する役割を担ったのは弘道館の教授達であったと考えてよいであろう。その中でも、先に論じたように襲封以前から繫がりのあった正志斎とは、その教育思想を共有するものであり、具体的には『孝経』、『周礼』を基軸とする教育論であったと推論できる。

それらを論証する一例として、弘道館における祭神の問題について触れておきたい。弘道館においては神儒一致の方針からその祭神も特徴的であり、他の藩校とは異なる趣があった。これについても斉昭の意向に基づいており、青山延于宛の書翰では「江戸を初、国々に聖堂学校等処々に有之処、学校とさへ申候へば孔子を本尊に致候処、唐にては尤もの義に候へ共、本朝にては周孔の道を御取用ひ被遊候は神皇の御功に在之候へば、此末万々一此方国許へ学校めきたる物も取立に相成様に候はば、神を中へ祭り孔子扁鵲《へんじゃく》すくなひこなの神又は人丸等客の如くに祭候て学校へ初て入門致候者は先ヅ神を拝候後、孔子等をも拝し候様に而、如何可有之哉」として、その祭神について苦慮し、「儒者とさへ申候へば日本の事をいみ嫌ひ、和学者とさへ申候へば唐の事を嫌ひ、其派を立候様なる義は天下一統に在之候[14]」と学派別の弊害と学神問題について述べている。こうした斉昭の憂慮は、後に明治初年の京都において現実化しており、そこでは岩倉具視《いわくらともみ》主導で皇学所と漢学所が発足されたが、学派上の争いに終始し、最終的には廃止の命令が下ることとなった。また「学神祭」については、東京の大学校において挙行されており、大久保利謙氏は「孔子を斥け、日本の神を以てこれに代ようとするもの」であり、「新しく学問の基準を再建しようとした学問上の王政復古思想の核となるものである。[15]」としている。大久保氏は水戸藩の学神論についても触れており、皇学所系統の人々における水戸藩の学風の影響を否定しながらも、水戸学の思想の影響を受け仲介にあたった長谷川昭道《はせがわあきみち》については、これを発展せしめた人物としている。[16]なお、斉昭による神道の重視についてはこれまでも触れているものがあり[17]、光圀が編纂した『神道集成』修訂の下命に加え、神武天皇陵の修造建議がある。これについては、正志斎宛の書簡においても「幼年の節より神国の道好候は安（正志斎）も承知の通に有之、多年陵の義と神武帝の御社取立度心願に候処、陵之義は天朝へ引張有之事にて、急々扱候事も不相成時の宜を待居事に候[18]」と心境を述べている。これに対して正志斎は、諸侯が天子を祀ることは非礼であるとして賛同せず、先の「郊社禘嘗」の理解からも当然であったと考えられる。その後、天保一一年（一八四〇）の光格上皇死去の際には、天皇の火葬を廃止して山陵への埋葬と、諡号の復活を関白鷹司政通に建議し、それらは実現したものの修陵については実行されなかった。その後種々の議論を経て、祭神は建御雷神（鹿島神）を主神とし、これに孔子廟を併置することに確定した。この理由については正志斎や東湖による『弘道館記』を解説した著作にも記されているが、ここでは斉昭の解釈を確認しておきたい。『弘道館記』の脱稿後の経緯については、佐藤坦、青山延于、正志斎等の意見を取り入れて斉昭の裁定により決定している。最終的に確定した本文では「そもそも、夫の建御雷神を祀るものは何ぞ。その、天功を草昧に亮け、威霊をこの土に留めたまへるを以て、その始を原ね、そも本に報い、民をして斯道の繇《よ》りて来るところを知らしめんと欲するなり。(19)」についてて、修正前では、「人民ヲシテ因リテ以テ嚮《むか》フ所ヲ知ラシメン(20)」となっている。これについての正志斎の意見は、「民ヲシテ瞻仰《せんぎょう》スル所ヲ知ラシムル」となっているが、斉昭の意見は、「学校ニ神ヲ祭ルノ意、実ハ天下人民ヲシテ天祖ノ鴻恩《こうおん》ヲ仰カシムルノ意ナリ。サレドモ大名ノ国ニテ往々天祖ヲ祀ルヤウニナレテハ、却テヨロシカラザルユヘ、開国ノ功臣ニテ常陸ニ霊ヲ留メタル神ヲ祀ラント思フナリ。原稿ニ因以ノ字ヲ書タルハ、何ユエニ建御雷神ヲ祭シナラント。夫ヨリ因テ以嚮フ処ヲ知ラシムルノ微意ナリ。シカシ此意ハ所詮短文ニハ尽シカタケレハ、イツレ此記ノ註ノコトキモノヲ別ニ作ラデハ分リ兼ヌルナリ。今使民知斯道之所由来ト改メタレドモ穏ナラズ如何。」となっている。ここで注目すべきは、大名による天祖の祭祀を認めていないことである。これは『孝経』の「聖治章」が念頭にあると考えられ、それはつまり始祖神を天帝に配して祭る行為は天子のみの特権であり、諸侯は山川を祀ることは認められていても、天を祭ることができないことを承知してのことであろう。この記述からも水戸藩における皇室祭祀の存在は、藩主を含めて重んじられており、それには『孝経』の理念が大きく関係している。こうした『孝経』の重視は、実際の弘道館の教育にも反映されており、例えば学則の一つに「経ヲ講ズル者、或ハ博ク諸経ニ通ジ、或ハ専ラ一経ヲ治メ、各好ム所ニ従フベシ。而シテ孝経論語ハ則チ尤モ宜シク精思玩味、曲暢旁通シテ、務メテ之ヲ実事ニ施スベシ。(21)」や、「就学升級ノ法」の最初には「諸士已上子弟年十歳ニ及ヘハ必ラス家塾ニ入、句読及書札ヲ習ハシム、年十五ニ及フ比ニ素読ヲ了フル者ハ論語孝経等ノ講義ヲ試ミ、文義略々通スル者ハ講習寮に入シム」とあり、さらに「授業課試ノ法」では毎月三日に「総教講経［正庁ニ設ク］凡経ハ四書孝経順次之を講ス、終テ復始ル（中略）凡会読ハ伴読先経ヲ講シ［孝経論語］（中略）

凡会読ハ訓導先経書を講授シ［孝経論語］迄テ生徒ヲシテ経史ヲ講読セシム」としており、正志斎も講義を行っている。

さて、教育政策に関しても積極的に関与した斉昭であったが、その学問においては如何なる人物に期待を寄せていたのであろうか。これに関しては、嘉永五年（一八五二）の書翰において窺うことができる。

二白石州倅是迄、宇留野に学問指南頼置候よしに候処、近頃藤田彪（東湖）も御免に相成候上は、是を指南に頼候様可致候、藤田学問の義は、文公思召に叶ひ、立原翠軒隠居被仰付、其已来文公武公哀公並我等まで、四代相用候義は会沢青山も継兼候義に而、日本人は日本の学問専一勿論の事に候へば、帰国候はば、彪を頼倅指南に可致候、文公思召に違候者の流学び候義、於臣下は如何に候、其上宇留野大内友部抔、迚も彪の足本へも寄候事に無之候へば、此段乍序申聞候事(22)

このように斉昭は六代藩主治保から続く学統を重んじ、幽谷の学問は東湖が代表していると認識していた。そして日本人にとって第一とするものが日本の学問である以上は、儒学者としての正志斎の学問では、斉昭の要求を完全に満たしうるものではなかったのかもしれない。そこで次に東湖の学問について正志斎と比較しつつ、その特色を論じていきたい。

第二節　藤田東湖の教育思想

藤田東湖は正志斎と双璧をなした後期水戸学を代表する学者であり、また全集も整っていることから鈴木暎一氏の研究をはじめとして多くの蓄積がある。鈴木氏によると戦前の研究では、「近代日本の国民道徳のあるべき姿をそこに認めようとする賞讃的態度で一貫していた。」のに対し、戦後のそれは、「東湖の立場は幕藩体制の階層的身分秩序を前提とし、内外の危機に瀕した体制の再建こそが基本目標とな」っており、その「限界性」についても、「近代日本における国民道徳や国民教育の上に与えた影響力を無視できないとすれば、この戦後における評価にも疑問が感じられる。」としている。(23) これについては、尾藤正英氏も近代日本における国民道徳の原型を『弘道館記述義』に見出しており、明治以後における思想的影響を説いている。(24) 筆者も正志斎同様に東湖の思想においても、近代への連なりを認めるものであり、中でも『弘道館記述義』の存在は重要である。ただ、その教育思想に関しては同じ幽谷門下でも両者の間には差異があると考えられ、これについては本章で述べていくことしたい。また東湖についてはは、その政治上の研究に比較して教育思想に関しては若干の余地を残しており、これについても補完していきたい。そこで経歴を簡単に述べると、藤田東湖（一八〇六―一八五五）は幽谷の次男として水戸城下に生まれ諱は彪《たけき》、字は斌卿《ひんけい》、幼名を武二郎、虎之介、誠之進とした。幽谷には長女本と長男熊太郎があったが、熊太郎は夭折しており東湖のあとは雪、益、幾と三人の妹が誕生しているため男子は東湖のみであった。東湖は号であり、幼い頃から父幽谷の薫陶を受け江戸では撃剣を学んだとされる。大津浜上陸事件の際に、攘夷を決行しようとしたが果たせずに終わったことは有名である。その後、彰考館に入り文政一二年（一八二九）には総裁代役となる。この頃、幽谷の私塾青藍舎を継ぐと同時に斉昭の襲封にも奔走し、一時は無願出府を咎められ逼塞させられることにもなるが、天保元年（一八三〇）には郡奉行に抜擢される。その後は斉昭の腹心となり藩政改革の推進に尽力し、天保一四年（一八四三）には『弘道館記』の草案起草を命じられた。斉昭が致仕謹慎処分を受けると、東湖も役職を免ぜられ江戸藩邸に幽閉されることとなる。その後も水戸へ帰って蟄居を続けることとなり、幽囚中に『弘道館記述義』等の著作を完成させた。そうして嘉永二年（一八四九）に斉昭が幕政関与を許されると、東湖も江戸へ召し出され重役を務めていくこととなる。そして『弘道館記述義』をはじめとする著作は、『新論』と並び諸藩の志士に尊攘の理念を喚起し、水戸学の名を広く知らしめた。西郷隆盛をはじめとする多くの志士と交わったが、安政の大地震（一八五五）で圧死し五〇歳の生涯を閉じた。正志斎への信頼も厚く『新論』を読んだ際の心境を語るものとしては、飛田逸民宛の書翰が残されている。(25)

弘道館の教育理念を掲げた『弘道館記』は、斉昭が東湖に起草を依頼したものであったが、当初東湖は正志斎が適任者であるとして辞退した。しかし正志斎も固辞したため、再度東湖に依頼されることとなった。その時の経緯は正志斎宛の書翰に記されており、東湖は苦心しながらも草案を書き上げ、佐藤一斎や青山延于の意見を求めながら、正志斎も添削には加わっている。(26)このことが記された書翰では、「扨可笑事一ツ御座候」として、学神に関する斉昭の意向も報告されている。そこでは、「最初御議論申上候節、九五の御主意は兎角天祖神武を御祀りの御主意にて、村松又は湊の柏原明神等に御気有之候ゆえ、非礼之段申上、兼々貴説に而承知仕居候通り段々順々に天祖神武帝にも通じ候意味申上、是はとうとう十分に御呑込に罷成候」(27)とあり、本来は神武天皇を主神とする意向であった。これは『大日本史』編纂の伝統ある水戸藩ならではのものかもしれないが、いずれにせよ建御雷神が主神となった背景には斉昭のブレーンの存在が影響しているのはここからも間違いない。また孔子についても、「孔丘と申す字は決して御改不被遊御主意之処、左候はばなぜ孔子を御祭被遊候哉と申上候へば、いや唐山に而は聖人故、祭候也と御意、左候はば御師匠さま也、師匠をよびすてに致候なら、むしろ師匠を祭らぬ方可然申上候へば、少々御呑込、仍而令義解に本づき宣父を用申候処、如何仕候もの歟」(28)とあり、学神の問題に関してはやや齟齬を生じていたことがわかる。それゆえに藩内においても弘道館の教育方針を巡っては議論があり、それを記した『弘道館記』については、その深意を解説した書物が必要とされたため、これが正志斎の『退食間話』であり、東湖の『弘道館記述義』であった。先の問題について東湖は、「学校へも、鹿島明神を御祭被遊候御儀に被為在候はば、鹿島御祓、御かざり御拝可被遊哉、もし又御庭八幡御拝可被遊哉、尤義公様にては八幡は仏に汚され候ゆへ歟、吉田程には御崇敬不被為在候、尚更宜御評議之上御定可然、奉存候」と義公（光圀）の意向にまで言及し、また「孔子」と菅原道真の併置についても「学問手跡一致に御座候間、学問の方を孔子、手跡の方を菅神と御わけ不被遊神祇も孔子も菅神も皆学問手跡へ合一の御見通し可然と奉存候」と上申している。この記述から東湖も学神問題に苦慮しており、こうした祭神への配慮は水戸学の特徴であると同時に、その学問観を物語るものである。

　こうした経緯を経て『弘道館記』は完成したわけであるが、仮に正志斎がその依頼を受け入れていたとすれば、少し趣の異なった内容となることを示唆する意見がある。例えば鈴木氏によると両者の「道」に関する認識について、正志斎の道が「為政者によって上から定められた社会の制度」であり、士民にとっては受動的なものとならざるをえないとするのに対し、東湖のそれは、『国体』を支えてきたのは、天皇をはじめ国民の道義心であるとみて、その個人の意志と孝道を歴史上の事実に即して明らかにしようとしたのであって、『弘道館記』冒頭の一節『弘道とは何ぞ。人、よく道を弘むるなり』の本来の趣旨も、会沢のような客観主義的な解釈ではなく、東湖の主張に添うものであったと考えられる。」と分析している。[29]同氏は正志斎の「道」について『弘道館記』を解説した『退食間話』の一節である「道は大路のごとし。衆人の往来する所は、人跡多ければ自然に道路をなす、道を弘むることは、自然の道路に随て、駅亭を立て、廬舎を設け、担夫・駄馬を置て、四海の隈までも往返滞る事なからしむるごとく、広く天下の人をして、人倫の大道に由らしむるを云ふ」を論拠としており、ただ与えられた「道」に従って生きることであると解釈している。そこで、『退食間話』における該当箇所をもう少し詳しく見てみると、同書は問答形式となっており、その問いかけには「先づ『人能弘道』との経語の意は、道の性中に備るものなれば己が心を以て己が性を尽して、是を弘るの義と承る。然るに記文に、心性を説給はず、旧説と異なるに似たるは何ぞや。[30]」とあり、これについての解説は『中庸』の「性に率《したが》ふ、之を道と謂ふ。道を修むる、之を教と謂ふ。」を引き、「道を修るは即ち性に率ふの理なること勿論なれ共、中庸の語は道の立たる本を論ぜし詞《ことば》なり。道を弘むるとは、道の本は性に率ひて立たるなれども、是を人の徳業によりて天下に推広むるの義なれば、道の本を論ずるとは、其指す所異なり。[31]」と解説している。心性論については正志斎の『中庸』思想を扱った箇所で触れたが、朱子学や陽明学が説いた各人各様の「性」にのみ根ざして、己が心をどうコントロールするかという発想はここでも退けられている。それは、秩序なき心性論というものが、全体として人心の安定に寄与しないと考えたからであろう。民心統合の必要に迫られた時代において、我が国を統一するためには「士民皆向ふ所を知」っていることが条件であり、それは『新論』の主題とも共通する解釈である。そして、「道を論ずるにも一身のみに目を着て、己々が心性を治るばかりを道と思へ共、古の道は、記中にも載給へるが如く、『天地の大経』にして、天地あれば自然に人倫備わり、人倫あれば自然に五典の道備れり、故に、父子あれば親あり、君臣あれば義あり、是皆天下の大道・正路にして、一人の私言に非ず。聖賢、上にあれば、政教を施して、道を天下に行ひ、下に在れば、言を立て材を育して、道を後世に伝ふ。[32]」としており、正志斎の「道」における秩序感覚が示されている。ただし、この「道」とは「天地の大経」であるがゆえに、必然的に為政者も含まれることとなるため「父子」の「親」以下においても、士民と共に守られるべき「道」として主張される。そこでは『孝経』における祖先祭祀も包摂されることとなり、君民一体の「道」として成立するのである。これは東湖の『弘道館記述義』においても「夫れ父子・君臣・夫婦は、人道の最も大なるものにして、上古、父子・君臣・夫婦の分、厳乎として一定せしこと、なほ天尊くして地卑きがごとし。」とし、「天地ありてより以来、斯道の外、また道あらず。君臣上下、熙熙《きき》皐皐《こうこう》として、これに遵ひこれを行ひ、絶えて異端邪説のこれに間《まじ》はることなければ、すなはち斯道の名なかりしも、また宜ならずや。[33]」としており、個々人の思考のみによる根拠無き「道」の形成を拒否している。

『弘道館記述義』は弘化三年（一八四六）に脱稿されたものであり、上下巻共に豊田天功の校閲を経て、嘉永のはじめには青山延光《あおやまのぶみつ》、国友善庵《くにともぜんあん》、石河幹修の評を受けたとされている。[34]東湖は『弘道館記述義』の執筆に際しても『弘道館記』同様に辞意を表明したようであり、豊田宛の書翰では、「此度相願候は外のわけに無之、先年弘道館記の述義を撰候様命を蒙り居候へ共、再三固辞、其内甲辰の変に相成閑暇に相成候に付、又々内命を受、おふけもなくも、立稿仕候処、（中略）何卒御存分に貴評且つは顚倒御斧正《ふせい》可被下候[35]」とあり、はじめから積極的に関与をしたわけではないようである。そうして天功ら四人の評語による訂正に朱書、墨書等が書き加えられ、最終的な本文の確定には困難を伴いつつも、[36]同書は『新論』と同じく水戸学を代表する著作として全国に流布し、諸藩の藩校では教科書としても使用された。それは『弘道館記』の「その六合に照臨し、宇内を統御したまひし所以のもの、未だ嘗て斯道に由らずんばあらざるなり」の説明として、「祭祀の道、孝敬の義、豈またこれに踰ゆるものあらんや。夫れ父母ありて然る後に子孫あれば、すなはち子孫の父祖に於ける、生くるやこれに事へ、死するやこれを祭るは、固より自然の道にして、子子孫孫、歴世相承け、千万年に至るといへども、その始祖に本づく所以のものは自若《じじやく》たり。すなはちその遠きを追ひ、本に報ゆるの義も、また千万年に至るといへども、以て忽《ゆるが》せにすべからざるなり。[37]」という解説からも理解できよう。これまで論じてきたように正志斎の思想においても、「祭祀」や「孝」の理念は国体論の根幹をなすものとして重視してきたが、『弘道館記述義』においてもそれらは強調されており、「孝」とそれに伴う「生命論」は教育論の基底ともなっている。また先にも触れた学神の問題については、「夫の建御雷神のごときは、すなはちその鴻業を賛け成せしのみ。然らばすなはち何ぞただ建御雷神のみを祀りて、天祖を祭らざるや。曰く、悪《ああ》、これ何の言ぞや。天祖は、上、体を太陽に合し、下、霊を宝鏡に留めたまふ。天皇の祖としたまふところにして、朝廷の奉じたまふところ、豈に人臣よろしく私に祭るべきところならんや。[38]」とし、明らかに『孝経』「聖治章」の思想がその背景にある。先に述べたように、「聖治章」は『孝経』の核心部分で、始祖を天帝に配して祭るのは天子の特権であり、臣下は諸侯の山川を祀ることは可能でも天を祭ることは認められていない。それゆえ、そうした「名分」を踏まえて決定された学神論であった。そして孔子を祀ることについては、「孔子、聖なりといへども、位は大夫に過ぎず、分は陪臣に属す。しかるにただに西土の君臣これを尊ぶのみならず、朝廷これを崇めたまひ、天下これを仰ぎ、また従つてこれを廟祀《びようし》す。これその徳を欽するなり。これを邇《ちか》くしては、修身・斉家、これを遠くしては、治国・平天下、明倫正名の教より以て尊王攘夷の訓に至るまで、苟しくも以て道義を推し弘むべき者は、服膺して遵奉せざるなし。これその教を資るなり。」[39]としており、生前の身分に関わらず「徳」を敬い、これは朝廷も同様であり「尊王攘夷」の思想にも関係していると述べている。そうして、「神儒」の関係性については、「神州の基を建つるや、質は余りありて、文は或はたらず。徳沢浹洽《しょうこう》し、武備充足して、しかも制度章典は或は闕くところあり。儒教に資りて以てこれを培ふに及び、名数節目、燦然として大いに備れり。」としている。これは正志斎も同様の主旨の説明をしており、「質」と「文」における儒学との繋がりを主張したのが水戸学の大きな特徴である。

　ここでさらに、弘道館教育における「神儒」の問題について、東湖の「封事」からもう少し詳しく探ってみたい。先にも触れたように、『弘道館記述義』は東湖以外の校閲も受けていることから、東湖自身の言葉も見ておく必要があろう。天保五年（一八三四）一二月一六日の斉昭宛に上呈された文面には、次のように記されている。

　学校へは孔子を祭候事通例に罷成居候を、神を御祭被遊候へば、孔子の名代に神を御用ひ被遊候姿に罷成、神道を好候者も共に御批判申候半と被思召候（中略）不見識の者は何程御批判申候とも御頓着無之儀と奉存候（中略）世の人の見識を御直し被遊候理に相当り乍恐御大切と奉存候へば、やはり最初御卓見之通り神儒一致の学校に被遊候様不堪至願奉存候（中略）神を本と被遊孔子を以て羽翼と被遊候御見識の所は誰あつて何等申上候ものも無之一同感服仕居候儀に御座候、学校の儀迚も右同様の勢に可有御座哉、却而世間通例孔子を本尊と被遊候学校御取立に相成候而は有志のものは失望仕候半と奉存候（中略）尊慮の神儒一致の学校御建立に罷成和学の漢学のと申す事無之ただ学問と唱へ候様なる風俗に相成、其学問と申は誰にても神州の道を本に仕り、周孔の道を以之をたすけ候様に相成、尤其内に人の才により歌よみ詩章等礼楽書数等一方にすぐれ候人も出来、文も武も君の為に仕候様心得、君の為に仕候はやはり神国の為と諸芸諸道皆一本に帰し

候様仕度ものに御座候(40)

ここでは、「神を本と被遊孔子を以て羽翼と被遊候御見識」や「神州の道を本に仕り、周孔の道を以之をたすけ候様」といった箇所が特徴的であろう。我が国の独自性と儒学との相剋については後章において詳しく見ていくけれども、この問題は維新政府においても苦慮した課題であり、儒学の影響を断ち切ることのできない歴史的土壌において、水戸学は一定の解決策をこの時すでに提示していた。

加えて、東湖においても教育思想における『周礼』の存在は軽視できないものであり、『弘道館記』の「嗚呼、我が国中の士民、夙夜《しゅくや》解《おこた》らず、斯の館に出入し」については、「士大夫」の教育論に触れ、「独り周家の制のみは、頗る今日に合せり。しかもまた幸ひに遺経の徴すべきあれば、すなはち西土の道を資る者、これを舎《お》きて何をか述べん。」として次のように解説している。

周の教を設くるや、その制甚だ備れり。司徒の属は、民を教ふるに徳行道芸を以して、その賢者・能者を興す。而して師保の職は、門闈《もんい》の学を掌り、君所に咫尺《しせき》して、媺《び》を告げ悪を諫め、また徳行道芸を以て国子を教養す。虞書に曰く「夔《き》に命じて、楽を典り、冑子を教へしむ」と。冑子は、すなはち国子なり。これに由りてこれを観れば、教の、国子を急《さき》にするは、独り周家のみ然るにあらざるなり(41)。

ここで東湖は「国子」、すなわち王族や公卿大夫の子弟の教育に対し言及しており、『周礼』と「虞書」（『書経』）とを論拠としている。そこでは「帝曰く、『夔《き》、汝に楽を典り、冑子を教ふることを命ず。直にして温《おん》、寛にして栗《りつ》、剛にして虐《そこな》ふ無く、簡《かん》にして傲る無かれ。詩は志を言ひ、歌は永言し、声は永きに依り、律が声を和し、八音克く諧し、倫を相奪する無くして、神人以て和せん』と(42)。」と記されている。『書経』には、周王が同族の子弟を諸国に領主として派遣する際における施政教戒が含まれており、そこでは明徳と慎罰が重視されるが、ここで東湖が意図したものは明徳であり、その具体的教育法については『周礼』に依って実際に計画されたと言ってよいであろう。『弘道館記述義』では続けて『周礼』に習った「徳行道芸」の教育が書かれており、家格の高い「貴遊子弟」に対し「その政に任ずる者は、よく周家の法を酌みて、冑子の教を忽《ゆるがせ》にせず。而してその学ぶ者は、すなはち小となく大となく、志を立て学を講じ、徳行・道芸、或は賢に、或は能に、その泯然《びんぜん》たるものを変じて、以て文質彬彬《ひんぴん》たるの君子となさば、すなはち心を労し人を治むるの職を曠《むな》しうせざるに庶《ちか》からん。(43)」とあり、『周礼』、及び『書経』の教育理念を以て、指導者層の教育に当たろうとした。

また、東湖は教育政策以外においても『周礼』に依拠しており、天保八年（一八三七）に起草された「土着の議」では、「天下の制度に封建と郡県との差別御座候義、誰も存知弁《わきま》へ候儀御座候処、右の差別により土着の模様も相違可仕奉存候、漢土の儀も周以前は封建の制度に而只今の如く大小名夫々国を持罷在候処、秦漢以後は郡県の世と罷成候へば、只今封建の御世の見合に相成候は周以前のみに御座候、周以前と申候而も夏の世、殷の世等は時代ふるく制度等詳ならず候間、漢土歴代数千年の内只今の見合に相成候は周の世のみと奉存候(44)」として周制に依拠することを提言し、「今の時勢に而土着御取起しの思召被為在候はば、封建の意を本と被遊、周の制度に御ならひ（周の制度の義浅学の愚臣中々手に取候様には論じ兼候間、なまじひに杜撰《ずさん》の義申上候も恐入候義と不申上候得共、右周の制度は郡県世界の土着と違ひ武士民間に雑居は不仕候、扨又只今の如く城下住居には無之様子存候、委細は御下問次第史館等より委敷申上候半と此段は不申上候）鉢植武士にも無之又謀反等の憂も無之様御組立に罷成可然哉と奉存候」（カッコ内は割り注(45)）とあり「周の制度」、つまりは『周礼』を論拠として武士の土着政策を主張している。ただ東湖の著作に『周礼』を論じたものはなく、幽谷からの教えによる理解の範囲を越えるものではないと考えられる。この点では東湖よりも『読周官』を含め『周礼』に関する考察を重ねていたのは正志斎であり、後期水戸学における『周礼』学は正志斎を無視して論じることはできないと考えられる。

ちなみに正志斎は嘉永五年（一八五二）の書翰において、「周礼稍人ノ職掌にて、古法ナレハ弥張甸《やはりでん》ヨリ甲士ヲ出スノ法と相見候、此時ハ作丘甲トアレハ、丘乗ヲ改テ丘甲ト致候事と見へ申候、是又旧説ニ従候より外ニハ考様も無之候所、大切なる所ハ周家ノ軍制斉語ニ管仲内政ニ軍令ヲ寄候と同意ニて、当今の制にも似寄候事有之、徂徠等土着ノ説よりハ遥勝り候事有之様被存候、是等之意味御考被成候方、実学之専務と被存候事」[46]として、徂徠の土着論に疑義を唱えている。いずれにせよ『周礼』にその多くを負っている水戸藩の教育において同書の分析は不可欠であり、その任を担った正志斎の教育論に関する著作が最も重要な手掛かりとなる。これは東湖の史料が封事や随筆は残されているものの、経書研究などの足跡を辿ることは困難であることとも関係している。ただその学統については、幽谷から一貫しており、例えば同じく嘉永五年の寺門政次郎宛の書翰では、「慶元以来人物如林、豪傑も追々出候処、其中にも仁斎の学問に、徂徠の文章、熊沢の経済、新井の敏捷、皆可畏に御座候、併右の内、徂徠は更に名分を不存、自分東夷の人と称候義、不届至極に御座候、新井も才気絶倫に候得共、東都を張立候志は可悪に御座候、左候得は、今に在ては右数子の長を取り短を捨て実学講究、孔子の意に叶へ候様御同意企望致度事に御座候、今世儒者動もすれは、唐人の事は丁寧に申、司馬温公、朱文公、韓魏公抔唱へ、扨新田義貞が云々、楠正成が云々と申候類、不相済、右様の人をば僕毎に和唐人と唱へ申候」[47]と記している。幽谷と徂徠学の関係については先行研究でも議論の生じるところであり、本書の前半でも触れた。東湖においても「不届至極」と評価しており、幽谷同様に偏頗することなく「長を取り短を捨て実学講究」することを学問の要諦とするのは後期水戸学者に共通する特徴である。

それにしても先の『弘道館記述義』にもあったように、東湖の教育思想は『書経』等を引いている箇所からも、近世教育全般に行われたのと同様の心的修養を目的とした教育論の印象を受けるかも知れない。しかしながら、弘道館における教育はこれからの時代に必要とされる人材育成を目的としており、それは藩主斉昭の意向を反映しているのはこれまで見てきた通りである。そこで、新たに克服されるべき課題として注目されたのが、指導者層に属する子弟の教育であり、これは弘道館開館後においても正志斎を含め教師陣の大きな課題であった。このことは東湖においても、殊の外心を砕いたと考えられる。では次に、その弘道館で表面化した諸問題を起点として、そこでの教育の理想と現実について論じ、正志斎の教育思想へと繋げていきたい。

第三節　弘道館の教育課題

『論語』の「衛霊公」には「人能く道を弘む。道、人を弘むるに非ざるなり。」の一節があり、この「弘道」理念を掲げた藩校は全国で少なくとも五校を数える。水戸藩は佐賀、福山、彦根藩などに遅れての創立であったが、弘道館と言えば必然的に水戸を指すまでとなったのは、その規模を含めた総合性にある。笠井助治氏によると、水戸弘道館の規模は天下に範たるものであり、「館の中央に一千六百七十一坪の神域を設けて鹿島神社を建営し、武甕槌神を孔子と共に学神として奉祀した事は、館そのものの規模の広大・組織・制度の整備充実と共に、他に類例のない特色で神儒一致、文武合一を旨とする水戸学の精神を表現するものとして高く評価すべきである。(48)」としている。この祭神についての議論は先に触れたが、「日本の神を主神として祀ったものは水戸弘道館以外は稀である。維新直前直後に至っては、孔子を祀ることを改めて我国の神を主学神として奉祀した所も多くあったが、それ以前に於ては殆んどの凡てが孔子を祀ったと言ってよい。(49)」としており、その大きさのみならず、思想面における広汎性を指摘している。先に述べたように藩主斉昭は襲封当初から藩校設立の意向を持っており、藤田東湖に対して建学の精神を示した記文の草稿を示し、これを基に起草するよう命じた。(50)記文は佐藤一斎、青山拙斎、会沢正志斎の意見も容れられ、斉昭の裁定により決定された。こうして完成した『弘道館記』には、神儒一致、忠孝一致、文武一致、学問事業一致、治教一致の五大方針が示されている。中でも文武一致は、斉昭が神儒一致と共に特に重視した理念であり、記文では「文武不岐」と表現されている。天保一二年（一八四一）に青山延于、会沢正志斎を総教に、青山延光、杉山忠亮を教授として仮開設式を終えた弘道館であったが、天保一五年に斉昭が幕府の嫌疑により退隠謹慎を命ぜられると、弘道館を含めた斉昭の諸事業は頓挫することとなる。弘化・嘉永期の同館の内情は『水戸市史』によると、試験の中止や教職諸生と藩政府との対立、そして反改革派の存在など様々な難題が入り組んだかたちで発生していた。(51)弘化元年（一八四四）の斉昭の隠居謹慎に加え、翌年の教授頭取であった正志斎の隠居は教授・諸生を含めた抗議行動へと発展し、また舎長らは辞職願いを出し、弘道館内の文館においては出席者もいなくなったという。正志斎と同じく教授頭取であった青山延光も藩主慶篤《よしあつ》への願書や登館の拒否など事態の打開に尽力したが、反改革派であった藩庁は弘道館における人事刷新など改革派の弾圧策を断行した。しかしながら改革派への賛同者が多数派であったため、諸生の学習意欲は減退し教育活動は不振を極めた。嘉永年間に入っても学館の主導権を保持していたのは反改革派であったけれども、そうした状況下においても教育活動自体は継続されており、学業日課は原則的に踏襲されていた。その後、嘉永五年（一八五二）から翌年にかけて門閥勢力が後退すると正志斎も再任され、改革派の人事を取り戻すこととなり弘道館もかつての勢いを見せはじめた。安政期になると斉昭は積極的に弘道館に関与し、武田耕雲斎《たけだこううんさい》を大番頭兼学校奉行に任じ同館を監督させ、正志斎を小姓頭・教授頭取に復職させるなど本開館への準備を進めた。また、江戸の弘道館においては側用人藤田東湖を学校奉行兼務として学館を統括させるなど、水戸と併行して改革を推進した。しかしながら、江戸で発生した大地震により江戸弘道館も被災し、また東湖も犠牲となり、さらに翌年には慶篤夫人幟子《たかこ》が死去したことにより開館への見通しは再び遠ざかることとなる。それから本開館へ向けた政策が具体化したのは安政四年（一八五七）であり、五月八日と九日の両日にわたり漸く本開館式を執り行うことが決定した。

弘道館の内情については、藩主慶篤が教授頭取に示した手書によると、「学校本開に付候ては教諭方至て大切之事に有之候、家中一統御碑文意味に不相背候様仕向は勿論之事に候へ共、高禄身柄之者之子弟は往々国家の柱石とも相成候事に候へば、文武共別て相心得不申候ては不相成、尚又身柄之者より励み為見候得ば一国子弟もますます引立可申、前中納言様にて寄宿御取立之尊慮も畢竟右之所を深く被思召故に有之候間、身柄之者共之子弟は尚更出精致我等之力と相成候様致度候、此所能々申諭候様可致候也[52]」とあり、「高禄身柄之者之子弟」の教育に重点が置かれていたことが理解できよう。ただ、このような「子弟」教育を主眼として構成された教育カリキュラムであったのに反して、藩主の要望を十分に満たすことに困難を極めたことは後半で述べていきたい。弘道館の活動を記録した「学校日記」には、「今日学校御開ニ付、懸り役人教職指南等官服着用、尤昨日八日夕鹿島大神宮御着幷孔子神位御仮殿へ御遷座等ニ付、昨日九ツ時より御揃居候事無御滞相済候事[53]」とあり、前日に「遷座」を完了し、式典は翌日に催された。当時の様子については、孔子廟の建設の際に事務を担当した高橋愛諸《たかはしちかもり》の記録に「三日之間、御国中の者、並百姓町人等拝礼御免今日も総人数四千六百人手当のよしに御座候、実に近年処には無之二百年以来未曽有之大祭縦覧感涙此事に御座候[54]」とあり、その盛況ぶりが窺える。

一四歳から弘道館に入学した名越漠然はその歴史を概観して、「要するに弘道館は建立以来多難の時勢に会し一盛一衰、喜ぶべき時代は少なく悲しむべき時代が多分であつた。しかしながら是れが明治維新といふ中興の大勢を馴致した所以である。水戸学の主張が全国に反響し、弘道館の盛名が一世を風靡したとゝもに、幕府の圧迫は水戸に集中して、為めに多大の犠牲を払つた次第である。弘道館の教育としては不幸であつたが、又一方からみれば『学問事業不殊其効』といふ教義の下に、直接に進退死生を決すべき実際問題に触接しつゝ心胆を鍛錬し、志気を淬礪《さいれい》したものとも言はれやう[55]」と回顧している。ここでの「明治維新といふ中興の大勢を馴致した所以」という言葉は、決して誇張された表現ではなく、実際に弘道館を主軸とする水戸学の影響は全国の藩校においても多大な影響をもたらした。『日本教育史資料』によれば、諸藩の学校における水戸学関連の教科書使用は、『大日本史』五六校、『皇朝史略』一八校、『新論』七校、『弘道館記述義』、『保建大記』各二校などに加え、「水戸学者の著作を含めると相当数に上る[56]」と記録されている。

水戸学の影響を受けた人物も多岐にわたり、梅田《うめだ》雲浜《うんぴん》、橋本《はしもと》左内《さない》、真木《まき》保臣《やすおみ》、松平慶永、吉田松陰《よしだしょういん》等、枚挙に逞《いとま》がなく、橋本左内、佐久《さく》間象山《ましようざん》、西郷隆盛と藤田東湖の交流は有名である。(57) 水戸学の拡大要因に関し辻本雅史氏は、「会沢が、近世武士の君臣意識を、国体論に組み込んで、国家との関係の意識を自覚させて説いたところに、注目すべき特質をもつ。すなわち君臣関係の頂点に、天祖―天皇を据え、（天祖）―天皇―将軍―邦君―武士の関係を、国体論に意味づけ、しかもこの国体的秩序を内面からささえる当為的実践倫理として、忠孝道徳を提示したのである。かく会沢の国体論や忠孝道徳論は、近世武士一般に通底する意識や道徳にもとづいて、それと違和感なく構成されていたのである。だからこそ、天保以後、藩を越えて全国の武士の心に訴え、深く染み込むだけの真実性《リアリティ》をもつことができた(58)」と分析している。これに加えて弘道館教育を含めた後期水戸学の先進性が、それに触れた者に作用したことは否定できないであろう。

このように、水戸学は諸藩へ影響を与えつつ、新時代に対応する人材を育成するための教育施設として弘道館は期待された。けれども、その内部には様々な問題が付随していた。本開館に先立つ安政三年（一八五六）、九人の訓導が藩当局へ提出した建議書には、当時の学館の実態が記されている。(59) そこには偏文偏武、恩賞偏向、漢書偏重、治教不一致、諸生遊惰の五項目が取り上げられている。結論を急ぐとすれば、弘道館関係者の主要課題は、これらの問題克服に向けられており、正志斎はその解決策を『周礼』の思想に求めたと考えられる。

さて、弘道館の開設が具体化したのは、斉昭が水戸帰国中の天保四年（一八三三）頃からであり、同八年に『弘道館記』の草案を東湖に命じたのは先に述べた通りであるが、他方で同年に正志斎が斉昭からの質問に対して答えた『対問三策《たいもんさんさく》』という封書がある。(60) 原本は所蔵先が戦災で焼失したため写本のみが残っているが、当時の正志斎の胸中を知る上で興味深い史料である。そこで、これまで詳しく分析した研究が見当たらないため、同史料を確認しながら教育思想を中心として考察していきたい。『対問三策』はその名の通り三項目に分かれており、それぞれ「食ヲ足ラス」、「兵ヲ足ラス」、「民之ヲ信ニス」（経済の安定、国防の充実、道義教育の振興）といった政策を提言しており、分量的には最後の項目が最も多く、教育問題についてはここに記されている。その序では「第一に上下の窮を救、仁政・武備の基本と被遊候儀、次に強兵之儀、次に御家中風義取直候儀、即ち『足食足兵民信之。』と申す意味に相当り可申と奉存候」とあり、『論語』の「顔淵」に沿って述べている。これは孔子が政治の要領についての三点を挙げ、最後の「信」が最も重要であることを述べた箇所であり、正志斎がここに教育論を重ねたことで、その真意を読み取ることができよう。そこで特徴的な箇所を見ていくと、冒頭に「足食の政は民を富すを本とす。次に士を富し、国を富すべし。士民を富し、国を富すの要は均しければ貧無しといへる一言に帰す。是を均くするの要は『節ありて以て度を制す』(易象伝)といへるに過ぎず。民の貧なるは侈《し》惰《だ》・兼併《けんぺい》・力役《りきやく》・横斂《おうれん》・煩擾《はんじょう》の五弊に在る事、臣が先師の『勧農或問』に詳し。(61)」とあり、幽谷が記した『勧農或問』にあるこれらの「五弊」を克服するための政策が続けて述べられている。そこでは「庶人」と「武士」とそれぞれにおいて対策が異なっており、特に後者では、「士を富す事は忠孝・文武を励し、奢侈を禁じて、不虞に備るに在り。忠孝・文武の事は学制の条に論ずべし。士の貧なるは、全く奢侈によると雖共、武士の倹約は庶人と違ひ、忠孝・文武の道を行ひ、軍陣の役を勤べきため也。されば奢侈を禁ずる事も、此所に本づくべき也。(62)」としている。その具体的施策としては、「奢侈・遊惰の悪風革るには、郷宅の制を立べき也。備前などの郷宅の法あり。『周礼』に『圜土《えんど》を以て罷民《ひみん》を平す。』と云る遺意に叶ふ也。」として、『周礼』を論拠とした提言を行っている。(63)正志斎が主張する「郷宅の制」とは、同書の「秋官」にある刑罰、及び警察を司った「司寇」の「圜土を以て罷民を聚教す」を指していると思われ、不良の遊民を獄城に収容し教戒する一種の更生施設である。(64)これを参考に正志斎は、「是等の類は速に放逐せられたれ共、一等容赦ありて、不残郷宅にして、屋敷・知行も引上、僅に身命を取続くまでに、面扶持を給り、借財は引上たる禄を以、金主の方へ無利息にて官府より返済し、年月を歴て行跡改りたるものは、本の禄にて召返し、又土着を願ふものは、直に其所に土着せしむべし。(65)」とし、またそれでも悪事を為す者は放逐するなどの施策を上申している。その上でさらに郷宅を海浜に設置し、「海防の補」など、五項目の細目を記している。次の「足兵」では「土着」についても触れており、東湖における同論は先に見た通りであるが、正志斎のそれも興味深いものである。そこでは、「足兵の制、武士土着を善とする事、先哲の論も有りて、譜代の家来を扶助せしむる良法也。然ども一利あれば、随て一害も必其中に伏する事、古今の常勢なれば、一利を興んとせば、其害をも慮て、時宜に適する良法を講究すべし。[66]」として、以下土着論が展開されている。そこでは家康の城下住居により、「武士朝政を凌ぎ犯[67]」すことは無くなったものの、「政令行れず、武士我儘になり、手もつれの愚患あるは必然の勢也。[68]」としてその弊害も併記している。続いて奢侈や賄賂などの「六害」を述べた上で、「さて近世、土着農兵等の節を唱るものは、漢土の儒者郡県の世に生れて、古封建の勢を不見、封建の世の兵制も、郡県の世の農兵の如きものと思つて、誤れる説を見て、周の制も然りと思ひ、元朝郡県の制弊て、武士割拠の勢になりたる姿とを牽合して、説たるもの也。（中略）今時の兵の如くに禄ばかりにて養はず、禄と田地と兼合て養ひ、平日は田を耕し、官府の役をも勤め、事有時は兵となる。是半農半兵の制也。」とし、「代々兵となる者、民間に散在しては、兵は我儘になる勢故、混雑せざる様に分つて、六郷に置きたる也。[69]」としている。そこで、「今天下封建の勢にて、兵皆世業なれば、周の六郷の法を斟酌して今世の宜に適する策有べし。」として『周礼』の「六郷の法」を根拠とした具体策が述べられている。これは同書の「夏官」にある「六郷の賞地の灋（法）」と呼ばれるもので「司勲」が掌り、その勲功により等級を分けるものである。[70]これを根拠にして正志斎は、知行を小分けにせず城府近所に一纏に割渡し、土地の余裕があれば土着の家来を置き、また小禄の者は当該箇所の農民を抱え、そこへ馬小屋を設置するなど臨機応変に対応することにより『周礼』の「土田・宅田」の意をも斟酌した政策を記している。これに続き荒地の開発においても『周礼』「地官」の「比長」を引き、一〇人に一人ずつ才能のある者を隊長へ選出し、その中でもさらに能力の有る者を役義から城府職へと抜擢し、柔軟な人材登用策を提言している。このように『対問三策』においては、その殆どの論拠を『周礼』に求めており、これは同書の研究成果によるものである。これは主題となる最後の「民之ヲ信ニス」においても共通しており、教育論の主軸となっている。

最終部では冒頭に、「民信之本は教にある事なれば、学校を設、御家中之風儀を取直し給はん事、誠に盛事と云べし。され共、当時諸家の学校には、虚文多くして、実用少し。今徳行・道芸を成就し、夫々に召使れ、治教一致になし給ふべき、その盛意をさへ有司よく奉承推行せば、久くして諸士の風儀を直し、学校の実効を得べき也。[71]」として、現行の問題点と解決のための基本的指針を述べた上で、「郡県の世」における教育と「封建の世」のそれとを記し、「人材を仕立るに小学にて下地を拵へ、大学へ出て、惣ならしをする事[72]」が重要であるとし、以下一〇項目に分けて説明している。「小学」の教育には「門閭の学と郷党の学」とがあり、前者は「王及び王の子弟・公卿・大夫の子弟などの学問所」であり、後者は「小身の子弟」の学問所であるとしている。そこでは、「教化の要は厚禄の人を教て、用に立るを本とす。[73]」としつつも、小身であっても俊秀な者は上級学校である「国学」への進学や、然るべき役職への挙用など身分制に捕られない柔軟な政策を述べている。「門閭の学」の内容としては、「政事の見習」をすることが主眼であり、教えを授けるのは「師氏」と「保氏」と呼ばれる官から成り、「師氏は王に美事を告る事を掌りて、国子（貴人の子也。）に徳行を教へ、保氏は王の悪を諫る事を掌りて、国子に道芸を教ふ。」としている。これらは『周礼』の「地官」にある役職であり、正志斎の教育論では他でも度々引用されている。これを基本として「国君」、「世子・諸公子」、「大臣嫡子」、「大臣子弟」における教育場所や年齢等の各教育法を記し、その学問を「国子学」と命名して指導者層の育成を主眼とした教育法を展開している。また、「郷党の学」では、「徳行・道芸の教」を基本として、徳行の「賢」と道芸の「能」を育むことを強調している。そして「地官司徒」における郷老、郷大夫、州長、党正、族師、閭胥《りょしょ》、比長の編成に従った教授形態を記している。[74]教育場所については、「され共、一国の子弟を不残、国学のみにて教ては混雑する弊も有之、小給・困窮の者など迷惑する事も有べし。」として、「教授の役屋敷」の新設や既存の私塾の活用などを提言している。明治五年（一八七二）の学制では全国を八大区に分け、対象年齢における全ての児童の就学を目的としたが、当初は校舎も十分ではなく、目標にはほど遠い結果となった。その後、数度の改正において私塾の活用などに妥協されたが、ここでの区画制と、小身の子弟を対象とした教育制度は、学校制度構想の前身としても注目できよう。「国学」については神儒一致を旨としており、神社の礼拝と「神代記」における三種の神器授受の一条、『論語』一章の奉読などの祭礼を含めて書かれている。中盤においては教育科目やその順序、学校の職掌などに続き、後半は「風儀」の矯正法についての提言がされている。そこでは、「諸家の学校多くは文具のみにて実功少なし。親書に風儀を取直すとの義を以、喩し給ふ事、実に学校の本意なるべしと奉存也。扨、諸士の風儀を取直すの大眼目は、大家・巨室・具瞻《ぐせん》の位に在ものを先とすべし。当時諸士の頭となる御番頭など、風儀の悪敷事、平士には遥に劣れり。」とし、その原因には「三の弊風」があるとして次のように述べている。

> 一には古は御番頭の人物を撰給ひ、其器に当るものは、物頭などよりも、直に進み、厚禄にても、其器に当らざれば、いつまでも、寄合にて差置れたり。近世は厚禄の家は人物に構はず、膝順にて、諸士の頭ともなる事故、仮初の口上にも、寝て居ても番頭にはなると云事通言となり、生まれながら、行跡を磨く心は曽てなし。大小の諸侯に、番頭をも勤る者は、相応に心得ある事なれば、他邦へ対しても、愧《はず》べき事多き也。二には厚禄の子、生まれながら尊大にて、諸士と交る事なく、下女・下男など計を相手にして育立故、下男・下女の鄙劣なる事のみ見覚、又常に追従軽薄の為に崇められ、驕慢甚しく、諸士をば螻蟻《ろうぎ》の如く心得、人情世態も不知、飲食・衣服・婦女・殺生・植木・飼鳥などの話のみにて、身を終る也。三には右の如く、追従軽薄にて育立られたるものが、少年より御小姓に召使はるゝ故、追従軽薄のみよき事と心得、(中略)互に巧佞《こうねい》を競ひ、巧言令色の習、天性の如くになりて、仮初の談話にも、戯言のみ多く、実情の話は拙陋也とする習しに成、風俗益□□(虫欠)偸薄《とうはく》になり行、鼻の先の利口ばかりを貴び、(中略)外人に向ては、君側の威を仮て、人を軽侮し、驕慢・傲惰にて、悪口雑言媿《はじ》を極む。(75)

そして、「大臣の嫡子」については「御小姓と成事を改て、国子学へ詰め、御相手の役」とし、「御小姓には物頭席抔の嫡子を召使れんには、(今まで御小姓の勤方之内にて、上品なる事は、御相手の勤とし、使令に供する様なる事は、物頭等の嫡などの御小姓の役とすべし。)諸士の頭等に相当の人物出来て、人の上に立ものの風儀改り、草に風を加る勢になるべし。」として、エスカレーター方式ではなく、修練期間を経てから選抜するよう進言している。加えて「諸士の頭となる人物」には、「家柄・禄高」ではなく「役禄」による選出を主張し、「禄高を頼みにせず、徳行・道芸を務」めさせることで、「風儀を取直し」ていくよう仕向けさせるとしている。最後の条では、「学校の教は人倫を明にし、礼譲を誨《おしえ》るに在。」とし、弘道館の設立目的を念頭にした内容が記されており、「近世礼譲を弄て家格を争ふ事、一世の弊風なり。礼は天下皆一礼なるべし」として、私的な「礼譲」を否定し、「公の礼法有て、私の家格はなきものと定て、争端を絶ち、礼譲の風を興すべし。」とそれらを統一することを述べている。その具体的な「礼譲」とは、「養子の事」や「冠婚・葬祭の礼」について記載しつつも、「其本は君臣・父子の礼儀を明にするに在り。教学の本は忠孝の二つ也。」として、公的な「礼譲」＝「忠孝」の浸透が学校教育の目的であると纏められている。この『対問三策』は、藩主斉昭が東湖に対し『弘道館記』の起草を命じたのと同年に記されたものであり、正志斎の教育論の嚆矢であることからも重要な史料であることは理解できよう。これまで正志斎の教育論としては、『学制略説』や『退食間話』、また『下学邇言』を主として論じられているが、そこでの問題意識と解決策については一貫している理念があり、また『周礼』に依拠した教育法は、時を経るにつれて深化していったと考えられる。

さて、『対問三策』で記された教育課題として「厚禄の子」における人材欠如があり、指導者の育成を主眼とした正志斎の教育においては、悪しき「風儀」の根絶が目的とされた。そのために、ある種の実力主義による選抜方式を積極的に推進する意図があったことは先に触れた通りである。こうした「風儀」が蔓延していたことは、正志斎のみが抱いた所感ではなく、他の史料からも窺うことができる。例えば「偏文偏武」や「諸生遊惰」といった問題意識は、訓導の石河明善《いしかわめいぜん》の記録にもあり「只今之通ニ而ハ偏文偏武之弊如何とも成し難し」として、入学当初より強制的に文武の兼修を義務づけるなどの制度を提言していた。同じく訓導の下野隼次郎《しものはやじろう》も「文館武館ト岐レテ文館ノ教職ハ書生ノミヲ親ミ、武人ヨリハ全ク文人書生ノ如ク称シ（中略）武官ノ師範ハ武芸ノミニ片向キ、芸ノ稚拙ヲ論シテ士道ヲ奮励スルコト少ナキノ弊」を指摘している[76]。このため「偏文偏武」の是正に関しては、開館当初より教授並びに文武師範へ対して、次のように伝えられていた。

一、御家中文武之諸生修業振之儀、此度より朝文夕武と御定に相成、朝五ツより九ツ時迄一日之星に相定、一統文館へ相詰可申、又九ツ時より夕七ツ時迄を一日ト相定、武場へ罷出一統可致修行候
但炎暑之儀は、文武共昼前修行之儀時宜に寄可相達候
一、寄宿之儀に付、先年被仰出候振も有之候処、御小姓寄合組猶又布衣並三百石以上之嫡子十八歳以上寄宿被仰付候条、正月十六日より三月晦日迄、又十月朔日より十二月廿日迄之内、壱ケ月十五日詰各割合を以順々相詰文武可致修行候
一、文武之諸生廿五歳以下之族、文武兼学候義は勿論に候処、近比片寄一方へのみ罷出候族も有之哉に候処、学校御造立之尊慮にも不被為叶如何之事に候条、以来は右日割丈之日数は文武等分に必出精罷出片寄不申候様屹と相心得可申候
但御日割之外は文武共勝手次第罷出猶更出精可致候（以下略[77]）

諸生に対する文武兼修を「朝文夕武」と定め、時間、寄宿、年齢などの方針が提起されている。そして学則では、「一、文武ノ芸ヲ習フ者、当ニ文武ノ道ヲ以テ本ト為スベシ。徒ニ技芸ノ士ト為ルベカラズ。天朝ハ素ヨリ武ヲ尚ブ。而シテ近古称スル所ノ武士ノ道ハ、節義ヲ重ジ、廉耻ヲ明ニシ、文道ハ彝倫ヲ叙シ、徳業ヲ修ム。皆ナ忠

孝仁義ニ出ザルハナシ。即チ文武帰ヲ同フスル者、学者知ラザルベカラザルナリ。(78)」と定めている。九ケ条からなる弘道館の学則は正志斎が起草しており、同僚教職の意見等も容れながら補正されて完成した。(79)「偏文偏武」の風潮を「朝文夕武」という具体策によって解決を試みたわけであるが、それはやはり師の幽谷より教授されたものであった。幽谷の教えを記した『及門遺範』では、

一、先生謂へらく、「古は文武一塗、未だ嘗て分つて以て二と為さず。海の内外を論ずる無く、其の致相同じ。故に男子に生るれば、則ち桑弧《そうこ》蓬矢《ほうし》を以て天地四方を射る。天地四方は男子事有る所なり。孔子曰く、『文事有る者は必ず武備有り。』と。而して其の斉人驕慢の気を折《くじ》きて、樽俎《そんそ》の間に折衝し、陳恒《ちんこう》君を弑すれば、則ち之を討たんことを謂ひ、大義を天下に明かにす。後世惟を下し塵を揮ひ、徒《と》文《ぶん》不武なる者と同じからず。況や神州太初より勇武を崇尚す。而して当今武家の禄を食む、豈徒に文墨を事として以て武士の本業を失ふべけんや。」と。是を以て門人をして武技を兼習せしめ、白面の書生好んで軟弱の態を為すに傚はざらしむ。(80)

と紹介し、他方で『退食間話』では次のように説明している。

問、鹿島の神は武神也。孔子は文徳の聖人なり。然れば、神社は武夫の拝する神とし、聖廟は文学の士の拝すべきに似たり。今、社・廟、共に文武の士をして同じく拝せしめ給ふは、如何。

曰、今人の文武といふものは、文武の芸也。古人の文武は、文武の道をいふなり。刀鎗弓銃等の術は武芸なり。礼義・廉恥を知て、士道を守り、節義を励し、国家の干城となるは、武道也。文字を読、伝注を説き、博聞強記にして故事を知り、詩文書算等を能くするが如きは、皆文芸也。忠孝仁義を本とし、神聖の大道に

通じ、国家の事体に明にして、公侯の腹心共なるべきは、文道也。故に芸を論ずる時は、文芸と武芸と各異なれ共、道を論ずれば、文道・武道、車の両輪ありて、一車の用を成し、一輪相離れては、行事あたはざるがごとし。是によりて、古は道芸とて、道と芸とを一にして人を教ふ。芸ありて道なき時は、羿《げい》が射などの如く、芸も却て害となる也。（中略）故に孔子も「有文事者、必有武備」と仰せられ、（中略）本より文武両塗に非るなり。（中略）今、神州の道を奉じ、西土の教に資て、子弟を教え給ふに、文学・武芸を論ぜず、同く神社・聖廟を崇敬して、其始に返り、其本に報ずる事を知らしめ、文武を一にして、有用の人材を成就し給ふ。これに依て、記にも「文武不岐」とは仰られし也。(81)

このように「弘道館」教育における文武の理念は、現在用いられている文武両道と一概にすることはできない。それは単に文武を兼修しているのみでは「芸」の段階であり、両者を「道」にまで深めて統一していることが求められるため、そこには具体的な信仰の対象も必要となるのである。なお、文中の「聖廟」については、『南梁《なんりょう》年録《ねんろく》』において「孔堂御立被遊間敷思召候所、会沢憩斎建議ニ而、凡学校ニ孔廟無之ハ不承及候事之由、因而出来候由」(82)とあり、正志斎がその建立に尽力したことが窺える。さらに、嘉永元年（一八四八）の蟄居中に記された『泮林好音《はんりんこういん》』においても同趣旨の内容が述べられており、そこでは、「文ト武トヲ分タス、政治ト教化トヲ両途ニセス、教化ヲ治ノ本トシ、政治ヲ教化ノ輔ケトシテ、互ニ持合テ、並ヒ行レンコトヲ要トシ、其深意ハ即チ記文ニ詳ニ述玉ヘリ。依テ武芸ヲ専門ニ学フ者モ二十五歳以下ハ必書ヲ読、文学ヲ専門ニスルモノモ必武芸ヲ兼ヘシト定ラル。又講習寮ニ別局ヲ設テ年長ニシテ書ヲ読コト能ハサル者ハ武芸ヲ専門ニシ、別局ニ就テ仮字文ノ書ヲ読シム。又番士武役ノ者モ一月三次講席ニ出テ聴聞セシム。又文学武芸ノ試業モ督学ハ家老番頭等ト共ニ出席ス、是等ノ類、皆文武ヲ一ニスルノ意ヨリ出タル也。(83)」と「文武一途」は正志斎の教育論の主軸となっている。

ちなみに、「文武」教育については藤田東湖も、「一、文武は水火の如く、又陰陽にも譬へ、又車の両輪にも譬へ、何れも武士の大道に御座候間、人に寄得手不得手は御座候共、更に文盲無芸の士は一人も無之様仕度事に御座候。仍而は御家中何程文学有之而も更に無武之ものは一切御召遣ひ不被遊、扨又何程武芸にても更に文盲に忠孝の大道をも不相心得ものは、是又一切御召使ひ不被遊御定に相成候はば可然奉存候。尤数百人の内には文計武計に而も絶倫之者有之時は重く評議之上、了簡仕候儀、是又肝要と奉存候。(84)」と自身の見解を述べている。その上で文武兼備の者を選び、一方へ偏頗している者を「一切御召使」しないことを藩主斉昭に上申し、人材挙用策についてはさらに次のように記している。

一、爰に小普請組甲乙丙丁の四人あり。之を試るに甲は学問宜く候へ共、吏才なく且武芸も不学。乙は学もあり才もあり武芸もあり、然れども行跡不宜。丙は武芸吏才もあれども学問なし。丁は行跡宜けれども文武等にくらし。右の如き四等夫々に斟酌いたし取調候儀、肝要と奉存候。古来人を挙用るの法、賢者能者と二ツに分け候様相見候。賢者は徳行の人、能者は道芸に長し候人、徳行道芸之兼備候人はまれに御座候間、二ケ条に分け人を挙候儀、決して動き無之様奉存候。(85)

このように「徳行道芸」を兼備した人物は稀としながらも、適材適所に配置することが肝要とし、人材の採用を慎重に行うことを主張している。また「賢者能者」とは、『周礼』からの引用であり、東湖においても『周礼』の教育論の存在は大きい。

加えて関連する正志斎の書翰案に目を向けると、「朝文夕武」の法について、その意向をさらに深く推察することができる。ここで強調されているのは、「文武同刻にてハ修行之為不宜候儀を御見定、朝文夕武之御制度ニ被遊候儀ニ御座候。ケ様御定ニ候へハ諸生昼前ハ文、昼後ハ武ニて偏文偏武之弊無之候処、文武同刻ニ而ハ昼前も気を詰候方へ出候者ハ少く、武へ出候者計多く相成、文ハ衰候而偏武ニ成候ハ指見候事に候ハ、最初ニ立返り候而ハ烈公様折角御制度御立被遊候深き思召ニ奉背候事ニ相成、臣下之身奉恐入候次第ニ御座候。[86]」とあるように、偏文偏武の弊害や修行の時間的配慮に加え、「烈公」の遺志を違えることなく、継承していこうとする意図を認めることができる。また「只今烈公様御逝去被遊候迚、御遺業を相破思召ニ奉背候様、同様相成候而は何共歎敷次第と奉存候」とあり、「烈公」こと斉昭は万延元年（一八六〇）に逝去しているため、これはそれ以降に認められたものであろう。本開館から三年以上が経過してもなお、基本方針である「朝文夕武」に関して思索を巡らす必要があったということは、本開館後も学館運営は円滑なものでは無かったと推察できよう。

他方、「諸生遊惰」の現状についても無視できない問題であった。下野隼次郎は「学校私議」において、高位高官における人材不在が水戸藩第一の憂いであり、「大臣」の子弟ほど学業に怠惰である現実を批判している。[87]これについて鈴木氏は、「諸生の勉学意欲の欠如は、何より彼ら自身の問題であるとしても、次の二点はそれを助長する結果になったと思われる」[88]として、「教師と諸生とが親しく接する機会が少なかったこと」と「学館の蔵書と武具の貧弱さ」を挙げている。このうち第一の点に関しては、それを裏付ける以下の書を確認することができる。[89]これによると、文武指南役は「繁勤ニて指南行届兼」という現状があり、これが「師弟の交」りを阻害する要因になっているとしている。また「指南を譲可申と見込候人も無之、無理ニ譲候而ハ門人も力を落」すことになり、「文武御引立之御主意ニ」反するとしている。そして教師と諸生の関係については、「古より師弟之道ハ至而重き儀ニて君臣父子と並ひ在三と申候而、師の為ニハ心喪三年と立候而、君父之喪服ニ並ひ候程之義ニ御座候（中略）是迄致指南来候御制度を御変革ニ相成候而ハ師弟之道軽く相成（中略）学校ニてハ師弟之道ハ格別ニ御立、古来より之御主意御取失不申様、後日之為厚く御論定相成居候方と奉存候[90]」として、従来の制度の変更に反対し「師弟之道」の重要性を強調している。正志斎によるこのような問題意識は、何よりも「師弟の道」を厚くし、両者の交流を深めることで「諸生遊惰」の風潮を是正しようとする配慮であると考えられる。おそらく正志斎には、自身と幽谷との交流を、弘道館で再現する意図もあったのであろう。

第四節　学制と『周礼』

先の『対問三策』は正志斎の教育論が述べられているものの、斉昭の下問に対しての回答書であるため、その体系性においては不十分な点があることも否定できない。そこで次に学校制度に関して整理した『学制略説』を見ていくことで、その不備を補うこととしたい。これは、『日本教育史資料』にも掲載されており、執筆の動機や年代については不明とされている。[91]ただ、その内容から弘道館を念頭において書かれたものであることは確実であり、開館以前に起草されたと思われる。正志斎の学校制度論は他の著作においても部分的に触れられているけれども、単著としてはこれのみであり、教育思想を分析する上で重要な対象である。『学制略説』については、これまでも関連する研究において触れられているが、『周礼』の教育制度を基礎とした学校制度論等の説明のみに止まっており、より具体的な教育論の内容、及びそれらから正志斎が発展的に完成させた教育理論についての考察は不十分であるように思われる。そこで以下では、同書の論点を分析した上で、弘道館教育に込めた正志斎の教育目的を解明していくこととしたい。

『学制略説』は「総論」、「門闈之学」、「次舎之学」、「郷学」、「大学」からなっており、『対問三策』と重複する箇所もあるが、一万六〇〇〇字余りの充実した内容である。「総論」の冒頭では「古ヨリ王者国ヲ建ルニ教学ヲ先トス。唐虞三代ハ勿論後世マデモ歴代学ヲ設ケサルハナシ。サレトモ学ヲ設ルニ封建ノ世ト郡県ノ世トノ差別心得アルヘシ。郡県ノ世ニハ士大夫世禄ニ非ル故、人材ヲ下ヨリ抜擢スル事自由ナリ。依テ貴遊子弟ヲ教ルト云事モナケレハ学制モ疎ニシテ多クハ文具ノミニナル事ナリ。封建ノ世ニモ俊才ノモノハ何方ヨリモ抜擢スル事ナレトモ、大夫ニ大夫ノ禄アリ。士ニ士ノ禄アリテ多クハ人ヲ用ユル事ナレハ教養ノ法詳密ナラサル時ハ、士大夫ノ子孫皆驕慢ニナリテ用ユヘキ人ナキニ至ル事必然ノ勢ナリ。[92]」として、「封建ノ世」においては「貴遊子弟」の禄が固定されているため、「驕慢」が助長され人材確保に困難が伴うとしている。そこで正志斎は、「道」を教えるカリキュラムの必要性を説き、読み書きをさせて武芸を習わせることだけに終始せず、「教法ノ原」である「人君ノ躬行ト政事ノ得失」を主眼とし、治教一致の理念を重要視する。これを正志斎は「古ハ治ト教ヲ一ニシテ政事ハ道徳仁義ヲ本トシ、教法ハ政治ヲ羽翼トシテ賞罰予奪、尽ク聖賢ノ意ニ本ツキ風俗ヲ磨励シ学校ニテ賢能ヲ仕立テテ直ニ是ヲ挙ケテ今日ノ用ヲナス故、人々実学実行ヲ務テ人材モ成就スル事ナリ。是学ヲ建テ教ヲ設ル大眼目ナリ。(93)」と表現している。この「教法」とは「徳行」と「道芸」に大別され、さらに「徳」と「行」と「芸」とは「郷三物」と呼ばれ、それぞれ「知仁聖義忠和」の「六徳」、「孝友睦婣任恤」の「六行」、そして「礼楽射書御数」の「六芸」と各芸に付随した「道」を合わせて「道芸」としている。これは『周礼』「地官」の「司徒」に記載されている内容であり、万民教化の法として説明されている。(94)そして「徳行」を修めた人を「賢者」、「道芸」に習熟した者を「能者」とし、前者を「頭役」、後者を「役人」として用いることとし、「実事ニ就テコレヲ教」えていくことで実践的な人材育成が可能であるとしている。『周礼』では、「郷の三物を以て万民に教えて之を賓興す。」と記されているけれども、これを正志斎は実践的人材育成に不可欠な教育的要素として解釈していたことがわかる。これは後に記された『泮林好音』でも、「教育ノ法ハ徳行道芸ノ二ツヲ分別スヘシ。徳行ハ知仁聖義中和ノ六徳ト孝友睦婣任恤ノ六行ト也。内ニ徳アレハ外ニ発シテ行トナル。其ケ条ヲ分テ何レモ六ト立タル也。是ヲ以テ教ヘ、其徳行成就シタルヲ賢者ト云。爵位ヲ貴クシテ、人ノ頭役トス、道芸トハ礼楽射御書数ノ六芸ニ皆ソレゾレニ其道アル也。道ハ天地ノ大道ニシテ人倫日用ニ踏行フ所也。芸ハ道ニ就テ、其作業ノ道アリテ芸ナケレハ空理ニシテ用ヲナサス。芸アリテ道ナケレハ芸者ニテ小人ノ芸トナリ、甚キハ羿カ射ノ如ク反テ害トナル也。故ニ道ト芸ト相離レス道芸成就シタルヲ能者ト云。(95)」としており、「徳行道芸」を主体とする教育思想は、正志斎の教育論の基軸となっていると言ってよいであろう。『周礼』では続けて「郷の八刑を以て万民を糾《ただ》す。(96)」とあり、以下では各刑名のみが記されているが、正志斎はこれについても敷衍している。この

「八刑」とは、先の教育課程において逸脱した者に対する罰であり、「不孝、不睦、不姻、不弟、不任、不恤、造言、乱民」を指している。また刑罰については、周制において定められた「圜土《えんど》」、「嘉石《かせき》」に加え、「大学」における「貴人」の罰にも言及しており、段階を経て王の判断を仰ぎ、改められない者は最終的に「遠方ニ斥ル」としている。これは刑罰における教育効果を狙ったものと同時に、封建制度によって守られた階級であっても処罰の対象としたことは注目できよう。このような厳格な教育は、必然的に受容可能な集団に絞られることとなるため、「郷大夫ノ子弟ヲ教立ル事ヲ第一トシ、次ニ万民ヲ教テ賢能挙ル下地トスルナリ」とし、その「万民」とは農民を含まない「六郷ノ民」であり、「平士ヨリ足軽マテ」としている。これについて正志斎は、封建制と郡県制では教育制度に明確な区別があり、郡県制度下においては、農民と大夫士間との相互の身分移動も頻繁に行われるけれども、封建制においては必要とされる学問に差異があるため、あらゆる人々へ「悉ク学校ヲ立テ教ることは「嘗テナキ事也」としている。こうした記述は、身分における差別的教育制度と解することも可能であるが、郡県制下の教育制度と封建制度下のそれとを分けているため、郡県制度へと移行した際には、平等な教育制度を推進させるための担保となる理論であるとも言えよう。『周礼』、特にその教育制度における明治への影響については、未解明の部分を多く残しているけれども、それを過小評価しないとすれば、実施当初は多くの困難を伴ったものの、近代「学制」の理念が受け入れられた背景にはこうした正志斎を含めた『周礼』研究の積み重ねがあったからかもしれない。「総論」の最後では、「立教の大綱」について述べられており、「父子、君臣、夫婦、長幼、朋友ノ道」を基本とし、それを施す方法としては、『周礼』「大司徒」における「十有二教」を用いるとしている。そこで第一に掲げられているのは「祀礼を以て敬を教うれば則ち民、苟もせず」であり、これに正志斎は「祀礼ノ大ナル者ハ天地ヲ祭リ祖先ヲ祀ルノ二ツナリ。是ニヨリテ民徳厚キニ帰シ王者ヲ天ノ如ニ思ヒ、君父ヲ敬スルコト聖教ノ妙也。(97)」と説明しており、これは本書でも繰り返し述べている祭祀の理念であり、『孝経』の思想とも共通するものである。

続く「門闈之学」では、先の『対問三策』においても触れられていたが、さらに詳しい解説が付されている。ここでの教育対象は「国子」（王の子弟、及び公卿大夫の子弟）であり、徳行を教える師氏と道芸を教える保氏を中心として構成されている。これに加え師氏が王への「善道」を告げる役を兼ねているのは、「政事ノ得失世間ノ善悪ヲモ云セテ大臣ノ子弟ニ政事ヲ見習ハシムルナリ。徳行ト云モ其身ヲ慎ムハカリニテハ庶人ノ徳行也、大臣タルモノハ如何ホト躬行正クトモ政体ニ暗クシテハ其身ノ職分ニ欠ルユヘ徳行トハ云難シ。」として、為政者ゆえの、さらに厳しい教育を課している。また、国子の「徳行」では至徳、敏徳、孝徳の「三徳」による教授法がとられ、大司徒の「六徳」（知仁聖義忠和）と「六行」（孝友睦姻任恤）と項目が異なるのは「仁義忠和」は至徳にあり、「知聖」は敏徳に含まれているとしている。そして特に「孝徳」を立てたのは、貴人の子は驕慢になりがちであり、それを防ぐために父母祖先への「孝」の心を養うことが必要であるとしている。また「孝徳」には「孝睦姻」が含まれているが、「任恤」がないのは同じくそうした「驕慢ノ気」を制するための「友行順行」を重視しているからだと説明している。そうして、師氏と保氏とを分けているのは、「徳行ヲ教テ驕慢逸楽ノ心ヲ制シ、道芸ヲ教テ実用ニ施サシム、二職是ヲ掌リテ其材ヲ成就ス、是門闈ノ教法ノ眼目ナリ。」と述べている。他方、師保の下に万民の徳行道芸を吟味する「司諫」と、邪悪過失を取り締まる「司救」の二官を付けているのは、国中の賢才についての情報や風俗の状態を王に報告すること、それらを国子の訓戒とすることなどの意味があるとしている。これにより「国子ハ貴人ノ子ニシテ驕慢ニナリ易キモノナレハ、下ニモ賢才アルコトヲ知テ己ガ貴ヲ忘テ敬慕スルコトヲ知シメテ賢ヲ礼シ、士ニ下ルノ心ヲ生セシメ、又邪悪過失アリテ嘉石圜土ノ辱労ニ遇フコトヲ見聞テハ自ラ修省セシメ、闘怒色情等人情変態ヲ知リテハ政事ノ容易ナラサルコトヲ知ラシムルノ類、皆聖人寓意ノ深遠ナル所ナリ。[98]」と纏めている。

「次舎之学」は『対問三策』では言及されていない項目であり、「次舎」とは宮内に設けてある官府である。『周礼』では「天官」の「宮正」に「宮正、王宮の戒令糾禁を掌る。時を以て宮中の官府・次舎の聚寡を比《くら》ぶ。之が版を為り以て待つ。夕に柝《たく》を撃ちて之を比ぶ。国に故有れば則ち宿を令す。其の比ぶるも亦之のごとし。外内を弁じて時に禁ず。其の功緒を稽《かんが》へ、其の徳行を糾《ただ》す。其の出入を幾し、其の稍食を均しくす。其の淫怠と其の奇邪の民とを去る。其の什伍を会して之に道芸を教ふ。」[99]とあり、これは「蓄聚ノ詰所」における教育を説いており、そこでも「徳行」を糾し「道芸」を教授する必要性を解説している。この理由としては、「王ノ身近ク勤ルモノハ仮令膳夫医師其外使令ノ小臣トイヘトモ、時々王ノ耳目ニ触レテ君徳ニ管《(ママ)》ルモノナル故、宮中ノ官府へ出ルモノハ都テ其徳行ヲ糾ス。」[100]として、関係者全てに徳行の修養を求めている。また諸士の子弟についても、平日には宿所において「郷党ノ学」を学び、「次舎」、「大学」へと学制を整備し、「少壮ナル者ヲ逸游」させない対策を講じている。

　その「郷学」では、伍（五人）、両（二五人）、卒（一〇〇人）、旅（五〇〇人）、師（二五〇〇人）、軍（一万二五〇〇人）という軍制に基づき構成され、六軍（七万五〇〇〇人）を正志斎は旗本の家臣団に相当する数と解釈している。平時においては、比（五家）、閭（二五家）、族（一〇〇家）、党（五〇〇家）、州（二五〇〇家）、郷（一万二五〇〇家）、から成る六郷（七万五〇〇〇家）を王城の四面に配置し、郷大夫から比長までが各組織の治教も司るとしている。このような軍律を基礎として各段階に学問所があり、優れた者は「郷閭」から「党庠」、「州序」、「郷庠」、そして「大学」へと取り立てる。「郷学」における「教養ノ法」は、先に論じたものと共通して大司徒の「十二教、保息、本俗、三物、五礼、六楽等」であるが、その教授法においては、正月や祭日に各「頭」が法を読み聞かせ、また別に師儒から徳行道芸を教えて人材を育成していき、その中で有力な人物を吟味し、上級職へと挙用していく方法をとっている。そして「賓興」については、封建制度下における下からの人材挙用法の特徴的なものであり、「下ニ賢者能者アルトキハ郷大夫州長等ノ郷大夫亭主トナリ、賢者能者ヲ上客ニシテ対待ノ礼ニテ馳走ヲシテコレヲ貴ヒテ挙用ル下地トスル」方法があるとしている。これは固定的な身分制度においても、柔軟な人材登用を模索していた正志斎の学制論として着目してよいであろう。

最後の「大学」は中央、及び東西南北の五箇所における教育であり、「天子学」をはじめとし、「干戈羽籥《かんかうやく》ノ舞」、「礼」、「楽徳楽舞楽語」、「読書」を教え、それらが「混雑」しないよう分立させている。ただ「小学」において下地を施しておくことが肝要であり、この下地なしに大学へ入れるのは意を欠いているため、「小学ハ門闈次舎郷学ナト、場所ヲ分ケ世子王族公卿大夫ノ子弟ナトハ門闈ニテ学ヒ、士ノ子弟ハ郷学ニテ学ヒ、当番ノ時ハ次舎ニテ学フコトニテ、幼少ヨリ壮年マデ小学ニテ学フコトハ易ルコトナク、只大ソウナルコトヲ学ヒ広ク四方ノ人ト交ルヘキタメニ、時々大学ヘモ出ルコトナリ。」としている。続けて、「大学」用途を一〇項目挙げており、それらは大礼大楽等の場、賢才の集中、養老・孝悌の涵養、貴人子弟の驕心の抑制、先賢祭祀による道徳心の涵養、有事への心構え、賢才との交流による見識の拡大、天子尊重の心の養成、実才挙用による実学の尊重、王朝への賢才集中による民心の収斂であるとしている。こうした『周礼』学制を基底として整備することで、封建制における世禄の人の賢才欠如を防ぎ、「聖賢ノ意ニ本ツキ古今ノ時勢ヲ考ヘ風土ノ宜ヲ斟酌シテ大小ノ学ヲ設ケ、世禄ノ子弟ヲ教育セハ風俗ノ美国家ノ隆盛日ヲ指テ竢ヘキナリ」とし、人材育成が図られる。ここからも正志斎の学制論は、従来からの幕府施政下における教育の刷新を主張するものであり、弘道館をその先駆けとして計画していたと考えられよう。また、近世教育機関である私塾と藩校を統合的に捉え直すと同時に、軍制と教育を一体として組織していくことに着目したのは正志斎の特徴である。人材登用法についても多々言及しており、これは画一的な封建制度下における身分制を打破しようとする試みであり、封建制確守を意図していたとされるこれまでの研究に再考の余地を提供するものと考えられる。教育を「道芸」という視点で論じることに関しては、草創期の文部省創設に尽力した江藤新平も「道学」「芸学」として構想していたことが毛利氏の研究によって明らかになっている。[101] そして江藤は、「道学」は神祇官に専任させ、大学を中心とする学校体系では「芸学」のみを追求するとし、「江藤の構想においては、文部省はあくまでも『芸学』を担当する機関であって、『道学』はその管轄ではなかった」と論じられている。[102] こうした視点からも、正志斎の教育論と維新期に構想されたそれとを比較することは、我が国の近代教育制度を考察する上でも興味深い。

ここで、先に論じた『周礼』研究書である『読周官』の教育論に関する記述と比較してみたい。同書では特に「師氏保氏」、「徳行道芸」、「国ノ中失ノ事」、「国子ヲ養フニ道ヲ以テス」と題して教育論の分析がなされている。そこでは「天下ノ務メ、太子ヲ教フルヨリ急ナルハ莫シ[103]」としつつ、「孝行」に関しては、「一ニ曰ク、孝行、以テ父母ニ親シミ、孝ヲ百行ノ本トス。故ニ曰ク、仁ノ本ト為ス。」とし、孝行を第一とすることで驕心を予防することを意図している。人間の成長過程においては、誰しも驕心の生じる段階があり、それを抑制する手段を身に付けないと晩年にまで影響を及ぼす可能性がある。そうした心理をコントロールすることが影響力のある地位にいる者にはより強く求められるのであり、孝行の心を深めることでそれに対応することはシンプルではあるけれども効果的な方法である。それは先に正志斎と『孝経』の箇所で論じたように、東アジア特有の死生観といったものとも結びついているため、文化的背景に根ざした教育政策であるとも言える。また、「孝行」、「友好」、「順行」を含めた「三行」を教授することで指導者に必要な「道」が育まれることも述べている。こうした指導者の育成に傾注する正志斎のねらいとは、それが「国家の得失」と直接関係するからであり、「国子」教育にとって有害となる「驕心」の克服こそが主要課題となるのである。

さらに「道芸」を教える「保氏」について『学制略説』では、「『養国子以道、教之六芸』とて、礼楽射書御数ヲ教ヘ、マタ『教之六儀』トテ、祭祀、賓客、朝廷、喪紀、軍旅、車馬ノ六ノ坐《ざ》作《さ》進退《しんたい》ノ容儀ヲ教ルナリ。」と解説し、「六芸六儀トモニ皆道ヲ行フノ節文ナレバ、只作法バカリニナリテハ役ニタタズ、故ニ六芸六儀ニ道ヲ寓シテ、コレヲ習フ間ニ自然ニ道ニ染ミコムヤウニ仕掛ルナリ。[104]」としている。これについて『読周官』では「師保」の関係性について、「二者ハ相ヒ須テ以テ其ノ徳器ヲ成ス[105]」として、「有用之器」となるための人材育成には「師氏」「保氏」の両側面による教育が肝要であり、常に「道」の介在が必要だとしている。ちなみに『読周官』では、本文に割り注が多用されており、本書で紹介した箇所だけでも、『礼記』、『孝経』、『孟子』等を引用し内容を補足している。このことからは考証学的手法を用いて『周礼』を基礎としつつ、教育における普遍的な「道」を探ろうとした正志斎の足跡を見ることができよう。

さて、『学制略説』で目標とされた教育政策では「治教一致」の学問が目指され、そのことは繰り返し述べられている。これは正志斎が『弘道館記』を解説した『退食間話』においても一貫しており、その序では「道、人を弘めず、これを弘むるは人にあり。もし夫れ、治と教とを一にして、以て斯道を弘むるは、すなはち明君賢輔の負荷するところなり。(106)」として、「治教一致」の教育思想が主張されている。この点を少し掘り下げると、「西土」における文明・文飾の尊重と、日本における質朴・実質を貴ぶ傾向及び風俗との差異について、「天地の間に大道は一つ」であり、「質」と「文」とは車の両輪のような関係性としながらも、各々には「弊」が存在しており、実際にそれらを施すには困難が伴うとしている。そして日本には五倫の「実」はあるけれども、名称・概念としての「名」が欠けており、これを尭舜と孔子の「名」によって補ったため「皇猷を賛」けるものとしている。また、「治」とは「法度政令」であり、「教」とは「礼楽教化」のことを意味し、前者は手足であり後者はそれらを働かせる心である。そうして日本には「本」たる「教」があり、「西土」には「道具」たる「治」があるため、両者を「一致」させることで「道」が体現できるとし、(107)我が国の「実」(=「本」、「教」)とは、「言語を以てせずして、行事に因て其義を示し、教を其中に寓《よ》せて、万民の法則とな」すものであるとしている。(108)具体的には、「人の五倫は、君臣父子、夫婦、長幼、朋友の五品にて、是を五典とも申なり。第一に君臣の義と申は、天照大神、高天原にましまして、皇孫天津《あまつ》彦彦火瓊《ひこひこほのに》々《に》杵尊《ぎのみこと》に天位を伝へまいらせし時、八坂瓊の曲玉・八咫鏡・草薙剣・三種の神器を授け給ひて、『葦原千五百秋之瑞穂国は、是吾子孫可王之地也』と宣ひしより、此神器を以て、永く天位の信となし給ひ、是より君臣・父子の大義著れて、天位の尊き事、天地と共に窮りなく、天地闢《ひら》けし日より今日の今に至るまで、一人も天位を犯すものなきは、即ち、君臣の義にして、言語を待たずして、其教自然に備れるなり。(109)」として、この「君臣」を起点として「朋友」までの五倫の「教」が生まれていったことを述べている。同様に『退食間話』の最終部でも「治教一致」に言及しており、そこでは学問が無くとも現実社会において事業を成功させている者や、学問が却って事業の障害となること、これらと『弘道館記』における「学問・事業、不殊其効」との深意について触れている。正志斎によると、学問とは本来事業を学び、事業は学ぶところを行うものであり、国家を治めるには徳礼と政刑とが合一となって治教を施さなければならないが、後世においては徳礼が軽視され政刑のみで統治するようになってしまったため下級役人の世となり、「聖賢の道」を学ばなくとも才智による政事が可能となってしまったとしている。それに伴い学問は儒者の私言となり事業と乖離してしまったため、学問が用を成さなくなってしまったのだとし、それゆえ弘道館は学問のみに終始する「無用の長物」を育てることを目標とせず、「事業に施すべき実用を講究し」、「国家の用をなすべき事を学」ぶことを目的とした教育施設であることを宣言している。このように正志斎の教育思想における主軸は「治教一致」を目的としているけれども、それは単に即座に役立つ学問を教授することのみを念頭に置いたものではない。これまで論じたように世界情勢を敏感に察知していた正志斎にとって、これに対応可能な人物の養成こそが目標であった。正志斎の教育とは、日本を取り巻く世界情勢を学び、それを国益へと還元できる人材が目指されていたのは確かであり、そうした意味において弘道館は旧来の概念を脱した指導者層養成のための教育機関として位置づけることも可能のように思われる。このことは彰考館における「蘭学所御書物目録」からも明らかであり、その中にはオランダ語、フランス語、ラテン語の辞書や『ドイツ兵書』など、一六四種が記載されている。また硝石生産、反射炉建設、そして弘道館内に医学館を設け、天然痘をはじめとする伝染病予防と医学教育への尽力は、近代的教育制度に先がけるものとしても注目できよう。したがって、この時期の正志斎が弘道館教育に込めた教育哲学とは、諸外国と接触する機会が増加する情勢に備えて、それらの西洋列強と対等に渡り合える人材の育成であり、そのための学制改革論であったのである。

第五節　教育論の発展

前節では弘道館教育に込めた教育論を分析し、その立論の根拠と目的を探った。続く本節では、軟禁されていた際に記された会沢学の集大成とも言える著作である『下学邇言』から、教育思想の成熟と発展を見ていきたい。特に同著作の第二部「論学」は、これまでの教育論に加えて新たな知見も展開されており充実した内容となっている。書名の「下学」とは手近で初歩的な事柄から学ぶことを意味しており、『論語』において孔子が晩年に自らの境遇を慨嘆した際の言葉である。そこでは日々手近な人事を学んで道理を極めることで高明の域に達することが可能となり、こうして身に付けたものこそが天意であると述べた一節からきている。[110]「邇言」とは通俗的でわかりやすい言葉を意味しており、ここには師である幽谷の教えを埋もれさせず、それに自身の解釈を加えて体系的な学問として後世へ残していこうとする意図が含まれている。『下学邇言』は、「治教一致」の理念により構成された実践的学問体系であると同時に、吉田松陰をはじめとした志士がこれを入手し熟読した事実を含めて、その価値が見直されるべき著作であると考えてよいであろう。同書が成ったのは弘化四年（一八四七）とされており、六〇代も半ばを過ぎた頃の論考である。当時は幽閉中の身ではあったが、前年には孝明天皇が即位し、米国のビットルが浦賀へ入港し通商を求めるなど、いよいよ幕末の様相を呈しはじめた時期でもある。そうした国際情勢の中にあって、無力な自身の境遇を鑑み、次世代へ望みを託す意図で著されたものであったのかもしれない。

『下学邇言』の「論学」部では冒頭に「教ハ人倫ヲ明ニスル所以、天、有典ヲ叙シテ、聖人之ヲ惇ウス。天、有礼ヲ秩シテ、聖人之ヲ庸《もち》フ。父子ノ親、君臣ノ義、夫婦ノ別、長幼ノ序、朋友ノ信、皆之ヲ礼楽ニ寓ス。少クシテ之ヲ習ヒ、長シテ之ヲ行フ。民ヲ軌物ニ納レ、而シテ英才ヲ教育シテ、国家ノ用ニ供スル所以ナリ。[111]」とあり、教育の目的が五倫を明らかにし、法令を順守し、中でも才能のある者は政治に従事させることを述べている。そして先の『学制略説』と同様に、『周礼』を参考とした「小学」と「大学」における教育内容を述べ、「皆教フルニ実事ヲ以テシテ、之ヲ実行ニ用フ」[112]としている。ただ『学制略説』では触れられていない、もしくは簡略に記されている箇所が『下学邇言』では詳しく述べられている箇所もあり、正志斎の教育思想の深化を見ることができる。それらの内で特に『周礼』の「十有二教」に関する記述は見ておく必要がある。これは五種類に分類された物品を産出する、異なった地方の生活習慣に照合して施される一二種類の教法のことを指しており、その第一には「祀礼を以て敬を教うれば則ち民、苟もせず。」[113]とあり、これに正志斎は「祀ハ国ノ大事、王ハ民心ヲ一ニシ、其ノ誠敬ヲ尽シ苟且《こうしょ》ノ心無カラシムル所以、故ニ其首ニ居ル。而シテ其大ナル者ハ天神地祇人鬼ナリ。」[114]と割り注を付している。諸外国との接触が頻繁にならざるを得ない国際情勢下において、正志斎が民心の統一を意図し、その手段として我が国の独自の祭祀を重視したことは『新論』から一貫した主張であるが、その立論の根拠となったものの一つが『周礼』に記された「十有二教」の第一項であった。これは「治」と「教」を一致させる上でも不可欠であり、軍事や外国語といった専門的な学問（＝「芸」）以上に、祭祀の理念（＝「道」）が重要視されたのである。こうした優先順位はまさに正志斎の教育思想における「名分」であり、転倒することのできない秩序であったと言えよう。また、『学制略説』でも考慮されていた人材登用については、「古ハ仕フル者世禄ニシテ、士ノ子ハ士トナリ、大夫ノ子ハ大夫トナル。而シテ不肖者ハ其位ヲ襲グヲ得ス。俊秀ナレバ則チ特ニ之ヲ抜擢ス。非常ノ人アリテ、然ル後之ヲ待ツニ非常ヲ以テスルノミ。故ニ大夫士ノ子ヲ教育スルコト尤モ急務ト為ス。」[115]として、為政者の子弟の教育を最優先とすることは同様でありつつも、彼らの「驕慢」の抑制については、「富貴ノ子最モ戒ムベキハ、驕心ヨリ大ナルハ莫シ。故ニ師ノ教誨ト、友ノ誘掖トハ、厳且ツ厚カラザルベカラズ。賢ヲ尊ヒ、道ヲ楽ムノ心ハ、以テ篤ク且ツ専ナラザルベカラズ。故ニ師長ニ事ヘ賢良ヲ尊フヲ以テ急ト為ス。」と語気を強めている。さらに先に触れた師氏の職掌については、国政における「中失」（礼に適うことと失うこと）について教えることであるが、「国子ハ他日将ニ以テ衆ニ莅《のぞ》ミ民ヲ治メントス。徒善ヲ以テ政ヲ為スニ足ラス。故ニ古ヲ稽《かんが》ヘ今ヲ論シ、礼楽制度ノ沿革、措置施設ノ得失、土地人民ノ形成、財穀百物ノ盈縮《えいしゆく》、人情事変ノ曲折夷険《いけん》、治本乱幾ノ宜ク鑑戒スベキハ、皆熟察セザルベカラズ。」として、幅広い教養と「徒善」、すなわち善の心を持っているだけの人間ではなく、それを実行に移せる人材育成を目指している。

『下学邇言』の「論学」で興味深いのは、『学制略説』がその名の通り学制を中心として解説しているのに対し、特に正志斎の学問観について多くの要素を確認することができることである。例えば、「古ハ心性ヲ以テ教ト為サス。夫子ノ性ヲ言フコト、曰ク相近キノミ（陽貨）。孟子ニ至テ性善ヲ道フ、故ニ後儒謂ク、性善養気ノ論ハ、前聖ノ未タ発セサル所ナリト。蓋シ性善ノ字、始メテ孟子ニ見ユトイエトモ、而モ其義ハ則チ前聖既ニ之ヲ発セリ。[116]」と述べている箇所がある。ここでは『論語』の「性相近し。習相遠し。」を引き、人間が生まれついての天性には差がないが、その後の習慣や教養によって善悪賢愚の隔たりが生じること、また『孟子』の性善説に立脚し「性善ニ非スシテ何ソヤ[117]」と「後儒」における心性を主体とする言説を否定している。それゆえに、「心性ヲ恃テ教ト為スハ、則チ無星ノ秤ノ如ク、指名以テ準則ヲ為ス無シ。故ニ古ハ相訓告シテ、必ス徳ヲ以テ言ヲ為ス。[118]」とし、『書経』や『論語』における「徳」についての言及を列挙し、「皆徳ヲ言テ而シテ心性ヲ言ハス、而モ易モ亦タ徳ヲ進メ業ヲ修ムルヲ以テ君子ノ事ト為ス。[119]」としている。これは先に論じた水戸学における心性論の否定であり、基準となる「徳」の存在を正志斎は不可欠と見ていたのである。具体的には、『周礼』の「六徳」である「知仁聖義中和」、「三徳」の「至敏孝」などは、「皆其目ノ指名シテ以テ準的為スヘキモノ、而シテ之ヲ秉《と》リ之ヲ敬シ、之ヲ知リ之ヲ修メ、之ニ拠リ之ヲ崇ヒ、之ヲ尚ヒ之ヲ好ム。実有テ見ルベシ。」と規定している。そうして「孟子ノ時ニ至テハ、則チ横議並興リ、道ヲ害シ世ヲ惑ハス。心性ヲ説ク者、多端ニシテ極リ無シ。」として、「心性」に依拠した教育論に対しては「虚学」であると断じている。

こうした思想は教授内容においても反映されており、「聖人ノ道ヲ学ハント欲セハ、当ニ之ヲ聖経ニ求ムヘクシテ、宜シク新奇ヲ好ムヘカラズ。故ニ述ヘテ作ラス、信シテ古ヲ好ム。」[120]とし、特に「宋儒」の学説における弊害について論じている。そこでは、「宋儒ハ道学ヲ以テ自任シ」、「聖経ノ外ニ、別ニ一種新説ヲ説ク」[121]とし、「太極無極」や「主一無適」といった類は「皆、聖経ノ言ハサル所」であるとしている。これらは幽谷によると、宋儒は最初に道家及び浮屠（仏教）の書を読んだため、こうした「高妙ノ言」が「先入シテ主」となり、「老仏」を排除しようとする者も同じく「高妙ノ説」によって論破しようとするため、両者共に「老仏」の域を脱していないとしている。そうして正志斎は、王陽明の徒に至っては各人の心を師としており、「聖経」に根ざしていないため自ら尊大にならざるをえず、大塩平八郎のような自信過剰で害悪をもたらす者が現れるとしている。そこでいかなる態度で学問に臨むかを、次のように記している。

学者先ツ聖経ヲ熟読シテ、咀嚼玩味シ、然ル後伝注ニ就テ其疑ヲ質シ、其通セサル所ヲ通セハ、則チ其義ノ聖経ニ出ツル者ト、後人ニ出ル者ト、自ラ将ニ胸中ニ了然セン。必スシモ弁解ヲ待タサルナリ。故ニ道ニ志ス者、聖経ヲ以テ読ミ難シトシテ之ヲ後ニセス。伝注ヲ以テ読易シトシテ之ヲ先キニセス。既ニ洙泗ノ源ニ溯リ、聖経ノ言先ツ入テ主トナラハ、則チ訓詁モマタ固ヨリ廃スヘカラス。而シテ其濂洛《れんらく》ノ余波ニ浥《うるお》スルモ、亦タ皆以テ聖経ヲ羽翼スルニ足ル者有リ。之ヲ要スルニ其レ或ハ聖経ヲ先ニシ、或ハ後儒ヲ先ニス。之ヲ毫《ごう》釐《り》ニ失ヘハ、差ハ千里ヲ以テス。其始ニ於テ由ツテ入ル所ヲ慎マサルヘケンヤ。[122]

このように正志斎は、学問とは注釈書の類から入るのではなく、あくまで原書解読を中心に行い、自身の中で「了然」していく過程を重視している。これは幽谷はもとより、大田錦城を含めた考証学の流れを汲む影響もあるであろう。こうした姿勢は、学者としての態度にも表れるとし、「学者能ク恭遜ニシテ古ヲ信シ、自ラ責ムルニ厚クシテ、敢テ古今ノ名賢ヲ譏議《きぎ》セズ。人ノ悪ヲ称スルヲ好マスシテ、而シテ人ニ取リテ以テ善ヲ為スヲ楽マハ、則チ特リ孔門人ヲ教フルノ意ニ倍カサルノミナラス、宋儒聖ヲ崇フノ義ニ於テモ、亦タ将ニ相悖ラサラントス。[123]」として、他人の欠点をあげつらうのではなく、教導を「善」へと傾注することが孔門の意に適うとしている。同様のことは、幽谷も「聖人ハ人ヲ教フルニ、其才ノ長スル所ニ従テ以テ其器ヲ成シテ、全キヲ人々ニ責メズ。」として、その個性に応じた教育が肝要であり、善を伸ばすことよりも、悪を責めることを先とする教授法に疑義を呈している。こうすることで一方の「悪」についても、「聖人ハ人ヲ導テ善ト為ス、善ヲ楽ムノ心其中ニ実ツレハ、其悪ハ自ラ消エン。[124]」として、「善」を引き伸ばす教育が聖人の道に適うとしている。こうした「善」を主体とする教育観については、大田錦城が晩年に「仁」の本質が「善」であるという結論にいたったこととも関係していよう。他方、正志斎は性悪説についても記しており、「性」とは本来「善」であるため、人心においても「善」のみであり、心の中に善悪があるわけではないとしている。このように心を二分して「人心」、「道心」と言うのは荀子の言葉であって聖人の言葉ではなく、また「性」に「本然」や「気質」があるとするのも釈迦の「煩悩心」、「菩提心」にすぎないとしている。[125]またこの「二心」は、後世にまで広がっているが、天を「善」、人を「悪」とし、先ずその「悪」を去ってからでないと「善」を見ないのは、つまりは先に「悪」を見ることであり、それを「性善」と称していても、実際は性悪説と異なるものではないとしている。[126]このような正志斎の学問観において、「聖経」の要素が認められない洋学に対しては、「本ヨリ聖人ノ大道ヲ知ラス、中ニ定見無ク、蛮夷誇張ノ言ヲ道聴シ、而シテ凡俗新ヲ喜ヒ奇ヲ好ム者ヲ塗説ス。」とし、「邪僻ニシテ美名ヲ窃ム、衆ヲ惑ハスコト尤モ甚シ。」としている。[127]ただ「窮理ノ論」や「邪教ノ説」以外について、「西夷ノ書ヲ読ミ、万国形成ヲ審カニシ、火器船制等ノ利ヲ暁《さと》リ、以テ国家ノ用ニ供スレハ可也。[128]」とし、形而下における洋学の利点においては容認している。[129]

『下学邇言』の「論学」で述べられた正志斎の教育論は、制度面においては『周礼』の学制に依拠しつつも、その思想性においては「聖経」を主体とするものであり、これを誤って理解している宋学に対しては積極的に排除しようとするものであった。またそうした意味において、理解の道具としての注釈書の存在は認めつつも、それらを「先」とする学問的姿勢には否定的見解を示しており、あくまでも原書を中心とすることが重要であると説いていた。また洋学の興隆については、形而上の側面については排斥しつつも、国益に適う技術面については例外と考えており、当時の世界情勢を踏まえたかたちで教育論が形成されていると言えよう。

おわりに

近代の教育内容と近世のそれとを比較した場合、自然科学分野の有無が一つの特徴となる。蘭学者はこれに窮理学の訳語を当て、それは明治初年において物理学を意味するようになった。窮理とはもともと朱子学における修養の中心課題の一つであり、『易経』の「理を窮め性を尽くして以て命に至る。」に由来している。この窮理について正志斎は、「易ノ窮理尽性ト云ルハ、陰陽運動ノ妙ヲ著シタルモノニテ、近時西洋ナトノ無用ノ穿鑿ヲ務メ、聖人ノ名ヲ仮テ人事ヲ離レ人ヲ欺クモノトハ雲泥ノ差ナリ。」として本来の原義と明確に区別し、新たな意味を付加された窮理について、「近世ノ洋学者流、盛ニ西洋窮理ノ精細ヲ称ヒ、道聴塗説シ、其ノ声ヲ聞クモ而シテ其ノ実ヲ覚ズ。」として批判的見解を示していた。ただ、この言葉は窮理学に関する著作を通読していたからこその評価であり、先に見たように形而上に属する「窮理ノ論」については認めていないものの、安全保障に関わる形而下の窮理学については受け入れざるを得ないと考えていた。弘道館教育においても、そうした西洋技術の受容には積極的であり、「東洋道徳、西洋芸術」といった明確な定義はしていないものの、国際情勢を勘案した結論からは、それらの教育に集約せざるを得なかったのである。「仁斎、徂徠、窮理を悪む。」と言われるように、純粋客観的に自然を科学の対象として分析することのない儒学者にとっては、受け入れがたい学問ではあったけれども、儒学を国体の「補翼」としていた正志斎にとっては、窮理学も同様に位置づけることが可能であったのである。このことは後期水戸学の影響が藩内に止まることなく、諸藩の藩校においても水戸学関連の書籍が教科書として使用されることによって、そうした思考も広がりを見せたと考えられる。また、明治維新を語る上で欠くことのできない多くの人物においても絶大な影響力を持っていたことは、あらためて水戸学の存在を認識させるであろう。(130)そうした事実を鑑み、弘道館における正志斎の存在を考えると、ある意味では儒学者でありながら旧来の儒学観を変容させ、国体の補翼とすることを提唱したのであり、それは儒学の客体化であったと言えよう。

会沢正志斎と言えば『新論』の作者として有名であり、そこで述べられた国体論を提唱した人物としての印象が強い。しかしながら、彼は弘道館総裁であり後期水戸学を代表する学者であると同時に、教育論や教育政策の立案者としての一面を併せ持っていた。こうした事実と明治における水戸学の影響を加味すると、幕末維新期における教育史の分野においても正志斎の名は無視できないように思われる。徳川政権が倒れ、門閥制度が打破されると「厚禄ノ師弟」だけでなく万民が教育を受けられる「郡県」の社会となった。ところが、「修身学は欧州之十倍もいたさせ度」(131)と木戸《きど》孝允《たかよし》に言わしめる結果となった明治政府による学制の課題は、結局のところ正志斎が弘道館で直面した教育問題と本質的には変わらないと考えられる。

注

（1）徳川家『水戸藩史料』別記上（吉川弘文館、一九一五年）、八二頁。
（2）徳川家『水戸藩史料』別記上、八八頁。
（3）徳川家『水戸藩史料』別記上、九三頁。
（4）徳川家『水戸藩史料』別記上、九七頁。

（5）徳川家『水戸藩史料』別記上、一〇〇頁。
（6）徳川家『水戸藩史料』別記上、一〇一頁。
（7）徳川家『水戸藩史料』別記上、一一〇頁。
（8）徳川家『水戸藩史料』別記上、一〇三頁。
（9）瀬谷義彦「解題」（『水戸学』日本思想大系五三、岩波書店、一九七三年）、四九四頁。
（10）鈴木暎一『藤田東湖』（吉川弘文館、一九九八年）、九〇頁。
（11）徳川斉昭『告志篇』（『水戸学』日本思想大系五三、岩波書店、一九七三年）、二一〇頁。
（12）会沢正志斎『新論』（『水戸学』日本思想大系五三、岩波書店、一九七三年）、五〇頁。
（13）会沢正志斎『新論』（『水戸学』日本思想大系五三）、二一一頁。
（14）徳川家『水戸藩史料』別記下（吉川弘文館、一九一五年）、二六三頁。
（15）大久保利謙『明治維新と教育』（吉川弘文館、一九八七年）、三四九頁。
（16）大久保利謙『明治維新と教育』、三六五頁。
（17）鈴木暎一「徳川光圀・斉昭の修陵請願」（『季刊考古学』五八号、雄山閣出版、一九九七年）。
（18）徳川家『水戸藩史料』別記上、二〇〇頁。
（19）徳川斉昭『弘道館記』（『水戸学』日本思想大系五三、岩波書店、一九七三年）、二三一頁。
（20）徳川家『水戸藩史料』別記下、二八三頁。
（21）文部省『日本教育史資料』一（文部省、一八九二年）、三五〇頁。
（22）徳川斉昭「某に与へし烈公書翰の一節」（『東湖先生之半面』、国書刊行会、一九九八年）、三〇頁。
（23）鈴木暎一『水戸藩学問・教育史の研究』（吉川弘文館、一九八七年）、一一八頁。
（24）尾藤正英「水戸学の特質」（『水戸学』日本思想大系五三、岩波書店、一九七三年）、五七七頁。
（25）藤田東湖「与飛子健書」（『新定　東湖全集』、国書刊行会、一九九八年）、二二二頁。
（26）藤田東湖「会沢伯民に与へし書」（『東湖先生之半面』、国書刊行会、一九九八年）、九八頁。
（27）藤田東湖「会沢伯民に与へし書」（『東湖先生之半面』）、九九頁。

(28) 藤田東湖「会沢伯民に与へし書」(『東湖先生之半面』)、九九頁。
(29) 鈴木暎一『水戸藩学問・教育史の研究』、一二四頁。
(30) 会沢正志斎『退食間話』(『水戸学』日本思想大系五三、岩波書店、一九七三年)、二三六頁。
(31) 会沢正志斎『退食間話』(『水戸学』日本思想大系五三)、二三六頁。
(32) 会沢正志斎『退食間話』(『水戸学』日本思想大系五三)、二三六頁。
(33) 藤田東湖『弘道館記述義』(『水戸学』日本思想大系五三、岩波書店、一九七三年)、二六〇頁。
(34) 瀬谷義彦「解題」(『水戸学』日本思想大系五三)、五〇〇頁。
(35) 藤田東湖「豊田天功に贈りし書」(『東湖先生之半面』、国書刊行会、一九九八年)、一〇三頁。
(36) 瀬谷義彦「解題」(『水戸学』日本思想大系五三)、五〇一頁。
(37) 藤田東湖『弘道館記述義』(『水戸学』日本思想大系五三)、二六六頁。
(38) 藤田東湖『弘道館記述義』(『水戸学』日本思想大系五三)、三一六頁。
(39) 藤田東湖『弘道館記述義』(『水戸学』日本思想大系五三)、三一八頁。
(40) 藤田東湖「東湖封事」(『新定　東湖全集』、国書刊行会、一九九八年)、九二九頁。
(41) 藤田東湖『弘道館記述義』(『水戸学』日本思想大系五三)、三二〇頁。
(42) 加藤常賢『書経』上(新釈漢文大系、明治書院、一九八三年)、四三頁。
(43) 藤田東湖『弘道館記述義』(『水戸学』日本思想大系五三)、三二一頁。
(44) 藤田東湖「土着の議」(『新定　東湖全集』、国書刊行会、一九九八年)、七七六頁。
(45) 藤田東湖「土着の議」(『新定　東湖全集』)、七七七頁。
(46) 会沢正志斎「寺門政次郎宛書簡(嘉永五年七月二十四日)」(大阪大学会沢正志斎書簡研究会編『会沢正志斎書簡集』、思文閣出版、二〇一六年)、二九頁。
(47) 藤田東湖「寺門政次郎に与へし書」(『東湖先生之半面』、国書刊行会、一九九八年)、二一一頁。
(48) 笠井助治『近世藩校の綜合的研究』(吉川弘文館、一九六〇年)、六九頁。
(49) 笠井助治『近世藩校の綜合的研究』、一〇八頁。

(50) 初め正志斎が依頼を受けたものの、何らかの事情でこれを辞退した。(水戸市史編纂委員会『水戸市史』中巻三、水戸市、一九七六年、一一一五頁。)
(51) 水戸市史編纂委員会『水戸市史』中巻四(水戸市、一九八二年)、二三八頁。
(52) 徳川家『水戸藩史料』上編乾(吉川弘文館、一九七〇年)、九〇三頁。
(53) 弘道館「学校日記」(『茨城県立歴史館史料叢書』六、茨城県立歴史館史料部、二〇〇三年)、三〇三頁。
(54) 徳川家『水戸藩史料』上編乾、九〇九頁。
(55) 名越漠然『水戸弘道館大観』(常磐書房、一九八一年)、九頁。
(56) 北條重直『水戸学と維新の風雲』(東京修文館、一九三二年)、五四六頁。
(57) 水戸市史編纂委員会『水戸市史』中巻三(水戸市、一九七六年)、九六七頁。北條重直『水戸学と維新の風雲』、一三五頁。高須芳次郎『会沢正志斎』(厚生閣、一九四二年)、七一頁。
(58) 辻本雅史『近世教育思想史の研究』(思文閣出版、一九九〇年)、三〇三頁。
(59) 水戸市史編纂委員会『水戸市史』中巻三、一一三三頁。
(60) 本書では『神道大系論説編』一五(神道大系編纂会、一九八六年)に所収のものを用いた。
(61) 会沢正志斎『対問三策』(『神道大系論説編』一五、神道大系編纂会、一九八六年)、一六〇頁。
(62) 会沢正志斎『対問三策』(『神道大系論説編』一五)、一六三頁。
(63)『周礼』では、「嘉石《かせき》を以て罷民を平す」(本田二郎『周礼通釈』下、秀英出版、一九七九年、二三一頁。)、「圜土を以て罷民を聚教す」(同、二二八頁。)とあり、混同したものと思われる。
(64) 本田二郎『周礼通釈』下、二二八頁。
(65) 会沢正志斎『対問三策』(『神道大系論説編』一五)、一六四頁。
(66) 会沢正志斎『対問三策』(『神道大系論説編』一五)、一六九頁。
(67) 会沢正志斎『対問三策』(『神道大系論説編』一五)、一七〇頁。
(68) 会沢正志斎『対問三策』(『神道大系論説編』一五)、一七〇頁。
(69) 会沢正志斎『対問三策』(『神道大系論説編』一五)、一七三頁。

(70) 本田二郎『周礼通釈』下、五五頁。
(71) 会沢正志斎『対問三策』(『神道大系論説編』一五)、一七九頁。
(72) 会沢正志斎『対問三策』(『神道大系論説編』一五)、一八〇頁。
(73) 会沢正志斎『対問三策』(『神道大系論説編』一五)、一八二頁。
(74) 本田二郎『周礼通釈』上(秀英出版、一九七七年)、二五七頁。
(75) 会沢正志斎『対問三策』(『神道大系論説編』一五)、一八七頁。
(76) 水戸市史編纂委員会『水戸市史』中巻三、一一三四頁。
(77) 徳川家『水戸藩史料』上編乾、九〇五頁。
(78) 徳川家『水戸藩史料』上編乾、九一二頁。
(79) 鈴木暎一『水戸藩学問・教育史の研究』、三五五頁。
(80) 会沢正志斎『及門遺範』(瀬谷義彦『会沢正志斎』、文教書院、一九四二年)、二二七頁。
(81) 会沢正志斎『退食間話』(『水戸学』日本思想大系五三)、二五三頁。
(82) 小宮山南梁「南梁年録」(『茨城県史料』幕末編Ⅱ、茨城県、一九八九年)、二七頁。
(83) 会沢正志斎『泮林好音』(瀬谷義彦『会沢正志斎』、文教書院、一九四二年)、二一〇頁。
(84) 徳川家『水戸藩史料』別記下、二七五頁。
(85) 徳川家『水戸藩史料』別記下、二七四頁。
(86) 「会沢正志斎書翰」一二三、国会国会図書館所蔵。(井坂清信『会沢正志斎の晩年と水戸藩』、ぺりかん社、二〇一七年、三六九頁。)
(87) 水戸市史編纂委員会『水戸市史』中巻四、六六七頁。
(88) 鈴木暎一『水戸藩学問・教育史の研究』、三五一頁。
(89) 「会沢正志斎書翰」一二二、国立国会図書館所蔵。(井坂清信『会沢正志斎の晩年と水戸藩』、ぺりかん社、二〇一七年、三六八頁。)
(90) 「会沢正志斎書翰」一二二、国立国会図書館所蔵。

(91) 清水正健『増補　水戸の文籍』(水戸の学風普及会、一九三四年)には、「天保十年(一八三九)成ると云ふ」とある。
(92) 文部省『日本教育史資料』五(文部省、一八九二年)、四六〇頁。
(93) 文部省『日本教育史資料』五、四六〇頁。
(94) 本田二郎『周礼通釈』上、三〇三頁。
(95) 会沢正志斎『泮林好音』(瀬谷義彦『会沢正志斎』)、二一四頁。
(96) 本田二郎『周礼通釈』上、三〇四頁。
(97) 文部省『日本教育史資料』五、四六一頁。
(98) 文部省『日本教育史資料』五、四六五頁。
(99) 本田二郎『周礼通釈』上、九五頁。
(100) 文部省『日本教育史資料』五、四六五頁。
(101) 毛利敏彦『明治維新政治外交史研究』(吉川弘文館、二〇〇二年)、二四五頁。
(102) 大間敏行「江藤新平の教育構想『道芸二学ヲ開ク』の展開と帰結」(『教育史学会紀要』四九、教育史学会、二〇〇六年)、三九頁。
(103) 会沢正志斎『読周官』巻三「養国子以道」無窮会所蔵。
(104) 文部省『日本教育史資料』五、四六四頁。
(105) 会沢正志斎『読周官』巻三「養国子以道」無窮会所蔵。
(106) 会沢正志斎『退食間話』(『水戸学』日本思想大系五三)、二三五頁。
(107) 会沢正志斎『退食間話』(『水戸学』日本思想大系五三)、二四二頁。
(108) 会沢正志斎『退食間話』(『水戸学』日本思想大系五三)、二三七頁。
(109) 会沢正志斎『退食間話』(『水戸学』日本思想大系五三)、二三八頁。
(110) 吉田賢抗『論語』(新釈漢文大系、明治書院、一九六〇年)、三一九頁。
(111) 会沢正志斎『下学邇言』「論学」国立国会図書館所蔵。
(112) 会沢正志斎『下学邇言』「論学」国立国会図書館所蔵。

(113) 本田二郎『周礼通釈』上、二八五頁。
(114) 会沢正志斎『下学邇言』「論学」国立国会図書館所蔵。
(115) 会沢正志斎『下学邇言』「論学」国立国会図書館所蔵。
(116) 会沢正志斎『下学邇言』「論学」国立国会図書館所蔵。
(117) 会沢正志斎『下学邇言』「論学」国立国会図書館所蔵。
(118) 会沢正志斎『下学邇言』「論学」国立国会図書館所蔵。
(119) 会沢正志斎『下学邇言』「論学」国立国会図書館所蔵。
(120) 会沢正志斎『下学邇言』「論学」国立国会図書館所蔵。
(121) 会沢正志斎『下学邇言』「論学」国立国会図書館所蔵。
(122) 会沢正志斎『下学邇言』「論学」国立国会図書館所蔵。
(123) 会沢正志斎『下学邇言』「論学」国立国会図書館所蔵。
(124) 会沢正志斎『下学邇言』「論学」国立国会図書館所蔵。
(125) 会沢正志斎『下学邇言』「論学」国立国会図書館所蔵。
(126) 会沢正志斎『下学邇言』「論学」国立国会図書館所蔵。
(127) 会沢正志斎『下学邇言』「論学」国立国会図書館所蔵。
(128) 会沢正志斎『下学邇言』「論学」国立国会図書館所蔵。
(129) このように洋学に対しては一定の理解を示していたため、近代科学を受け入れる基盤が全くなかったとは言い切れないと思われる。（中山茂『日本の天文学——西洋認識の尖兵』、岩波書店、一九七二年、一六〇頁。）
(130) そうした人物の一人として真木和泉が挙げられる。真木は『新論』の影響のみならず、正志斎を通じて『周礼』にも精通していたことが先行研究から明らかとなっている。（島善高「幕末に甦る律令——真木和泉守の場合」『法史学研究会会報』第一九号、法史学研究会、二〇一五年、三三頁。）
(131) 木戸孝允「杉山孝敏宛カ書簡」（『木戸孝允文書』七、日本史籍協会、一九三一年）、六五頁。

第五章　国学との葛藤

はじめに

晩年の会沢正志斎は『読直毘霊《とくなおびのみたま》』、『読葛花《とくくずばな》』、『読級戸風《とくしなどのかぜ》』、『読万我能比礼《とくまがのひれ》』を著し国儒論争に「参戦」した。国儒論争とは太宰春台の『弁道書』をきっかけとして、本居宣長をはじめとする国学、神道系の人々による反駁であり、江戸後期の約八〇年間に及んだ論争である。一見して儒学者である正志斎の立場は、宣長を代表とする国学者に対して論難したと思われがちだが、実際は宣長を賞讃している記述も少なくない。これは単に儒学者側から「応戦」するためだけではなく、別の意図の存在を推測させるものである。また、こうした「からごころ」と「やまとだましい」の葛藤は我が国特有のものであり、国体論とも密接に関連している。(1)表面上論争自体は、両者の確執として捉えられるものの、日本固有の心理的要因によって生じたのであり、ある意味でナショナリズムの二重性が表出したゆえの現象であるとも言い換えることができる。ただ正志斎は、単にそうした心理的要因によって介入しただけではなく、彼独自の動機によって筆を執ったであろうことを以下で論証していきたい。

第一節　水戸と国学

水戸藩における著名な国学者の一人として、塙保己一《はなわほきいち》を挙げることができる。武蔵国児玉郡に生まれた彼は、幼少の頃失明したが、江戸に出て学問の研鑽を積み賀茂真淵の門下となった。その後、立原翠軒の推挙により、文政四年（一八二一）に七六歳で没するまでの三二年間にわたり、『参考源平盛衰記』や『大日本史』紀伝の校訂に従事した。同時期には本居宣長の『古事記伝』が版を重ねており、文政五年には四四巻全てが開版を終えている。こうした国学の興隆について幽谷は、「国学者抔の自分勝手を申候は、児童の我まま申たき儀を申と同様不足論候[2]」と述べ、保己一については、博覧強記で瑣末なことにまでこだわる研究態度を嫌悪しつつも、『大日本史』の校訂についてはその功績を認めている[3]。

こうした幽谷に見られるような認識がある一方で、吉田令世《よしだのりよ》の国学観は対象的である。令世は幽谷門下であり江戸で藩主斉昭の侍読となり、その後弘道館の助教に任じられて歌学局の事務、史館での編集を兼ねた人物である。文政一二年（一八二九）に継嗣問題が起こると、斉昭擁立にも尽力した令世は、水戸学に国学思想を積極的に取り入れた最初の人物とされている。これについては梶山孝夫氏の研究があり、詳細に分析されている。そこでは、従来の国学の四類型、すなわち①固有の思想を復活し国体と神道を説くもの（神道系）、②国家主義を力説するもの（史学系）、③古学（古文献）を研究するもの（語学系）、④和歌を刷新するもの（文芸学）、さらに①と②を古道（古道論系）、③と④を古学（文芸論系）とする分類に従い、令世を史学系としつつも、平田派である古道論系、江戸派とされる文芸論系とするには限界があるとし、特に国学における水戸派として定義している[4]。また大田錦城の『梧窓漫筆』に対して批判を加えた令世の『鎖狂録《さきょうろく》』を取り上げ、大和魂論こそが中心的主題であり、それは晩年の『宇麻志美道《うましみち》』まで貫かれた思想であったとしている。そして革命否定と天子一系の国体、王室が基礎となる幕府の存在意義を説き、義公（光圀）こそがそれを体言した人物であるとしながら、[5] 令世は積極的に宣長の国学を取り入れようと努めた。原文の所在は不明であるが、正志斎には『弁宇麻志道』と題された令世に対する批判の書が存在していたようである。[6] ちなみに梶山氏は、両者の「道」の把握に言及し、「活堂（令世）と伯民（正志斎）とでは漢土観・聖人観に異なるものがあるとはいへ、儒教（儒学）を我国の道の羽翼とする点においては、確乎たる共通性が見ひ出せる」[7] としている。さらに東湖については、「我国固有の道が存在することを明言しており、道を普遍化する伯民との相違が窺へる」とし、「この固有する道こそが世界に広く普遍化されるべきであつて、漢土革命の国には絶対に存在しない」としていたとして、これは令世とも共通する思想であろうと推測している。[8] こうした正志斎における「道」の理念については、本章後半で述べていきたい。

加えて、藩主斉昭が『神道集成』の修訂を東湖に命じていることは、令世の影響もあると考えられる。これによる東湖の神書局の転出については、政務から遠ざけようとする門閥派の圧力を配慮してのことであり、東湖自身も承知していたとされている。[9] 他方で東湖は平田篤胤との交流もあり、篤胤の史館出仕に尽力し、斉昭へ推挙の書を呈している。そこでは「国学者平田大角儀、神道専門に心懸候者に御座候処、神書御取調に罷成候義を承り及び、何卒史館御出入等、被仰付度旨、別紙之通私共迄以口上書申上候。右大角儀、甚僻見怪説も不少候へ共、篤く古学存入候段は格別之ものに有之、追々献上仕候著述斗も莫大之義、且是迄も御出入相済居候者に御座候間、小山田将曹同様、史館御出入被仰付、当人相当之御用被仰付、御取捨御座候はば、私共取懸り居候神書取調に付候而も、足り合にも可相成奉存候。宜御判断被下候様仕度、別紙相添此段申上候。[10]」とあり、東湖の積極的姿勢が看取できる。しかしながらこの試みが実現することはなく、理由について『水戸市史』では「神秘的・宗教的な篤胤学は、宗教味のない東湖ら水戸学派の学者たちに受け入れ難い面が多かったとみられるからである。正志斎・東湖らが、儒教の理念との一致を確信していたのに対して、篤胤は、神道を、仏教や儒教の影響を受ける以前の純粋な古代精神の淵源と考えてこれを篤く信仰していたのであり、ここに水戸学と国学の思想上の相違がある。[11]」としている。神書局における『神道集成』校訂の一方で東湖は、『神道備考』を著すよう命を受け、その執筆にも従事することとなった。この著作は現在では、総論の大半は焼失しており一部しか残っていないが、ここには皇位、神器の根源を明らかにすると共に、五倫を惟神の道と解し、儒学をもってこれを補翼すべきものとする東湖の神道観が記されている。このほか水戸藩に関係した国学者としては、『扶桑拾葉集』の注釈を依頼された小山田《おやまだ》与清《ともきよ》や西野《にしの》宣明《のぶあき》などが挙げられるが、吉田令世以外に要職に就く者はなく、水戸学との間には明確な一線を画していたとされている。[12]

さて、荻生徂徠の門下であった太宰春台は『弁道書』において、我が国には儒教伝来以前には「道」というものが存在せず、神道は聖人の道の中に有ると記した。この主張は本居宣長を刺激し、以後「直毘霊《なおびのみたま》論争」と呼ばれる争いを引き起こすこととなる。そうして、この『直毘霊』の未定稿である「道云事之論」に対して徂徠門下の大内熊耳に師事した市川鶴鳴《いちかわかくめい》（匡《ただす》）が『末賀能比連《まがのひれ》』で論戦し、さらに宣長は、『葛花』によってこれに対抗することとなる。そして正志斎は『読直毘霊』、『読万我能比礼』、『読葛花』、そして同じく宣長を批判した沼《ぬま》田《た》順義《ゆきよし》の『級長戸風《しなどのかぜ》』について『読級戸風』を著し、水戸学者としてこの議論に加わっている。[13] 徂徠学派における「道」の認識が『弁道』に記されているように、「道」とは自然な生成物ではなく、「作為」による人工物だとする言説は、丸山真男氏の解説を引くまでもなく広く周知されている。これは同時に朱子の「天地自然」、もしくは老荘思想における「無為自然」を否定するものであり、そうした意味においても徂徠学の思想界に与える影響は多大なものがあった。他方で正志斎における「道」とは「天下之大道」[14]と称される発想が基点にあり、そうした意味でもこの論争に関心を示したものと考えられる。また従来正志斎の国学に関する所感は、例えば『退食間話』では、「近来、皇国学と称して、神州の尊き事を称揚し奉るは、卓識共云べき所ありて、大に人心世道のために益となるべき事も少なからず。『此を舍てて彼に従ひ』には非ずして、其功大なる事もあれ共、多は治教の大体をしらず、神聖経綸の道に闇く、人倫の天叙を外にして、私智を以、一種の説を設け、人道を牛馬に同くし、老・荘・墨翟などの意に近き、自己の偏見を執て、尭・舜をも譏議し、大人に狎れ、聖人の言を侮り、天朝にても是を取て皇猷を賛け給ひし深遠の意を害することあるに至ては、其害『此を舍てて彼に従ひ』の徒に近かるべし。[15]」としており、弘道館へ入門する子弟に対しても警鐘を鳴らしていた。

『直毘霊』を中心とした国儒論争については、小笠原春夫氏の研究がある。同氏は『直毘霊』の成立要因から起筆し、それが太宰春台の『弁道書』について記されたものであることは先に述べたが、同書に対して、宣長の他にもかなり多くの反論書があり、中でも平田篤胤の『呵妄書《かもうしょ》』は正面からこの問題に取り組んだ書であるとしている。また宣長（『直毘霊』）の相手として春台（『弁道書』）があり、春台には黒田《くろだ》直邦《なおくに》の『旧事大成経《くじたいせいきょう》』への傾倒に警鐘を鳴らす意図があったと推定している。さらに正志斎が『直毘霊』と共に評論した『末賀能比連』、及び『級長戸風』の著者である市川匡と沼田順義についても触れ、限られた史料から詳しく分析している。ただ、同書では関連書の一覧表等に正志斎の名は見えるものの、[16]内容に関する論考は示されていない。さらに『直毘霊』をめぐる争点を概観するには、水野雄司氏の研究が分かりやすい。同氏は「直毘霊論争」の論点を「様式・構成」に焦点をあて、「内容」とは別の側面からアプローチしている。そこでは先ず、宣長の主張について、『古事記』に書かれている「言」とは、「事」であり、それゆえに『古事記』こそが最も読む価値のある「神典」であるとし、宣長（国学）:「言」＝「事」と図式化している。[17]そしてこれについて国学者側からの反論を示し、上《うえ》田《だ》秋成《あきなり》は「神典」の表現はフィクションであって「言」≠「事」であるとし、また富士《ふじ》谷《たに》御杖《みつえ》、平田篤胤、橘《たちばな》守部《もりべ》については、「言」（≠宣長的記紀読解）＝「事」で、「言」＝「事」という前提を宣長と共有しつつも書かれた「事」に疑問を抱き、御杖と守部は解釈論で対処し、篤胤はそものテキストを有るべきものに自分で「作成」することでこの公式を保ったとしている。[18]これに続けて儒学側についても定式化し、市川鶴鳴、沼田順義、そして正志斎等の著作から、儒者:「言」＝「事」⇓「教」とし、両者には共通項が存在し、そこから「教」えを読み取るか否かが論点であると整理している。ここで「論争」の要点とも通じるため、宣長の「内容」について簡単に概説しておくと、先ず古道説の中心的言説として、「抑意《こころ》と事《こと》と言《ことば》とは、みな相称へる物にして、上代は、意も事も言も上代、後代は、意も事も言も後代、漢国は、意も事も言も漢国なるを、書紀は、後代の意をもて、上代の事を記し、漢国の言を以、皇国の意を記されたる故に、あひかなはざること多かるを、此記は、いさゝかもさかしらを加へずて、古より云伝たるまゝに記されたれば、その意も事も言も相称て、皆上代の実なり、是もはら古の語言《ことば》を主《むね》としたるが故ぞかし(19)」としている。ここでは「古」における「意」と「事」と「言」の一致が発見され、それは「漢国」とは明確に区別されるものであり、『古事記』のみが「さかしら」を加えられずに「実」が残っているとしている。そうして宣長は「古言」を明らかにすることで「古道」を解明し、和歌を詠み、『源氏物語』を愛読し、これらの文芸は「古道」を知るための「階梯」であると認識した。これについて岡田千昭氏は、「宣長学の中核が文献学ないし文献学的なものにあるというよりも、『道の学問』にあったとみるべきである、それが宣長学の基本的立場となっていることを銘記すべきであろう。」とし、この「道の学門」が成立したのは後半生であることに留意すべきであるとしている。(20)

他方で、正志斎の国学批判に関しては名越時正氏が纏めている。そこでは『読直毘霊』等を記したのは宣長の起筆から九〇年を経ており、九〇年前の著作に対して批判することには特殊な意義があるとし、それは一個の学風を確立した正志斎が、国儒論争における学界の趨勢について判断しつつ、学問の方向性を示そうとしたのが著述の目的であったとしている。(21)そして正志斎の国学批判の中心が宣長の廃儒論と古道論に置かれているとし、前者については聖人擁護としての儒者の採用及び「西土」の国体と、易姓革命の事実が如何に説明されているかを分析し、「彼は聖人の教と支那の国体とを分離して、一を擁護し一を否定しなければならなかつた。併しそれは当然無理であつて、彼の弁明は其処に少からぬ矛盾を露呈するのである。(22)」としている。また道を聖人の造り出したものとする宣長の主張を否定し、天神や聖人、そして国家をも超越した天地普遍の道を確信しつつも、他の儒者達同様に普遍性ゆえの国家間の無差別、世界主義に陥ったとし、「彼は遂に宣長の主張してやまざる所を理解できなかつたと言はねばならぬ。」[23]と述べている。こうした正志斎の弁明から同氏は、「革命を否定し、君臣の義の絶対を以て吾が国体の尊厳を確信するならば、論理的に我国と漢土との区別は明確にしなければならない筈である。」とし、それはこの道が維持された「事実」としての歴史にこそ両国の相違を論じるべきであるとしている。そうして正志斎は、道の実践よりもその原理の起因を把握するゆえに、それを風気風土に求めたのに対し、宣長は「万国に勝れたる所由」を信じ、その理由を求める必要を感じなかったとし、「宣長の信念と相対した正志斎は期せずして学問の不徹底を暴露しなければならなかつた。」[24]と結んでいる。加えて、こうした議論については水戸藩内部にも異論が存在していたとして、先の吉田令世を取り上げている。そこでは令世の学問は水戸学と国学を自ら意識して折衷したものであり、皇国を学ぶには『神皇正統記』と『直毘霊』が不可欠であり、正志斎の国学批判論には不満を抱いていたことを論証している。また令世を義兄とし、その国学の影響が多大であった人物として東湖を挙げ、その『神道備考』を分析し、そこに儒教擁護の論はなく「正志斎のやうに聖人擁護の余り、却つてその根本の意義に矛盾を来すやうな弁護論は決して唱へなかつた」[25]としている。さらに禅譲と放伐とを区別して聖人を擁護しようとした正志斎に対し、東湖が断じて許容しないのは彼の学問が国体に貫徹していたからであり、儒教への態度は「明倫正名の教、尊皇攘夷の訓を説く孔子の教学を、堯舜を祖述せるものとして参資し、皇猷を賛け国体を護持」[26]するものであるとしている。これは道を彼我の差別なしとして、聖人の道を用いるべきとする正志斎の主張とは異なり、東湖を国体の根本に徹し、儒教的思想を超克した人物として評価している。[27]藩主斉昭においても東湖を幽谷学における継承者として認識していたことは先に述べたが、ここにおいても東湖の学問に評価が与えられている。しかしながら、そうした両者の学問的傾向を認めつつも、国儒論争における著作と時勢を考えると、正志斎には別の意図もあったと読み取れる可能性もあるように思われるため、これについて以下で論じていきたい。

第二節　国儒論争への介入とその目的

安政から文久にかけての正志斎の書簡では、国儒論争についての記述が多く、「まかのひれと申書ハ印本ニ有之候哉、印本ニ候ハヽいつニても御序之節御調可被下候[28]」、「一、まかのひれ早速御下し、急き不申候所、煩労謝々、代料御入手可被下候、一、級戸風御蔵本ニ候ハヽ、御許借可被下候[29]」、「級戸風調候而見可申候、急き不申何時ニ而も御序之時御頼申候[30]」、「級風早速御調被下感謝[31]」、「読直毘霊ハ既ニ為登候事か、如何[32]」、「末賀能比礼・葛花為登申候、越前屋書ハ熊より為登候筈也[33]」として関係する書籍の収集状況について窺うことができる。また目録の作成では、「著作目録之内、読直毘霊、毘を毘と改ヘシ、附読葛花トスヘシ[34]」、「目録ハ附読葛花、読級戸風、読万我と書つつけニて下の二の付字は入不申候、夫ニて字数ハ次第無之候[35]」として、校正に関する指示が示されている。このうち文久元年の書簡では、「読直毘等も為刻度候へ共、国学家ハ例之癖ニて大ニせき可申、さすれハ新ニ一の敵を生し、仮名遣等相談も如何と存候、老夫も余齢も無幾候間、没後抔ニ上木可然歟[36]」とあり、出版後の国学者の反応を懸念する内容も記されている。

本居宣長の『直毘霊』は古道論の精髄を示すものとされ、『古事記伝』一巻の総論の一篇であり独立して扱われている。「直毘」とは『古事記』における直毘神を意味し、誤った種々の学説を取り除き、「道」に関する正しい認識を論じることを意味している。これは宣長の古道論を体系的に述べたものとして『玉くしげ』と並び重要であり、完成までには少なくとも四稿を経ている。そうした過程において、第二稿に対して市川鶴鳴は『末賀能比連』で批判し、宣長もこれについて『葛花』で反論した。正志斎にはこれら三論について、題名の上に「読」を附して検討を加えていることは先に述べた通りである。『末賀能比連』を著した市川鶴鳴は、江戸時代後期の儒者であり名は匡《ただす》、匡麻呂《たずまろ》、字は子人、通称は多門、鶴鳴と号した。上野国高崎の人であり、荻生徂徠門下の大内熊耳に師事した。その後、尾張、薩摩、京都、大坂と移住し、名声を得ると共に晩年は高崎藩に招かれ寛政三年（一七九一）に五六歳で没した。著書は『末賀能比連』の他に『大学精義』、『中庸精義』、『老子考定』、『弟子職解』、『帝範国字解』、『臣軌国字解』、『礼運輯義』などがある。また、『級長戸風』を著した沼田順義は字を道意、楽水堂と号した。上野国群馬郡仲尾村に生まれ、一三歳に医術を高崎の大熊松泉、吉田平格に学び、一五歳で出郷し、甲斐から江戸へ赴き林述斎《はやしじゅつさい》へ入門した。二一歳で川越で開業したが、晩年は失明して検校となり江戸湯島に住居し三芳野城長と称した。嘉永二年（一八四九）に五八歳で病没した。両者共に事績については小笠原氏が分析されており、時系列で詳しく論じている(37)。

『読直毘霊』の序文では「道ハ天地ノ道ナリ。天地アレバ人アリ。人アレバ君臣・父子・夫婦・兄弟・朋友アリ。君臣ノ道ヲ義ト云。父子ノ道ヲ親ト云。夫婦ニハ別アリ。長幼ニハ序アリ。朋友ニハ信アルコト、天地自然ニ備リタル大道ナリ。四海万国、偏方下州ト雖モコノ五ノ人倫ナキ国アル事ナシ。サレドモ国ニ正気ト偏気トノ別アリテ正気ノ国ハ五倫明カニ、偏気ノ国ハ明カナラズ。神州ハ太陽ノ方ニ向ヒ正気ノ発スル所ナレバ、君臣・父子ノ大倫明カナルコト万国ニ比類ナシ。(38)」として、五倫が「自然」に存在する普遍的理念であることを述べた上で、執筆の動機として「扨テ、尭舜ノ教モ己々ノ君父ヲ敬スルニアリ。神州ニ在テハ海内尽ク天祖天孫ヲ尊奉スルハ即チ尭舜ノ道ナレバ、鈴屋ノ翁専ラ天朝ヲ尊奉スルハ尭舜ノ道ニ暗合シタルナリ。サレドモ其言ノ過激ナルコトモアリ。マタ所見ノ辟スル所アルハ人ノ免レガタキ所ナレバ、尤《とが》ムベキニ非ズ。ソノ長ヲ取リ短ヲ捨テテ可ナリトイヘドモ、直カラザレバ道見レズ。疑ハシキ事ハ左ニ筆シテ、此書ヲ読ムモノニ忠告セント欲スルナリ。(39)」と記し、『直毘霊』の各箇所を取り上げてその長短を述べている。ここで論じられた細部を比較検討することは控えるが、その末尾の文章は国儒論争における正志斎の立場を表明しているため以下に示しておきたい。

右直毘霊ニ論スル所、皇統ノ正シキ事万国ニ勝レタリト云ヘルハ、極メテ卓見ニシテ正論ナレドモ、聖人ノ道ヲ誹譏《ひき》シテ、別ニ私見ヲ以テ一箇ノ道ヲ造立セシハ惜シムベキ事ナリ。人倫ノ道ハ天地ノ自然ニシテ、人タル者一日モ離ルベカラザル大道ナレバ、尭舜以来聖人五典五教ノ名ヲ立テテ教トス。天道人情ニ於イテ毫髪ノ過差ナク、人々践行スル所ニシテ天朝上古ヨリノ道ト暗合セシ故、歴朝ノ聖主モ是ヲ資テ皇猷ヲ賛ケ給ヒ一人モ異議アルコトナシ。然ルニ本居ノ翁、数千載ノ後ニ生レ開闢以来一人モ言ヘル事ナキ無稽ノ妄説ヲ造言シ、数千載知ル者ナクシテ是ヲ知リタルハ己レ一人ノミナリト思ヒタルカ。然ラバ開闢以来天地暗夜ニシテ、本居ニ至ツテ始メテ明カナリト云ハンカ。数千載道ナクシテ今ニ至リテ始メテ道アリト云ハンカ。数千載本居ノ道ナシト雖モ世道人民ニ於イテ一モ闕ケタル事ナカリシニ、今新ニ一箇ノ道ヲ作リ出シテ何ノ用ヲカナサンヤ。上古ヨリ人々離レ得ザルハ天下ノ公道ナリ。古ヨリ知ル者ナク是ヲ離レ居リテ害モナカリシヲ、独智ヲ以テ作リ出シテ数千載ノ公道ト相反スルハ一己ノ私言ナリ。此ノ書ヲ読マンモノ其ノ私言ヲ捨テ皇統ノ正シキヲ論シタル正言ヲ取リ、公道ヲ守ルベキナリ(40)。

このように正志斎は、「聖人ノ道」に対する宣長の見解に対して疑義を呈し、それは普遍性ゆえに「天朝上古よりの道と暗合」するものであるとして、そうした言説を「私言」であると断じている。こうした「聖人ノ道」についての理解は、正志斎の国儒論争の著作に共通しており、『読万我能比礼』では「此ニ聖人ノ道ヲ論シタルハ大抵平隠ナレトモ、神代ノ事ヲ後ノ天皇ノ御慮ニ成シ給フト云ヒ、又聖人ノ道ヲ聖人ノ造作スル所ト云フハ大ニ繆レリ。其他指摘スベキコトハ粗々評語ヲ下シ、三書皆其純粋ヲ得テ世ニ裨益アランコトヲ庶フノミ(41)。」としており、また『読級戸風』でも「級長戸風ノ書、聖人ノ道ヲ閑リテ本居市川等ノ説ヲ弁論セシハ斯道ニ大功アリ。其説ハ聖人ノ徳ヲ称スルコト大抵平隠ナレトモ、紙上ノ論多クシテ事実ニ的切ナラズ。天下ヲ経綸シタル大事業ヲ論セズシテ聖人ノ真面目ヲ失ヘリ。神代ノ事実異同多キヲ挙ケタルハ可ナレトモ、一己ノ意ヲ以テ強弁シ、隠身現身等ノ説ヲ創意主張スルハ聖人闕疑慎言ノ意ニ非ズ。故ニ粗々書中ニ帯書シテ其人ニ忠告セントスルナリ。[42]」と評価している。さらに『読葛花』においても、その末尾では「本居ノ学、天朝ヲ尊ビ皇統ノ正シキヲ論スルハ実ニ千古ニ卓越シタル確論偉識ナレトモ、市井ノ俗学ニ誤ラレテ人倫ノ教、経世ノ道ヲ知ラズ。聖人ヲ誹議スルニハ湯武ヲ指シテ聖人ト云フノミニシテ、尭舜孔子ヲ知ラズ。反復弁論スル所ハ漢土ノ国俗悪キ故、聖人出テテ益々悪クナレリト云。又天命ノ説ト同姓不娶トノ数条ニ過ギズ。聖人ノ一端ヲ指摘スルノミニシテ、全旨ヲ論スルコト能ハズ。其道ト云ヘルハ皇統ヲ論スルノ外ハ禍神ノ説ニ過ギズ。其ノ帰宿スル所ハ老荘墨ノ見ニシテ、人道ヲ牛馬ニ同クシ人ヲシテ驕佚放肆《きょういつほうし》ナラシメ人倫ヲ滅裂ス。経世ノ道ヲ知ラザレバ君トシテ君道ヲ尽スコト能ハズ。臣トシテ臣道ヲ尽スコト能ハザラシム。世ノ蠹《と》害《がい》タルコト鮮少ナラズ。是其眼ヲ著クル所、匹夫ノ小道ニ在テ、君子ノ大道ヲ知ラザルニ由レルナリ。其人尚存セバ悔悟スルコトモアルベキニ、泉下ノ人トナリシハ惜ムベク歎クベシ。[43]」として、「聖人ノ道」を中心とする「道」の解釈へと議論が集約されている。

小笠原氏によると、正志斎と宣長を含めた国儒論争における争点としては、儒教側は「天」や「道」、そして「天道」というものを重視し、これは徂徠の流れを汲む古学派にしても、朱子学派にしても「天道」あるいは「天地自然之道」が根本にあることは共通していると説明されている。他方で国学者は「神」、「神々」が基底にあり、「かんながらの道」、「おのづからの道」という「道」が主張されている。ただ、儒者の「道」とは「聖人の道」であり、「天道」を「人道」として理解し実践するのが聖人であり、「天地自然之道」とその普遍性が強調されるのに対し、国学者の「自然の道」とは「禽獣の道」であり対照的な概念であるため、両者の真意は容易に伝わらず根深い問題があるとしている。さらに儒者には国学者のような「神」の概念はなく、聖人の作為した「道」こそが尊いものとされている。[44]先の正志斎の文章からも明らかなように、やはりそこでの論点は、「道」に関するものであり、儒学に造詣の深い正志斎は必然的に儒学者よりの立場となっている。しかしながら、小笠原氏が作成した「国意考・直毘霊論争関係書一覧表」では、「立場」とされる項目があり、市川鶴鳴、沼田順義は言うまでもなく「反」、すなわち宣長の主張に対し反対の主張とされているのに対し、正志斎は「中」、すなわち中立の立場に分類されている。[45] これについて同氏は詳しく述べていないため、以下で少し確認しておきたい。『読直毘霊』を一瞥すると、そこでは宣長の主張に対して厳しい指摘が展開されている。例えば、宣長が聖人について語った「其が中に威力あり智り深くて人をなつけ、人の国を奪ひ取て又人にうばはるまじき事量をよくして、しばし国をよく治めて後の法ともなしたる人をもろこしには聖人とぞ云なる。」に対しては、「此説ハ湯武ヲ指セルカ。孔子ノ聖人ト称スルハ尭舜ナリ。尭ハ誰人ノ国ヲ奪ヒ取リタルヤ。妄言ト云フベシ。」とし、また聖人を神のごとく優れて、徳があると考えるのは間違いとする宣長の主張に関しては、「夷狄ノ国々ハ、何レモ禽獣ノ如ク争奪ノミニシテ治メガタケレトモ、是ヲ治メントシテ聖人ヲ生ズルコトヲ聞カズ。本居ノ見ル所、漢土ノミニ目ヲ著ケテ万国ヲ通覧スルコトヲ知ラザル故、偏見陋説、徒ニ耳食ノ人ヲ誑誣《きょうふ》スベクシテ四海万国ニ通ズベカラズ。[46]」として、批判を躊躇する姿勢はない。先の水野氏による定式化の論考では、「言」＝「事」から「教」えを読み取るか否かが両者の相違点として指摘されていたが、正志斎においても当然ながらそうすべきものとして論じられている。例えば、「人ハ知識アリテ、教フルニ随テ善ノ長スルハ人ノ万物ニ勝レタル所也。木石ハ磨ケドモ光ナク、金玉ナク、金玉ナレバ磨テ光ヲ生ズ。磨カザレバ木石ニ同ジ。人モ美質アレドモ教ヘザレバ人倫ノ交ヲ知ラズシテ禽獣ニ近シ。仁政ノ要ヲ知ラザレバ人ノ上タルコト能ハズ。臣トシテ君徳ヲ補佐スルコト能ハズ。（中略）多人ノ中ニハ自然ノ善人モアレトモ、衆人ハ一様ナラズ。教ハ衆人ヲ善ニ導ク為ニ施ス也。[47]」とし、また「教ヲ受ケテ行フベキワザハ人道ヲ尽スニ在ルノミ。学バズシテ私心ヲ以テ行フ時ハ、其思慮スル所ニ誤リ有リテ人道ヲ尽スコトアタハザル故、道ヲ学ブハ工匠ノ規矩ヲ用フルコトヲ学ブガ如シ。[48]」として、「道」から教えを読み取ることの必然性を述べている。

ただその一方で、特徴的なのは宣長を賞讃している箇所も少なくないことである。例えば、「卓見ニシテ俗儒輩ノ及ブ所ニ非ズ。[49]」、「此論卓見ナリ。俗儒ノ惑ヲ破ルベシ。[50]」、「以上論ズル所。正論ト云フベシ。[51]」、「此論大ニ是ナリ。[52]」、「此論允当。俗儒ノ知ラザル所ナリ。[53]」として付帯条件がある場合もあるが、全面否定の論調ではない。

これらの言説から注目されることは、正志斎が宣長のみを念頭に『読直毘霊』を執筆した訳ではないということであろう。これは「俗儒」という言葉からも、正志斎と思想的基盤を同じくするであろう儒者について同じく批評の対象としているからである。そこで、こうした視点に立って全体を再読してみると、「俗儒」について言及された箇所を多分に認めることができる。それらは、「道」における儒者の理解について顕著であり、「是ハ儒者ノ罪ニシテ、道ノ咎ニ非ス。」(54)としている部分や、以下のような記述もある。

儒者ノ皇国ヲ道ナシト云ハ君臣父子ノ大道、万国ニ勝レテ明ナルコトヲ知ラザルノ過ナリ。又ココニモ道アリト争フモ不可ナリ。人倫アルコトハ自然ノ大道ナレバ、四海万国ニ人倫ナキ国アルコトナシ。是ヲ行フニ正偏ノ別アリ。神州ト漢土トハ其道正シク、就中君臣ノ義父子ノ親ニ至テハ神州ノ正シキニ及ブ者ナシ。是漢土ト争フニモ及バズ。又強チニ神州ノ道ト云フニモ非ス。其実ハ天地ノ大道ナリ。儒者モ道ナルコトヲ知ラズシテ彼此ヲ争フハ非ナリ。(55)

このように正志斎は国儒論争の争点とされる「道」の理解について、宣長の主張のみならず儒学者側にも疑義を唱えており、単なる国学批判とは趣が異なっている。これは『読万我能比礼』においても「此節大ニ非ナリ。」としていることや、『読級戸風』でも「以上論する所、誤説モアリ。偏見もアリテ事実ニ適切ナラザルコトアレトモ大抵ハ可ナリ」(56)とし、また三者を並列して「本居市川沼田、トモニ吉凶禍福ノ所由ヲ説ケトモ、何レモ古書ニナキコトヲ模索シテ一家ノ説ヲ立ルノミ。古書ハ古書ノママニ看テ、私意ヲ用ヒザルヲ善シトス。」(57)として儒学者でも区別なく論断していることからも明らかであろう。そして、このような観点から正志斎の国儒論争における著作を考察すると、先の名越氏の議論に加えて、さらに別の視点も生じてくると思われる。ちなみに「古書」に関する正志斎の見解としては、「何レノ国モ上古ノ事ハ詳ナラザルヲ、強テ論ズレバ夢中ニ夢ヲ説クカ如ク定論確説アルコトナシ。古事記ヲ偽書ナリト云フモ一家ノ私説ニシテ公論ニ非ズ。子ト七世孫トノ異同ノ如キモ、神州モ漢土モ、古ハ子孫ヲ称シテ子ト云フコトモ多ケレバ、是ヲ以テ古事記ヲ疑フベキニ非ズ。隠身現身ノ説ニ合ハザルヲ以テ古書ヲ疑フモ強弁ナリ。古書ヲ以テ私説ノ是非ヲ正スハ可ナリ。私説ニ合ハザルトテ古書ヲ是非スルハ偏見ナリ。[58]」として『古事記』の扱いについての注意を促している。

次に宣長の『葛花』について述べた『読葛花』に注目し、同様の視点で考察していきたい。『葛花』は、『直毘霊』を批判した市川鶴鳴の『末賀能比連』への反駁書であることは先に触れた通りである。そしてこの『読葛花』でも宣長の主張に賛同している文章があり、「此ニ弁駁セル所ハ当レリ。[59]」や「正大ノ論。俗儒ノ知ラザル所ナリ。」とする言葉もあり、これは同時に鶴鳴、すなわち儒者への批判として受け取ることもできる。そして「難者ハ漢土ニ偏リ、本居ハ皇国ニ偏レリ。[60]」という言葉は、こうした文脈を同時代の学者が目にすることを想定していたとすれば、そこには正志斎の何らかの意図があったと思われる。言い換えればこれは、正志斎の主張が国儒いずれの立場にも属していないことを表すものであり、先の名越氏の研究を踏まえるならば、後期水戸学の立場とも異なる、言わば会沢学という立脚点において論争に加わっていたことを示すものであると考えられよう。

ただ、「教」えの必要性の有無に関しては、やはり妥協するところとはならず、「世禄ノ人ヲ用ルモ、下ヨリ賢ヲ挙ルモ、何レモ一得一失アリ。一偏ニ論スヘカラズ。サレトモ封建ノ世ニハ世禄ヲ用フルコト自然ノ勢ナレバ、其子弟ヲ教立テテ国家ノ用ヲ為サシム。（中略）富貴ノ子ハ奢侈佚楽ニ習ヒ、私門ヲ営ミ、権勢ヲ張リ、倹勤愛民ノ政モ己カ欲セサルコトハ、百方妨害ヲ為シテ仁政ヲ行フコトヲ得ズ。世禄ノミ善シトスルハ一偏ノ論ナリ。徳ト位トハ車ノ両輪ノ如シ。偏廃スベカラズ。[61]」としており、こうした見解は、教育思想についての章で論じたように、弘道館における経験も踏まえてのことであろう。加えて、ここでは「国家ノ用」という言葉からも、正志斎の教育論は常に実践性を伴っており、それは次の箇所で明確に述べられている。

聖人ノ道ハ人ノアルベキ限ヲ尽サシムル道ナリ。人ノ性ハ善ナレバ礼義忠孝モ自ラ備レトモ、人ニ知愚賢不肖剛柔敏訥《びんとつ》等ノ不同アリテ、其行ニ過不及偏倚ナキコト能ハズ。礼義忠孝ト思フコトモ卑屈ニ過ルモノアリ。倨傲《きよごう》ニ近キモノアリ。忠ト思ヘトモ松永明智等カ臣ノ如ク、其主ノ悖逆《はいぎやく》ニ与シテ死力ヲ尽ス類モアリ。孝ト思ヘトモ父ノ悪ヲ諫メザルモノアリ。強諫シテ恩ヲ傷フモノアル類ハ、皆聖人ノ中道ヲ知ラザルニヨレリ。サレトモ庶人ナド匹夫ノ行ニハ学バスシテモ尚可ナラン。聖人ノ道ハ仁ナリ。仁ハ己ヲ修メ人ヲ治ムル道ニシテ、古ノ聖人治教ノ道備レリ。人君是ヲ学バザレバ治教ノ法則ナク、私智ヲ以テ苟且ノ政ヲ行フノミニシテ至治ノ業ヲ成スコトアタハズ。人臣ノ職ハ君ヲ佐ケテ民ヲ治メ国ヲ守ルニアレトモ、道ヲ知ラザレバ君徳ヲ輔クルコト能ハズ。君ノ不仁ナルニモ追従シテ不徳ヲ増長シ、又賢不肖ノ見分ケニ暗クシテ君子ヲ譏リ小人ヲ誉ムルヤウノ事モ出来テ、国家ヲ乱ルニモ至ル。治教ノ道ニ暗ケレバ善政ヲモ不善ト思ヒ、弊制ヲモ業ヒ来リシコトハ善トシテ、仁政ヲ妨クルコトモアリテ国家ニ不忠トナリ、臣道ヲ尽スコト能ハズ。是等ノコトヲ人ノアルベキ限ヲ尽スト云フベケンヤ。然レバ教ヘズシテ能クスト云フハ、庶人ノ行ノミニ目ヲ付ケタル俗見ニシテ、君子ノ大道アルコトヲ知ラザルナリ(62)。

ここから明らかなように、正志斎の「教」とは為政者を対象とした「治教ノ道」であり、その政治的側面に傾注する度合いにおいて、宣長との温度差も考慮する必要があろう。また「君子ヲ譏リ小人ヲ誉ムル」以下については、「小人」の跋扈と国家の治乱の関係について論じた、正志斎と『易経』の節と符合しよう。そしてこれは、「教」の扱いに限らず、「禍福神ノ説ハ、世ヲ治ルニ何ノ益アランヤ(63)。」としていることからも、実際の政治における有用性こそが正志斎にとって重要であり、それについて宣長と比較しておくことは、両者の相違点を抽出する上で必要であるため、次に見ていくこととしたい。

第三節　「道」とその実践

前節で述べたように関連著作を概観すると、正志斎の意識にあったのは宣長のみならず、儒学者であっても批評の対象となっており、このことから国儒論争における「参戦」は、同時代の学者に対して発せられた警鐘の書としての意味合いがあると推測できる。また「教」えについての解説から、そこに含まれる政治性を読み取り、宣長のそれと比較する必要性を提起した。宣長の政治意識を理解する上で象徴的な言葉は、「すべて下たる者はよくてもあしくても、その時々の上の掟のままに従ひ行ふぞ即ち古への道の意には有りける。学者はただ道を尋ねて明らめしるをこそ、つとめとすべけれ、私に道を行ふべきものにはあらず(64)」であり、学問と政治とを明確に区別することを主張している。これについて丸山真男氏は、「国学のかかる非政治的性格こそその尊王思想をして最後まで幕府政治と融和せしめ、完全な反対者的イデオロギーへの転化を抑制したところのモメントであった(65)。」としつつも、「逆説的ではあるが国学はその本質的性格が非政治的であるが故にこそ、換言すればその封建社会の肯定が非政治的立場からなされてゐるといふまさにその事に於て、かへつて一つの政治的意味をもちえたのである(66)。」としており、それは「現秩序に反抗が否認されると同時に、その絶対性の保証もまた拒否されるからである(67)。」と述べている。例えば宣長の政治論では、湯武放伐論を否定し、君臣関係を乱す逆賊であると規定していることなどが知られている。そして、この湯武放伐論を是認する『孟子』については「此書、人の臣たらむものの見べき書にあらず、臣たる人に不忠不義を教へたるものなり(68)。」と論難している。また、岡田千昭氏は宣長が孔子に対してはそれほど攻撃的ではないが、「周公旦を批判したことは重大な意味を持つ」とし、それは孔子の理想社会は周王朝であり、周公旦は建国の功臣であると同時に孔子が敬愛していた人物であるため、当時の儒学者が唱えた聖人の道やその学説を否定しているとしている(69)。これについて『直毘霊』では、「さて其聖人どもの作りかまへて、定めおきつることをなむ、道とはいふなる。かかれば、から国にして道といふ物も、その旨をきはむれば、ただ人の国をうばはむがためと、人に奪はるまじきかまへとのふたつにはすぎずなむある。そもそも人の国を奪ひとらむとはかるによりては、よろづに心をくだき、身をくるしめつつ、善ことのかぎりをして、諸人をなつけたる故に、聖人はまことに善人めきて聞え、又その作り置つる道のさまも、うるはしく万にたらひて、めでたくは見ゆめれ共、まづ己から其道に背きて、君を亡し国を奪へるものにしあれば、みないつはりにて、実は善人にあらず。いたく悪き人なりけり。(70)」として儒学における聖人と、その道の偽善性を指摘している。岡田氏は、「宣長に従えば、聖人とは国家の簒奪者に他ならない。この簒奪者がさらに次の簒奪者の出現を想定して、これらの対策として制定した掟が儒教道徳であると断言する。かくして宣長は、政治哲学としての儒教のもつイデオロギーを暴露したのであった。(71)」としている。他方で正志斎の見解は異なるものであり、これについては『読直毘霊』において弁明している。

人ノ国ヲ奪テ国ヲ治メ、後ノ法ヲナスヲ聖人ト云フトハ湯武ヲ指シテ云ヘルカ。湯武ノコトハ神州ニ在テハ云フベキコトニ非レトモ、海外ニ易姓革命ト云フコト、万国尽クアルコトナレバ深ク責ムルニ足ラズ。カクテコソ神州ノ万国ニ優レタルコトモ見ユルナレ。サテ聖人トハ第一ニ尭舜ヲ称ス。尭ハ帝嚳《ていこく》ノ子ニシテ、世ヲ嗣テ天下ヲ有《たも》ツ。舜ハ顓頊《せんぎよく》ノ後ニシテ、尭ト同ジク黄帝ヨリ出テタル人ニシテ尭ノ譲ヲ受ク。国ヲ奪ヒタルニ非ス。国ヲ治メ法ヲナシタルモ、風俗悪クシテ治メ難キヲ心思ヲ尽シタル故、カシコキ人イデキタリト云フハ自己ノ黠智《かつち》ヲ以テ臆度セシノミニテ、古ノ事実ヲ知ラザルナリ。(中略)道ト云フハ、人ニ五倫アルハ、天地自然ニ備リテ人ノ作リタルニ非ス。親義別序信ヲ惇クスル者、誰カ国ヲ奪ハン奪ハルマジキト争フ心アランヤ。是ヲ争奪ノ心ヨリ出テタリト云フハ、一モ考拠スル所ナク、一己ノ私心ヨリ模索臆度シテ云ヒタルニテ、是等ノ言ヲ出スハ其身ノ鄙瑣ノ心ヲ披露スル筋ナレバ、廉恥ノ心アラン人ハ恥ヂテ言ハザル所ナリ。人ノ国ヲ奪ハント謀ルニハ、心ヲクダキ身ヲ苦メテ善ヲナスト云フモ道ヲ知ラザルナリ。君子ノ善ヲ楽ムコトハ、少シク書ヲ読ミタル者ハ誰モ知リタルコトナリ。身ヲ苦メテ善ヲスルト云フハ小人ナリ。善ヲスルヲ苦ミト云フハ、其身ヲ是ヲ苦シキコトト思フカ。小人ノ語ヲナスハ、是亦人ニ対シテ言フベキコトニ非ルナリ(72)。

後期水戸学の歴史認識において、宣長や平田篤胤の国学におけるそれが影響したとする説明は、事典等において見られるところであるが、湯武放伐論（易姓革命論）におけるここでの議論は、その核心において多くの相違を表していよう。宣長が湯武放伐ゆえに「から国」の「聖人」や「道」を「いつはり」としているのに対し、正志斎はそれがないことが「神州」が他国より優れている根拠であり、また尭舜によって施された政治理念を読み取ることで、「一己ノ私心」に依拠しない歴史的叡知を読み取ろうとしている。これは「道」そのものを普遍的と見る正志斎において、空間性や時間性に限定されないものこそが「道」であり、「固有」の存在としていた宣長とは、少なくとも空間性において妥協するところとはならなかったのである。これは国際状況を踏まえて、我が国の政治状況を現実に対応させようとした正志斎と、学問と政治とを弁別することを宣言した宣長との姿勢の違いであるとも言えよう。ただ、宣長自身はそうした主張と同じく非政治的存在であったかと言えば、実際の言行は異なっていたようである。例えば、宣長による松平定信への接近については、岡田氏の研究にも詳しい。そこでは松平の「大政委任論」(73)に呼応して『玉くしげ』を著し、幕府支配の正当性を肯定し、政治への接近を試みたことが論じられている。そして宣長は天明末期から寛政初期にかけて、自己の古道説を整えるのと並行して、幕府、朝廷、紀州藩、尾張藩等に接近して政治的基盤を固めた。しかし結果として、「宣長は、定信が『異学の禁』を実施したことに鑑みて、これをもって定信への接近を断念したとみるべきであろう。」とあり、一時は積極的行動を示したものの幕政関与は実現するところとはならなかった。また、松平の要求する学問とは「聖人の道」を根底に置き経世論を優先させるものであり、宣長学（文芸学と古道説が結合した古学）とは相当の隔たりがあり、受容される可能性は低かったであろうとしている[74]。宣長の「御任」論とは、幕府権力に迎合するものではあるけれども、幕府と朝廷へと働きかけたその手腕もかなりのものであり、「宣長を単なる天才的な町人学者とみる従来の人間像は改めねばならないであろう[75]。」と結んでいる。ここで焦点となっている「御任」論の内容について見てみると、それは『玉くしげ』の以下の部分に示されている。

さて今の御代と申すは、まづ天照大御神の御はからひ、朝廷の御任によりて、東照神御祖命より御つぎつぎ、大将軍家の、天下の御政をば、敷行はせ給ふ御世にして、その御政を、又一国一郡と分て、御大名たち各これを預かり行ひたまふ御事なれば、其御領内々の民も、全く私の民にはあらず。国も私の国にはあらず。天下の民は、みな当時これを、東照神御祖命御代々の大将軍家へ、天照大御神の預けさせ給へる御民なり。国も又天照大御神の預けさせたまへる御国なり。然ればかの、神御祖命の御定め、御代々の、大将軍家の御掟は、すなはちこれ天照大御神の御定御掟なれば、殊に大切に思召て、此御定御掟を、背かじ頽《くず》さじとよく守りたまひ、又其国々の政事は、天照大御神より、次第に預かりたまへる国政なれば、随分大切に執行ひ給ふべく、民は天照大御神より、預かり奉れる御民ぞといふことを、忘れたまはずして、これ又殊に大切におぼしめして、はぐくみ撫《なで》給ふべき事、御大名の肝要なれば、下々の事執行ふ人々にも、此旨をよく示しおき給ひて、心得違へなきやうに、常々御心を付らるべき御事なり[76]。

「東照神御祖命」とは徳川家康のことを指すが、ここでの言説と「国儒論争」における儒学批判の言質とを比較すると、少なからぬ違和感を抱くのは筆者のみでないであろう。『直毘霊』で主張された「古道」論と徳川幕府の存在は明らかに矛盾するものであり、そこに正当性を認めようとするのは牽強付会とも考えられよう。では、一方の正志斎における「道」の理念とは如何なるものであったのであろうか。先に触れたように後期水戸学者においても「道」についての理解は一様ではなく、正志斎が道を「天地之道」としてその普遍性を主張していたのに対し、藤田東湖は我が国に固有の「道」こそが普遍化されるべきものであるとしており、これについては聖人擁護ゆえに矛盾を内包し、日本と漢土との区別に明確性を欠いていると分析されていた。こうした評価を踏まえ、次に正志斎がそうした「道」の理解に至った経緯について考察していきたい。

正志斎が他の水戸学者と比較しても多くの著作を残し、中でも思問編で見られるように儒学経典における見識が深く、それが『新論』をはじめとする著作にも影響していることは先に見た通りである。そこで、儒学における「道」の変遷について少し確認してみたい。儒学の「道」に関して宇野精一氏は『易』、『書』、『詩』における「道」の用例を分析し、単なる道路の意味から抽象的概念を含む「道」の意義が生じる過程を論じている。結論としてこれらの諸文献においては、道路を意味するものしか含まれておらず、高次の抽象的概念を示す「道」は『左伝』に続出しているとしている。(77) ここでは人間の倫理的規範となる「道」と、その対立概念としての「無道」、「不道」といった表現があり、それ以後『論語』などに見られるように「道」の概念は一般化していった。また、こうした抽象的な「道」である法則、規範といった観念が生じた理由として、古来の個別的な徳目が系統的に整理されて人間として守るべき規範意識が生じたことと、古来の規範であった礼が一面で形骸化し、他面で分化した結果として、それに代わるべき概念が必要となった二点を挙げている。(78) そして礼は古代社会においては人間行為の基準一般であったが、これは倫理的意識以前の規範であり、これが周王朝成立の頃から政治的規範としての面が強調されるようになり、礼の概念に宗教儀礼の面と政治、倫理的側面とに分化したとしている。(79) ただ、礼とは本来が儀礼であり、内面よりも外形に重点が置かれる傾向にあったため、その本来的性格から離れられないところから、その観念的、内面的意味を示す語として「道」が取り上げられたとしている。そうして両者は、同じような概念を示すものではあるが、「礼」は伝統的な概念に基づくものであり、「道」は新しい概念を盛り込んだという相違があり、「礼」は外見、形式に重点があり、「道」は内容、思想を総括するものであるとしている。[80]こうした宇野氏による「道」の形成過程を踏まえると、「道」には追加された新たな概念、すなわち政治、倫理的側面があり、ここでの政治性の含意については見逃すことができないであろう。

以上の視点を踏まえて、正志斎の「道」の議論を見てみると、それは『下学邇言』における「論道」の冒頭に示されてあるように、「天ノ建ツル所、人ノ由ル所、之ヲ道ト謂フ。道ナル者ハ天下ノ大道ナリ。故ニ一人為ス可クシテ、而シテ之ヲ天下ニ行フベカラザルハ道ニ非ルナリ。一時ニ施スベクシテ、而シテ之ヲ後世ニ達スベカラザルハ道ニ非ルナリ。其ノ言聴クベキカ如クニシテ、而シテ其ノ実用フルニ疏ナルハ道ニ非ルナリ。[81]」として、正志斎の「道」には同時代における横の広がりと、時間的制約のない縦の結びつきがあり、「実用」性のあるものと理解されている。言い換えれば儒学における「経緯」と、その実践性を説明しているのであり、宣長の政治哲学が現実社会に適用するものではなく、現実肯定ないし現状追認にとどまっているのと対照的である。[82]それゆえ宣長の学問からは儒学の政治性を批判し、その政治哲学におけるイデオロギー性を指摘した学問的業績は認められるものの、幕末の政治情勢に対処しうるような具体的施策の視点はない。

正志斎の「道」とは実践を重んずるものであり、当時の国際情勢から導き出された民心の統合という目的においては、当然ながら庶民のみならず知識階級における協力体制を意図した側面も浮き彫りとなろう。それは開国が不可避となった政情において、洋学の流入による思想界の混乱を防ぐと同時に、国儒のみならず我が国のあらゆる学派を統一することで、いわば形而上における安全保障体制の構築を試みるものであったと考えられる。そこで、筆者の推測を補完するために『閑聖漫録《かんせいまんろく》』を以下で取り上げてみたい。『閑聖漫録』は、文久元年（一八六一）に完成し、同三年に刊行された著作であり、正志斎の国儒論争における四部作と、最後の著作である『時務策』の中間期に認められた。同書は従来の研究では特に着目されることもなく、一瞥すればこれまでの主張を一般向けに説いた内容と理解されている。しかしながら、これまでの国儒論争四部作と国際状況の変化、そして国儒統合のキーワードを念頭に読み直すと、必然的にその意図が明らかになるように思われる。同書では、「本居の末流是を以て陰陽の理なしとす。是又陰陽を知らざるにや。(83)」といった一文や、「近世尭舜の禅譲を謗議するものあり。其説に天朝の正き事を論ずるは極て是なり。されども是を以て尭舜を誹謗するは、其一を知り其二をしらざる也。（中略）漢土は神州に亜《つ》ぎて人倫明なる国なれども、其建国の体、神州は万民を以て一君を仰ぎ奉り、漢土は一人を以て万民を治るを本とす。村君邑長の村邑を治るが如くなれば、三皇五帝代る代る興て其世を平治す。尭の舜を挙しも、其志を継て治功を成べきを見て位を譲り、舜の禹を挙しも、是に同じ。民を治るを本とする事、其国体の本より同じからざるなれば、一を執て論ずべからず。(84)」とした内容からは、国儒論争四部作の余韻も読み取ることができる。ただ、ここでは新たに「神州に貝原、伊藤、荻生の学あり、おのおの一長一短あれども、其末流に至ては何れも務て門戸を張り、党同伐異交々牴排して、甚だしきは敵讐をなすに至る。是皆其流に従て其源を忘るる也。諸説紛々たりといへども、若し其源に泝《さかのぼ》る時は、何れも同く孔門より出て、聖人より一視する時は、貢路游夏の一門に集るが如く、何れも聖人の門人なれば相親むこと兄弟の如くなるべし。所見おのおの異同ありといへども、游夏互に所聞を述しが如く、平心にして其言を尽し、勝ことを求むべからず。(85)」として、学者間における論争の不毛を諭しており、その解決を促していたことが窺える。そうして一番の懸念材料であった国学者については、同書の最後である「神聖同帰」と題された箇所に記されている。

神聖の道は人倫を明にするに在て、天然の大道なれば、神と聖と期せずして符節を合せたるが如し。太古より人倫の明なることは、曽て余が持論するが如く、君臣の義、父子の親は、天地の初に天神の詔勅ありて大倫に明なり。夫婦の別は伊弉諾尊、伊弉冉尊に語に著れ、長幼の序は三貴子の分任に本づき、朋友の信は諸神の協恭和衷にして、同く天神に事へ奉りしにて見つべし。されば尭舜明倫の教と暗合せり。弘道館に神聖を合一にして、臣民に教給ふ又宜ならずや。然るに近世皇国学と称するもの、その皇統正しくして万国に勝れて尊きとを論ぜしは、実に卓見なれども、人倫は天然の大道なれば、上古天神の御時より人倫はやく明なるとを悟らずして、神と聖と其道相反せるが如く強て造言し、務て聖人を誹譏して自己の妄説を主張す。神聖の同帰なるは天地の自然なれば、東西彼此の隔てなく、応神の朝に聖人の書を得てより、歴朝尊奉し給ひ、孝徳、天智の御時、漢唐の制をも斟酌して、礼制を立給ひしより、今日に至るまで、累聖遵行ましまして違背し給はず。然に口を極て聖人を罵詈するは、歴朝の聖主を謗訕《ぼうぜん》し奉るにして、人倫を蔑如するは上古の天神をも蔑如し奉るなり。皇国学の徒も、国体を論じては卓見もありながら、思はずしてかかる不義に陥るは憐べき事なれば、人々平心に思念して、天然の大道を悟り得ば、醇乎たる皇国学にして、神聖同帰の大道にかなふべきなり。(86)

この文章は、宣長ではなく同時代の「皇国学の徒」に対して発せられており、彼らに自重と歩み寄りを求めていることを看取することができよう。そしてここでの「神聖同帰」とは、国学における「神」と、儒学における「聖人の道」が、本来は「合一」であることを述べており、それは同時に両学者間における見解の相違よりも、共通項を重視することを促し、一致協同して「醇乎たる皇国学」の確立を期待したと考えられる。ゆえにこれまでの議論から明らかなように、国儒間の統合こそが思想界における要点であり、正志斎の目指した民心統合の理念に連なるものとして、特に知識階級における連携を構築する意図があったと言えるであろう。言い換えれば晩年における国儒論争への参戦は、『新論』から一貫している「民心統合」という目的のための付随行為であり、机上のみで終始することのない水戸学者会沢正志斎の最後の実践行動であったのである。

おわりに

本居宣長の学問の特徴を示すものとして『呵《か》刈葭《かいか》』という書物がある。これは宣長と上田秋成との論争を纏めたもので、主観からの脱却を旨とし、客観的な神話理解を求めた秋成に対して、宣長の主客の概念を超越した姿勢が同書では述べられている。価値の相対化を絶対とする近代的学問観からは、秋成の思考こそがあるべき態度であり、宣長のそれは一見主観（「私」）に陥っているようにも思える。しかしながら、信仰とも言える古言への没入が『古事記伝』をはじめとする多くの業績を達成させ、その門人や後世への学問的功績は秋成の及ぶものではない。仮に正志斎と宣長が直接やり取りをしたのであれば、秋成とは違った論争が繰り広げられ、また少なくはない一致点も見出されたと思われる。ただ、正志斎は純粋に学問を追究する学者としての立場と同時に、我が国の差し迫った状況に対応できる実践的学問を組織化する必要性にも迫られていた。こうしたある意味での足かせは、正志斎をして宣長の信仰性にも、秋成の合理性にも徹しきれない立場を露呈させたとも言える。しかしながら、これからの時代にあるべき学問を模索した態度は、特異な持論を振り回すことで「私」を主張する学者とも一線を画しており、『新論』以来常に「公」を念頭にした志は、会沢学の特徴と捉えることもできよう。

本章では、水戸学と国学との関係性から晩年の正志斎における国儒論争への関与について論じ、その内容と意図を探った。正志斎の論調が単に批判のみに終始しているのではなく、国学側に賛同する言説も確認できることから、両者の一致点を見出し、幕末の知識層における統一を目的として、洋学の流入により到来するであろう思想界の混乱に備えるという側面もあったとする結論を導いた。松浦光修氏は、この論争における思想的基盤の相違を指摘し、「『道』という言葉をめぐりつつ、一方は、その理念を前提として語り、一方は、その機能を前提として語っている[87]」とし、国儒論争が本来的にかみ合わないまま進行していたことを指摘している。他方で田尻祐一郎氏は、両者におけるナショナリズム的な考え方が衝突し、そこへ正志斎が関わったことに意義があるとし、両者の長所を第三者の立場に引き上げるような理論を考え出し(88)、後期水戸学が国儒論争を論理レベルで最後に引き受け、アウフヘーベンの役割を果したとしている(89)。これは本章の論点からも賛同できるものであり、同氏の主張を多少なりとも補完できたものと考えている。ただ本章では正志斎がそうするに至った動機について、当時の国際情勢に起因する民心の統一、そこから派生する知識階級の統合という目的があった可能性を指摘した。後に学派間における相剋が問題となるのは、明治二年に京都に設置された大学校であり、ここでは皇・漢学所の合併が行われたが、両派の反目は止むことなく、結局同年に廃止されることとなる。ただ、大学校の混乱の最中に、その調停役として指名されたのが正志斎の影響を受けた長谷川昭道であったことは留意してよいであろう。

注

（1）平川祐弘『和魂洋才の系譜――内と外からの明治日本』（河出書房新社、一九八七年）、五〇頁。
（2）藤田幽谷「甲申呈書」（『藤田幽谷関係史料』二、日本史籍協会、一九七七年）、七二五頁。
（3）藤田幽谷「修史始末」（『藤田幽谷関係史料』一、日本史籍協会、一九七七年）、一一六頁。
（4）梶山孝夫『水戸の国学――吉田活堂を中心として』（水戸史学会、一九九七年）、二一頁。なお、ここでの国学の分類については、河野省三、内野吾郎両氏の論考に依拠している。
（5）梶山孝夫『水戸の国学――吉田活堂を中心として』、七〇頁。
（6）清水正健『増補　水戸の文籍』（水戸の学風普及会、一九三四年）、九二頁。
（7）梶山孝夫『水戸の国学――吉田活堂を中心として』、二七九頁。
（8）梶山孝夫『水戸の国学――吉田活堂を中心として』、二八〇頁。
（9）水戸市史編纂委員会『水戸市史』中巻三（水戸市、一九七六年）、一〇三七頁。

(10) 藤田東湖「烈公に呈して平田大角を推挙する書」(『東湖先生之半面』、国書刊行会、一九九八年)、七二頁。
(11) 水戸市史編纂委員会『水戸市史』中巻三、一〇三八頁。
(12) 水戸市史編纂委員会『水戸市史』中巻三、一〇四九頁。
(13) 沼田順義の『級長戸風』を評した『読級戸風』は、「長」の字が欠けており、市川鶴鳴の『末賀能比連』に対しては『読万我能比礼』と改名されている。正志斎の著作名については「正志斎先生略譜」(茨城県立歴史館所蔵、本書巻末に収録)に従うこととした。本書でも参考とした『日本儒林叢書』第四(東洋図書刊行会、一九二九年)においては、『読級長戸風』、『読末賀能比連』となっている。
(14) 会沢正志斎『下学邇言』「論道」国立国会図書館所蔵。
(15) 会沢正志斎『退食間話』(『水戸学』日本思想大系五三、岩波書店、一九七三年)、二四三頁。
(16) 小笠原春夫『国儒論争の研究』(ぺりかん社、一九八八年)、一六一頁。
(17) 水野雄司「直毘霊論争再考」(『研究東洋』一、東日本国際大学出版会、二〇一一年)、一一二頁。
(18) 水野雄司「直毘霊論争再考」(『研究東洋』一)、一一五頁。
(19) 本居宣長『古事記伝』巻一(『本居宣長全集』第九巻、筑摩書房、一九六八年)、六頁。
(20) 岡田千昭『本居宣長の研究』(吉川弘文館、二〇〇六年)、一一〇頁。
(21) 名越時正『水戸学の研究』(神道史学会、一九七五年)、三三二頁。
(22) 名越時正『水戸学の研究』、三三五頁。
(23) 名越時正『水戸学の研究』、三三七頁。
(24) 名越時正『水戸学の研究』、三三八頁。
(25) 名越時正『水戸学の研究』、三五四頁。
(26) 名越時正『水戸学の研究』、三五五頁。
(27) 名越時正『水戸学の研究』、三六〇頁。
(28) 会沢正志斎「寺門政次郎宛書簡(安政五年十一月四日)」(大阪大学会沢正志斎書簡研究会編『会沢正志斎書簡集』、二〇一六年)、八八頁。

(29) 会沢正志斎「寺門政次郎宛書簡（安政五年十一月十四日）」（『会沢正志斎書簡集』）、八九頁。
(30) 会沢正志斎「寺門政次郎宛書簡（安政五年十二月四日）」（『会沢正志斎書簡集』）、九二頁。
(31) 会沢正志斎「寺門政次郎宛書簡（安政五年十二月十四日）」（『会沢正志斎書簡集』）、九三頁。
(32) 会沢正志斎「寺門政次郎宛書簡（万延元年五月四日）」（『会沢正志斎書簡集』）、八八頁。
(33) 会沢正志斎「寺門政次郎宛書簡（万延元年五月八日）」（『会沢正志斎書簡集』）、一四四頁。
(34) 会沢正志斎「寺門政次郎宛書簡（文久二年四月十九日）」（『会沢正志斎書簡集』）、二三六頁。
(35) 会沢正志斎「寺門政次郎宛書簡（文久二年四月二十九日）」（『会沢正志斎書簡集』）、二三七頁。
(36) 会沢正志斎「寺門政次郎宛書簡（文久元年七月四日）」（『会沢正志斎書簡集』）、一八七頁。
(37) 小笠原春夫『国儒論争の研究』、一六四頁。
(38) 会沢正志斎『読直毘霊』（『日本儒林叢書』第四、東洋図書刊行会、一九二九年）、一頁。
(39) 会沢正志斎『読直毘霊』（『日本儒林叢書』第四）、二頁。
(40) 会沢正志斎『読直毘霊』（『日本儒林叢書』第四）、五一頁。
(41) 会沢正志斎『読末賀能比連』（『日本儒林叢書』第四、東洋図書刊行会、一九二九年）、一一頁。
(42) 会沢正志斎『読級長戸風』（『日本儒林叢書』第四、東洋図書刊行会、一九二九年）、二〇頁。
(43) 会沢正志斎『読葛花』（『日本儒林叢書』第四、東洋図書刊行会、一九二九年）、三八頁。
(44) 小笠原春夫「国儒論争について」（『神道宗教』一七八、神道宗教学会、二〇〇〇年）、八頁。
(45) 小笠原春夫『国儒論争の研究』、一六〇頁。
(46) 会沢正志斎『読直毘霊』（『日本儒林叢書』第四）、八頁。
(47) 会沢正志斎『読直毘霊』（『日本儒林叢書』第四）、四〇頁。
(48) 会沢正志斎『読直毘霊』（『日本儒林叢書』第四）、四八頁。
(49) 会沢正志斎『読直毘霊』（『日本儒林叢書』第四）、四頁。
(50) 会沢正志斎『読直毘霊』（『日本儒林叢書』第四）、二九頁。
(51) 会沢正志斎『読直毘霊』（『日本儒林叢書』第四）、二九頁。

(52) 会沢正志斎『読直毘霊』(『日本儒林叢書』第四)、三九頁。
(53) 会沢正志斎『読直毘霊』(『日本儒林叢書』第四)、四五頁。
(54) 会沢正志斎『読直毘霊』(『日本儒林叢書』第四)、一〇頁。
(55) 会沢正志斎『読直毘霊』(『日本儒林叢書』第四)、一五頁。
(56) 会沢正志斎『読級長戸風』(『日本儒林叢書』第四)、一五頁。
(57) 会沢正志斎『読級長戸風』(『日本儒林叢書』第四)、九頁。
(58) 会沢正志斎『読級長戸風』(『日本儒林叢書』第四)、一九頁。
(59) 会沢正志斎『読葛花』『日本儒林叢書』第四)、三頁。
(60) 会沢正志斎『読葛花』(『日本儒林叢書』第四)、六頁。
(61) 会沢正志斎『読葛花』(『日本儒林叢書』第四)、二〇頁。
(62) 会沢正志斎『読葛花』(『日本儒林叢書』第四)、三一頁。
(63) 会沢正志斎『読葛花』(『日本儒林叢書』第四)、一七頁。
(64) 本居宣長『うひ山ふみ』(『本居宣長』日本思想大系四〇、岩波書店、一九七八年)、五二〇頁。
(65) 丸山真男『日本政治思想史研究』(東京大学出版会、一九五二年)、二六七頁。
(66) 丸山真男『日本政治思想史研究』、二六八頁。
(67) 丸山真男『日本政治思想史研究』、二七二頁。
(68) 本居宣長『玉勝間』巻一四(『本居宣長』日本思想大系四〇、岩波書店、一九七八年)、四七一頁。
(69) 岡田千昭『本居宣長の研究』、一三三頁。
(70) 本居宣長『直毘霊』(『本居宣長全集』第一四巻、筑摩書房、一九七二年)、一二一頁。
(71) 岡田千昭『本居宣長の研究』、一三五頁。
(72) 会沢正志斎『読直毘霊』(『日本儒林叢書』第四)、八頁。
(73) 岡田千昭『本居宣長の研究』、一二五頁。
(74) 岡田千昭『本居宣長の研究』、二五八頁。

(75) 岡田千昭『本居宣長の研究』、二六五頁。
(76) 本居宣長『玉くしげ』(『本居宣長全集』第八巻、筑摩書房、一九七二年)、三一九頁。
(77) 宇野精一「道の意味とその変遷」(『宇野精一著作集』第四巻、明治書院、一九八七年)、一一二頁。
(78) 宇野精一「道の意味とその変遷」(『宇野精一著作集』第四巻)、一一六頁。
(79) 宇野精一「道の意味とその変遷」(『宇野精一著作集』第四巻)、一一九頁。
(80) 宇野精一「道の意味とその変遷」(『宇野精一著作集』第四巻)、一二一頁。
(81) 会沢正志斎『下学邇言』「論道」国立国会図書館所蔵。
(82) 岡田千昭『本居宣長の研究』、一五三頁。
(83) 会沢正志斎『閑聖漫録』「高山気冷」茨城県立歴史館所蔵。
(84) 会沢正志斎『閑聖漫録』「尭舜禅譲」茨城県立歴史館所蔵。
(85) 会沢正志斎『閑聖漫録』「孔門弟子」茨城県立歴史館所蔵。
(86) 会沢正志斎『閑聖漫録』「神聖同帰」茨城県立歴史館所蔵。
(87) 松浦光修「国儒論争について」(『神道宗教』一七八、神道宗教学会、二〇〇〇年)、二九頁。
(88) 田尻祐一郎「国儒論争について」(『神道宗教』一七八、神道宗教学会、二〇〇〇年)、二四頁。
(89) 田尻祐一郎「国儒論争について」(『神道宗教』一七八)、四七頁。

終章　総括と今後の展望

第一節　本研究の総括

これまでの会沢正志斎研究の課題は、限られた著作の中から研究者の意図する正志斎像を作り出し、そこに至るまでの思想的背景となった儒学、及び近世の学問的蓄積、そして時代状況を踏まえた研究が十分に統合性をはたしていないことにあった。そこには歴史学の純粋な客観性、すなわち完全な主観からの独立というものが、実際には不可能であるという問題も関わってくるけれども、正志斎については特に恣意的解釈が顕著であったように思われる。これは活字化された史料が限られており、全集等の出版も進んでいないことに加え、戦前と戦後の歴史観の断絶という日本独自の問題にも起因している。そのため『新論』が単なるナショナリズムの煽動書といった見方を固定し、戦後の研究者に対する外的要因も作用して、一面的な人物像を描かせる結果となった。本書ではこうした反省点を意識し、可能な限り原史料に基づき、これまで多くの推測を可能としてきた『新論』の用語や内容について検討を加えてきた。第一章の思想形成期では、『新論』執筆以前における正志斎の学統を中心に考察した。『新論』については正志斎一個人の発想ということが前提にあり、その内容を形成させた水戸藩の学問的土壌や藤田幽谷の思想、また江戸後期にかけて成熟した学界との関係などは主たる分析材料とはされていなかった。しかしながら、儒教、仏教、キリスト教をはじめ、徂徠の制度論や闇斎の神道論、当時の国際情勢などが多角的に論じられている『新論』は、決して正志斎一人の知識や思索によって導かれたものではなく、むしろ正志斎の編纂という側面も多分に含まれている。そう考えることによって大田錦城との関係が焦点となるのであり、つまりは学問の考証学的傾向がそうした編集を可能にし、『新論』の完成へ繋がったと考えられる。また考証学の存在を重視することによって、先行研究におけるいくつかの論点についても、新たな視点を提供できたと思われる。それは徂徠学、闇斎学に対しても考証学的姿勢で臨んでいたとするのであれば、両者の主張の取り入れるべきを選択し、捨てるべきを批判するのは必然である。ただ、徂徠学を徹底して批判した錦城の言論は決して感情的なものではなく、自己の願望を貫徹するために「偽証」をも厭わないその学問的態度に対するものでもあり、近代的な学問の方法論とも通じる錦城の考証学とは相容れないものであった。そうした学問的良心は正志斎も共有しており、たとえ祭祀や儀礼を制度と規定して、そこに統治論的発想を認めたとしても、徂徠学の影響のみを特別視することは控える必要がある。本書では加えて「道」や「朝廷」に関する概念についても比較検討したが、個々の考え方に関しては闇斎に近接しており、中でも三種の神器に関しては徂徠との乖離を決定づけるものであった。三種の神器は『新論』のみならず『大日本史』においても、欠くことのできない要素であり、そうした国体論の根幹に関わる認識には埋めがたい溝が存在している。他方で正志斎の喪礼に関する理解は、『新論』執筆以前における思想について新たな視点を提供した。そこでは「孝」と民心の安定との関係性を読み取っており、特に『周礼』の「郷器之法」に基づいて思索を巡らせていた。『周礼』については、『新論』のみならず晩年の『下学邇言』まで一貫した思想的基盤であり、その初期の着眼が喪礼観の中に顕著に存在していたのである。先行研究で指摘された「愚民観」の存在については、当該議論で引用された史料を幅広く見ていくことで疑義を呈し、「四民」における相互扶助を提言していることが明らかとなった。具体的には『孟子』を根拠として、分業によって得られた生産物の適正な分配を促すことが「先王之道」を継承するものであると理解していた。さらに正志斎は来るべき国際化社会において、「愚民」の固定化はむしろ安全保障上有害であると考えていた可能性も示唆し、「妖教」に取り込まれないよう民衆を啓蒙することも念頭に置かれていた。そこでもやはり重要となるのは、「孝」の理念を確立させるための喪礼を通じた祭祀であり、つまりは父祖―自身―子孫が「同一気」であることの自覚を重視したのである。

『新論』で主張された国際観については、第二章を中心に考察した。ここでは正志斎の意識を海外へと向けさせた水戸藩の歴史的経緯と情報網について触れ、特に木村謙次による対露観が大きく作用していることを述べた。謙次が直接見聞した記録には、ロシアによる「併呑」の手法が記されており、これが『新論』をはじめとする正志斎の国際政治の現実として認識され、リアリストの立場をとらせる契機となった。このことは先行研究で主張されたような思い込みや憶測、煽動を意図したものではなく、まして封建制確守のための方便でもないことが種々の史料からも明らかであると考えられる。同時に幽谷の存在においても、「正名論」等の思想的影響にとどまらず、外的な国際理解においても無視できないものであることが確認された。さらに大田錦城も北方への関心が高く、「夷狄論」や「明清革命論」の著述からも、幽谷との間で国際社会について話し合われたことは容易に想像される。つまりは、そうした両者の国際観が正志斎へと受け継がれているのであれば、そこでは客観的な事実の蓄積に基づく考察が重ねられたことは明白であり、正志斎一人の作為による言論でないことは明らかである。そうした中で、正志斎自身が当事者となった外国人無断上陸事件の記録である『諳夷問答』は、それまでの正志斎の国際認識の経過と、『新論』へと結実する国際観を考察する上で有益な史料であり、単なる「思い込み」や「先入観」の存在を前提として分析すべき史料ではないと言える。このことは『新論』の「性格」を示す一節として引用される「故に人の国家を傾けんと欲せば、すなはち必ずまづ通市に因りてその虚実を窺ひ、乗ずべきを見ればすなはち兵を挙げてこれを襲ひ、不可なればすなはち夷教を唱へて、以て民心を煽惑す。」についても、信頼度の高い情報と実体験とに基づく言説であったのである。

第三章では儒学に関する著作群を中心にして、『新論』に至る儒学思想の解釈と、その後の深化について触れた。各節では『中庸』、『孝経』、『論語』、『書経』、『易経』、『周礼』を中心に取り上げたが、中でも特に重視されたものは、『孝経』と『周礼』であったと考えられる。前者については幽谷も重視していたことに加え、死後の孝である追孝の思想は、『新論』はもとよりその後においても思想的基盤となり続けた。そしてこれは、東アジアを中心とする儒教圏特有の「生命の連続性」を象徴する宗教観そのものでもあり、孝から国家倫理へと発展させ、そこに神話を融合することによって正志斎は国体論を確立させることに成功したのである。また国体論へと導いたのは、幽谷や錦城から伝えられた考証学的手法によるものであり、多くの読者を獲得した背景には、近代的学問の方法論とも共通する客観的記述が説得力を高めたことがあると考えられる。それから錦城が晩年に考証学的緻密性＝学問の普遍性という考えに疑義を呈したように、正志斎も考証であることのみを目的としたのではなく、そこに特殊性を見出すことで儒学に依拠しつつも、皇室祭祀等の固有の文化的側面を融合させて国体論へと昇華させていったのである。このことは、近代にも受け入れられたロジックの遠因であった。

こうして国体論を確立させた正志斎が、実際の藩の教育に着手した経緯、及びその理想については第四章で分析した。水戸藩の教育改革が藩主主導によって促進され、独自の教育理念を体現するために臣下の者達が奔走したことは言うまでもないが、その具体策においては水戸学者の間でも異同があり、それは正志斎と東湖についても同様であった。しかしながら、『周礼』については両者共に信頼を寄せており、東湖の土着論においては顕著であった。ただ東湖は『周礼』を研究した著作は残しておらず、その専門性に関しては正志斎に及ぶ者はいなかった。また、弘道館における上級子弟の問題行動等においても、『周礼』の教育論を援用し、これからの時代における人材育成の教育機関のあり方を模索していた。そして晩年の『下学邇言』で述べられた学問論では宋学を異端として排除し、孔子本来の理念を基礎とすることを提唱し、それらと性質の異なる洋学については形而上の側面は否定しつつも、国益に供する技術分野に関しては柔軟な姿勢を示していた。そこでの教授内容においても、常に念頭にあったのは新時代に対応する人材育成であり、考証学的見地から幅広い学問のありかたを模索していたと考えられる。

第五章では晩年に関与した国儒論争についての主張を分析した。そこでは塙保己一や吉田令世といった水戸藩と関係の深い国学者について述べ、それまでの国学観が幽谷を通じて正志斎へ伝えられた可能性を示唆した。ただ、こうした前提を踏まえても晩年における正志斎の国儒論争への「参戦」は、先行研究で指摘されている以上に不可解な点があり、本章ではこれについて分析した。それは国儒論争に関する四部作、『読直毘霊』、『読葛花』、『読級戸風』、『読万我能比礼』を確認すると、一方的な国学批判だけではなく、国学者の意見を容認し、また儒学者側への批判も認められ、明らかに別の意図があったことを論証した。つまりは、これまでの正志斎の一貫した主張である民心の統合という視点において、ここでは知識階級の統一を目的とするものであり、国学と儒学における共通概念を強調し、そこを妥協点とすることで「醇乎たる皇国学」を確立し、学際的研究を唱導するものであったと結論づけた。言い換えればこれは、西洋思想を含めた洋学の流入による学界の混乱を予見し、将来への備えを提示した行為とも考えられる。

以上が本書で考察した論点の概要である。こうして振り返ると近世における学問的諸要素が幽谷を通じて受け継がれ、それらを総合した視座によって当時の国際状況を捉えることにより、正志斎をして近代的国体論の確立を成功せしめたと考えられよう。それは我が国における儒学解釈の学問的蓄積に依拠しつつも、考証学的学問手法により、その普遍性を認知しながら我が国の特殊性の表現に成功したのであった。こうした姿勢は種々の政策に関与しつつも終始一貫しており、晩年まで正志斎の思想的基盤となったと考えられる。その一方で、死去の前年に『時務策』を記したことには、開国論に転じたとして変説を疑われ批判を集めた。しかしながら日本を取り巻く国際環境の推移や、国際社会における集団的安全保障についての考察を『時務策』からも読み取ることが可能であり、儒学者でありながらそうした柔軟性を獲得させたのが考証学の影響であったことは確かであろう。言い換えればこうした柔軟性の存在こそが『新論』における国体論の深化を可能としたのであり、考証学的思考により導かれた内容が一定の客観性を担保すると同時に、多くの志士を引きつけた魅力の理由でもあったのである。

第二節　今後の展望

本書ではこれまでの会沢正志斎の評価を一時的に保留し、多角的に研究を進めることで新たな正志斎像を見出すことに努めてきたが、歴史学の深化によって『新論』もまた別の評価が与えられてきている。例えば、「水戸学も会沢の『新論』も一般には狂信的な排外ナショナリズムの権化のようなレッテルが貼られていて、偏見的評価の下に貶《おとし》められているのであるが、実際にはこれらの議論は当時の世界に関する最新情報を踏まえた、きわめて精緻で合理的な戦略論であることを知らなければならない。（中略）このような戦略的思考は独り会沢のみならず、日本の尊王攘夷派の間で広く共有されていくこととなり、日本の尊攘運動の基本的特徴をなしている。[1]」といった解説が挙げられる。こうした『新論』の再解釈と、渋沢栄一の「甚しく当時の人心を鼓動し、各藩の志士争ひて之を読み、重刻・覆刻、板を重ぬること幾種なるを知らず、仮名交り文に訳したるさへ出づるに至りては、流伝の勢驚くに堪へたり。[2]」という回想を考え合わせれば、同書の影響を受けたとされる人物研究においても新たな位置づけが必要となる。従来から正志斎との関係が指摘されている人物として、真木保臣や吉田松陰が考えられる。両者は正志斎のもとを訪れて感化を受けており、保臣とその同志は久留米藩青年師弟の教育に尽力するに際しても水戸学を範とし、嘉永五年（一八五二）以後の蟄居謹慎中における師弟教育の際に『新論』の講義は繰り返し続けられた。[3]吉田松陰についても正志斎や豊田天功との交わりによって、「身皇国に生れて、皇国の皇国たる所以を知らざれば、何を以てか天地に立たん[4]」という認識に至ったことから、後に活躍する松陰門下においても正志斎の影響は無視できないであろう。[5]松陰の日記では、「晴、会沢を訪ふ。会沢を訪ふこと数次なるに率ね酒を設く。水府の風、他邦の人に接するに款待甚だ渥く、歓然として欣びを交へ、心胸を吐露して隠匿する所なし、会々《たまたま》談論の聴くべきものあれば、必ず筆を把りて之れを記す。是れ其の天下の事に通じ、天下の力を得る所以か。(6)」とする親交の深さのみならず、「遺体を鏡中に見るの義、未だ其の出づる所を得ず。当に之れを追孝すべくして可なり。(7)」など、『新論』の中心となる諸概念について深思していた形跡も認められる。

加えて、『大日本維新史料』の弘化三年（一八四六）三月の記録には、「十九日（甲戌）前水戸藩主徳川斉昭（前権中納言）曩《さき》ニ関白鷹司政通（太政大臣）ニ頼リテ、八洲文藻・丙丁録ヲ上ル。是日、斉昭、復タ政通ニ書ヲ贈リテ、新帝輔導ノ議及皇族帰仏ノ弊ヲ論ジ、添フルニ藩士会沢恒蔵（安）編述ノ迪彝編《ママ》ヲ以テス。(8)」とあり、正志斎の著作が宮中に献上されたことが記されている。これについて鷹司政通は、「扨又迪彝述作候とて到来一覧候処、至極尤の事愚案全同意にて、深大慶候、少々愚意異同も候へとも、全少論候処にてハ、大義ハ大キに感心候故、主上東宮ならび懇意朋友へも、如此諸国に存心者有之、我朝の忠節と感佩《かんぱい》候間所望候(9)」と斉昭への書簡で述べており、宮中においても一定の影響を与えたことがわかる。徳川斉昭には二人の姉がおり、長姉順君は二条斉信に嫁ぎ、次姉鄰君は鷹司政通に嫁いだ。こうした類縁関係を通じた政通との交流においては、国外の情報も提供され、例えば『黒船来航ニ付鷹司家へ密報書』ではペリー来航の事前情報も政通に知らされていた。(10)これは当時の公家においても海外情報を入手していた証左であると同時に、その主たる情報源が斉昭であったことは、水戸藩士の動向が宮中にも影響していたことも意味していよう。そうして孝明天皇があくまでも幕府を強化し、鎖国攘夷を実現する公武合体論を一貫して主張していたことを考え合わせるのであれば、斉昭からもたらされたものは情報の内容のみならず、その対応策においても少なからぬ影響があったと思われる。これは安政の「勅諚」が、水戸藩に対して下されたことからも両者の関係性を示すものと考えられる。(11)また藤田覚氏は、孝明天皇は頑固なまでに通商条約に反対し、鎖国攘夷を主張したことにより尊王攘夷、民族意識の厖大なエネルギーを吸収し、政治的カリスマとなったとしており、仮に孝明天皇が開国路線を表明していたならば、外圧に屈伏した反幕府反朝廷運動と、攘夷運動の結集核が不在となるため、長期の内戦となり植民地となる可能性もあったのではないかと述べている。(12)孝明天皇の幕末における政治的プレゼンスが、斉昭を含めた水戸藩の影響にあったと考えるのであれば、同藩の意義を再考する機会が必要とされよう。(13)

さらに国体論を含めた思想内容は言うまでもなく、『新論』の論述方式は、それを筆写、熟読した者の思考方法にも少なからぬ影響を与えたと考えられる。それは『新論』を読解することにより身に付けられた考証学的思考が、多くの志士に「戦略的な思考、徹底した現実主義と結果尊重主義」を教え、近代国家成立のための行動原理をも教授したのである。そう考えていくのであれば、人物研究において単に正志斎との思想的類似性のみならず、思惟方法における共通性についても分析し、近代的思考の萌芽を見ていくことが必要とされる。また、正志斎の儒学を基礎とした学問は、新たな諸問題に対しても柔軟な思考で対処する方法論を提供した。それは儒学が、理想的な社会とは、人々に安寧をもたらす政策とは、人生の意義とはいかなるものであるかを考察する学問であり、そのために今日一日をどのように生きるかといった哲学的課題を解決するヒントを示しているからである。ただそれらは、例えば『論語』の「仁」といった言葉に象徴されるけれども、明確な定義がなされていないため、一見すると抽象的な思索に終始してしまうかもしれない。しかしながら、抽象的なるがゆえに、そこには一個人や社会集団においても、地域性や時代性に拘束されることのない自由な発想を描くことも可能となる。それは実際にこれまでも「注釈」というかたちで、時代状況に応じて語られてきたことであり、そうであるならば現代社会においても、集団や個人について、一定の道徳性を付与しながら考察する機会を提供することが可能となろう。たしかに儒学は、天人相関説に見られるように、ギリシア哲学に比べて自然を客体化しなかったことで、自然科学を生み出す土壌とはならなかったけれども、逆にそれは人、地域、社会と自然とを総合的に考える学問であり、様々な課題に対応する可能性も含んでいる。そうした視点であらためて正志斎の『新論』を見てみると、そこには近代国家としての戦略的ヴィジョンが記されている。つまりは、「国体」、「形勢」、「虜情」、「守禦」、「長計」

の五つに区分された内容は、言い換えれば「アイデンティティの定義」、「世界史的視野での分析」、「国際社会における宗教の影響」、「国際情勢への対処」、「長期的ヴィジョンの提供」と言い換えることも可能であろう。このように儒学的理念と最新情報とを、考証学的手段によって解決策を提示したものが『新論』であった。

しかしながら、正志斎の儒学研究において、特に法律学に関する著述が見られないことが、その貢献を阻害するかもしれない。例えば、日本の近代化成功の要因に『管子』の学問的蓄積があったことは、先行研究で論じられている。[14]『管子』とは、春秋時代の斉の宰相であった管仲の作と考えられており、東洋において法治国家思想が見られる殆ど唯一の古籍とされている。西洋思想とは、古代ギリシアから「法の支配」を中心とするものであったが、東洋における近代化とは『管子』から「法治国家」への移行であり、それらを統合した人物として安井息軒の存在が大きい。息軒の門下からは日本の立憲制に寄与する人物を多数輩出し、谷干城、陸奥宗光、井上毅等が含まれる。息軒は吉田篁墩《よしだこうとん》、松崎慊堂《まつざきこうどう》と同じく大田錦城の考証学を継承しているとされ、また『周礼』も重視しているため正志斎との共通性も多い。しかしながら正志斎が「経」の注釈を主とするのに対し、息軒は『周礼』と『管子』を連続的に把握し、西洋的法思想を日本が受容する道を開いたことは、正志斎の考証学の限界を示すものであろう。考証学では純粋文献的に考究し、客観的視座において分析することが含まれるため、正志斎は儒学的価値観から完全には独立しえなかったことを意味しているのかもしれない。[15]もっとも、近代において確立した法治国家とは、様々な宗教や文化の多元的社会を包括し、共存可能とするものであったはずであったが、民族や宗教間での紛争の激化に象徴されるように「法治」の限界というものも露見しはじめている。それはまさに孔子が管仲を評したように、人々の統治（共生）に尽力した功績は認めるものの、それに思い上がって「僭上非礼」をはたらき、「器小」なるがゆえに安定の永続性は保証されていないのかもしれない。また息軒が法実証主義ではなく、自然法的傾向において管仲の思想と孔子のそれとの重なり合う点を認め、法を道徳と連続して理解し、両者の補完関係を認めていることも、儒学の道徳性を見直す契機となるであろう。そして正志斎が藤田東湖と異なり、儒学の普遍的価値観を追求し、そこから「戦略的思考」や「徹底した現実主義」に至ったことで、その思考過程を深めていくことは、東洋のみでなく世界的規模において「民心の安定」に寄与する方策が含まれているように思われる。そうした過程で導き出された「国体」論は、各集団のアイデンティティ（道徳）を担保しつつ、他の集団との調和・共生を図るための自然法的な「法の支配」を見出していく要素ともなろう。道徳と宗教については、両者を個別に論じることはすでに限界がきている。そもそも一個人なり、社会集団において、歴史的に育まれた宗教や文化、伝統といった概念から完全に独立し、自由になることは実際には不可能である。そうであるならば、それらの不可分の関係性に着目し、宗教＝道徳＝法を包括的に考察することも必要である。そのためには、近代における宗教の研究をいま一歩進め、社会問題と宗教との関係性について再認識し、一神教社会に対しても多神教における「寛容」というべきものを還元する機会が必要なように思われる。そして純粋生命論的に自身の親を含めた祖先を祀る祭祀は、あらゆる宗教に共通する原始的行為であり、そうした「孝」の概念を拡大し、他宗教との共通項を見出すことで、多文化社会に対応した宗教的和解を推進することも考えられよう。そうした意味においても会沢正志斎の思索過程を遡ることは意義を持ちうるものと考える。

注

（1）以下、引用文、解説については笠谷和比古「徳川時代通史要綱」（『徳川社会と日本の近代化』、思文閣出版、二〇一五年）を参考とした。

（2）渋沢栄一『徳川慶喜公伝』第一巻（平凡社、一九六七年）、七九頁。

（3）小川常人『真木和泉』（神道史学会、一九七〇年）、九〇頁。

（4）吉田松陰「来原良三に復する書」（『吉田松陰全集』第七巻、マツノ書店、二〇〇一年）、三五二頁。

（5）尾藤正英氏は「その晩年まで水戸学から離れたことはなく、そこに明瞭な対立関係があったとは考え難い。」とし、安政年間における水戸学離れの問題についても「この時期の松陰が会沢に対する尊敬の念を失っていたとは考えられない。」としている。（尾藤正英「水戸学の特質」『水戸学』日本思想大系五三、岩波書店、一九七三年、五五八頁。）

（6）吉田松陰「東北遊日記」（『吉田松陰全集』第一〇巻、マツノ書店、二〇〇一年）、二一七頁。

（7）吉田松陰「赤川淡水に与ふる書」（『吉田松陰全集』第四巻、マツノ書店、二〇〇一年）、一六五頁。

（8）『大日本維新史料』第一編第一（維新史料編纂事務局、一九四〇年）、二六一頁。

（9）『大日本維新史料』第一編第一、二六五頁。『水戸藩史料』別記下（吉川弘文館、一九七〇年）、五四八頁。

（10）沼倉延幸「関白鷹司政通とペリー来航予告情報」（『青山史学』一三、青山学院大学文学部史学科研究室、一九九二年）。

（11）佐々木克氏は戊午の密勅は薩摩や水戸の志士の尽力ではなく、天皇自らの意志で下した勅であるとしている。（佐々木克『幕末の天皇・明治の天皇』（講談社学術文庫、二〇〇五年）、四五頁。

（12）藤田覚『幕末の天皇』（講談社選書メチエ、一九九四年）、五頁。

（13）ただ、天皇と斉昭の間に介在した関白鷹司政通は開国派とされており、先行研究においても天皇との関係性について議論が分かれている。藤田氏は天皇が開国論とともに、鷹司家の朝廷支配とも対立したとしているが、一方で家近良樹氏は関連史料から、「鷹司政通に対しては、ほぼ終始一貫、安政五年の一時期を除き、ゆき届いた配慮をみせた。そして、関白が老齢におよび、老衰・多病などを理由に関白職の辞退を申し出た際も、さまざまな理由を挙げて関白職にとどまらせようとした」ことを指摘し、先行研究における「関白・太閤との対立の源泉を光格天皇にまで溯らせることに、我々は慎重でなければならない」（家近良樹『幕末の朝廷――若き孝明帝と鷹司関白』、中公叢書、二〇〇七年、三五頁。）としている。それゆえ幕末期における天皇と関白の関係性はより親密なもので、斉昭からもたらされる極秘情報についても知らせており、天皇にとっても斉昭の書簡は貴重なニュース・ソースであったとしている。（同、一〇四頁。）そして、斉昭が安政三年以降に幕府首脳と対立を深めると、これまで以上に入手した極秘情報を政通に伝え、政通はこうした情報を含む自分宛の書簡を、ほぼそのまま天皇に見せたとしている。（同、一八一頁。）また孝明天皇においても「政通から提出された斉昭の書簡を実に丹念に読んだらしい。」とし、斉昭編の『破邪集』も政通を介して献上されたことが論じられている。（同、一八五頁。）

（14）安井息軒と『管子』については古賀勝次郎『鑑の近代――「法の支配」をめぐる日本と中国』（春秋社、二〇一四年）を参考とした。

(15) ただ正志斎の書簡中には、「大切なる所ハ周家ノ軍制斉語ニ管仲内政ニ軍令ヲ寄候と同意ニて、当今の制にも似寄候事有之、徂徠等土着ノ節よりハ遥勝り候事有之様被存候、是等之意味御考被成候方、実学之専務と被存候事」という記述もあるため、『管子』についても一定の理解を示していたと思われる。(『会沢正志斎書簡集』、大阪大学会沢正志斎書簡研究会編、思文閣出版、二〇一六年、二九頁。)

参考史料

「正志斎先生略譜」

会沢正志斎の生涯を概観する際に欠くことのできない基本史料として、維新後に寺門謹が編纂した「正志斎先生略譜」がある。これは正志斎について書かれた伝記等においては必ず触れられるものの、これまで翻刻されたものが見当たらないため以下に示すこととしたい。なお、底本は茨城県立歴史館所蔵のものとし、適宜その他の史料を参考とした。

正志斎先生略譜

天明二年壬寅　五月二十五日、先生生於水戸城西南下谷之宅、幼名市五郎、又更安吉、

三年癸卯

四年甲辰

五年乙巳

六年丙午

七年丁未

八年戊申

寛政元年己酉

二年庚戌　先生年九歳、先是受句読於先人、所謂四書五経者、至十二月、卒業云、
三年辛亥　先生年十歳、正月、師事幽谷藤田先生、八月　日、従先人移居於細谷、
四年壬子
五年癸丑
六年甲寅
七年乙卯
八年丙辰
九年丁巳
十年戊午　先生年十七、二月十二日、加首服称恒蔵、
十一年己未　先生年十八、四月二十三日、為彰考館生員、
十二年庚申　先生年十九
享和元年辛酉　先生年二十、　月、著千島異聞、
二年壬戌　先生年二十一
三年癸亥　先生年二十二、閏正月九日、班留付、二月三日、従江戸、寓中村兼良舎、十月、徙台官舎、　月、詣元老中山信敬邸、面詰其強僭、信敬震慄、大有所悛省云、此歳胃病大発作、不能粒食、和仙台糒於水還之者、殆可一歳、然未嘗一日廃登館云、
文化元年甲子　先生年二十三、先人以客歳十月、祗役大坂、途罹病、唯報以微恙可尋癒、至三月、益劇、先生聞報、兼程西上、侍養竭力、四月二十日、遂不起、権厝曽根崎村藤井寺而帰、六月二日、妣根本氏亦不起、亦権厝焉、従茲服心喪、不御酒肉、不作詞章、以終再暮、八月二十五日、列歩士、十一月六日、伴読諸公子、時烈公年僅五歳、
二年乙丑　先生年二十四、十一月朔、文公薨、
三年丙寅　先生年二十五、八月復吉、

四年丁卯　先生年二十六、元旦依例賦七言古風二百余韻献之以規時事、其辞剴切、頗震一時云、
五年戊辰　先生年二十七、六月六日、為歩士、
六年己巳　先生年二十八、三月、武公始就藩、
七年庚午　先生年二十九、三月七日、娶小林祐政長女、
八年辛未　先生年三十、八月十二日、為小十人、
九年壬申　先生年三十一、五月二日、長女生、後適村田正奥、
十年癸　先生年三十二
十一年甲戌　先生年三十三、七月二十二日、二女生、後夭、
十二年乙亥　先生年三十四
十三年丙子　先生年三十五、閏八月十九日、武公薨、烈公哀毀欲執古礼、然以嫌於専檀咨先生、先生書居喪大意上之、因服心喪三年、
十四年丁丑　先生年三十六、四月八日、三女生、後適秋山奥、
文政元年戊寅　先生年三十七
二年己卯　先生年三十八、三月四日、与姉夫都築惟貞発江戸、謁勢廟歴芳野拝皇居、遂抵大坂、奉柩而帰、以四月十九日、葬于水戸城西千波原先塋、
三年庚辰　先生年三十九、四月十二日、遷馬廻、五月、還水戸、僦居増山某之家、八月、移鯉渕固次之宅、命書斎曰欣賞、開塾教授、九月二日、迎先妣之柩於江戸、祔葬於先塋、十月十一日、中太郎某生、十二月二十四日、夭、
四年辛巳　先生年四十、十一月十八日、中次郎復生、六年八月二十三日、夭、
五年壬午　先生年四十一、六月十一日、与宇佐美充飛田勝抵駿河、登富岳、遂訪祖先遺跡、歴覧豆相諸名区、以七月五日、還家、
六年癸未　先生年四十二、十二月二十五日、以連歳励精従事編修、且其学大進班進物番上、

七年甲申　先生年四十三、　月、諳夷至常陸北郡大津村上陸、先生受命往而筆語、著諳夷問答、
八年乙酉　先生年四十四、　月、幕府令天下攘夷、二月二十八日、四女生、弘化三年十二月十六日、没、
九年丙戌　先生年四十五、五月十九日、以嘗所著新論、因藤先生献之哀公、十二月、朔藤先生没、十五日、摂彰考館総裁、
十年丁亥　先生年四十六、十二月、責難解成、
十一年戊子　先生年四十七、著豈好弁、
十二年己丑　先生年四十八、先是川口長孺為江戸総裁、有汚行、先生与書絶交、亡幾長孺獲罪、未数年補編修徒於江戸、尋復旧職、先生謂義不可並立、屢陳情辞職、五月十九日、遂出為教授、十月、哀公疾病、朔従山野辺義観南上、四日、公薨、八日、聞烈公襲封、即時還水戸、四月九日、五女生、後適海保芳郷、
天保元年庚寅　先生年四十九、正月二十四日、以客冬不請出国獲罪、逼塞三旬、四月二十九日、為郡奉行、五月、徙田見巷官舎、九月十四日、賜宅於南街、十月二十日、先生与川瀬教徳、吉成信貞、藤田彪、応召抵江戸礫川邸、役訖将帰、烈公手賜親筆、
二年辛卯　先生年五十、正月十一日、班通事為調役、二月七日、帰於南街宅、十月二十九日、以小納戸班出為彰考館総裁、二月二十日、六女生、尋夭、
三年壬辰　先生年五十一、五月二十九日、列通事、賜禄百五十石、
四年癸巳　先生年五十二、三月五日、烈公始就藩、六月十九日、臨先生家著迪彝篇
五年甲午　先生年五十三、四月、烈公参府、六月二十日、熊三璋生、著草偃和言、
六年乙未　先生年五十四、著刪詩義、
七年丙申　先生年五十五
八年丁酉　先生年五十六、　月、著両眼考、
九年戊戌　先生年五十七
十年己亥　先生年五十八、烈公将設弘道館、詢先生以古今制度、乃著学制略説、秋中庸釈義成、十二月　日、有

命与議学政、

十一年庚子　先生年五十九、正月、烈公再就藩、四月九日、陞小姓頭兼弘道館督学、秋先是稿典謨述義至是成、

十二年辛丑　先生年六十、以宅地狭隘、請与朝比奈某換之見許、新築室以四月、徙居焉、七月、幕府許公在藩拕延至五六年、八月、公再臨家、

十三年壬寅　先生年六十一、十二月、奉命著退食間話、

十四年癸卯　先生年六十二、　月、著洙泗教学解、

弘化元年甲辰　先生年六十三、五月五日、烈公以幕府命参府、六日、致仕、即日徙于駒籠邸、

二年乙巳　先生年六十四、三月三日、致仕、使璋襲禄、尋号憩斎、先是金子教孝之為郡奉行、梓迪彝篇頒之管下、以其考教徳嘗獲謁鷹司藤公、因鵜飼知信献之、藤公感章、以十二月、達宸闈、蒙叡聖之嘉歎、詔蔵新釁云、

三年丙午　先生年六十五、正月十四日、獲罪蟄居、与安島信立、山国共昌、吉成信貞、原田成祐、鈴木宜尊、桑原信縠、金子教孝、矢野常之、同幽錮於中街廃宅、吏率監護、厳如囹圄、収璋田禄及第宅、給以月俸、賜宅於祉巷使屏居、而囚室厳禁筆硯、偶探嚢中得朱藍二碇磨以磁器、噬箸為筆、稿孝経考、

四年丁未　先生年六十六、稿読論日札、下学邇言、

嘉永元年戊申　先生年六十七、稿江湖負暄、泰否丙鑑、泮林好音、

二年己酉　先生年六十八、三月、烈公寃氷解、四月十四日、許帰家屏居、著三眼余考、十一月廿九日、許出門、

三年庚戌　先生年六十九、著典謨述義附録、冬著及門遺範、

四年辛亥　先生年七十、著読書日札、

五年壬子　先生年七十一、著息邪漫録、

六年癸丑　先生年七十二、十一月十九日、掌教授、賜禄百五十石、

安政元年甲寅　先生年七十三、三月、再移南街旧宅近傍、四月、烈公特命日賜牛乳、

二年乙卯　先生年七十四、二月十九日、再為小姓頭督学、加賜禄五十石、三月九日、烈公賜書復称恒蔵、六月、

幕府有召命、十日、発水戸南上、寓官舎待命、八月十五日、上大城拝謁大将軍、十八日、謁順公、二十日、班新番頭、加賜禄五十石、九月、朔上筵講経、順公手賜佩刀親書、三日、謁烈公、慰諭奨励、有盆松手炉等之賓、六日、発江戸帰家、著銃陣論、禦侮策、

三年丙辰　先生年七十五、稿読易日札、至壬戌、粗成、

四年丁巳　先生年七十六、九月　日、順公祀社廟於弘道館、命創立学制、有銀帛之賜、十月、以老乞骸骨、優労不允、

五年戊午　先生年七十七、七月、烈公再獲罪、一国憂憤、先生奉命周旋甚力、順公賜筆筒以労之、秋著読直毘霊、

六年己未　先生年七十八、著読葛花、読級戸風、読万我能比礼、八月二十七日、烈公以幕府命徙居水戸城、

万延元年庚申　先生年七十九、八月十五日、烈公薨、順公奔赴就藩、召見賜刀装及時服、

文久元年辛酉　先生年八十、著閑聖漫録、

二年壬戌　先生年八十一、四月二十七日、順公賀先生老健、賜親書磁盃及筆架水滴、五月二十五日、設寿筵、六月廿九日、班馬廻頭上、　月、稿時務策、

三年癸亥　先生年八十二、七月十四日、以病捐舎、令弘道館生徒給暇一日、十六日、葬于千波原先塋之傍、

明治紀元、先生碑文刻将竣、藩公書旌正之碑四大字、賜曽孫善、俾刻之題額、二十三年十月二十八日、聖駕駐水戸、嘉先生夙唱勤王之大義、竭力於国家、賓二百金以充祭粢、且有旨徴新論、謹上先生所覫稿本、詔蔵秘府、二十四年四月八日、特旨贈以正四位、嗚呼先生以東陬賤臣、而忝寵眷如此、所謂至誠感神者、実可謂希世之栄矣、今謹併録以垂永世云、

明治廿五年四月　甥寺門謹再拝識

著作一覧

『新論』執筆以後の正志斎は、晩年に至るまで積極的な著述活動を行い、その数は水戸学者の中でも群を抜いている。しかしながら、活字化されたものは限られているため、次に全体像を示すことで今後の展開に期待したい。なお、一覧では成立年代順になるよう努めたが、今井宇三郎氏も指摘しているように『岩波国書総目録』においても筆者、年代との混同があるため（今井宇三郎「会沢正志斎における儒教経伝の研究」『日本漢文学史論考』、岩波書店、一九七四年、五一六頁。）、そうした考証も今後の課題である。

思問編

刪詩義　一巻	天保六年（一八三五）	「正志斎先生略譜」
中庸釈義　一巻	天保一〇年（一八三九）	「正志斎先生略譜」
典謨述義　四巻	天保一一年（一八四〇）	「正志斎先生略譜」
孝経考　一巻	弘化三年（一八四六）—嘉永二年（一八四九）	「正志斎先生略譜」、自序
読論日札　四巻	弘化四年（一八四七）	「正志斎先生略譜」
典謨述義附録　一巻	嘉永三年（一八五〇）	「正志斎先生略譜」
読書日札　三巻	嘉永四年（一八五一）	「正志斎先生略譜」
読周官　六巻	安政元年（一八五四）	「正志斎先生略譜」
読易日札　七巻	安政三年（一八五六）—文久二年（一八六二）	「正志斎先生略譜」
正志斎（稽古）雑録　一巻	（慶応三年刊行）	『増補　水戸の文籍』

閑聖編

居喪大意　一巻　文化一三年（一八一六）「正志斎先生略譜」
心喪略説　一巻　文化一三年（一八一六）『増補　水戸の文籍』
新論　二巻　文政九年（一八二六）「正志斎先生略譜」
責難解　一巻　文政一〇年（一八二七）『増補　水戸の文籍』
己丑備忘録　一巻　文政一二年（一八二九）「正志斎先生略譜」
学問所建設意見書稿　一巻　天保二年（一八三一）瀬谷『会沢正志斎』、一二四頁。
迪彝篇　一巻　天保四年（一八三三）「正志斎先生略譜」
草偃和言　一巻　天保五年（一八三四）「正志斎先生略譜」
学制略説　一巻　天保一〇年（一八三九）＊文政末―天保二年（瀬谷）「正志斎先生略譜」
退食間話　一巻　天保一三年（一八四二）「正志斎先生略譜」
洙泗教学解　一巻　天保一四年（一八四三）「正志斎先生略譜」
下学邇言　七巻　弘化四年（一八四七）「正志斎先生略譜」
江湖負暄　三巻　嘉永元年（一八四八）「正志斎先生略譜」
泰否炳鑑　四巻　嘉永元年（一八四八）「正志斎先生略譜」
泮林好音　一巻　嘉永元年（一八四八）「正志斎先生略譜」
及門遺範　一巻　嘉永三年（一八五〇）「正志斎先生略譜」
銃陣論　一巻　安政二年（一八五五）「正志斎先生略譜」
読直毘霊　安政五年（一八五八）「正志斎先生略譜」
読葛花　安政六年（一八五九）「正志斎先生略譜」
読級戸風　安政六年（一八五九）「正志斎先生略譜」
読万我能比礼　安政六年（一八五九）「正志斎先生略譜」

閑聖漫録　一巻　文久元年（一八六一）　「正志斎先生略譜」
時務策　一巻　文久二年（一八六二）　「正志斎先生略譜」
人臣去就説　一巻　時務策と同期か。『水戸学』「解題」、五〇三頁。

息邪編

千島異聞
諳夷問答　一巻　文政七年（一八二四）　「正志斎先生略譜」
豈好弁　一巻　文政一一年（一八二八）　「正志斎先生略譜」
両眼考　二巻　天保八年（一八三七）　「正志斎先生略譜」
三眼余考　一巻　嘉永二年（一八四九）　「正志斎先生略譜」
息邪漫録　二巻　嘉永五年（一八五二）　「正志斎先生略譜」
禦侮策　一巻　安政二年（一八五五）　「正志斎先生略譜」

三編之余

正志斎文稿　四巻
正志斎詩草　八巻

言志編

言志　四巻　寛政五年（一七九三）―弘化二年（一八四五）　『増補　水戸の文籍』
西遊詩稿　一巻　文政五年（一八二二）　『増補　水戸の文籍』
風簷集　二巻（別集一巻）　弘化三年（一八四六）　『増補　水戸の文籍』
眄柯集　二巻　弘化三年（一八四六）　『増補　水戸の文籍』

古詩　一巻　（不明）　『増補　水戸の文籍』

達己編

西行日（雑）録　一巻　文政二年（一八一九）　『増補　水戸の文籍』

正志斎文稿　四巻（別集一巻）＊三編之余の「文稿」を探索収集したもの　『増補　水戸の文籍』

あとがき

新元号が周知されるに伴って『万葉集』についても再認識されつつある。日本の古典からの採用を含め様々な意見が交わされたものの、激動した時代状況の中にあった日本人の心情を読み取ることは、現代日本を考える上でも意義のあることと思われる。この二〇巻、四五〇〇首余りからなる歌集と水戸藩には深い関わりがある。徳川光圀は、『大日本史』の編纂と共に『万葉集』の研究も命じている。その中心となったのが契沖であり、彼の『万葉代匠記』は本居宣長の学問にも多大な影響を与えた。契沖は純粋に文献学者として万葉仮名を解読して「契沖仮名遣い」を確立し、これは明治の教育制度において「歴史的仮名遣い」として採用された。契沖は伊藤仁斎と同時代の人であり、水戸藩における『万葉集』の研究は契沖の注釈以後も継続していたため、後期水戸学においても何らかのかたちで影響していることは間違いのないことであろう。本来であれば、こうした古文辞学以前から続く契沖学の学統と、正志斎のそれとを比較分析することも必要であったが、この点における本書の不備を告白しておくことで、今後の研究に期待したい。

さて、本書は二〇一七年に早稲田大学大学院社会科学研究科へ提出した博士学位請求論文「会沢正志斎の研究」を加筆、修正したものである。論文の審査をしていただいた主査の古賀勝次郎先生（現在、早稲田大学名誉教授）、副査の劉傑先生（同大学社会科学総合学術院教授）、笹原宏之先生（同大学社会科学総合学術院教授）、真辺将之先生（同大学文学学術院教授）、田尻祐一郎先生（東海大学文学部教授）には厚く御礼申し上げる。そして、筆者がここまでこられたのは、島善高先生の学恩によるものである。早稲田大学の修士課程に入学して以来、島先生からは古文書の読解や論文執筆の作法のみならず、学問に対する心構えについても親身にご指導いただいた。また、島先生を慕って集う研究室は、海外からの留学生が多数所属しているのに加えて、年齢差においても半世紀近くあり、そうした学友との交流は濃密な時間であった。この他にも論文の執筆にあたって教えを受け、お世話になった方々や諸機関は多く、お名前をすべて挙げて謝意を表すことができないことをお許しいただきたい。ただ、筆者が研究の道を志す上で影響を受けた川口雅昭先生には、この場を借りて報告と御礼を申し上げたい。

筆者の怠惰から、論文提出が島先生の海外研究期間と重なり、主査をお願いすることとなった古賀先生にはご退職間際に多大なご負担をかけてしまった。思想史が専門の古賀先生からは、本書の主要テーマである考証学の視点をはじめとして有益なアドバイスをいただき、一人物研究の枠を越えた視点を与えていただいた。古賀先生はご退職後も大学図書館において頻繁にお見かけする機会があり、そうした姿を見る度に身の引き締まる思いをしているのは他の学友も同様である。さらに、研究を進める上では各研究機関のお世話にもなった。利用頻度では国立国会図書館と早稲田大学図書館が多いが、特に茨城県立歴史館、茨城県立図書館の収蔵史料のおかげで本書は成立している。

本書の出版にあたっては、国書刊行会の清水範之編集長から多大な恩恵を受けたことを銘記しておきたい。多くの方々に支えられ本書の出版に至ったことを感謝申し上げるとともに、筆者の未熟ゆえに不備・誤りがあるものと恐れている。これについても今後ご教示をお願い申し上げたい。

令和元年一一月

関口直佑

主要人名索引

あ

い

う

え

お

か

き

く

け

こ

さ

し

す

せ

そ

た

ち

つ

て

と

な

に

ぬ

の

は

ひ

ふ

へ

ほ

ま

み

む

も

や

ゆ

よ

ら

り

ろ

わ

文献名索引

「文献名索引」は原則として明治期までのものを採録した。

け

こ

さ

し

す

せ

そ

た

ち

つ

て

と

な

に

は

ひ

ふ

へ

ほ

ま

み

も

や

ゆ

よ

ら

ろ

関口直佑（せきぐち　なおすけ）
昭和51年、群馬県生まれ
早稲田大学大学院社会科学研究科博士課程修了
博士（社会科学）
現在、早稲田大学先端社会科学研究所研究員

近《きん》代《だい》日《にっ》本《ぽん》国《こく》体《たい》論《ろん》の研究《けんきゅう》
令和元年12月20日初版第１刷印刷
令和元年12月24日初版第１刷発行
著者　関口直佑
発行者　佐藤今朝夫
発行所　株式会社国書刊行会
東京都板橋区志村1-13-15　〒174-0056
電話03-5970-7421
ファクシミリ03-5970-7427
URL：https://www.kokusho.co.jp
E-mail：info@kokusho.co.jp
印刷所　創栄図書印刷株式会社
製本所　株式会社ブックアート
ISBN978-4-336-06544-5 C0021
乱丁・落丁本は送料小社負担でお取り替え致します。